AF525680
Hagelsberg
H. Leichnam Kirch und Hospital
Lazarethen Kirch Hoff
H. Leichnams Kirch Hoff
Lazarethen Kirch und Krancken Haus
S. Iacob
DIE ALTE STATT
STATT
der Fuchs
der Luchs
DAS ALTE SCHLOS
Fischer Bruck
Moltau Bast.
das braune Roß
das Einhorn
STROM
WEIXEL
Erklærung der Buchstaben
A. H. Dreyfaltigkeit Teutsche Polnische Kirch u. Closter
B. H. Geist Kirch und Hospital
C. Dominicaner Kirch und Closter
D. Carmelitaner Kirch und Closter
E. S. Elisabeth Kirch und Hospital
F. S. Catharina Kirch
G. S. Iacobs Kirch und Hospital
H. Patres Misericordiæ Kirch und Closter
I. Das Recht Stædtsche Rath Haus, neben dem langē Marck
K. Das Alt Stædtsche Rath Haus, neben dem langen Marck
L. Werderische oder Land Gartsche Thor
M. Iuncker Hoff und Schoppen Haus
Die Marien Kirche oder Pfarr
Das Recht Stadtische Rath Haus
Der Stock
Englische Haus
S. Barbara Kirch
S. Peters Kirche
Dantziger Werder
Zeughaus am Lagen Th.
Weinberg

Peter Oliver Loew

DANZIG

Peter Oliver Loew

DANZIG

Biographie einer Stadt

VERLAG C.H.BECK

Mit 34 Abbildungen

Satz: Fotosatz Amann, Aichstetten
Druck und Bindung: Druckerei C.H. Beck, Nördlingen
Gedruckt auf säurefreiem, alterungsbeständigem Papier
(hergestellt aus chlorfrei gebleichtem Zellstoff)
Printed in Germany
ISBN 978 3 406 60587 1

www.chbeck.de

FÜR LAURA UND CORNELIUS

✦ ✦

INHALTSVERZEICHNIS

✦ ✦

1 ERINNERUNGSORT EUROPAS
✦ 11 ✦

2 BERNSTEINGOLD: SCHLAGLICHTER IN DIE VORGESCHICHTE
✦ 14 ✦

Die Bernsteinhauptstadt ✦ Spuren nach Rom ✦ Zwischen Meer, Wald und Sumpf ✦ Eine Stadt mit vielen Namen

3 GRÜN UND BLAU: FISCHER, HÄNDLER, HERZÖGE 997–1308
✦ 22 ✦

1000 Jahre «Gyddanywzc» ✦ Ein Bischof und viele Überraschungen ✦ Slawen und Deutsche, Fischer und Händler ✦ Wechselnde Herrscher ✦ Eroberung und vorläufiges Ende der Stadt Danzig

4 BACKSTEINROT: DANZIG ALS TEIL DES ORDENSSTAATES 1308–1454
✦ 38 ✦

Ein Denkmal (fehl) am Platze ✦ Orden und Bürger ✦ Eine Burg, viele Städte und eine Fischersiedlung ✦ Die Menschen ✦ Innere Verfassung ✦ Holz und Salz – vom Aufstieg einer Handelsmacht ✦ Von Brauern und Bäckern ✦ Kriege, Aufstände und ein folgenschwerer Mord ✦ Danzig wächst in die Höhe ✦ Kunst und Alltag ✦ Die letzten Jahre unter der Herrschaft des Ordens

5 WEIZENBLOND UND ROGGENBRAUN:
DANZIGS GOLDENES ZEITALTER
1454–1655
✦ 63 ✦

Die Nachwelt betrachtet das Jahr 1454 ✦ Dreizehn Jahre Krieg. Opfer und Privilegien ✦ Zerstörung und Ausdehnung ✦ Handel und Handwerk, Quellen des Reichtums ✦ Danzig sucht seinen Platz ✦ Protest und Reform – eine Großstadt im Aufruhr ✦ Schiffe und Statuten: Spannungen mit Polen ✦ Danzig behauptet sich gegen den König ✦ Das Danziger Leben zwischen Regeln und Feiern ✦ Danzig und der Kampf um Schweden ✦ Schaltstelle der Künste und des Wissens

6 VERBLASSENDE FARBEN 1655–1793
✦ 108 ✦

Vom «Goldenen Zeitalter» zehren die Jahrhunderte ✦ Ende der Glanzzeit: Schwedens Krieg gegen Polen ✦ Danzigs Stellung im Lande ✦ Gesellschaftlicher Protest und politische Reform ✦ Danzig im Großen Nordischen Krieg ✦ Handel und Handwerk – Danzig wird ärmer ✦ Danzig kämpft, der König flieht: Die Belagerung von 1734 ✦ Unruhige Zeiten: Sozialer Protest und preußische Begehrlichkeiten ✦ Tradition und neue Moden: Vom Alltag in der alten Stadt ✦ Vom Barock zur Aufklärung: Kunst und Wissenschaft ✦ Umklammert, umschlossen, geschluckt: Danzig wird preußisch

7 PREUSSISCH BLAU: NIEDERGANG UND AUFSTIEG
IM 19. JAHRHUNDERT 1793–1918
✦ 145 ✦

Trauer oder Gloria: Am Datum 1793 scheiden sich die Geister ✦ Wird alles wieder gut? 14 Jahre in Preußen ✦ Napoleon mischt sich ein: Die Belagerung von 1807 ✦ Freie Stadt – was nun? ✦ Das Ende aller Träume: Die Belagerung von 1813 ✦ Im Schatten der Vergangenheit ✦ Wirtschaft: Niedergang und neue Existenzen ✦ Auf dem Weg zur Großstadt ✦ Von Bürgern, Arbeitern und einer Polenfeindschaft fast ohne Polen ✦ Alltag, Armut. Heimat? ✦ Kultur in der Provinz ✦ Krieg und Zukunft

8 AUF ROTEM GRUND:
DANZIG ALS FREIE STADT UND IM ZWEITEN WELTKRIEG 1918–1945
✦ 182 ✦

Polen entdeckt Danzig ✦ Kampf um Danzig: Zwischen Revolution und Versailles ✦ Die Geburt eines ungeliebten Staates ✦ Kleines Land und große Politik ✦ Nationalismus und Konfrontation ✦ Hoffnung, Erfolg und Enttäuschung: Das wirtschaftliche Leben ✦ Der lange Weg zur Gleichschaltung: Das nationalsozialistische Danzig ✦ Eine Stadt und viele Menschen ✦ Deutschtum und Provinz: Kunst und Kultur haben es schwer ✦ Der Weg in den Krieg ✦ Sechs letzte Jahre

9 VARIATIONEN IN WEISS-ROT:
GDAŃSK, «SCHÖNER ALS JE ZUVOR» 1945–1980
✦ 228 ✦

Ausgrenzungen ✦ Zerstörung und neue Menschen ✦ Zwischen Kommunismus und Moderne: Wiederaufbau und neue Gesellschaft ✦ Repression und Protest: Politik und Alltag ✦ Stadt des Hafens, Stadt der Werften ✦ Der lange Weg aus der Provinz ✦ Trauer, Sehnsucht, Hoffnung: Die vertriebenen Danziger ✦ Günter Grass schreibt Danzig neu ✦ Erste Zäsur: Der Arbeiteraufstand von 1970 ✦ Es liegt etwas in der Luft

10 KALEIDOSKOP: MIT SOLIDARNOŚĆ IN DIE ZUKUNFT UND
DIE ENTDECKUNG NEUER VERGANGENHEITEN
✦ 262 ✦

«Es begann in Gdańsk» ✦ Und wieder macht Danzig Geschichte: Danzig und die Solidarność ✦ Zwischen Verzweiflung und Aufbruch ✦ Danzig, endlich wieder frei ✦ Genius Loci: Die Entdeckung der Vergangenheit ✦ Aufbruch in die Marktwirtschaft ✦ Kultur zwischen Grass und Untergrund ✦ Danzig im neuen Jahrtausend

EPILOG
✦ 296 ✦

ANMERKUNGEN
✦ 298 ✦

BILDNACHWEIS
✦ 306 ✦

AUSGEWÄHLTE LITERATUR
✦ 307 ✦

VERZEICHNIS DER ORTSCHAFTEN UND TOPOGRAPHISCHEN BEZEICHNUNGEN
✦ 314 ✦

PERSONENVERZEICHNIS
✦ 316 ✦

I

ERINNERUNGSORT EUROPAS

✦ ✦

«Seit 5.45 Uhr wird zurückgeschossen.» Westerplatte, Polnische Post. Die Freie Stadt Danzig. Streiks, Aufbegehren, Solidarność. Zerstörung, Flucht und Vertreibung. Widerstand, Wiederaufbau. Wałęsa, Grass und der Trommler Oskar Matzerath. Die Bilder Danzigs im 20. Jahrhundert sind mannigfaltig. Bordkanonen, gereckte Arbeiterfäuste, «blutende» Grenzen, rauchende Trümmer. 1919/1920, 1939, 1945, 1970, 1980/1981 – Daten, an denen sich die Stadt in die Weltgeschichte einschrieb. Kaum ein anderer Ort Mitteleuropas verkörpert die Verwerfungen eines ganzen Säkulums so allumfassend. Sarajevo – Danzig. Wie durch ein Brennglas gebündelt scheint hier die moderne Geschichte des Kontinents schneidend grell auf, die Geschichte eines zerrissenen Jahrhunderts.

Das Danziger 20. Jahrhundert schuf aber nicht nur historische Symbole, sondern es war auch eine Zeit, in der die ältere Geschichte der Stadt stets präsent war. Die liberalen Solidarność-Intellektuellen stellten sich in die Tradition der frühneuzeitlichen Handelsbürger. Die Kommunisten schrieben die Geschichte der Danziger Klassenkämpfe. Die Nationalisten stilisierten die Stadt mal zur Trutzburg des Deutschtums, mal zum treuen polnischen Hafen. Kreuzritternest, wehrhafte Stadt, leidensgeprüftes Volk, Preußens Ruhm, Hort der Freiheit – die in immer rascherer Abfolge konstruierten Bilder vom Einst ließen der Vergangenheit im Jetzt eine stets neu gedeutete Aktualität zukommen, ließen Erzählungen entstehen, mit denen man politische Ansprüche auf's beste legitimieren oder auch Identitätsbedürfnisse der Gegenwart befriedigen konnte.

In einer Darstellung der Geschichte Danzigs spielt deshalb die so vielstimmige, oft ganz gegensätzliche Erzählung dieser vielen Geschichten zwangsläufig eine große Rolle. Denn je nachdem, welche Brille man sich aufsetzt, verschieben sich wie in einem Kaleidoskop die Farbsplitter der historischen Fakten, zerreißen alte Muster und gehen neue Verbindungen ein. Am Anfang war – ein Bischof? ein Germane? ein Slawe? ein Pruße? ein Dorf? ein Herzog? Bernstein? Handel? Lehm und Sand? Am Ende war – ein Symbol? ein politischer Organismus? eine lokale Gesellschaft? eine vielstimmige Erzählung? eine Fiktion? eine ganz normale Stadt?

Wie groß die Bedeutung der Geschichte in der Gegenwart Danzigs war, spiegelt sich in diesem Buch in den Eingangsabschnitten zu jedem Kapitel: Hier werden als Exempel einzelne Aspekte lokaler Geschichtskultur dargestellt, die Bemühungen der städtischen Eliten, ihren Zeitgenossen die Vergangenheit des Gemeinwesens in Erinnerung zu rufen, um Legitimation zu konstruieren oder Identität zu stiften. Die Historie brachte Trost und rief Stolz hervor, aber auch Verachtung und Neid. Geschichte war, Geschichte ist in Danzig allgegenwärtig.

Danzig ist nicht nur eine Stadt, die viele Fragen stellt, sondern auch eine Stadt, die Antworten bereithält. Und es gibt eine Antwort, die jeden Frager, ob Deutscher oder Pole, stets zufriedenstellte und die auch heute noch gilt: Danzig ist faszinierend, Danzig ist unvergleichlich. Seine Entwicklung folgte einer ganz eigenen Logik, zu der sich viele Facetten lokaler Eigenart fügen. Über allen Zweifel erhaben sind etwa die Farben dieser Stadt: ziegelrot die Kirchen und Türme, grün die bewaldeten Hügel und die Niederungsgebiete in der Umgebung, blau die See und der hohe Himmel am Meer, braun das Getreide, gold der Bernstein, rot wiederum die Danziger Fahne. Und da diese Farben den Alltag seit Jahrhunderten begleiten, steht auch jedes Kapitel dieses Buchs im Zeichen bestimmter Farben. Sie sind die Signatur ihrer Zeit.

Dieses Buch besteht jedoch nicht nur aus Farben und Erinnerung, denn es ist eine Geschichte Danzigs, die Biographie einer Stadt. Und so handelt es auch von Dingen, die entstanden und geschahen: Politik und Verwaltung, Architektur und Kunst kommen ebenso zur Sprache wie Wirtschaft und Gesellschaft. Auch hier raubt die überbordende Fülle des Beschreibbaren dem Beschreibenden den Atem: So vieles gäbe es zu berichten, zu erzählen, und so wenig findet letztlich Platz auf den Seiten eines schmalen Buches. Einzelschicksale, Überlieferungen, umfassende Einblicke in den Alltag vergangener Zeiten, all das kommt deshalb zwangsläufig zu kurz. Und auch die Vielzahl lokaler Narrative, die stupende Parallelität ganz divergenter Interpretationen dieser Stadt, kann nur hin und wieder ausführlich zur Sprache kommen. Ein Jammer. Und ein Glück zugleich, denn Danzig, das schon zahllose Historiker beschäftigt hat und viele, viele Doktorarbeiten – auch meine – entstehen ließ, bleibt noch auf lange Zeit ein Ort, mit dem es sich zu beschäftigen lohnt, sei man nun Wissenschaftler, Liebhaber, Tourist oder einfach nur Bürger dieser Stadt.

In historiographischen Werken pflegt an dieser Stelle ein Überblick über die Forschungslage zu folgen. Hier sei darauf verzichtet. Nur so viel: Hervorragende deutsche und polnische Historikerinnen und Historiker haben sich mit Danzig beschäftigt. Ihre Namen tauchen auf den folgenden Seiten gelegentlich auf, und eine Auswahl ihrer wichtigsten Schriften findet sich im Literaturverzeichnis wieder. Ihnen allen verdankt mein Buch seine Entstehung, nicht zuletzt denjenigen, die noch leben, forschen, schreiben und mein Wissen über diese Stadt, in der ich selbst viele Jahre verbracht habe, erweitert haben. Und so danke ich ihnen ebenso wie vielen Kollegen und Freunden, dem Verlag C. H. Beck für die Initiative, dieses Buch in Angriff zu nehmen, und meiner Familie – nicht zum ersten Mal – für ihre Geduld.

Darmstadt, im Juni 2010

2

BERNSTEINGOLD

SCHLAGLICHTER IN DIE VORGESCHICHTE

✦ ✦

Bei Sonnenschein, am Morgen, nach einer stürmischen Nacht, wenn die Wellen aufgeregt an den Strand rauschen, siehst du es, wenn du aufpasst, leuchten, da und dort, goldgelb und warm. Zwischen Muscheln und trockenem Tang glühen kleine Bröckchen eines zauberhaften Stoffs: Bernstein. Du sammelst sie in deiner Hand, schaust sie dir an von Nahem: sie strahlen, sie funkeln. Seit Tausenden, seit Millionen von Jahren spült das Meer sie an Land, hier an der Danziger Bucht.

✦ ✦

DIE BERNSTEINHAUPTSTADT

Die Danziger Frauengasse ist ein zeitlos schöner Ort. An kaum einer anderen Stelle spürt man die Majestät dieser Stadt so sehr, an kaum einer anderen Stelle wirkt dieses «Venedig des Nordens» so innig warm und gemütlich, so authentisch. Vor und auf den Beischlägen, den charakteristischen Terrassen der alten Bürgerhäuser, präsentieren die Juweliere ihren Schmuck. Es ist ein ganz besonderer Stoff, dem ihre Zuwendung gilt. Das steil in die enge Gasse fallende Licht lässt die honigfarbenen Steine geheimnisvoll leuchten. In Silber eingefasst, zur Brosche geschliffen, grob zu Ketten gefügt oder kunstvoll als Kogge mit geblähten Segeln – Bernstein, *bursztyn*, das Gold der Ostsee. Ihm verdankt Danzig seinen unverwechselbaren Glanz. Ihm verdankt es Ruhm und Reichtum.

Heute ist Danzig Hochburg der Bernsteinverarbeitung, nennt sich «Welthauptstadt des Bernsteins», schmückt sich mit einem Bernsteinmuseum, einem Bernsteinaltar und dem positiven Image des Bernsteins – schließlich soll er «ein sonniges, sorgloses Leben» fördern, zugleich aber «traditionsbewusst» machen und dabei behilflich sein, «überlieferte Werte in eine neue Zeit zu transportieren. Bernstein macht flexibel und regt die Kreativität an.»[1] Man mag dem Glauben schenken oder nicht, zweifellos aber verbindet der goldfarbene Stoff die Gegenwart mit einer fernen Vergangenheit, als es die Stadt noch gar nicht gab …

SPUREN NACH ROM

Vor 40 bis 50 Millionen Jahren bluteten im Norden Europas die Bernsteinkiefern. Aus der Rinde lief Harz, sammelte sich am Fuß der Bäume. Manchmal fiel ein Insekt in die klebrige Masse und starb. Als der Meeresspiegel stieg und die Ostsee entstand, versanken die Wälder und die Strömungen des Wassers trugen die erstarrten Harzklumpen mit sich mit, vor allem in jene Gegend, in der heute die Wellen an die Küsten der Danziger Bucht, der Frischen Nehrung und des Samlands schlagen. Von Sand und Steinen bedeckt, verwandelte sich das Harz langsam zu Bernstein.

Schon vor vielen Jahrtausenden wurde der Bernstein geschätzt, wie Schmuckfunde aus der Steinzeit zeigen. In der Bronzezeit war das Ostseegold begehrtes Handelsgut: So wurde im griechischen Mykene ein Goldring mit einer Bernsteinscheibe ausgegraben. Auch im klassischen Griechenland gehörte der «versteinerte Honig», wie man ihn nannte, zu den begehrten Luxusartikeln.

Besonders großen Bedarf nach Bernstein hatte das antike Rom. Die Handelsbeziehungen zwischen Süden und Norden intensivierten sich, vor allem über Land. Die «Bernsteinstraße» (oder *Via mercatorum*, Kaufmannsstraße) verband seit der Mitte des ersten Jahrtausends v. Chr. die Ostsee mit den mediterranen Zentren der Zivilisation. Man sollte sich diese Straße aber nicht als Verkehrsweg im modernen Sinn vorstellen, sondern als lediglich durch einige befestigte Orte wie Kalisch, Oppeln oder Wien markierte Route. Auch reisten die Römer wohl kaum selbst bis an das nördliche Meer, sondern der Handel – der neben dem haltbaren Bernstein sicherlich noch andere Produkte wie zum Beispiel Pelze umfasste – erfolgte in der Regel durch mehrfachen Weiterverkauf.

Am regsten war der Bernsteinhandel zwischen dem 1. und 4. Jahrhundert n. Chr., was unter anderem durch die großen Funde antiker Münzen in Ostmitteleuropa belegt ist; während der Völkerwanderungszeit brach er ab.

Die Ostseeküste diente nicht nur als Rohstofflieferant, hier wurde der Bernstein seit der Jungsteinzeit auch verarbeitet. An den Stränden gefunden, zudem im Inland abgebaut, diente er heimischen Kunsthandwerkern als Material zur Herstellung von Schmuck. Menschliche Besiedlung ist in Pommerellen, der Gegend am Unterlauf der Weichsel und an der Danziger Bucht, seit dem 10. Jahrtausend v. Chr. nachweisbar, als am Ende der letzten Eiszeit die Gletscher abschmolzen. Die Frage, wer die Menschen waren, die in vorgeschichtlicher Zeit hier lebten, hat die Phantasie der Gelehrten seit Jahrhunderten bewegt. Auch wenn hin und wieder die Erde rund um Danzig Überreste alter Kulturen freigab, war man doch lange auf die spärliche schriftliche Überlieferung, vor allem aber auf Mutmaßungen angewiesen. Besonders phantasievoll und kenntnisreich ging hierbei der Danziger Ratsherr Johann Uphagen zu Werke. In seinen 1782 erschienenen *Parerga historica* wies er anhand der Texte antiker und mittelalterlicher Autoren nach, dass die Stadt Danzig in der Mitte des ersten Jahrtausends v. Chr. von den Goten angelegt worden sei. Auch seien die Phönizier bis nach Danzig gelangt, was sich sogar noch in den griechischen Sagen erkennen lasse: Der Fluss Eridanus, in den Apollos Sohn Phaethon von den Rossen des Sonnenwagens gestürzt wurde, sei kein anderer als die an Danzig vorbeifließende kleine Radaune.

Als seit dem ausgehenden 19. Jahrhundert durch systematische Sammlungen und Grabungen die Zahl der vorgeschichtlichen Bodenfunde stark zunahm, entstanden andere Theorien, doch deuteten die Autoren je nach nationaler Zugehörigkeit die Funde ganz unterschiedlich. Pommerellen war nämlich sowohl von Deutschen als auch von Polen – und dem westslawischen Volk der Kaschuben – besiedelt, und als sich in der zweiten Hälfte des 19. Jahrhunderts die modernen Nationalismen herausbildeten, ging es der Wissenschaft oft darum, Belege für die jeweils eigenen politischen Ansprüche auf dieses Land und die Legitimität seiner Zugehörigkeit zu Preußen bzw. Deutschland und später zu Polen zu liefern. Diese nationalen Auseinandersetzungen beschränkten sich im Übrigen nicht nur auf die Vorgeschichte, sondern überlagerten die Interpretation aller historischen Epochen. Sie werden in diesem Buch noch oft zur Sprache kommen.

Deutsche Vorgeschichtler versuchten bis lange nach dem Zweiten Weltkrieg den Nachweis zu führen, dass sich bereits in der Bronzezeit die «urgermanische Kultur» bis zum Weichseldelta erstreckt und hier eine «germanische Ostgruppe» mit «deutlich germanischer Eigenart» bei Grabform und Tonwaren (Gesichtsurnen) gelebt habe.[2] Dagegen argumentierte die polnische Forschung bis in die 1980er Jahre, im ersten Jahrtausend v. Chr. habe im gesamten Gebiet zwischen Elbe und Bug die Lausitzer Kultur vorgeherrscht, die so heißt, weil die ersten für sie typischen Fundstücke in der Lausitz entdeckt wurden. Diese Kultur wiederum sei eine «urslawische» gewesen, was sich durch kontinuierliche Siedlung und materielle Kultur belegen lasse. Im Osten Pommerns habe sich um 500 v. Chr. daraus eine «ostpommersche Kultur» entwickelt, die besagte Gesichtsurnen hergestellt habe. Natürlich gehörten auch alle späteren, aufgrund der Bodenfunde identifizierbaren Kulturen zu «einigen unterschiedlichen urslawischen Bevölkerungsgruppen».[3] Die deutsche Forschung negierte die Existenz von Urslawen und behauptete wiederum, das Weichselland sei «lange vor dem Eindringen der Slawen [...] von nordisch-germanischen Stämmen», insbesondere von Goten besiedelt gewesen.[4]

Unbestritten war jedenfalls, dass das Gebiet an der unteren Weichsel im 4./5. Jahrhundert n. Chr. wie große Teile Europas in den Strudel der Völkerwanderung geriet. Die deutsche Wissenschaft war bereit zuzugeben, dass nun bis zum 6. Jahrhundert der germanische Stamm der Goten (bzw. die ihnen zugehörenden Gepiden, wie der spätantike Bischof Jordanes ein Volk im Weichseldelta nannte) aus Pommerellen abgezogen und Slawen nachgerückt seien, die polnische Wissenschaft beharrte auf der kontinuierlichen Anwesenheit von Slawen in diesem Gebiet (eventuell auch von einigen prußischen Stämmen) und spielte die germanischen Einflüsse herunter.

Heute ist die Wissenschaft vorsichtiger und insgesamt skeptisch, ob aufgrund von Keramik und anderen Funden überhaupt Rückschlüsse auf die ethnische Identität der mit ihrer Produktion beschäftigten Völker gezogen werden können. So wird wohl auch nie geklärt werden können, ob die großen Boote, die 1933/1934 im Danziger Stadtteil Ohra gefunden wurden, tatsächlich von «einem in unserem Lande ansässigen (...) nordischen Stamme»[5] – womöglich den Wikingern – erbaut wurden oder aber ob es sich um «slawische Kriegsboote» handelt, wie heute im Archäologischen Museum in der Frauengasse zu lesen ist, wo eines der Wasserfahrzeuge gezeigt wird. Ein vorübergehender Einfluss von Wikingern an der hinterpommerschen und pommerellischen Ostseeküste ist allerdings unbestritten. Spätestens seit dem 7. Jahrhundert waren Pommern und Pommerellen von Slawen bewohnt, während östlich des Weichseldeltas die Prußen siedelten. Und als slawische Ortschaft sollte Danzig am Ende des 10. Jahrhunderts dann in die Geschichte eintreten.

ZWISCHEN MEER, WALD UND SUMPF

Die Gegend, in der Danzig entstehen sollte, war und ist geprägt von drei Elementen, dem Meer, den bewaldeten Hügeln der Danziger Höhe und dem Weichseldelta der Danziger Niederung. Das Delta der gut 1000 Kilometer langen Weichsel war bis ins späte Mittelalter ein sumpfiges, von zahlreichen Wasserläufen durchzogenes Gebiet. Rechts und links der Mündungsarme, von denen die in die Ostsee strömende Danziger Weichsel, die zum Frischen Haff führende Elbinger Weichsel und die weiter stromaufwärts ebenfalls ins Frische Haff abbiegende Nogat die größten waren, erhoben sich hier und da inselgleich kleine, vom Fluss aufgeschwemmte Anhöhen. An der Danziger Bucht zog sich das Dünenband der Danziger Nehrung entlang, im Osten übergehend in die Frische Nehrung. Die Strände setzten sich nördlich der Weichselmündung fort, in einem lang geschwungenen Bogen, bis hin zum Kliff von Adlershorst. Zwischen hier und der Weichselmündung erstreckte sich im Anschluss an den Strand ein schmaler Streifen Flachland, der sich dann zu einer Hügelkette erhob, einer bewaldeten Endmoränenlandschaft mit vielen Taleinschnitten und Seen, Teil des die südliche Ostsee säumenden Baltischen Höhenrückens. Stieg man auf diese Höhen, so sah man das weite Rund der Danziger Bucht vor sich liegen, links in der Ferne begrenzt vom schmalen Finger der Halbinsel Hela, rechts vom Flussdelta, dem Werder. Dort, wo die Weichsel ihre letzte Biegung beschrieb und wo die Mottlau in die Weichsel mündete, sollte auf einigen Kämpen zunächst ein Fischerdorf, dann eine Burg, dann eine Stadt entstehen – Danzig.

Im vergangenen Jahrtausend hat sich hier übrigens einiges verändert. Das Weichseldelta ist längst trockengelegt und urbar gemacht, die Danziger Nehrung zum Ende des Festlands geworden, der Fluss selbst hat

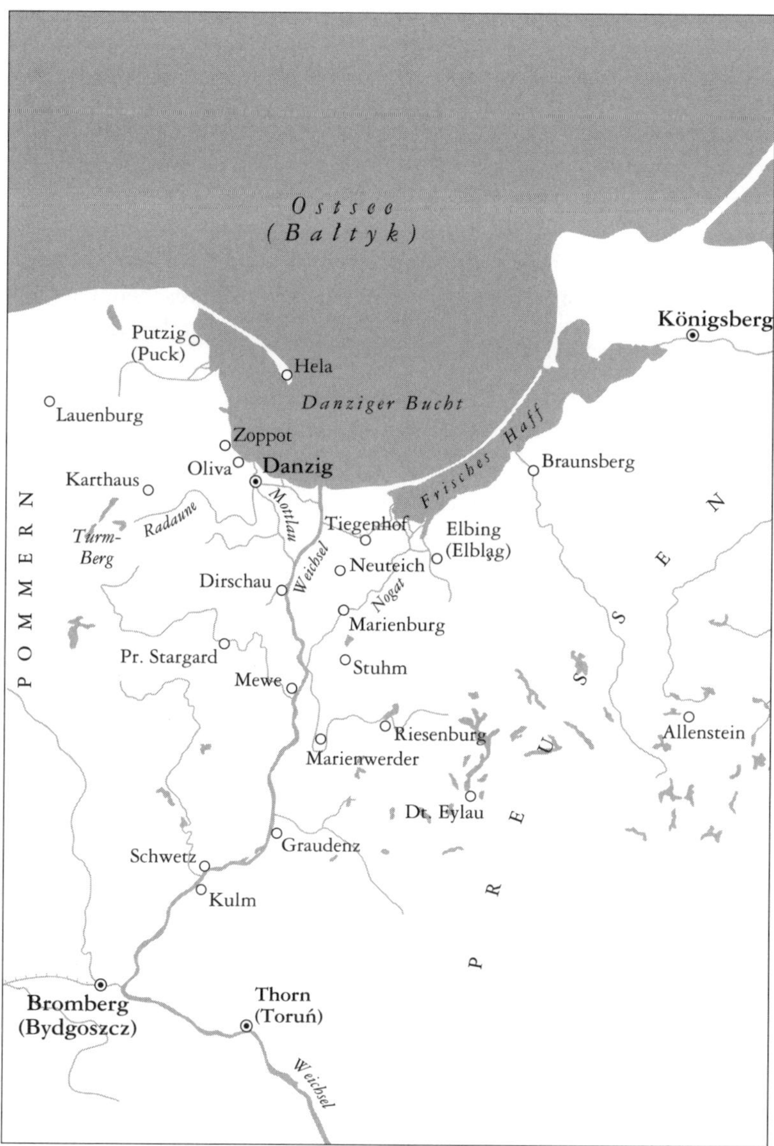

Danzig entstand an einem der großen Mündungsarme der Weichsel in die Ostsee, in einer lange von Sümpfen und unzähligen Wasserläufen geprägten Gegend, gut geschützt vor Feinden und den Unbilden des Wetters.

sich eine neue Mündung gesucht. Und mehr als 30 Kilometer lang erstreckt sich an der Bucht das Häusermeer der «Dreistadt», bestehend aus den Städten Danzig, Zoppot und Gdingen.

EINE STADT MIT VIELEN NAMEN

«Danzig» ist kein Name, dessen Bedeutung sich im Deutschen sogleich erschließt, ebenso wenig wie «Gdańsk» im Polnischen. Deshalb machten sich die Menschen früh Gedanken über seine Herkunft. Der Humanist Conrad Celtis etwa schrieb schon um 1500 in seinen *Vier Büchern Liebeselegien*, Danzig sei von den Goten gegründet und «Gedonum» genannt worden.[6] Die Legende von der gotischen Vergangenheit der Stadt übte viele Jahrhunderte Faszination aus und lebte, wie erwähnt, auch am Ende des 18. Jahrhunderts noch fort. Der Ratsherr Johann Uphagen wollte in Danzig allerdings das von Jordanes erwähnte «Giötheschantz» (Gothenschanze) sehen und der Danziger Gelehrte Christoph Coelestin Mrongovius vermutete, der Name stamme von den Dänen und leite sich von «Danz-Wyck» ab, also «der Dänen Kastell».

Aber wie so oft, gab sich der Volksmund mit derlei Theorien nicht zufrieden. Bereits in der Chronik des Dominikanermönches Simon Grunau aus der ersten Hälfte des 16. Jahrhunderts findet sich die Legende vom Fürsten Hagel, der von seiner Burg auf dem Hagelsberg – einem sich westlich des Danziger Stadtzentrums erhebenden Hügel – das Fischervolk im Dorf «Wiek» unterdrückte. Mehrere Danziger Dichter haben die Legende später poetisch bearbeitet. Wilhelm Schumacher begann sie 1833 so:

Dort, wo Gemäuer hoch und stolz
Des Berges Scheitel decken,
Stand einst, erbaut aus schlechtem Holz,
Ein Schloß, des Landes Schrecken;
D'rin hauste, wie die Sage spricht,
Ein grauenhafter Bösewicht,
Er nannte sich Fürst Hagel.[7]

Die Fischer ersannen jedoch einen Plan, um sich den Tyrannen vom Hals zu schaffen. Bei einem Tanz zu Ehren des Fürsten näherten sie sich der Burg und Hagel ließ die Tore öffnen. Ein anderer Dichter, Eduard Ludwig Garbe, schilderte sein Ende:

Und als nun geöffnet des Schlosses Thor,
Da stürzten die listigen Mannen vor,
Und würgten Herrn Hagel in seinem Schlosse
Mit seinen Gesellen und ganzem Trosse.
Und als der Herr Hagel ersah seine Noth
Und schon vor den Augen den sichern Tod,
Da rief er, als sie ergriffen ihn hatten:
«O Tanz, o Tanz, wie hast du mich verrathen!»[8]

In Erinnerung an dieses Ereignis sei das Dorf Wiek fortan «Tanz-Wiek» genannt worden, was sich im Laufe der Zeit zu «Danzig» verwandelt habe. Natürlich ist das nicht viel mehr als eine hübsche Geschichte, die dazu diente, etwas Unverständliches verständlich zu machen.

Auch die moderne Wissenschaft hat sich lange über die Bedeutung des Namens Danzig/Gdańsk gestritten, er galt den einen als «germanische Gaubezeichnung»,[9] manchen als prußischen Ursprungs, vielen anderen, Deutschen wie Polen, als «unzweifelhaft slawisch».[10] Die Ersterwähnung in der Vita des hl. Adalbert, die kurz nach dem Besuch des Bischofs und Märtyrers im Jahre 997 entstand, lautet «Gyddanyzc». Aus den folgenden Jahrhunderten sind Schreibweisen wie «Kdanze» oder «Gdansk» überliefert, seit 1263 auch «Danzk», ab 1399 heißt es «Danczik». Heute gehen Sprachwissenschaftler von einer slawischen Herkunft aus, danach soll «Gdańsk» soviel wie «an dem Fluss Gdania» gelegener Ort heißen, wobei es sich bei dieser Gdania um die heutige Mottlau handeln könnte. Auch das ist aber nur eine Hypothese, mehr gibt die Vergangenheit nicht preis über diese Frage – wie über vieles andere aus Danzigs Frühzeit.

3

GRÜN UND BLAU

FISCHER, HÄNDLER, HERZÖGE

997–1308

✦ ✦

Stahlgrau, metallisch blau, azurblau, leuchtend blau oder taubenblau stumpf, blaugrün, gleißend, eisig, ruppig, wütend, rasend, sanft und glucksend – so kann es sein, das Meer an der Bucht an der Stadt. Doch sieht man es kaum, eigentlich nur von den Türmen, den Hügeln und natürlich vom Strand.

Der Wald schwingt sich grün die Hänge empor, frühlingsgrün, tannengrün, eichengrün, muffig dunkelgrün, schwarzgrün und braun, gegliedert durch saftige grasgrüne Täler, wiesenblumengrün, bienensummendgrün – so kann es sein, das Hügelband am Meer an der Stadt. Man sieht es fast von überall her.

Leuchtend hell und leuchtend grün, wassergeädert und vielgeteilt, vorsommerlich getreidegrün und kleegrün mit Kühen, weidenblassgrün (mit den roten Flecken der Dörfer) – so kann es sein, das flache Werder. Man sieht es nur von den Hügeln und Türmen, auch wenn man am Rand der Stadt steht, auf den Wällen am Leegetor, auf den Bastionen Aussprung, Wolf oder Maidloch.

Und obendrüber der hohe Ostseehimmel.

Diese Farben prägen Danzig, seitdem es entstand.

✦ ✦

1000 JAHRE «GYDDANYZC»

1997 feierte Danzig die tausendste Wiederkehr jenes Jahres, in dem Bischof Adalbert von Prag auf seiner Missionsreise ins Prußenland durch Danzig gekommen war. In der Vita des wenige Tage später von den heidnischen Prußen erschlagenen Märtyrers wurde die Stadt erstmals erwähnt: *Gyddanyzc*. Die Organisatoren der Stadtverwaltung verkündeten: «Der Stolz über die eigene Geschichte, die vor tausend Jahren durch den heiligen Adalbert begann, hilft den Danzigern dabei, selbstbewußt in die Zukunft zu blicken».[1] Mit Straßenfesten, Konzerten, Märkten, Ausstellungen, historischen Spektakeln, Publikationen und Werbung im In- und Ausland gedachte Danzig wochen- und monatelang seines tausendsten Geburtstags. Zeitungen und Fernsehanstalten aus der ganzen Welt berichteten über die frisch herausgeputzte Ostseemetropole, die sich so eindringlich in die europäische Geschichte des 20. Jahrhunderts eingegraben hatte.

Für die lokale Bevölkerung war es aber mehr als nur einfach eine Jubiläumsfeier, es war die erste Gelegenheit seit der politischen Wende von 1989, einer neuen städtischen Identität Ausdruck zu verleihen: Nach der verordneten Fadheit der kommunistischen Jahre, als alles polnisch und systemkonform zu sein hatte, durfte man sich nun der vielgestaltigen Vergangenheit erinnern, der deutschen, der jüdischen, der kaschubischen, der niederländischen, schottischen und vieler anderer Geschichten. Stolz wähnten sich die neuen Stadtväter (und -mütter), beflügelt vom Zeiten überspringenden Genius Loci, als würdige Nachfolger einstiger hanseatischer Ratsherren mit steifer Halskrause und gerunzelter Stirn. Und zur Erinnerung an dieses «Danziger Millennium» baute man sich und dem alten Bischof Adalbert auf dem Hagelsberg gleich hinter dem Bahnhof ein riesiges rostrotes Kreuz, das – nächtlich angestrahlt – weithin vom historischen Erbe und von der christlichen Identität der Stadt berichtet. Der Blick, der sich von hier aus erstreckt, reicht weit ins Land, über Hügel, Werder und Meer, und er reicht weit in die Geschichte.

EIN BISCHOF UND VIELE ÜBERRASCHUNGEN

Adalbert von Prag war ein frommer Mann, nicht immer aber war der Bischof von Prag auch ein glücklicher Mann. Weniger zufrieden mit den Fügungen des Schicksals dürfte er gewesen sein, als er Prag nach politischen Konflikten 994 oder 995 verlassen musste. Sein Leben wollte er nun der Mission bei den Heiden widmen und so traf er im März 997 am Hof des polnischen Herzogs Bolesław Chrobry (der Tapfere) ein, vermutlich in Gnesen. Hier entschloss er sich zur Reise ins Land der Prußen. Er ritt mit einigen Gefährten zur Weichsel und fuhr dann mit einem Boot nach Danzig, wo er am 8. oder 9. April eintraf. «*Ipse vero adiit primo urbem Gyddanyzc, quam ducis latissima regna dirimentem maris confinia tangunt*», heißt es in der 998 oder 999 entstandenen Vita des Märtyrers: «Der aber [der Bischof] besuchte zuerst die Burg [bzw. Stadt] Danzig, die das ausgedehnte Reich des Herzogs vom Meer trennt.»[2] In Danzig taufte der Bischof «viele Scharen von Menschen» und fuhr anschließend zu den Prußen weiter, die ihn am 23. April erschlugen. Er wurde bald schon heiliggesprochen und seine sterblichen Überreste nach Gnesen überführt, wo man sie bis heute verehrt.

Diese dürren Informationen sind für anderthalb Jahrhunderte überhaupt der einzige schriftliche Hinweis auf Danzig. Sie enthalten nicht nur den Ortsnamen, sondern auch den Hinweis darauf, dass Danzig damals schon eine größere Siedlung war (*urbs*) und zum Staat von Herzog Bolesław gehörte. Wie aber war Danzig entstanden?

Für lange Zeit waren Urkunden und die Topographie der Stadt die einzigen Quellen, die Aufschluss über ihre mittelalterlichen Anfänge erlaubten. Systematische Ausgrabungen waren im dicht bebauten historischen Danzig nicht möglich. Das Unglück der Stadt am Ende des Zweiten Weltkriegs, als durch die Kampfhandlungen und die Eroberung des Jahres 1945 rund 90 Prozent der historischen Bausubstanz in den Innenstadtbezirken verloren gingen, war ein Glücksfall für die Archäologie und ermöglichte großflächige Grabungen. Die polnischen Archäologen konzentrierten ihr Augenmerk hierbei ab 1948 zunächst auf den Bereich der vermuteten frühmittelalterlichen Burganlage, um zweifelsfrei belegen zu können, dass sich bereits vor dem Zuzug deutscher Siedler ein großes slawisches Gemeinwesen entwickelt hatte. In den folgenden Jahrzehnten wurden stellenweise auch andere Teile der historischen Innenstadt untersucht. Neue umfangreiche Forschungen waren seit 1987 möglich, weil die Investoren nunmehr verpflichtet waren, vor dem Beginn von Neubauten im Innenstadtbereich Rettungsgrabungen zu finanzieren. Diese erbrachten nicht nur eine Fülle neuer Einzelfunde, sondern lieferten so viele teils unerwartete Erkenntnisse, dass die frühe Geschichte Danzigs heute in einem ganz anderen Licht erscheint als noch vor wenigen Jahren. Ausschlaggebend hierfür waren die neuen Datierungsmöglichkeiten mit Hilfe der Dendrochronologie (also anhand der Jahresringe von Bäumen) oder der C-14-Methode (Radiokoh-

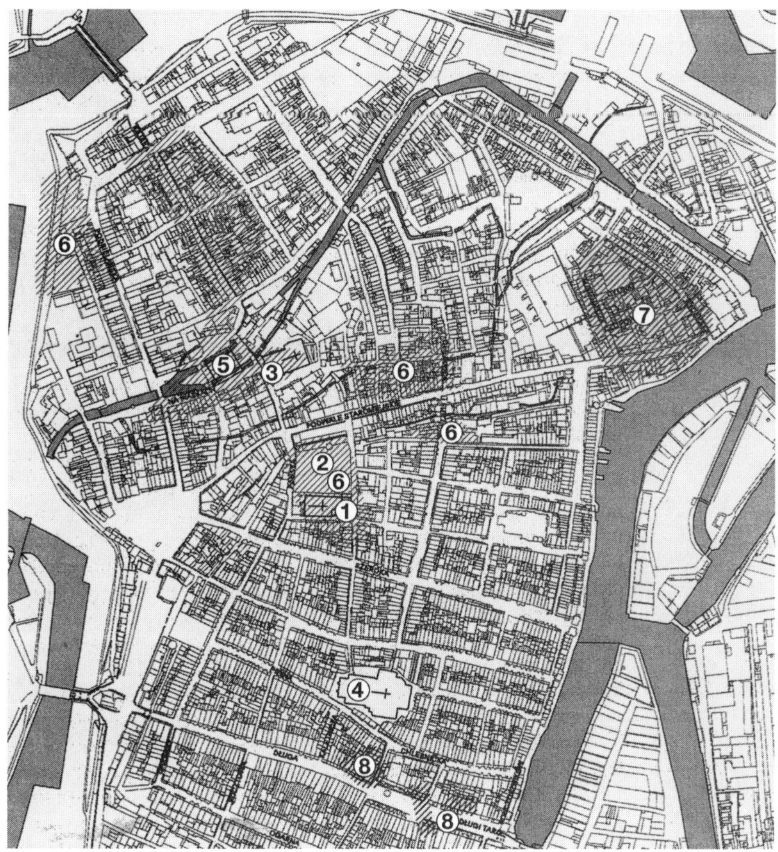

Erst in den letzten Jahren wird deutlich, welche Siedlungszentren es im frühmittelalterlichen Danzig gab, hier eingezeichnet vor dem Hintergrund der frühneuzeitlichen Stadt. 1: Heutige Kirche St. Nikolai, 2: St. Nikolai im 12. Jh., 3: St. Katharinen, 4: St. Marien, 5: Große Mühle, 6: Nachgewiesene Ausdehnung der deutschrechtlichen Stadt auf dem Gebiet der heutigen Altstadt, 7: Burg, 8: Siedlungsspuren auf dem Gebiet der heutigen Rechtstadt.

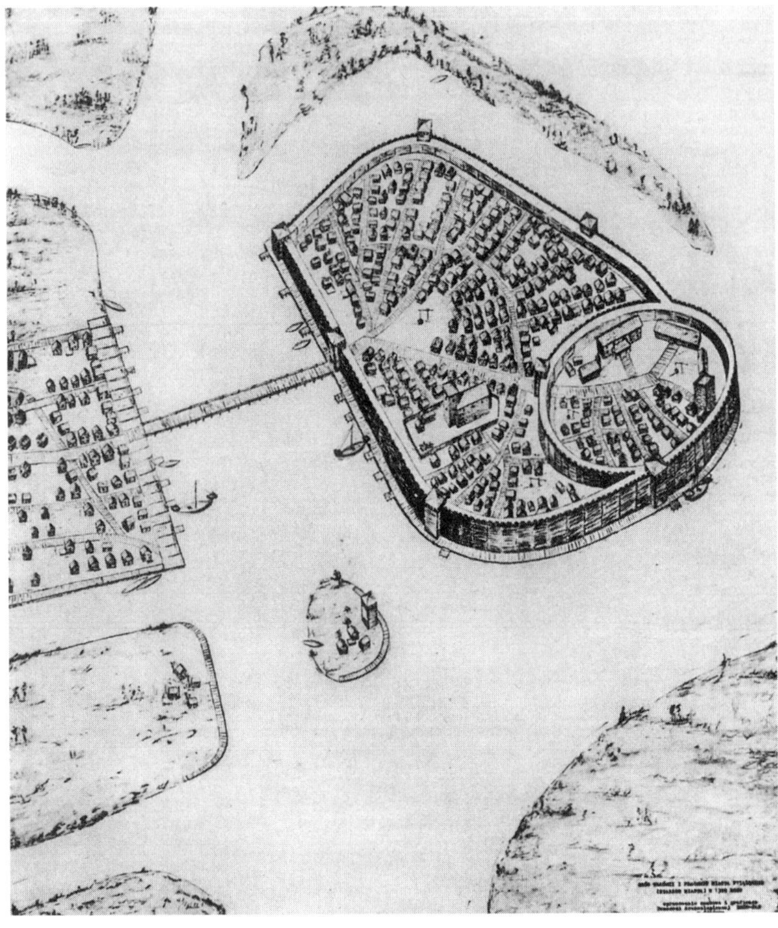

Rekonstruktion der auf einer Insel in der Mottlau gelegenen frühmittelalterlichen Burg im 12. Jahrhundert. Nach Andrzej Zbierski.

lenstoffdatierung). Diese Neubewertung der früh- und hochmittelalterlichen Geschichte ist allerdings noch nicht abgeschlossen, da wichtige Teile von Recht- und Altstadt archäologisch noch nicht ausreichend untersucht werden konnten.

Klar ist, dass die Siedlungsaktivitäten im Gebiet des heutigen Danzig seit dem ausgehenden 8. Jahrhundert zunahmen. An der Mündung der kleinen Mottlau in die große Weichsel, gut vier Kilometer vor der Mündung der Weichsel in die Ostsee, boten einige inselartige Anhöhen Schutz vor Feinden und gute Ankerplätze sowohl für Weichselboote wie auch für Hochseeschiffe. Für die Lage sprach außerdem die Möglichkeit, den Weichselhandel zu kontrollieren, was in einer Zeit, als der Warentransport über Land sehr mühsam war, einen unschätzbarern Vorteil bot. Weniger angenehm waren die regelmäßigen Überschwemmungen vor allem im Frühjahr bei der Schneeschmelze sowie die großen, östlich gelegenen Sumpfgebiete. Doch im Laufe der Jahrhunderte konnten die Gefahren durch große Deichbauten und Entwässerungsarbeiten verringert werden.

Die frühesten archäologisch belegten Siedlungsspuren stammen zwar aus Grabungen im Keller des stolz aufragenden Rechtstädtischen Rathauses, wo nach 930 einige Holzhäuser gebaut wurden. Doch das eigentliche Zentrum des frühmittelalterlichen Danzig war wahrscheinlich die auf einer Insel an der damaligen Mündung der Mottlau in die Weichsel gelegene Burg. War die Forschung bis vor kurzem noch davon ausgegangen, dass diese Burg bereits am Ende des 10. Jahrhunderts entstand und Vertretern der polnischen Piastendynastie als Amtssitz diente, so haben die dendrochronologischen Untersuchungen der letzten Jahre ergeben, dass die frühesten Schichten des Burgwalls und der Wohnbebauung auf die Zeit um 1060 zu datieren sind. Somit sind ältere Auffassungen, wonach die Gründung Danzigs um 980 auf Initiative des ersten historischen polnischen Herrschers Mieszko I. erfolgt sei, zumindest neu zu hinterfragen. Vielleicht befand sich die erste Burg im Gebiet der heutigen Rechtstadt oder auf dem Hagelsberg? Auch ist nicht mehr sicher, ob diese Burg überhaupt bis zu Beginn des 14. Jahrhunderts bestand, also bis zum Übergang Danzigs an den Deutschen Orden, als die Ritter hier ihre Burg bauten; die jüngsten bisher bekannten, dendrochronologisch belegten Daten aus dem Burgbezirk deuten auf die Mitte des 12. Jahrhunderts. Sollte tatsächlich alles jüngere Bauholz vermodert und verschwunden sein? Der Boden unter dem modernen Danzig hält jedenfalls noch einige Überraschungen bereit.

Die nach dem Zweiten Weltkrieg ausgegrabene, typisch slawische Anlage aus Burg und Vorburg (Suburbium) war ca. 2,7 Hektar groß und bot Platz für 2200 bis 2500 Einwohner. Vor Feinden und Hochwasser geschützt wurde sie von Holz-Erd-Wällen, die mit Felsbrocken und Steinen verstärkt waren; sie maßen an ihrer Basis bis zu 20 Meter und waren vermutlich bis zu 10 Meter hoch. Im Wohnbereich waren die Straßen mit

Holzbohlen bedeckt und gingen strahlenförmig vom einzigen Tor aus, das im Westen der Burgsiedlung lag und von dem aus eine Brücke über die Mottlau auf das Festland führte. Die Siedlung war dicht mit kleinen Wohnhäusern bebaut. Aufgrund der Grabungsergebnisse ist bekannt, dass hier vermutlich Mitglieder der Burgbesatzung mit ihren Familien lebten, zudem Dienstleute der Herrscher, die als Schmiede, Wagner, Sattler, Töpfer oder Fischer arbeiteten. Vermutlich gab es in der Burg auch eine gemauerte Kirche. Ihre Fundamente konnten zwar noch nicht gefunden werden, wohl aber einige spätgotische Granitbasen von Säulen, die möglicherweise aus dieser Kirche stammen.

Auf dem Gebiet der heutigen Altstadt – im Norden des historischen Innenstadtbereichs – sind Siedlungsspuren aus dem 10. und 11. Jahrhundert gefunden worden, doch erst in der Mitte des 12. Jahrhunderts verdichtete sich die Siedlungstätigkeit. Bei Grabungen ist an verschiedenen Stellen regelmäßige Bebauung aus dieser Zeit zum Vorschein gekommen. Das besiedelte Gebiet erstreckte sich im 13. Jahrhundert von der Nikolaikirche im Süden bis in die Gegend des Olivaer Tores im Norden und des Hauptbahnhofs im Osten. Die meisten Archäologen und Mediävisten sind heute der Ansicht, dass es sich hier um die Überreste der vielleicht schon um 1224, wahrscheinlich aber um 1263 von Herzog Swantopolk nach deutschem Recht gegründeten Stadt handeln dürfte. Ihre Lage ist jedoch nach wie vor umstritten; einige Indizien weisen auf das weiter westlich gelegene Gebiet rund um den heutigen Holzmarkt hin. Diese Stadt war Wohnstätte vor allem deutscher Kaufleute. Ob zuvor bereits eine «herzogliche» Stadt bestanden hatte, ob östlich der neuen, mit Lübecker Recht ausgestatteten Stadt die ältere Burgsiedlung weiterbestand oder ob sie Teil der neuen Stadt wurde, muss noch geklärt werden.

Das Ende dieser ersten Stadt ist mittlerweile kaum mehr strittig: Brandspuren und deutliche Hinweise auf eine Einebnung des Geländes zu Beginn des 14. Jahrhunderts belegen ihre Zerstörung in den Jahren 1308/1309 durch den Deutschen Orden. Nur die indirekt bereits für 1227 nachgewiesene Pfarrkirche St. Katharinen könnte weiter bestanden haben.

Am Südrand der damaligen Stadt – vielleicht noch innerhalb, vielleicht knapp außerhalb – lag die St. Nikolai-Kirche, die spätere Dominikanerkirche. Ihre Geschichte reicht bis in die zweite Hälfte des 12. Jahrhunderts zurück, als sie an der Kreuzung zweier wichtiger Wege und neben einer Marktsiedlung entstand. Die Tradition des Handelns blieb hier übrigens bestehen – nicht nur trägt der große Jahrmarkt Danzigs bis heute den Namen «Dominik», sondern auch der große Wochenmarkt befindet sich weiterhin hier, und am Ende des 19. Jahrhunderts wurde an der Stelle der abgetragenen Klostergebäude die bis heute existierende städtische Markthalle errichtet. Als diese vor wenigen Jahren umfassend renoviert wurde, hatten die Archäologen die Gelegenheit, sich in ihrem Inneren in die Vergangenheit der Stadt zu graben, mit einem sensationellen Ergebnis. Man fand nämlich nichts weniger als die ältesten Grundmauern der Stadt – die vor 1190 errichteten Fundamente einer einschiffigen romanischen Kirche, die damals möglicherweise als Pfarrkirche diente. Diese Kirche brannte wahrscheinlich gut 30 Jahre später bei einem Überfall der Prußen ab und wurde dann von Herzog Swantopolk den Dominikanern übergeben.

Der veränderte Wiederaufbau war bis 1235 abgeschlossen, doch 1308/1309 fiel diese zweite Nikolaikirche der Zerstörung Danzigs durch den Deutschen Orden zum Opfer. Ihre Nachfolgerin wurde später ein wenig weiter südlich neu gebaut, wo sie bis in die Gegenwart steht. Die Fundamente der beiden ersten romanischen Kirchen sind heute übrigens im Untergeschoss der Markthalle zwischen Fisch- und Fleischständen in einer beeindruckenden archäologischen Inszenierung zu sehen. Eine weitere Mini-Freilicht-Ausstellung soll auf dem angrenzenden Platz zwischen Markthalle und Nikolaikirche geschaffen werden, wo 2006 zur Überraschung der Archäologen ein romanischer Gewölbekeller aus der zweiten Hälfte des 13. Jahrhunderts entdeckt wurde.

Dort, wo sich heute das Zentrum der historischen Stadt befindet, in der an Langgasse und Langem Markt gelegenen Rechtstadt, herrschte im Frühmittelalter nicht viel Leben; zu sumpfig und verschilft war die Gegend. Zwar gibt es, wie erwähnt, einige Siedlungsspuren aus dem 10. Jahrhundert, doch eine intensivere Bebauung ist für ein übrigens nur ziemlich kleines Areal erst für das 12./13. Jahrhundert nachzuweisen. Vielleicht handelte es sich hierbei um das Kontor der Lübecker Kaufleute, die am Ende des 13. Jahrhunderts das Recht zum Bau einer befestigten Anlage in oder bei Danzig erhielten? Allerdings zweifeln die Fachleute heute, ob dieses Kontor überhaupt jemals errichtet worden ist. Eine größere städtische Siedlung ist in der Rechtstadt erst kurz vor der Mitte des 14. Jahrhunderts durch schriftliche Quellen und Bodenfunde belegt.

Zu dieser Zeit gab es rund zehn Kilometer nördlich des Stadtzentrums jedoch schon längst ein weiteres florierendes Zentrum: das Zisterzienserkloster Oliva, gegründet um 1178 oder kurz danach als Stiftung des Danziger Herzogs Sambor. Es wuchs rasch, besaß ein halbes Jahrhundert später bereits 35 Dörfer und sollte der Stadt in Zukunft noch einige Probleme bereiten.

SLAWEN UND DEUTSCHE, FISCHER UND HÄNDLER

Die Einwohnerschaft der frühmittelalterlichen Burg dürfte weitgehend slawisch gewesen sein. Sie bestand aus den herzoglichen bzw. königlichen Beamten mit ihren Familien, Rittern und einer größeren Dienstbevölkerung. Wahrscheinlich waren auch viele außerhalb der Burg lebende Fischer und Handwerker Slawen, meist wohl Angehörige pommerscher Völker (Kaschuben), deren Sprache dem Polnischen nahe verwandt war. Seit den 1220er Jahren sind in den Quellen deutsche Siedler (*coloni*) nachzuweisen. Die ersten von ihnen – Kaufleute aus Lübeck, sicherlich auch Handwerker – hatten sich wahrscheinlich bereits einige Jahrzehnte zuvor in Danzig niedergelassen. Auch baltische Prußen gab es.

Wichtigster Handelsweg war die Weichsel, auf der – verstärkt seit dem 13. Jahrhundert – schwere Güter wie Getreide, Holz und Holzprodukte (Teer, Pech, Asche, Kohle) transportiert wurden und der Danzig seinen Reichtum vor allem verdankte. Stromaufwärts nahmen die Boote Fisch und Salz mit, später auch Importwaren aus Flandern und dem Rheinland. Bedeutende Landwege führten westwärts über Stargard und Schwetz nach Gnesen und Posen sowie über Stolp nach Stettin. Um nach Osten in Richtung Preußen zu gelangen, setzte man bei Dirschau über die Weichsel.

Seit den 1220er Jahren war Danzig verstärkt das Ziel hansischer, vor allem Lübecker Koggen, für die wenig mottlauaufwärts ein neuer Hafen geschaffen wurde. Der Warenumsatz in Danzig stieg rasch, was die Stadt immer fester in den internationalen Handel einband. Funde von byzantinischer und persischer Seide, flandrischen und englischen Tuchen, sächsischem und rheinländischem Glas belegen diesen Aufschwung, der die Stadt bald zu einem wohlhabenden Gemeinwesen werden ließ. Neben Getreide und Holzprodukten nahmen die Schiffe auf ihrem Rückweg Honig, Wachs, Felle und Pelze mit, natürlich auch Bernstein und

Bernsteinerzeugnisse. Die Ein- und Ausfuhrzölle waren für die herzoglichen Finanzen überaus wichtig, machten aber auch Nachbarmächten wie den Markgrafen von Brandenburg und dem Deutschen Orden Appetit auf die Stadt.

Spätestens seit der Wende zum 12. Jahrhundert war Danzig ein bedeutendes Zentrum der handwerklichen Produktion, hundert Jahre später ein für die damalige Zeit großer Siedlungskomplex mit schätzungsweise 3000 bis 4000, vielleicht sogar bis zu 10 000 Einwohnern. Wie sich die Sozialstruktur der Einwohner veränderte, zeigte sich an ihrer Ernährung: Aßen sie im 12. Jahrhundert meist noch das Fleisch wildlebender Tiere, so verzehrten sie im 13. Jahrhundert bereits immer häufiger Zuchttiere, vor allem Schweine und Hühner, die nicht selten in Ställen direkt neben den Häusern gehalten wurden.

Eine große Bedeutung für das Danziger Handwerk hatten Schmiede, Bernsteindrechsler, Tischler und Zimmermänner – fast alle Häuser waren ja aus Holz –, Schiffszimmermänner, Töpfer, Weber, Gerber, Müller, Bäcker und viele andere Gewerke. Vieles ist durch Funde belegt, die heute im Archäologischen Museum der Stadt zu sehen sind. Die Nahrungsmittelversorgung sicherten nicht zuletzt die Fischer, die in den flachen Gewässern des Weichseldeltas wie auch in den Küstenzonen der Danziger Bucht ihre Netze auswarfen. Fleisch und Getreide für das ständig wachsende Danzig stammten aus der näheren Umgebung der Stadt. Bereits im 10./11. Jahrhundert waren zur Versorgung der Einwohner landwirtschaftliche Flächen von 2000 bis 2500 Hektar nötig, und bald schon mussten Lebensmittel aus weiter entfernten Gebieten importiert werden.

Für das Wirtschaftsleben von großer Bedeutung waren auch die Märkte, der wohl seit 1260 stattfindende Dominik-Jahrmarkt und die ständigen Märkte wie der beim Dominikanerkloster oder der Fischmarkt. Die von der Stadt angezogene Landbevölkerung, die Seeleute und die Händler füllten die Tavernen mit Leben, was wiederum den Herzog freute, weil er an deren Umsatz beteiligt war und seinen Staat mit den Einnahmen ausbauen konnte. Er leistete sich eine eigene Kanzlei, aus der schöne Urkunden hervorgingen. Angespornt durch die wachsenden Handelskontakte, legten auch die Bürger immer größeren Wert auf Bildung. Und so taucht in einer der wenigen Schriftquellen, die es für Danzig vor dem Jahre 1308 gibt, ein «Lehrer der Kinder» Namens Gerwin auf.

WECHSELNDE HERRSCHER

Die politische Geschichte Danzigs und seiner Umgebung lässt sich bis ins 13. Jahrhundert nur in Umrissen rekonstruieren. Am Ende des 10. Jahrhunderts gehörte die Ortschaft, wie aus der Vita des hl. Adalbert hervorgeht, dem polnischen Herzog Bolesław Chrobry. Aber eine Antwort darauf, wann die Gegend polnisch geworden war, wird man dem Dunkel der Geschichte wohl nie mehr entreißen können. Schon dem geheimnisvollen Dagome-iudex-Regest des ersten historischen polnischen Herrschers Mieszko I. aus dem Jahre 990 ist zu entnehmen, dass die Grenzen dieses Landes an der Ostsee bis hin zum Prußenland verliefen, das Weichselmündungsgebiet somit zum polnischen Staat gehörte. Möglicherweise war Pommerellen mit Danzig zwischen 970 und 980 dem jungen Staat einverleibt worden. Doch schon in den ersten Jahren des neuen Jahrtausends schüttelten die heidnischen slawischen Stämme die polnisch-christliche Herrschaft bei einem Aufstand ab.

Die riesigen Sümpfe und Wälder, die sich zwischen dem großpolnischen Herrschaftszentrum um Posen und Gnesen und der Weichselmündung erstreckten, erschwerten die Kontrolle des Gebiets. Leidvolle Erfahrungen damit machte der polnische Herzog Władysław Herman, der 1090/1091 zu einem Feldzug nach Pommerellen aufbrach, sich aber dort nicht halten konnte. Bei ihrem Rückzug brannten die Truppen die pommerellischen Burgen nieder, möglicherweise auch jene von Danzig.

Władysławs Sohn Herzog Bolesław III. Krzywousty (Schiefmund) ließ sich vom Misserfolg seines Vaters nicht beirren, machte sich ab 1116 erneut an die Eroberung Pommerellens und unterwarf es in den folgenden Jahren. Er unterstellte die Provinz in kirchlicher Hinsicht der Diözese Włocławek und setzte hier einen Stellvertreter ein. Der erste namentlich bekannte Stellvertreter war Sambor, der in einer Urkunde von 1188 Danzig als seine Burg bezeichnete. Sein möglicher Vorgänger Subislaw ist nur aus späteren Quellen bekannt. Sambor, der einer wahrscheinlich einheimischen Dynastie angehörte, nannte sich bereits *princeps Pomoranorum*, also Herzog (Herrscher) der Pommern, nicht aber *dux*, was den Piastenherrschern vorbehalten war. Das Herzogtum Danzig könnte damals vom hinterpommerschen Leba bis zur Weichsel gereicht haben.

Es ist nicht leicht zu erzählen, was alles im 13. Jahrhundert in und um Danzig geschah, zu oft wechselten die Herrscher und zu unübersichtlich sind die politischen Koalitionen. Nach Sambors Tod um 1207 übernahm dessen Bruder Mestwin (Mściwój) die Herrschaft und strebte nach einer immer größeren Eigenständigkeit von Polen. Er führte nun selbstbewusst den Titel *princeps in Danzk* und dehnte sein Einflussgebiet weit nach Süden aus. Sein ältester Sohn Swantopolk (Świętopełk), der seit 1217 regierte, nutzte den Zerfall Polens in Teilfürstentümer, um seinen Staat in die Selbständigkeit zu führen; bereits 1227 verwendete er den Titel *dux*, «Herzog von Pommerellen».

Nun tauchte ein neuer Akteur auf der Bühne auf, der Deutsche Orden, der sich seit 1230 auf Einladung des polnischen Herzogs von Masowien im Kulmer Land, südlich von Pommerellen, einrichtete, um die heidnischen Prußen zu christianisieren. Bald schon verwickelte sich die schlagkräftige Mönchsgemeinschaft in Auseinandersetzungen mit Swantopolk, bei denen es nicht zuletzt um die höchst attraktiven Einnahmen aus dem Weichselhandel ging, für den Danzig wiederum eine immer größere Bedeutung erlangte. Als 1253 Frieden geschlossen werden sollte, war der Orden deshalb besonders darauf bedacht, für seine eigenen Waren die Zollfreiheit im Danziger Hafen durchzusetzen. Unter Swantopolk, der 1266 starb, hatte sich Danzig zu einer bedeutenden Stadt entwickelt. Er hatte einen städtischen Organismus mit dem modernen Lübecker Recht gegründet und den Dominikanerorden angesiedelt.

Kurz nach Swantopolks Tod brach zwischen seinen Söhnen ein Krieg aus, in dem es wieder um Danzig ging. 1270 oder 1271 konnte Mestwin II. mit Unterstützung der Markgrafen von Brandenburg, denen er huldigte, seinem Bruder die Stadt abnehmen. Die Brandenburger dachten aber nicht daran, sich aus der wohlhabenden Stadt wieder zurückzuziehen, wo ihnen die deutschen Bürger gewogen waren. Neue Auseinandersetzungen standen ins Haus, diesmal zwischen den deutschen und den slawischen Einwohnern, die vielen Menschen das Leben kosteten. Erst mit Hilfe des großpolnischen Herzogs Bolesław Pobożny (der Fromme) gelang es Mestwin, seine Herrschaft über Danzig wiederherzustellen. Er befahl, die Stadtbefestigung abzureißen und ließ Landbesitz der deutschen Bürger beschlagnahmen, suchte aber zumindest mit einem Teil von ihnen einen Kompromiss. Die Stadt jedenfalls behielt ihre Selbstverwaltung und erholte sich rasch. Mestwins Sympathien galten jedoch der 120 Kilometer weiter südlich an der Weichsel gelegenen Burg Schwetz, wo er sich meistens aufhielt. In Danzig ließ er seinen Palatin Swenza die Geschäfte verrichten.

Derweil war aber im Osten der Deutsche Orden immer mächtiger geworden und machte keinen Hehl daraus, nun endgültig westlich der Weichsel Fuß fassen zu wollen. Um das Land abzusichern, vermachte Mestwin, der noch keinen männlichen Nachfolger hatte, 1282 für den Fall seines Todes ganz Pommerellen dem großpolnischen Herzog Przemysł II. So kam es dann schließlich auch 1294. Przemysł trat das Erbe an, und als er 1295 in Gnesen zum polnischen König gekrönt wurde, bedeutete dies die Rückkehr Pommerellens in den polnischen Staat. Doch schon Anfang 1296 wurde der neue König bei einem Entführungsversuch der Brandenburger ermordet, die sich ebenfalls noch Hoffnungen auf Danzig und Pommerellen machten und Przemysł zum Verzicht auf die einträgliche Provinz hatten nötigen wollen.

Przemysłs Nachfolger als Herzog von Großpolen, Władysław Łokietek (Ellenlang), kam nur selten nach Danzig, dessen Bürger die schwächere Kontrolle nutzten, um ihren Einfluss unter anderem auf Kosten des Klosters Oliva auszuweiten. Auch die Familie der Swenzonen baute ihre Macht in der Region zielstrebig aus. Erneutes Ungemach stand bevor, als im Jahre 1300 der böhmische König Wenzel II. die Herrschaft in Polen – und damit auch in Pommerellen – antrat. Die unruhige Lage wollten diesmal die Fürsten von Rügen nutzen, die sich quer durch Pommern in Richtung Danzig aufmachten und auf Bitten Wenzels nur vom Deutschen Orden aufgehalten werden konnten. Der Orden musste die Stadt 1302 zwar wieder verlassen, doch nur für wenige Jahre.

1305 starb Wenzel II., im Jahr darauf wurde sein Sohn Wenzel III. ermordet. Zumindest dem Historiker wird es bei allen diesen Ereignissen nicht langweilig, denn es tauchte noch ein weiterer Anwärter auf die Herrschaft über Pommerellen auf: der Bischof von Cammin in Pommern. Dagegen hatten aber die Markgrafen von Brandenburg etwas einzuwenden und setzten ihre Armee in Marsch, brannten Cammin nieder und besetzten das Schlawer Land. Zwar war inzwischen Władysław Łokietek wieder nach Polen zurückgekehrt, baute seine Herrschaft neu auf und setzte in Danzig mit Bogusza einen neuen (richterlichen) Statthalter ein, doch die Lage blieb instabil. Die von Łokietek enttäuschten Swenzonen riefen die brandenburgischen Markgrafen zu Hilfe, die mehrere hundert Ritter in Bewegung setzten und Anfang September 1308 vor den Toren Danzigs standen, bald schon in die ihnen wohlgesinnten Stadt einzogen und mit der Belagerung der von polnischen Rittern gehaltenen Burg begannen. Da Łokietek im Süden Polens beschäftigt war, bat sein Statthalter Bogusza den Deutschen Orden um Unterstützung. Wie verabredet, verstärkten Ordensritter die erschöpften Polen. Gleichzeitig marschierten die Ordenstruppen von Süden her auf die Stadt zu, deren Bürgerschaft überwiegend zur brandenburgischen Besatzung hielt. Die polnischen Ritter merkten zwar bald, dass der Orden keineswegs gewillt war, die Danziger Burg noch einmal herzugeben, konnten aber gegen die Übermacht nichts mehr ausrichten und wurden nach einigen Kämpfen zum Verlassen der Burg gezwungen. Sie zogen ab oder gesellten sich zu den Bürgern der Stadt und den dort verschanzten Brandenburgern.

EROBERUNG UND VORLÄUFIGES ENDE DER STADT DANZIG

Am späten Nachmittag des 12. November 1308 brannten Lagerfeuer rund um die Stadt. Die Streitmacht des Ordens hatte schon ein paar Mal versucht, die Mauern zu stürmen, und nun wollte sie einen neuen Anlauf wagen. Was sich in den kommenden Stunden abspielte, sollte als «Danziger Blutbad» in die Geschichte eingehen. Doch über den Ablauf der Ereignisse streiten die Historiker bis heute. Gab es bis zu 10 000 oder nur 16 Tote, wurde die Stadt dem Erdboden gleichgemacht oder nur leicht beschädigt, war der Orden ein brutales Werkzeug der Germanisierung oder ermöglichte er, «staatsklug waltend», der Stadt Danzig unter seiner «schirmenden Obhut» «eine glänzende und großartige Zukunft»?[3]

Zunächst die Ereignisse, geschildert nach einer neuen Interpretation des Danziger Mediävisten Błażej Śliwiński. In den Abendstunden des 12. November 1308 griff der Orden die Stadt Danzig erneut an, bezwang den Mauerring und drang in die Straßen ein. Die brandenburgischen sowie pommerellischen Ritter – Anhänger der Swenzonen – und viele Danziger Bürger wehrten sich zwar verzweifelt, doch hatten sie gegen die in die Stadt strömenden Ordenskrieger keine Chance. Nach späteren Zeugenaussagen sollen die Kreuzritter im gespenstischen Schein der brennenden Häuser so viel Blut vergossen haben, dass es von den Hunden aufgeleckt wurde. Einer der Verteidiger hatte sich in den Turm der Katharinenkirche geflüchtet, wurde aber entdeckt und erschlagen.

Die Sieger kannten keine Gnade und töteten viele Ritter und Bürger.

Als am Morgen des 13. November der Olivaer Abt Rüdiger in Danzig eintraf, waren die Straßen mit Leichen übersät. Er konnte die Hinrichtungen zwar nicht verhindern, einigen todgeweihten Rittern aber noch die Beichte abnehmen und 16 Leichname nach Oliva bringen, wo sie neben der Jakobskirche bestattet wurden. Insgesamt kamen wahrscheinlich 50 bis 60 Ritter sowie eine unbestimmte, aber vermutlich große Zahl von Bürgern ums Leben. Im Laufe der kommenden Monate sollte der Orden dann ganz Pommerellen besetzen.

Die Geschehnisse von Danzig machten bald von sich reden. In einer auf den 19. Juni 1310 datierten päpstlichen Bulle heißt es, die Kreuzritter hätten 10 000 Menschen umgebracht, darunter auch viele Kinder. Bei einem Gerichtsprozess, zu dem es 1312 in Riga zwischen dem dortigen Bischof und dem Deutschen Orden kam, wurden Zeugen der Danziger Vorfälle verhört, und 1320 sowie 1339 gab es Prozesse zwischen dem Deutschen Orden und Polen, das den Verlust Pommerellens nicht hinnehmen wollte. Während die Vertreter des Ordens hier bemüht waren, die Ausmaße des «Blutbads» herunterzuspielen und nur 15 bis 16 erschlagene pommerellische Ritter eingestanden, sprachen zahlreiche Befragte – einige Augenzeugen und viele Menschen, die selbst nicht vor Ort gewesen waren – von *strage magna* (großer Mord / großes Blutbad), *strage maxima* (größter Mord) oder gar *abhominabile strage* (grässlicher Mord).

Deutsche Historiker hatten lange den Beteuerungen des Ordens größeres Vertrauen geschenkt und argumentiert, 10 000 Tote seien in einer Stadt, die kaum so viele Einwohner besaß, schlicht unmöglich gewesen, es könnten allerhöchstens 60 bis 100 gewesen sein. Während ihnen nach dem Zweiten Weltkrieg auch viele polnische Historiker Recht gaben, stellt Błażej Śliwiński zahlreiche Indizien dafür zusammen, dass es tatsächlich ein «Blutbad» mit einer erschreckend hohen Zahl von Opfern – wenn auch nicht 10 000 – gegeben haben dürfte. Dergleichen sei im Mittelalter in ganz Europa keine Seltenheit gewesen. Die Kreuzritter und ihre Hilfstruppen hätten sich dadurch an den auf der brandenburgischen Seite stehenden Bürgern rächen wollen. Aufgrund der schlechten Quellenlage wird es in dieser Frage aber wohl nie mehr letztendliche Gewissheit geben.

Umstritten war noch ein weiteres Problem: Wurde Danzig 1308 zerstört oder nicht? Erich Keyser, der fachhistorische Lokalmatador der Zwischenkriegszeit, verwies entsprechende Erzählungen kurzerhand «in das Reich der Legende».[4] Doch eine aufmerksame Lektüre der Quellen konnte auch andere Schlüsse zulassen. So hatte Paul Simson bereits kurz vor dem Ersten Weltkrieg geschrieben, die Bürger hätten auf Verlangen des Deutschordens-Landmeisters nicht nur die Festungswerke zerstört, sondern auch «selbst aus freien Stücken die Häuser» abgerissen.[5] Auf eine Zerstörung deutet außerdem die Tatsache hin, dass aus der Zeit vor 1308 keine einzige städtische Urkunde erhalten ist. Sicherheit erbrachten aber erst die Grabungsergebnisse nach dem Zweiten Weltkrieg. Sowohl die archäologischen Untersuchungen im Bereich der frühmittelalterlichen Burg als auch die jüngsten Ausgrabungen in der Altstadt zeigen eine am Beginn des 14. Jahrhunderts abgebrochene urbane Entwicklung. In der Altstadt sind nach dem Brand die Trümmer der Häuser anscheinend rasch eingeebnet worden; auf dieser Schuttschicht wurden dann nach einer Reihe von Jahren neue Straßen und Fundamente für neue Gebäude angelegt. Möglicherweise blieben einige Ecken von Danzig verschont und wurden weiter bewohnt, doch die meisten Einwohner dürften die Stadt verlassen haben; einige ehemalige Danziger sind wenig später in Lübeck nachzuweisen.

Es gab mehrere Gründe für die Zerstörung der Stadt. Zum einen wollte der Orden den Brandenburgern die Lust nehmen, noch einmal ihre Hand nach Pommerellen und der einflussreichen Hafenstadt Danzig auszustrecken. Zum anderen war Danzig eine wirtschaftliche Konkurrenz für den Orden und seinen bis dahin wichtigsten Hafen Elbing gewesen. Und tatsächlich – bis zum Ende der 1320er Jahre ist vom Danziger Handel nun nichts mehr zu hören.

4

BACKSTEINROT

DANZIG ALS TEIL DES ORDENSSTAATES

1308–1454

✦ ✦

Gewiss, Backsteine können auch hässlich sein: schwärzlich rußüberzogen, grauweiß vom Taubendreck, schorfig zersprungen, vielfach vernarbt. Doch wenn die Sonne scheint, das Morgenlicht sich in den gewaltigen Wänden der Marienkirche fängt, die Türme, Tore und Mauern Danzigs zu leuchten beginnen, dann leben die Ziegel auf. Vergangenes rückt greifbar nahe.
Sanft gleiten deine Hände über das schrundige Rot. Du spürst die Wärme der Stadt, die Anmut des Alters. Zart sind diese emporgereckten Backsteinriesen, verletzlich schön, doch stark zugleich.

✦ ✦

EIN DENKMAL (FEHL) AM PLATZE

Im Jahre 1967 hatten die polnischen Stadtmütter und Stadtväter von Danzig eine Idee: Den ins nächste Jahr fallenden 660. Jahrestag des «Danziger Blutbads» von 1308 wollte man mit der Errichtung eines Denkmals feiern, das an die vom Deutschen Orden ermordeten «treuen Wächter Polens» erinnern sollte. Gleichzeitig wollte man der jüngsten Vergangenheit gedenken. In der Ausschreibung des Denkmalwettbewerbs hieß es deshalb: «Die Entsprechung der Kreuzritterverbrechen waren Hitlers Lager und Krematorien. Das Märtyrertum der polnischen Bevölkerung von 1308 hat es wegen der politischen Bedeutung und seiner aktuellen Aussage verdient, in dauerhafter Form erinnert zu werden.»[1]

Das schließlich erst 1969 enthüllte Granitmonument stellt eine mit der Schneide im Boden steckende, nur schwer als solche zu erkennende Streitaxt dar. Die nach Westen zugewandte Seite trägt die Aufschrift: «*1410–1945 – Tym co za polskość Gdańska*» (Denen, die für das Polentum Danzigs kämpften / eintraten / fielen – der Titel ist mehrdeutig); den zentralen Platz im plastischen Schmuck des Denkmals nehmen ein polnischer Ritter aus der Tannenbergschlacht von 1410 sowie ein polnischer Soldat aus dem Zweiten Weltkrieg ein. Auf der Ostseite prangt der Schriftzug «*1308 – Rzeź Gdańska*» (Danziger Blutbad). Auf der nördlichen Schmalseite gibt es noch drei Jahreszahlen: «*1454, 1466, 1939*», die an den Abfall Danzigs vom Deutschen Orden während des Dreizehnjährigen Kriegs 1454–1466 sowie an den Ausbruch des Zweiten Weltkriegs erinnern. Kurzum – das Denkmal ist typisches Produkt einer Zeit, in der die seit dem 19. Jahrhundert gepflegten nationalgeschichtlichen Erzählungen Polens von Aufständen und langem Martyrium, von trotzigem Stolz und deutsch-polnischer Feindschaft mit Kriegserfahrungen, offiziellem Antifaschismus und dem steten Bedarf zusammenfielen, den Besitz der ehemals deutschen Ost- und nunmehr polnischen Westgebiete zu legitimieren.

Bis heute steht, unlängst aufgefrischt und steinern mahnend, das Denkmal am Altstädtischen Graben, direkt neben den Backsteinresten der mittelalterlichen Stadtbefestigung der Rechtstadt. Unweit von hier erhob sich vor langer Zeit das Ziegelungetüm der Ordensburg. Manchmal huscht ein rötlichbrauner Schimmer über den öden Platz, auf den sich nur wenige Besucher verirren. Und das ist wohl auch gut so, denn das «Danziger Blutbad» von 1308 taugt nicht für eine moderne nationale Zuschreibung. Schließlich kämpften damals keine polnischen Stadtbürger für ihr «Polentum», sondern vorwiegend deutsche Bürger an der Seite brandenburgischer Truppen und pommerellischer Ritter – die sich gegen die polnische Herrschaft gewandt hatten – gegen den Deutschen Orden. Aber so differenziert wollte das nach dem Zweiten Weltkrieg eigentlich niemand sehen.

ORDEN UND BÜRGER

Der Deutsche Orden hatte, als er 1308 in den Besitz der Stadt Danzig gelangte, bereits eine mehr als hundertjährige Geschichte hinter sich. Gegründet am Ende des 12. Jahrhunderts im Heiligen Land, entwickelte er sich rasch zu einer mächtigen mönchischen Rittergemeinschaft. Doch der nahöstliche Landbesitz, konzentriert um die Stadt Akkon, genügte den Brüdern bald schon nicht mehr. Begünstigt nicht zuletzt durch eine schnell wachsende Zahl von Landschenkungen in den deutschen Ländern, wurde er unter Leitung des Hochmeisters Hermann von Salza und protegiert von den Staufern rasch zu einer wirtschaftlich wie militärisch schlagkräftigen Organisation. Somit fielen die Bitten des polnisch-masowischen Herzogs Konrad, der Orden möge ihm helfen, die gefährlichen Prußen zu bändigen und zu christianisieren, 1225/1226 auf fruchtbaren Boden. Wenige Jahre später erhielt die kriegerische Mönchsgemeinschaft das an der Weichsel gelegene Kulmer Land und schickte sich an, das Prußenland zu erobern, was innerhalb eines halben Jahrhunderts gelang. Auseinandersetzungen mit den Nachbarn Litauen, Polen und Pommerellen blieben nicht aus und führten schließlich 1308 zur Eroberung Pommerellens. Der Orden kontrollierte nun den Unterlauf der Weichsel und sicherte sein Staatsgebiet damit gen Westen ab. Nicht zufällig verlegten der Ordenshochmeister und seine wichtigsten Mitarbeiter – die Gebietiger – 1309 ihre Residenz von Venedig in die nur 60 Kilometer südöstlich von Danzig gelegene Marienburg. Das gewaltige Schloss an der Nogat wurde zum Zentrum eines für die damaligen Verhältnisse modern und straff organisierten Staatswesens.

Der Ordensstaat war in Komtureien unterteilt, in denen unter Leitung eines Komturs die mit jeweils rund einem Dutzend Ritterbrüdern und Ordenspriestern besetzten Ordenskonvente die Macht ausübten. Auch Danzig wurde zum Sitz eines solchen Konvents.

Zwar hatte der Orden Danzig 1308 größtenteils zerstört, doch stellte sich bald schon heraus, dass eine Stadt an dieser Stelle notwendig war. Sie konnte die Weichselmündung sichern, den Weichselhandel kontrollieren, besaß einen guten Hafen, war ein geeigneter Platz für die Entstehung eines produzierenden Gewerbes und erwies sich für die soeben begonnene Trockenlegung und Erschließung des Danziger Werders als unabdinglich. Deshalb scheinen die Ordensgewaltigen schon bald zu der Überzeugung gelangt zu sein, die Wiederentstehung der Stadt nicht zu behindern. Doch wachten sie aufmerksam über das mit großer Geschwindigkeit wachsende Häusermeer und griffen immer wieder in die laufenden Geschäfte ein, um die Bürger nicht zu übermütig werden zu lassen.

EINE BURG, VIELE STÄDTE UND EINE FISCHERSIEDLUNG

Die räumliche Entwicklung Danzigs im 14. und 15. Jahrhundert ist reichlich kompliziert, denn neben der Burg entstanden die Rechtstadt mit Neustadt und Vorstadt, die Altstadt und die Jungstadt, ganz zu schweigen von den vielen vorstädtischen Siedlungen.

Wahrscheinlich bezogen die Ordensritter zunächst die alte pommerellische Burg auf der damals an der Mündung der Mottlau in die Weichsel gelegenen Insel, doch um 1340 dürften sie mit dem Bau einer neuen Burg begonnen haben. Es ist nur eine einzige Abbildung der 1454 zerstörten Ordensburg bekannt, in der linken oberen Ecke eines am Ende des Zweiten Weltkriegs verschollenen Ölgemäldes aus dem Artushof. Sie zeigt einen an der Mottlau liegenden, eindrucksvollen Baukörper mit Basteien und einem zentralen, hohen Turm. Damit dürfte die Danziger Burg zu den besonders repräsentativen Wehrbauten des Deutschen Ordens gehört haben, auch nachdem sich der Hauptstrom der Weichsel in der zweiten Hälfte des 14. Jahrhunderts in Richtung Norden verschob und die Burg von da an «nur noch» an der Mottlau lag.

Erhalten sind bis heute, eingebaut in einige Wohnhäuser, kleine Reste der Vorburgmauer mit Zinnen und Teile eines rechteckigen Turms. Grabungen haben einige Grundmauern zu Tage gebracht, die jedoch die Gesamtanlage nicht erschließen. Vermutlich bestand die Burg aus einem von einem Wassergraben umgebenen trapezförmigen Haupthaus mit Ecktürmen und einem hohen Mittelturm sowie einer – oder gar zwei – Vorburgen. Diese waren durch Wassergräben gesichert, über die Brücken in die Stadt führten.

Wahrscheinlich entfaltete sich in der Stadt Danzig nach 1308 mehr als ein Jahrzehnt lang kein nennenswertes wirtschaftliches Leben. Erst 1328 werden im Zolltarif der Stadt Wismar wieder Danziger Kaufleute erwähnt. Dies dürfte auch die Zeit gewesen sein, in der die urbane Entwicklung Danzigs einen neuen Schub erhielt. Zentrum der neuen Bautätigkeit war jedoch nicht das frühere Stadtzentrum, sondern ein südlich gelegenes, an die Mottlau grenzendes Gebiet – die Rechtstadt (von «rechte», d. h. eigentliche Stadt). Hier entstanden Häuser, zunächst noch ein wenig ungeordnet entlang einiger zur Mottlau führender Wege. Noch heute sind die vier wichtigsten Straßenzüge zum Fluss – Hundegasse, Langgasse und Langer Markt, Jopengasse und Brotbänkengasse sowie Heilig-Geist-Gasse – leicht gekrümmt. Im Sumpfland nördlich des Langen Markts setzte die Bautätigkeit ein wenig später ein.

Der Orden entschloss sich vermutlich erst nach einiger Zeit, der neu entstehenden Stadt eine angemessene rechtliche Form zu verleihen. 1342 stellte ihr Hochmeister Ludolf König eine auf dem Kulmer Recht gründende Handfeste aus (ergänzt 1346 und 1378), in der das Gebiet der Rechtstadt bestimmt wurde und die auch Richtlinien für den Bau der Marienkirche und der Stadtmauern enthielt. Deren Errichtung begann umgehend, und schon wenige Jahre später umgab ein bis zu sechs Meter hoher Mauerkranz mit vielen Türmen und Toren das aufblühende Gemeinwesen. Teile davon sind bis heute erhalten.

Bald erwies sich das Stadtgebiet zwischen Hundegasse und Heilig-Geist-Gasse als zu klein. Und so wurde es bereits seit den 1340er Jahren nach Norden in Richtung Burg um die Neustadt erweitert. Dabei galt es zunächst erst einmal, das sumpfige Gebiet trockenzulegen. Doch schon 20 Jahre später war auch dieser Stadtraum nicht mehr groß genug, so dass südlich der Rechtstadt die Vorstadt zu wachsen begann.

Die Rechtstadt interessierte sich schon früh für das rechts der Mottlau gelegene Land. Vom Koggentor, das den Langen Markt abschloss, führte eine Brücke zum anderen Flussufer, wenige Schritte südlich entstand die Kuhbrücke. Hier, gegenüber der Rechtstadt, wurden rasch zahlreiche Speicher, ein Schlachthof, ein Asch- und ein Teerhof errichtet; spätestens im 16. Jahrhundert wurde durch die Entstehung der Neuen Mottlau daraus die Speicherinsel. Östlich dieser Speicherstadt bildete sich nach und nach die Vorstadt Langgarten heraus.

Bis in die zweite Hälfte des 14. Jahrhunderts besaß die «Altstadt», wie das Gebiet des 1308 zerstörten alten Danzig nun genannt wurde, keine Stadtrechte mehr und entwickelte sich nur langsam zu einer Art Vorstadt der Rechtstadt, in der Handwerker und Kleinkaufleute lebten, oft nebenher auch noch Landwirtschaft trieben. Möglicherweise wollte der Orden nicht, dass der Hauptzugangsweg zur Burg durch eine dicht besiedelte Stadt führte. Einen Aufschwung nahm die Altstadt erst, nachdem auf Betreiben des Ordens die aus dem kaschubischen Hügelland ursprünglich in die Mottlau fließende Radaune zwischen 1338 und 1356 durch einen Kanal in das Gebiet der Altstadt umgeleitet wurde, um die Strömung wirtschaftlich nutzen zu können. Neben der großen Ordensmühle entstanden hier in den folgenden Jahrzehnten ein Kupferhammer, Schleifereien, eine Ölmühle, eine Loh- und Walkmühle sowie – im Hakelwerk – eine Schneidemühle. Der Orden blieb im Besitz der Altstadt und behielt sich das Recht der Auswahl ihrer Bewohner vor, denen er gegen Geldzahlungen und Scharwerkdienste Grundstücke zur Verfügung stellte. Daran änderte sich auch nichts, als die Altstadt um 1377 die Stadtrechte erhielt.

Wenn es im Siedlungsraum Danzig eine Kontinuität zur Zeit vor 1308 gab, dann am ehesten in den paar Straßen des Hakelwerks direkt vor der Burg. Hier wurden nach 1308 die slawischen (und wohl auch prußischen) Fischer aus der ehemaligen Burgsiedlung angesetzt, denen der Orden das Recht der Fischerei und des Bernsteinsuchens an der Danziger Bucht gewährte. Der Ausdruck Hakelwerk «bezieht sich auf eine einfache Befestigungsanlage aus behacktem Buschwerk und Weißdorngestrüpp»[2], wie es sie zum Schutz von Außenhöfen auch bei anderen Deutschordensburgen gab. Bis zu Beginn des 15. Jahrhunderts wurde hier nachweislich Polnisch gesprochen.

> Wir brudir Winrich von Kniprode, homeister des ordens der brudir des spitales sente Marien des deutschen huses von Jerusalem, vorlien und geben mit der gebitigere rate und willen unsirn getruwen Lange Claus und Peter Sandowin unsere stad dy junge stad Danczk czu besetczen und eren unwoneren und eren nochkomelingen allen ewiclich Colmisch recht und gerichte [...].[3]

Mit diesen Worten beginnt die Handfeste, mit der Ordenshochmeister Winrich von Kniprode im Jahre 1380 die Danziger Jungstadt gründete. Ziel des Ordens war es, der Rechtstadt angesichts ihres fulminanten Aufstiegs Konkurrenz zu machen. Die beiden mit der Lokation beauftragten Lange Claus und Peter Sandowin parzellierten dazu einen nordwestlich von Altstadt und Burg direkt an der Weichsel gelegenen Bereich. Da die Jungstadt nach 1454 zerstört wurde, ist ihre Lage bis heute nicht genau geklärt; zu vermuten ist sie unter dem Gelände der heutigen Danziger Werft.

Die vom Orden aufmerksam kontrollierte Jungstadt konnte sich als Zentrum von Handel und Handwerk bei weitem nicht so dynamisch entwickeln wie die Rechtstadt. Noch 30 Jahre nach ihrem Baubeginn waren nicht alle Bauplätze vergeben, und dabei blieb es bis zu ihrem Ende. Offensichtlich war die mit sehr viel größeren Privilegien ausgestattete und mächtigere Rechtstadt für Zuwanderer ungleich attraktiver als das unter der Kuratel des Ordens stehende Gemeinwesen. Dennoch betrachtete die Rechtstadt die kleine Schwester als ungeliebte Konkurrenz, weshalb sie die erstbeste Gelegenheit nutzte und sie im Januar 1455 abbrechen ließ.

DIE MENSCHEN

Danzig wuchs im 14. und 15. Jahrhundert rasant. Am Ende des 14. Jahrhunderts wanderten alleine in die Rechtstadt jährlich im Schnitt 172 neue Bürger zu, oft mit ganzen Familien. Nimmt man die Einwohner ohne Bürgerrecht hinzu, so lebten im gesamten Stadtkomplex (Rechtstadt, Altstadt, Jungstadt, Hakelwerk, Vorstadt) bereits mehr als 10 000 Menschen, um 1430 dürften es doppelt so viele gewesen sein. Damit war Danzig binnen kurzem neben Lübeck zur größten Stadt an der Ostsee geworden. Seuchen und Hungersnöte, die immer wieder auch Danzig heimsuchten, konnten diesen Aufschwung nicht gefährden.

Die Zuwanderer, die das Bürgerrecht erwarben, waren – zumindest in der Rechtstadt – fast durchweg Menschen deutscher Zunge. Sie stammten, wie Forschungen ergeben haben, zu 25 Prozent aus dem Gebiet des Ordensstaates selbst, insbesondere aus der näheren Umgebung der Stadt. Fast ebenso groß war der Anteil der aus Norddeutschland Eingewanderten, gefolgt von Siedlern aus Mittel- und Süddeutschland. Der Anteil der in Polen Gebürtigen betrug weniger als zwei Prozent (aber auch hiervon waren nicht wenige Deutsche), allerdings sind in der spätmittelalterlichen Stadt einige slawisch klingende Bürgernamen nachzuweisen. Dies änderte jedoch nichts daran, dass die Umgangssprache der Bevölkerung, mit Ausnahme vielleicht im Hakelwerk, das Deutsche war, gemeinhin die niederdeutsche Mundart, in der übrigens auch viele städtische Akten verfasst wurden. Vermutlich waren jedoch Teile der unterbürgerlichen Schichten polnisch-slawischer Herkunft – Lehrlinge und Gesellen, Dienstpersonal, Tagelöhner, Hafenarbeiter usw., auch Bettler und Prostituierte. Diese Symbiose zwischen deutschem Bürgertum und einer teils nichtdeutschen Unterschicht, die sich allerdings stets schnell assimilierte, sollte für Danzig bis weit ins 20. Jahrhundert typisch bleiben.

Die Einwohnerschaft der Rechtstadt differenzierte sich in gesellschaftlicher Hinsicht rasch, auch wenn die soziale Mobilität noch groß war. So hatte ein aus bescheidenen Verhältnissen stammender Mensch wie der langjährige Bürgermeister Konrad Letzkau, aus dem Dorf Letzkau im Danziger Werder gebürtig, die Chance, als Bürger und Kaufmann vermögend zu werden und die höchsten städtischen Ämter zu bekleiden. Tendenziell aber bildete sich bereits im 14. Jahrhundert eine städtische Elite heraus, ein aus einigen Dutzend Familien bestehendes Patriziat, dessen Vertreter die meisten städtischen Ämter besetzten. Wer etwas auf sich hielt, besaß ein Haus an der Langgasse oder am Langen Markt, huldigte ritterlichen Tugenden und wurde Mitglied der Georgsbrüderschaft. Diese errichtete in der zweiten Hälfte des 14. Jahrhunderts am Langen Markt ihr Versammlungshaus, den Artushof. Zunächst einer kleinen Zahl besonders wohlhabender Bürger vorbehalten, diente der mit seinem Namen an den legendären britannischen König und seine Tafelrunde anknüpfende Versammlungsort seit dem Ende des 14. Jahrhunderts bereits breiteren Kreisen. Ein Vermögen von 20 Mark genügte, um Eintritt zu erlangen, es sei denn, man war Handwerker oder Kleinkrämer – dann blieben einem die Tore auch verschlossen, wenn man reicher war. Man traf sich am Abend, sonn- und feiertags nach dem Mittagessen, trank gemeinsam Bier, unterhielt sich, gelegentlich lud man die Frauen dazu, um sich bei Musik und Tanz zu vergnügen. Und stolz waren die Danziger Kaufleute jener Zeit, sie trugen ein Schwert und einen oft kostbar geschmückten Gürtel, in dem sich neben ihrem Geld der Siegelring befand.

Doch Danzig lebte mitnichten nur vom Handel. Wenn man zu jener Zeit die Stadt betrat, hatte man wahrscheinlich viel eher den Eindruck, sie werde von den Handwerkern dominiert. Das Straßenbild war geprägt von Schneidern, Hökern, Schuhmachern, Bäckern und vielen anderen, vor allem aber von Brauern – alleine in der Rechtstadt gab es 1416 nicht weniger als 378 Vertreter dieser Zunft.

Es ist kein Wunder, dass das große zahlenmäßige Übergewicht der Handwerker über die vom Handel lebenden Führungsschichten in der Geschichte der Stadt immer wieder zu Konflikten führte. Nach ersten Unruhen 1363, über die nichts Genaueres bekannt ist, brach 1378 eine offene Auseinandersetzung aus: Der Protest wurde von den einflussreichen Brauern angeführt, die sich über eine Erlaubnis des Hochmeisters zur Einfuhr von Wismarer Bier empörten. Ziel der Aufrührer war es, die Stellung der Handwerker in der Stadt und ihre Vertretung in der Stadtregierung zu verbessern. Mit Unterstützung des Ordens schlug der Stadtrat den Widerstand jedoch nieder, einige Rädelsführer wurden gehenkt, andere – darunter der Wortführer der Brauer, der aus einem Ratsgeschlecht stammende Hermann von Ruden – konnten fliehen und die alte Ordnung blieb bestehen.

Das rechtstädtische Siegel, wie es bis in die zweite Hälfte des 14. Jahrhunderts verwendet wurde, zeigte eine Kogge, Symbol des kaufmännischen Erfolgs.

INNERE VERFASSUNG

Die Rechtstadt Danzig wurde von einem aus Angehörigen der Kaufmannschaft gebildeten Rat regiert. Er unterteilte sich zunächst in den geschäftsführenden «Sitzenden Rat» mit dem Bürgermeister, seinem Stellvertreter (die in der Regel jährlich wechselten) und zwölf meist lebenslänglich amtierenden Ratsherren, sowie in den «Gemeinen Rat» als Vertretung des Patriziats. Der Rat, dessen beide Gremien im 15. Jahrhundert zusammenwuchsen, verwaltete den städtischen Grundbesitz, führte die Bauaufsicht, kontrollierte das Handwerk, die städtische Sicherheit und das Marktgeschehen. Die in der Stadt geltenden Vorschriften waren in einem Gesetzbuch niedergelegt, der Willkür, deren erste Fassung wohl schon im 14. Jahrhundert existierte, die aber erst in einer Version um 1440 erhalten ist. Über die Einhaltung dieser Vorschriften wachte das aus Ratsherren und dem Bürgermeister bestehende Wettgericht.

Der Rat sorgte außerdem für die Erhaltung der kirchlichen Gebäude, verwaltete das Kirchenvermögen und ernannte das Gericht. Die dem Gericht angehörenden Schöffen erlangten im 15. Jahrhundert immer mehr Selbständigkeit und etablierten sich neben dem Rat («Erste Ordnung») als weiteres Entscheidungsgremium der Stadt («Zweite Ordnung»). Diese ersten beiden Ordnungen waren auf die Angehörigen weniger, oft untereinander verschwägerter Ratsfamilien beschränkt. Bei aller bürgerlichen Selbstverwaltung – der Orden hatte sich zahlreiche Möglichkeiten

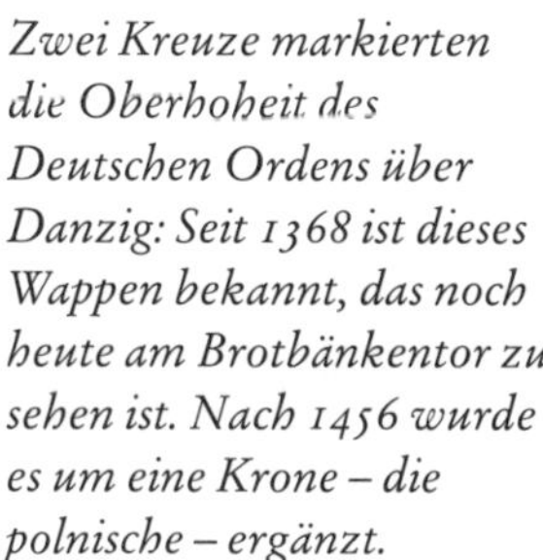

Zwei Kreuze markierten die Oberhoheit des Deutschen Ordens über Danzig: Seit 1368 ist dieses Wappen bekannt, das noch heute am Brotbänkentor zu sehen ist. Nach 1456 wurde es um eine Krone – die polnische – ergänzt.

vorbehalten, Einfluss auf das Geschehen in der Stadt zu nehmen, was der Rechtstadt, deren Eliten natürlich die viel größeren Freiheiten befreundeter Städte wie Lübeck kannten, immer weniger gefiel.

Im Mittelalter kam Symbolen und symbolischen Handlungen eine große Bedeutung zu. Es war deshalb keine Bagatelle, dass die Rechtstadt in der Mitte des 14. Jahrhunderts ihr Siegel, mit dem alle wichtigen Schriftstücke beglaubigt wurden, veränderte. Zunächst hatte sie weiterhin das Siegel der pommerellischen Stadt von vor 1308 geführt, eine mit Brustwehren und Mastkorb versehene Kogge, die auf einen achtstrahligen Stern zufährt. Spätestens 1368 aber gab es ein neues Siegel, auf dem zwei übereinander stehende Kreuze zu sehen waren. Ein Zeichen kaufmännischer Unabhängigkeit wich somit einer Darstellung, welche die Herrschaft des Deutschen Ordens über Danzig symbolisierte. Mit diesem neuen Zeichen versah die Stadt auch ihre Tore; auf dem Brotbänkentor ist es bis heute erhalten. Wenn der Orden aber geglaubt hatte, er könne sich die Stadt dadurch langfristig gefügiger machen, so wurde er bald schon enttäuscht: Die aufstrebende und selbstbewusste Rechtstadt, Mitglied der Hanse, entwickelte ihre eigenen politischen Ambitionen und sollte sich 1410 erstmals offen gegen den Orden stellen.

Im Vergleich zur Rechtstadt nahm der Orden die beiden anderen städtischen Organismen viel stärker an die Kandare. In der Altstadt hatten die Handwerker anscheinend größeren Anteil an der Stadtverwaltung, was auch damit zusammenhing, dass hier nur wenige Kaufleute lebten. Da das altstädtische Archiv seit dem Ende des 18. Jahrhunderts verschollen ist, lässt sich das aber nicht mehr mit Bestimmtheit sagen. Der Orden griff jedenfalls stark in das städtische Geschehen ein. So durften Zunftstatuten nur mit seiner Einwilligung erlassen werden und der Orden besteuerte alle Gewerbetreibenden und Hausbesitzer individuell, anders als im Fall der Rechtstadt, die eine pauschale Abgabe entrichtete. Das Siegel der Altstadt zeigte die hl. Katharina, die Patronin der altstädtischen Pfarrkirche, und auch auf dem Siegel der Jungstadt prangte der Patron der dortigen Pfarrkirche, der hl. Bartholomäus.

HOLZ UND SALZ – VOM AUFSTIEG EINER HANDELSMACHT

Die Voraussetzungen zur wirtschaftlichen Entwicklung Danzigs wandelten sich im 14. Jahrhundert entscheidend. Zunächst waren sie alles andere als gut: Die engere Umgebung der Stadt war bei der Eroberung durch den Deutschen Orden in Mitleidenschaft gezogen worden, die Stadt selbst war zerstört und ihre Einwohner in alle Winde zerstreut. Wirtschaftliche Impulse fehlten aber nicht nur in der Region selbst, sondern kamen auch nicht aus größerer Ferne, da sich das von Kriegen und Seuchen heimgesuchte Westeuropa in der ersten Hälfte des 14. Jahrhunderts in einer wirtschaftlichen und sozialen Krise befand. In der zweiten Jahrhunderthälfte erholte sich die westeuropäische Wirtschaft jedoch und die Nachfrage nach Getreide und Holz, den Hauptexportprodukten des Ostseeraums, stieg kontinuierlich. Qualitativ hochwertiges Holz wurde für den Schiffbau benötigt und Getreide war für die rasch wachsenden Städte der Niederlande, aber auch Englands von Bedeutung. Es entstanden die Grundlagen einer immer enger werdenden wirtschaftlichen Verflechtung zwischen dem Zentrum Europas und seiner Peripherie.

Das an der Weichselmündung gelegene Danzig war wie dazu geschaffen, diese Nachfrage zu stillen. Zum einen waren die Verkehrswege günstig, zum anderen stand aufgrund der ökonomischen Veränderungsprozesse sowohl im Ordensstaat wie auch in Polen ein entsprechendes Angebot zur Verfügung. Die für das Wachstum Danzigs selbst entscheidende Versorgung mit Nahrungsmitteln wurde durch die vom Orden systematisch vorangetriebene Trockenlegung und Besiedlung der Weichselniederung mit ihren höchst fruchtbaren Böden verbessert. Gleichzeitig wirkte sich die Stabilisierung der politischen Lage in Polen durch die lange Regierungszeit von Kasimir dem Großen (1333–1370) positiv aus. Die großen Gewinnspannen, die das enorme Preisgefälle zwischen West- und Osteuropa bot, lockten alle Beteiligten: einheimische Kaufleute, den Deutschen Orden, ausländische Händler aus dem Westen und natürlich Polen.

Seit den 1330er Jahren ließen sich in großer Zahl Kaufleute in Danzig nieder. Sie knüpften rasch ausgedehnte Handelskontakte, und zwar sowohl mit der engeren Umgebung wie auch mit dem weiteren, weichselaufwärts gelegenen Hinterland. Im Handelsaustausch mit Polen überflügelte Danzig Anfang des 15. Jahrhunderts die Konkurrenz von Thorn und dem Orden, zunächst in Masowien und seinem Zentrum Warschau, später auch in Großpolen und in der polnischen Hauptstadt Krakau. Aus Polen kamen vor allem Holzstämme und bearbeitetes Holz, Pottasche und Teer, gelegentlich auch Wachs und Honig sowie Häute und Felle, während Getreide zunächst noch kaum gehandelt wurde. Die Waren wurden bei Frühjahrshochwasser, wenn die Weichsel problemlos schiffbar war, nach Danzig geflößt.

Die Kaufleute richteten ihr Augenmerk aber nicht nur auf das weitere und nähere Hinterland der Stadt, sondern blickten auch über das Meer. Erleichtert wurde dies durch die intensiven Kontakte mit den Bürgern anderer Ostseestädte, aus denen viele Danziger ja zugewandert waren. Das Gefühl, eine Gemeinschaft mit den Städten der Region zu bilden, wurde durch die Hanse verstärkt, jenen großen, von den Niederlanden bis ins Baltikum, vom Rhein bis nach Krakau reichenden Bund von Städten und Fernkaufleuten. 1361 schickte die Rechtstadt erstmals einen Vertreter zu einer hansischen Versammlung nach Greifswald, und seit 1377 fehlte sie auf fast keinem Hansetag mehr. Langsam überholte Danzig Elbing und Thorn als führende preußische Hansestädte: Das im Inland gelegene Thorn büßte seine Rolle als wichtiger Vermittler im Handelsverkehr mit Polen und Ungarn ein, und auch Elbing, dessen am Frischen Haff gelegener Hafen nur auf Umwegen durch das Pillauer Tief zu erreichen war, geriet ins Hintertreffen. Dies zeigt sich eindrücklich an den Einnahmen aus dem seit 1389 in den preußischen Hansestädten auf Ein- und Ausfuhr erhobenen Pfundzoll, der etwas weniger als 0,25 Prozent des Warenwerts betrug. Danzig nahm 1396 durch diesen Zoll 375½ Mark ein, die anderen Städte zusammengenommen nur 151 Mark.

Die Hanse bot den Kaufleuten hervorragende Möglichkeiten für den Kauf und den Absatz von Waren. Zum Beispiel in Schonen, dem damals zu Dänemark gehörenden Süden Schwedens, vor dessen Küsten gewaltige Heringsschwärme lebten. Die Hanse genoss hier besondere Privilegien; seit 1368 besaßen die preußischen Hansestädte in Schonen eine eigene Niederlassung, wo Heringe gesalzen und in Fässer abgefüllt wurden. Die haltbaren Salzheringe gehörten zu den wichtigsten Danziger Handelsgütern und waren eine Einnahmequelle für viele Bürger («Schonenfahrer»). Auch das Londoner Kontor, der Stalhof, war für die Danziger Kaufleute ein wichtiger Anlaufpunkt. Sie brachten Holz und Holzprodukte an die Themse, unter anderem für die berühmten Langbögen des englischen Heeres.

Die Niederlande hatten noch längst nicht ihre spätere Bedeutung für den Danziger Handel. In der ersten Hälfte des 15. Jahrhunderts intensivierte sich jedoch der Handelsverkehr mit Holland: Die Holländer brachten Salz und Tuche nach Danzig, zunehmend auch Heringe, da die Schwärme sich allmählich vom Sund nach Westen verlagerten, und sie kauften die typischen Exportprodukte der Gegend – Holz und Getreide. Damit wurden sie zu einer immer größeren Konkurrenz für Lübeck und die anderen «wendischen Städte» der Hanse, zumal die Holländer in der Regel den gefährlicheren Seeweg durch den Sund wählten, Lübecks Kaufleute also außen vor blieben. Alleine innerhalb weniger Wochen des Jahres 1443 trafen im Danziger Hafen nicht weniger als 120 holländische Schiffe ein. Schweden lag zwar nicht fern, doch entwickelte sich der Handel mit dem nördlichen Reich viel gemächlicher; es führte insbesondere Fische, Pelze, tierisches Fett und Pferde nach Danzig aus.

Lübeck war für den Handel der Hanse von elementarer Bedeutung, zumal bis ins beginnende 15. Jahrhundert ein Großteil des Ostseehandels hier umgeladen wurde, um über Trave, Stecknitzkanal und Elbe nach Hamburg geschifft zu werden. Lübeck lieferte unter anderem Lüneburger Salz in den Ostseeraum. Portugal wurde ein wichtigerer Handelspartner, als durch die überseeische Expansion des Reiches neue gewinnträchtige Waren nach Europa strömten, während gleichzeitig der portugiesische Bedarf an Schiffsholz wuchs.

Die Danziger Kaufleute waren oft noch gleichzeitig im Groß- wie im Einzelhandel tätig, auch gab es noch keine ausgesprochenen Spezialisierungen auf ein bestimmtes Zielgebiet. Eine wichtige Form des Handels war der gemeinschaftliche Besitz von Schiffen (Partenreederei), was das

Risiko auf mehrere Schultern verteilte. 1422 dürften rund 220, 1450 vielleicht sogar 600 Schiffe unter Danziger Flagge gesegelt sein.

Neben den bürgerlichen Kaufleuten aus Danzig trieb auch der Deutsche Orden Handel. Damit befasst waren die beiden Großschäffer mit Sitz in Königsberg und Marienburg, die höchst profitabel mit Getreide und Mehl, Holz sowie Bernstein handelten. Da der Orden vom Pfundzoll befreit war und sich auch sonst manchen nicht ganz lauteren Vorteil zu verschaffen wusste, protestierten die großen preußischen Städte seit 1388 regelmäßig beim Hochmeister. In Danzig errichtete der Orden auf dem rechten Mottlauufer gegenüber der Burg große Verladeanlagen und Speicher. 1410 lagerten hier neben großen Mengen an Roggen, Weizen und Hafer unter anderem: Anker, Mühlsteine, Stahl, spanisches Eisen, Asche, flämisches Salz, Mehl, Erbsen, Kupfer, Gerste, Salpeter, Safran, Kannefas (Leinwand), Kümmel, Mandeln, Rosinen, Krude (Gewürze), Zucker, Koriander, Anis, Muskat, Ingwer, Kaneel (weißer Zimt), Gewand, niederländische und englische Tuche sowie Papier. Die Danziger Kaufleute hatten aber auch noch einen anderen Grund zur Unzufriedenheit: Viele von ihnen waren bei den stets liquiden Großschäffern verschuldet.

Die Entwicklung Danzigs zu einem wichtigen Handelszentrum führte viele Fremde in die Stadt. Das waren zum einen Polen, denen sie als Umschlagplatz und Absatzmarkt vor allem für Holz und Waldprodukte diente und wo sie ihren Bedarf an Luxusprodukten, Fisch, Salz und Tuchen deckten. Neben bürgerlichen Händlern kamen mit den Holzflößen und Flussbooten oft auch Adlige nach Danzig, um die Transaktionen zu überwachen.

Westeuropäische Kaufleute fanden ebenfalls in nicht geringer Zahl den Weg an die Mottlau. Viele Engländer ließen sich hier sogar mit ihren Familien nieder. Sie übernahmen einen Großteil des Tuchhandels, kauften in Polen und Litauen Holz und gaben auf den Danziger Werften den Bau von Schiffen in Auftrag. Ein Teil von ihnen ließ sich in der Vorstadt Neugarten nieder, an einem Damm, der einer bis heute Englischer Damm benannten Straße den Namen gab. Doch die einheimischen Kaufleute fühlten sich bedroht, weshalb die Rechte ihrer englischen Kollegen systematisch begrenzt wurden.

Große Transaktionen schloss man direkt mit einem örtlichen Kaufmann ab. Aber natürlich gab es in der Stadt auch Wochenmärkte, auf denen sich die ansässige Bevölkerung ebenso versorgte wie die Besucher: in der Rechtstadt auf dem Fischmarkt, dem Langen Markt, dem

Heumarkt und in der Heilig-Geist-Gasse. Jedes Jahr am 5. August fand auf dem Holzmarkt und dem Kohlenmarkt der Dominik-Jahrmarkt statt, der bis ins 20. Jahrhundert Besucher aus Nah und Fern nach Danzig zog und heute als Touristenattraktion weiterlebt.

VON BRAUERN UND BÄCKERN

Die unaufhörlich wachsende Stadt lebte aber nicht nur vom Handel, sondern auch vom Handwerk. In den Gassen und Höfen hörte man es hämmern und sägen, es roch nach Malz und Farbe, denn der Aufschwung Danzigs im 14. und 15. Jahrhundert ließ das heimische Handwerk florieren. Es produzierte für den Bedarf der Stadt, aber auch für das preußische und polnische Hinterland. Reich vorhandene Rohstoffe wie Holz begünstigten einige holzverarbeitende Gewerke, während andere dadurch litten, dass handwerkliche Erzeugnisse wie Tuche in großer Zahl aus Westeuropa eingeführt wurden. Der große Handelsverkehr regte seinerseits Produktionszweige wie den Schiffbau oder auch die Brauereien an, denn Bier war das wichtigste – da haltbare – Getränk für die Schiffsbesatzungen. Wie Maria Bogucka berechnet hat, dürften die Danziger Brauer in der Mitte des 15. Jahrhunderts jährlich rund 250 000 Fässer gefüllt haben.

Zwar war ein Großteil des Danziger Handels auf Transit ausgerichtet, doch konnten sich in der Stadt ganz unterschiedliche Handwerke entwickeln. 1380 werden, dies nur ein Beispiel, folgende Berufe aufgeführt: Fleischer, Schmiede, Wollweber, Schuhmacher, Schneider, Kistenmacher, Gerber, Höker, Gürtler, Bäcker, Böttcher und Kürschner, außerdem gab es Hosenmacher, Krämer und Beutler. Viele Berufszweige arbeiteten vor allem für die Versorgung der lokalen Bevölkerung, darunter die 68 Bäcker und 49 Fleischer, die 1416 in der Rechtstadt nachzuweisen sind. Andere hatten durch das ständige Wachstum der Stadt zu tun, wie Maurer und Zimmerleute. Überwiegend für den Export tätig waren zum Beispiel Goldschmiede.

Die Handwerker waren, wie seinerzeit üblich, größtenteils in Zünften bzw. Gewerken organisiert. Deren Aufgaben waren komplex und reichten von der Sicherung von Qualität und Ausbildung über die Beziehung zu den städtischen Gremien bis hin zum geselligen und religiösen Leben, auch kümmerten sie sich um Witwen und Waisen. Da sie die Zahl der Meisterprüfungen reglementierten, hatten viele Gesellen keine Chance, jemals eine eigene Werkstatt zu gründen; sie führten wie die Lehrlinge oft ein sehr bescheidenes Leben. Viele Zünfte besaßen einen eigenen Altar oder gar eine Kapelle in einer der Danziger Kirchen.

Größere Produktionsstätten waren die Werften, wo Küstenfahrzeuge, Koggen und seit dem 15. Jahrhundert auch modernere Hochseeschiffe, die Holks, gebaut wurden, sowie die dem Orden gehörende Große Mühle in der Altstadt mit ihren zwölf, später 18 Wasserrädern – eine für die Zeit geradezu ungeheure Zahl. Der Orden besaß in Danzig außerdem eine Münze, eine Schneidemühle und einen Gerbehof, die alle gute Gewinne abwarfen. Kalköfen und Ziegeleien – die größte gehörte dem Rat der Altstadt – lieferten die in zunehmender Zahl benötigten Baumaterialien.

KRIEGE, AUFSTÄNDE UND EIN FOLGENSCHWERER MORD

Es dauerte eine Weile, bis sich das junge Danzig im 14. Jahrhundert in die «große Politik» einschalten konnte. Ein wichtiger Schritt war die Beteiligung der Rechtstadt an der Hanse. Dieses Engagement brachte viele Vorteile mit sich, doch auch Pflichten. Erstmals war dies in den 1360er Jahren zu spüren, als die Hanse gegen Dänemark vorging, das den Handel der Städte zu stören drohte. Die zur Kriegsführung benötigten Mittel wurden durch die Erhebung eines Pfundzolls in den Hansehäfen aufgebracht, auch in Danzig, das über Jahrzehnte hin immer wieder in die Auseinandersetzungen eingriff. Mal stellte es Mitglieder für die hansische Besatzung von Stockholm (1395/1396), mal 140 Bewaffnete für eine Expedition nach Gotland (1396). Gotland, von wo aus die von Mecklenburg unterstützten Vitalienbrüder die Ostsee unsicher machten, war auch 1398 und 1404 Ziel einer von den preußischen Städten und dem Deutschen Orden ausgerüsteten Flotte, an der sich die Danziger Rechtstadt mit vielen Schiffen beteiligte.

Der Deutsche Orden hatte die Entwicklung seiner Städte im 14. Jahrhundert durch eine weit bemessene Selbstverwaltung sehr gefördert und ihnen gegenüber gleichzeitig nur wenige Forderungen gestellt. Deshalb konnte sich die Rechtstadt auch so frei im hansischen Raum bewegen. Altstadt und Jungstadt gewährte der Orden hingegen viel weniger Freiheiten. Mit der Zeit bemühte er sich aber verstärkt, auch Anteil am rasanten Aufschwung der Rechtstadt zu nehmen, sei es durch Eingriffe in ihre Rechte, sei es durch eigene wirtschaftliche Betätigung in der Stadt, die von den Danzigern zunehmend als Konkurrenz empfunden wurde.

Als sich zu Beginn des 15. Jahrhunderts eine große Auseinandersetzung des mächtigen Ordens mit Polen und Litauen abzeichnete, verlangten die Ritter erneut Danziger Unterstützung. Der Krieg brach im August 1409 aus. Nach einem längeren Waffenstillstand stieß im Juni 1410 ein Danziger Kontingent aus insgesamt 300 berittenen Bürgern, Seeleuten («Schiffskinder») und angeworbenen Fußsoldaten unter Anführung des Danziger Komturs zum Ordensheer, das am 15. Juli bei Tannenberg von den vereinten Polen und Litauern vernichtend geschlagen wurde; auch Hochmeister Ulrich von Jungingen kam ums Leben. Die Fahne der Danziger – zwei weiße Kreuze auf rotem Grund – fiel den Polen in die Hände und wurde neben vielen anderen in der Königsburg auf dem Krakauer Wawel aufgehängt, wo sie auch heute noch zu besichtigen ist.

Die Rechtstadt unter ihrem Bürgermeister Konrad Letzkau blieb dem Orden zunächst treu und schickte sogar 400 Seeleute zur Verstärkung der Ordensbesatzung in die Marienburg. Doch als immer mehr Städte und Gegenden dem Orden die Gefolgschaft aufkündigten, wandte sich auch die Danziger Bevölkerung gegen ihn; bei Ausschreitungen wurden viele vom Schlachtfeld zurückkehrende Söldner des Ordensheeres erschlagen. Als dann der Stadtrat erfuhr, dass sich die Elbinger Neustadt und Thorn bereits dem König unterworfen hatten, wurde Bürgermeister Konrad Letzkau vor die vom polnisch-litauischen Heer belagerte Marienburg in das Feldlager des polnischen Königs Władysław Jagiełło geschickt, um auch Danzigs Abfall vom Orden zu verkünden. Der angenehm überraschte Herrscher verlieh der Rechtstadt daraufhin in einem am 5. August 1410 ausgestellten, wenige Tage später ergänzten Privileg sechs bislang dem Orden gehörende Dörfer, Fischereirechte, Einkünfte aus der Großen Mühle, das Recht zur freien Getreideausfuhr, die Aussicht auf freien Handel in ganz Polen und manches mehr. Damit verwirklichte die Rechtstadt konsequent ihre Bestrebungen nach größerer Eigenständigkeit. Am 8. August huldigten die Bürger feierlich einem königlichen Abgesandten; Anhänger des Ordens in der Stadt wurden vertrieben oder sogar hingerichtet. Nur der Ordenskomtur stellte sich stur und weigerte sich, die Burg zu verlassen.

Doch das Blatt wendete sich. Mitte September 1410 brach Władysław die Belagerung der Marienburg ab, was dem Orden die Gelegenheit zur Gegenoffensive gab, bei der er zahlreiche Gegenden und Städte zurückeroberte. Vergebens hoffte die Rechtstadt auf polnische Unterstützung, so dass sie schließlich Anfang November dem neu gewählten, mit harter Hand regierenden Hochmeister Heinrich von Plauen huldigen musste. Dieser gab sich den rechtstädtischen Eliten gegenüber zunächst gewogen.

Die Rechtstadt aber taktierte, um zumindest einen Teil der von Władysław erhaltenen Privilegien zu retten. Sie versagte dem Orden erbetene militärische Hilfe und sprach sich auch gegen eine Vermögenssteuer aus, mit der die Ritter ihre arg strapazierten Finanzen wieder aufbessern wollten, selbst nachdem Polen im Thorner Frieden am 1. Februar 1411 den Verbleib Pommerellens beim Orden akzeptiert hatte. Die Verhandlungen wurden zäh geführt und die Lage spitzte sich zu. Der Orden setzte die Rechtstadt unter Druck, diese rüstete auf und verstärkte die Befestigungen. Am 6. April rief der Danziger Komtur die Bürgermeister Letzkau und Arnold Hecht sowie zwei weitere Ratsherren zu Verhandlungen auf die Burg. Was in den nächsten Stunden und Tagen geschah, sollte über Jahrhunderte die Phantasie der Danziger anregen, Chroniken, Gedichte, Romane, Dramen und Historiengemälde entstehen lassen. Otto Friedrich Gruppe begann 1866 sein Gedicht so:

Geh nicht hin, sprach Frau Martha, geh nicht hin, mein Gemahl!
Es grollen dir die Ritter, geh nicht zu ihrem Mahl!
Und rührt dich nicht mein Weinen, gedenk der Kinder dein,
Mir ahnt, es ist nichts Gutes – laß uns nicht Waisen sein!

Herr Conrad Letzkau war es, der sprach: Du liebes Weib,
Ich werde gehn und sorge du nicht um meinen Leib.
Sie wollen Freundschaft bieten nach Jahren voller Haß,
Ich gehe, denn nicht gehen, unmannhaft wäre das![4]

Frau Martha sollte Recht behalten: Letzkau und zwei weitere Ratsherren wurden in der Burg ermordet. Erst nach einigen Tagen der Ungewissheit in der Stadt wurden ihre Leichen ausgeliefert und unter großer Anteilnahme in der Marienkirche beigesetzt, wo bis heute eine Grabplatte an sie erinnert. Die Bürgerschaft war über die rechtlose Tat bestürzt, der Orden aber erreichte sein Ziel – die gedemütigte Stadt war zu Zugeständnissen bereit. Der Rat musste dem Hochmeister erneut huldigen, die Bürger hatten eine hohe Geldstrafe zu zahlen und der Orden sicherte sich größeren Einfluss auf das Geschehen in der Stadt, wo er die Rolle des Patriziats verringern und jene der Handwerker stärken wollte.

Doch weiteres Ungemach stand ins Haus: Der durch die gewaltigen Kriegsausgaben geschwächte Orden ließ neue, viel schlechtere Schillinge prägen, wodurch die Preise stiegen. Deshalb zogen die Pächter der Danziger Münze bald schon den Hass der Bevölkerung auf sich. Da zudem die Handwerker im Stadtrat wieder an Einfluss verloren, wuchs die Unzufriedenheit, und am 18. Juni 1416 brach ein Aufstand aus. Die Aufrührer plünderten das Rathaus, zerstörten die in der Hundegasse gelegene Münze und überfielen die Häuser einiger Patrizier. Bürgermeister Gerd von der Beke und mehrere Ratsherren flüchteten in die Ordensburg. Doch die Handwerker konnten ihren Sieg nicht auskosten. Auf dem preußischen Ständetag in Mewe mussten die Vertreter Danzigs einer Verhaftung der Rädelsführer zustimmen, und als Hochmeister Michael Küchmeister wenig später in Danzig Gericht hielt, wurden die für den Aufstand Verantwortlichen zum Tode verurteilt, andere wurden verbannt, das patrizische Regiment wieder eingesetzt und die reiche Stadt musste erneut eine hohe Strafe zahlen.

DANZIG WÄCHST IN DIE HÖHE

Danzig wuchs im 14. und 15. Jahrhundert nicht nur in die Breite, es wuchs auch in die Höhe. Viele Backsteintürme profaner und sakraler Bauwerke reckten sich in den klaren Ostseehimmel. Sie waren Ausdruck von bürgerlichem Wohlstand und Selbstbewusstsein und dienten, als die Spannungen zwischen der Rechtstadt und dem Orden zunahmen, auch als gegen die in ihrer Burg residierenden Ritter gerichtetes Zeichen von Macht. Die Zeit sollte zeigen, wem die Zukunft gehörte: Während die Burg längst zerstört ist, ragen fast alle mittelalterlichen Türme noch über das Häusermeer.

Wichtigster Sakralbau Danzigs ist die um 1343 begonnene Marienkirche. Zunächst bis 1360 als Basilika mit einem ungewöhnlich langen, hohen Mittelschiff und niedrigeren Seitenschiffen entstanden, wurde sie schon wenige Jahre später zu einer Hallenkirche umgebaut, indem die Wände erhöht, ein Querschiff errichtet und die Strebepfeiler in das Kircheninnere integriert wurden. Diese Arbeiten waren 1410 beendet. Der imponierende Innenraum war nun 105 Meter lang und 41,2 Meter breit,

Seit Jahrhunderten überragt die Marienkirche das historische Danzig. Ansicht um 1900

so groß wie kaum ein anderes Backsteingebäude nördlich der Alpen. In den folgenden Jahrzehnten wurde der Kirchenraum teilweise eingewölbt und bis 1466 ein Turm gebaut. Dessen gedrungene Form führte zu manchen Vermutungen und Legenden: Der Orden habe keinen höheren Bau erlaubt, hieß es, oder es war die Rede vom Riesen Tullatsch, der sich auf seiner Wanderschaft gemütlich auf dem halb vollendeten Turm niederließ und ihn ein wenig drückte, weshalb man ihn dann nicht mehr weiterbaute.

Die zweite große Kirche der Rechtstadt, St. Johannis, entstand parallel zur Marienkirche seit 1344 für die Neustadt, die Erweiterung der Rechtstadt nach Norden. Auch dieser Bau war bald zu klein, weshalb vor 1377 mit dem Bau einer viel größeren, dreischiffigen Basilika begonnen wurde, die in der Mitte des 15. Jahrhunderts weitgehend beendet war. Was von der altstädtischen Pfarrkirche St. Katharinen aus dem 13. Jahrhundert noch erhalten war, ist ungeklärt, jedenfalls wurde auch sie seit der Mitte des 14. Jahrhunderts stark erweitert und umgebaut; ihr charakteristisches Äußeres stammt bereits aus späterer Zeit. In der Vorstadt entstand seit dem Ende des 14. Jahrhunderts eine den hll. Peter und Paul geweihte niedrige dreischiffige Hallenkirche, auf Langarten folgte alsbald St. Barbara, in der Altstadt die Spitalkirche St. Elisabeth sowie die Schifferkirche St. Jakob, in der Rechtstadt die Hl. Geist-Spitalkapelle, zudem einige Kirchen außerhalb der Altstadt sowie in der Jungstadt.

Dazu kamen noch mehrere Klosteranlagen. Die Dominikanerkirche St. Nikolai wurde nach den Zerstörungen von 1308 als dreischiffige Hallenkirche neu gebaut und um Klostergebäude ergänzt. In der Altstadt entstand seit dem Ende des 14. Jahrhunderts zum Gedenken an die schwedische Heilige Brigitta (Birgitta) das Brigittenkloster mit einer zunächst einschiffigen Kirche, die in den folgenden 120 Jahren um Seitenschiffe ergänzt wurde. In der Vorstadt siedelten sich schließlich 1419 die Franziskaner an.

Diese große Zahl von Sakralbauten war eine Folge des Vorhandenseins verschiedener städtischer Organismen (Rechtstadt mit Neustadt und Vorstadt, Altstadt, Jungstadt), aber auch der sich überlagernden Interessen von Bürgerschaft, Orden und dem Bistum Włocławek, zu dem Danzig gehörte, sowie Zeichen für den ungewöhnlichen Wohlstand der Stadt schon wenige Jahrzehnte nach ihrer (Neu-)Gründung.

Eine so schwungvoll sich entwickelnde Stadt wie die Rechtstadt musste sich früher oder später auch ein repräsentatives Verwaltungsgebäude zulegen. 1379 begann man am Westende des Langen Markts, aufbauend auf einen kleinen Vorgängerbau, damit, ein größeres Rathaus zu errichten. Meister Heinrich Ungeradin, der den Bau überwachte, setzte dem an flämische Vorbilder erinnernden Gebäude auch einen Turm auf. Das Rathaus enthielt unter anderem eine Stadtwaage, Säle für Ratsherren und Schöffen sowie für die Kämmerei, eine Kapelle und einen «Kleiner Christopher» genannten Archivraum, dessen gotische Wandmalereien nach dem Zweiten Weltkrieg freigelegt wurden. Auch der in unmittelbarer Nachbarschaft am Langen Markt gelegene Artushof wurde in dieser Zeit erweitert.

Die seit 1343 errichtete Stadtmauer umfasste die gesamte Rechtstadt. 16 Türme sollten eine Verteidigung erleichtern. Drei Tore führten nach Westen, darunter das Langgässer Tor mit dem später vorgelagerten Stockturm, eines nach Norden zur Burg. Im Süden gab es anfangs nur drei Pforten. Zur Mottlau hin entstanden einige repräsentative Tore, von denen bis heute in teils stark veränderter Form das Heilig-Geist-Tor, das Krantor und das Johannistor erhalten sind.

Eine Hafenstadt brauchte natürlich auch Hafenanlagen. Deshalb baute die Rechtstadt ihre Verladeeinrichtungen konsequent aus, sorgte sich um die Vertiefung der Fahrrinne in Weichsel und Mottlau und errichtete schließlich 1443/1444 an der Mottlau das Krantor, eine mächtige Konstruktion aus zwei 30 Meter hohen Rundtürmen, zwischen denen ein von einem Laufrad betriebener Kran eingebaut wurde. Dieser wehrhafte Bau, der selbst dem Ordenskomtur in seiner unweit gelegenen Burg Angst einflößte, diente zum Ein- und Ausladen besonders sperriger Güter sowie zum Einsetzen von Masten in Schiffe und ist mit seiner markanten Silhouette noch heute eines der Wahrzeichen der Stadt.

Das größte weltliche Gebäude der Ordenszeit ist die bis heute äußerlich weitgehend erhaltene Große Mühle des Deutschen Ordens. Am Ende des 14. Jahrhunderts an der Stelle eines abgebrannten Vorgängerbaus auf einer Insel im Radaunekanal errichtet, gehörte sie zu den größten Gewerbebauten ihrer Zeit und war bis 1945 als Mühle in Betrieb.

Die meisten Bürger lebten bis zum Ende des 14. Jahrhunderts in Holz- oder Fachwerkhäusern. Erst seit der Wende zum 15. Jahrhundert entstanden Stadthäuser aus Backstein, von denen einige bis heute erhalten sind. Waren die Holzhäuser noch sehr einfach gegliedert, so besaßen die Backsteinhäuser schon komplexere Raumverhältnisse: Im Erdgeschoss befanden sich Kontore, Werkstätten oder Verkaufsräume, gewohnt wurde im Obergeschoss. Weil Danzig auf feuchtem Boden erbaut wurde, konnten keine tiefen Keller gegraben werden. Sie reichten bis über das Straßenniveau, weshalb die Hauseingangstüren über Treppen und kleine Terrassen zu erreichen waren, aus denen sich im Laufe der frühen Neuzeit, mit kunstvollen Treppen und Begrenzungen versehen, die für Danzig so typischen Beischläge entwickelten.

KUNST UND ALLTAG

Kunstwerke genossen bereits im 14. Jahrhundert in Danzig große Wertschätzung. Geprägt von Einflüssen aus Prag, aber auch aus Flandern und dem niederrheinischen Gebiet, erreichten die heimischen Künstler bald schon ein so hohes Niveau, dass selbst Henry, Earl of Derby, 1392 an der Mottlau zwei Gemälde kaufte. Die wichtigste Bühne für die künstlerische Tätigkeit waren freilich die Danziger Kirchen, zuvorderst die Marienkirche mit ihren teils von den Zünften gestalteten Kapellen.

Hier sind bis heute viele hervorragende gotische Kunstwerke zu sehen, darunter die Schöne Madonna in der Annenkapelle, deren Anmut schon die Zeitgenossen beeindruckte und Anlass zur Entstehung vieler Legenden war. Es soll ein zu Unrecht zum Tode verurteilter Töpfergeselle gewesen sein, der in der Zelle dieses anrührende Kunstwerk schuf. Tief bewegt schenkte ihm der Stadtrat das Leben.

Die katholische Konfession war unangefochtener Bestandteil des öffentlichen und privaten Lebens. Die Beziehungen zu dem weitab residierenden Bischof von Włocławek gestalteten sich zwar nicht immer ungetrübt und die Danziger zerstörten 1414 – allerdings auf Betreiben des Ordens – das steinerne Haus des Bischofs auf dem Bischofsberg westlich der Rechtstadt, doch konfessionelle Auseinandersetzungen gehörten noch der Zukunft an. Die in der Stadt tätigen Ordensgemeinschaften, darunter der Bettelorden der Dominikaner – die «schwarzen Mönche» –, gehörten ebenso zum Stadtbild wie die karitative Tätigkeit der kirchlichen Spitäler. Kirchliche und religiöse Zeremonien (Gottesdienste, Taufen, Hochzeiten, Begräbnisse, Prozessionen, Feiertage) waren wichtige Elemente im Alltag der Menschen.

Schulbildung war im Mittelalter keineswegs eine Selbstverständlichkeit. Seit 1350 ist die Existenz einer Schule bei St. Marien belegt, und auch andere Kirchen legten sich bald eigene Schulen zu. Die Knaben lernten Grundlagen des Lateinischen, Schreiben, Lesen und Rechnen. Mädchen wurden von den Brigittenschwestern unterrichtet. Wer sich noch weiter bilden wollte, besuchte Universitäten wie Prag (wo zwischen 1376 und 1409 27 Danziger Studenten nachzuweisen sind), auch Erfurt und Wien, später Krakau und Leipzig zogen wissbegierige Jünglinge an. Sie kehrten zum größeren Teil in die Heimat zurück und waren sowohl für den Stadtrat als auch für kirchliche Institutionen tätig.

Über den Lebenswandel der Danziger im 14. und 15. Jahrhundert ist nicht viel bekannt, allerdings liefern die Archäologen seit einigen Jahren durch Ausgrabungen, bei denen erstmals auch die Zeit nach 1308 sorgfältig untersucht wird, viel neues Material. Die wohlhabenderen Bürger aßen Fisch und Fleisch, Brot und Salz, Gemüse, heimisches Obst und tranken Bier, bei besonderen Anlässen gab es sogar Südfrüchte (Feigen, Trauben) und Wein. Gesellige Vereinigungen, darunter die Georgenbrüderschaft und die Zünfte, aber auch die 1354 von Handwerkern gestiftete Schützenbrüderschaft, spielten im Alltagsleben eine wichtige Rolle.

DIE LETZTEN JAHRE UNTER DER HERRSCHAFT DES ORDENS

Die Politik des Ordens gegenüber den Städten und Landschaften seines Staates hatte sich nach der Niederlage von Tannenberg 1410 gewandelt. Während noch Heinrich von Plauen versucht hatte, die Stände stärker am politischen Geschehen zu beteiligen, waren seine Nachfolger bemüht, die bestehenden Zustände zu bewahren; notwendige Reformen, auch politischer Natur, blieben aus. Da zugleich die wirtschaftlichen Möglichkeiten des Ordens schwanden und jene der Städte stark stiegen, veränderte sich das Kräfteverhältnis im Ordensstaat.

Dies gab der Danziger Rechtstadt die Gelegenheit, beharrlich die eigenen Rechte auszuweiten. So wurden die Einwirkungsmöglichkeiten des Ordens auf den Rat reduziert und eigene Gesetze ohne Rücksprache beim Orden erlassen. Hilfreich hierfür war die sich in der weiterhin rasch wachsenden Stadt schnell professionalisierende Verwaltung, die immer mehr Schreiber, Knechte, Wächter und andere Beamte beschäftigte, übrigens auch Uhrwärter, Kuh- und Schweinehirten.

In Angelegenheiten der «großen Politik» musste Danzig zwischen zwei Loyalitäten lavieren – dem Deutschen Orden und der Hanse. Das konnte zu Konflikten führen, insbesondere dann, wenn der Orden etwas anderes wollte als der Städtebund. So ergriff der Hochmeister in einem neuen Konflikt zwischen Hanse und Dänemark in den 1420er Jahren die Partei König Eriks und zwang die preußischen Hansestädte zur Neutralität. Nach längerer Zeit schlossen Hanse und Dänemark Frieden, ohne dass jedoch – wie von Danzig erwünscht – die Sundzölle aufgehoben wurden. Neue Konflikte entstanden, als die wendischen Hansestädte unter Führung Lübecks seit 1438 versuchten, die holländische Handelsexpansion in die Ostsee gewaltsam aufzuhalten, der Orden sich aber auf die Seite Hollands stellte. Hier wie auch in den Auseinandersetzungen mit England 1449 litt der Danziger Handel, zumal immer wieder Danziger Schiffe von Freibeutern überfallen wurden.

Auch die Auseinandersetzungen zwischen dem Orden auf der einen sowie Polen-Litauen auf der anderen Seite waren noch keineswegs beendet. An den Kriegen von 1414, 1422 und ab 1431 beteiligte sich die Rechtstadt mit mehreren hundert Bewaffneten. 1433 überfielen die verbündeten Heere von Polen und böhmischen Hussiten Pommerellen und schlugen am 1. September vor Danzig ihr Lager auf, jedoch wurde die Beschießung der Stadt schon nach wenigen Tagen abgebrochen; nachdem sie das Kloster Oliva zerstört hatten, zogen die Angreifer nach Süden ab.

Danzig litt in diesen Kriegen wie ganz Pommerellen sehr, zumal Kriege auch immer den Handel stark beeinträchtigten. Angesichts der allgemeinen Unzufriedenheit mit der Ordensherrschaft schlossen sich deshalb im März 1440 Adlige und Städte vor allem des westlichen Preußenlands zum «Preußischen Bund» zusammen. Für Danzig standen zunächst die Aufhebung des seit rund 20 Jahren ausschließlich dem Orden zufließenden Pfundzolls sowie der überhöhten Mahlgelder in der Großen Mühle im Mittelpunkt. Ein erster Versuch, den Zoll abzuschaffen, scheiterte 1441/1442 auch an Differenzen innerhalb des Preußischen Bundes.

Neues Leben erhielt die Ständevertretung, als der frisch gewählte Hochmeister Ludwig von Erlichshausen ab 1450 versuchte, mit diplomatischer Unterstützung des deutschen Herrschers die alte Macht des Ordens wiederherzustellen und den Bund aufzulösen. Nun wurde der Preußische Bund seinerseits beim Kaiser vorstellig und setzte für 1453 eine Gerichtsverhandlung durch. Während der Danziger Rat weiterhin vorsichtig agierte, war ein großer Teil der Bürgerschaft dem vielfach willkürlich vorgehenden Orden gegenüber feindlich eingestellt. Als deshalb das Gericht in Wiener Neustadt zu Ungunsten des Preußischen Bundes urteilte, dessen Auflösung forderte und weitere Repressionen in Aussicht stellte, war die Stadt in heller Aufregung: Konnte man den Orden nicht endlich vor die Tür setzen? Wieder lag der Gedanke nahe, Schutz beim König von Polen zu suchen. Im Januar sprachen Vertreter des Bundes bei König Kasimir dem Jagiellonen vor, der sie wohlwollend empfing, und so kündigte der Preußische Bund am 4. Februar 1454 dem Hochmeister Ludwig von Erlichshausen die Gefolgschaft auf. Bereits am Tag darauf besetzten in Danzig Bürger die Große Mühle; am 11. Februar übergab der Danziger Komtur die Burg an die Rechtstadt. Es sollte aber noch 13 Jahre dauern, bis am Ende eines schweren Kriegs die Loslösung des nunmehr dem polnischen König unterstehenden Teils von Preußen, des «Königlichen Preußens», vom restlichen Ordensstaat besiegelt war. Als Teil eines großen Reiches boten sich der Stadt in den kommenden beiden Jahrhunderten ungeahnte Entwicklungschancen.

5

WEIZENBLOND UND ROGGENBRAUN

DANZIGS GOLDENES ZEITALTER

1454–1655

✦ ✦

Schweiß, Staub, Fliegen, Spreu. Trocknen muss das Getreide. Keuchend schaufeln die Flissaken am Ufer der Weichsel. Sonnenhitze flirrt. Nur trockenes Korn erzielt einen guten Preis. Blond und braun fliegen die Körner durch die Luft, gelb gereifter Schatz des Landes. Weizen und Roggen. Roggen und Weizen. Trocknen muss das Getreide.
Vom Meer her weht jetzt ein erfrischendes Lüftchen. Die Flissaken freuen sich schon auf den Abend. Józek hat die Fiedel dabei, Włodek die Flöte, und dann wollen sie tanzen, singen und, wenn es kühl wird, auf ihrem Kahn in einen dumpfen Schlaf fallen.
Und die Stadt wartet, dort hinter der Biegung des Flusses. Kaufmann Hans sitzt bis spät über den Büchern und rechnet: Weizen und Roggen. Roggen und Weizen. Soll und Haben. Morgen kommen die Kähne, beladen blond und braun, und bald kommt das Geld und alles ist gut. Nun legt auch er sich ins Bett.

✦ ✦

DIE NACHWELT BETRACHTET DAS JAHR 1454

Es war ein Schritt mit weitreichenden Folgen, als Danzig Anfang 1454 die Herrschaft des Deutschen Ordens abschüttelte und sich der polnischen Krone unterstellte, ein Schritt, der bis in die Gegenwart immer wieder neu erklärt wurde. Und wie so oft in Danzigs Geschichte fielen diese Erklärungen ganz unterschiedlich aus.

Am 23. Februar 1754, als die immer noch zu Polen gehörende Stadt Danzig feierlich den dreihundertsten Jahrestag dieses Ereignisses beging, trug im ehrwürdigen Akademischen Gymnasium Friedrich Klein pathetisch eine Ode vor:

O Danzig, da dies Glück, das Polen gebar,
Auch schon im ersten Keim für Dich so köstlich war:
Wie viel vollkommner muß es nun Dein Bürger schmecken,
Da schon dreyhundert Jahr Dich Polens Flügel decken![1]

Der Rat der Stadt bedankte sich für dieses Werk mit 200 Gulden. 1854 wäre in der längst preußisch gewordenen Stadt das Jubiläum fast ganz vergessen worden, hätte ein Lokalblatt nicht mit einiger Verspätung daran erinnert, immer noch mit Sympathie für die spätmittelalterliche Entscheidung der Stadt: «So stürzte denn vor nun gerade vier Jahrhunderten das mit so vielen Frevelthaten befleckte Panier des deutschen Ordens für immer von Danzigs Mauern herab.»[2] 1904, Danzig gehörte mittlerweile zum Deutschen Reich, war der Wechsel der Stadt zu Polen bereits ein «verhängnisvoller Schritt (...), durch den sie sich von dem Orden und dem Deutschtum lossagte», er habe sich «bitterlich gerächt».[3]

Ein halbes Jahrhundert später war Danzig wieder polnisch und feierte das Jubiläum unter dem Motto «500 Jahre Befreiung vom Kreuzritterjoch». Bei einer festlichen Sitzung des Stadtparlaments brachte dessen Vorsitzender das Kunststück fertig, Spätmittelalter und jüngste Vergangenheit, kommunistisch-stalinistische und polnisch-nationale Interpretation der Geschichte kurz und bündig zu verschränken:

> Die preußische Reaktion, der Polen im 15. Jahrhundert einen mächtigen Schlag versetzt hatte, indem es Danzig mit bewaffneter Unterstützung seines Volkes dem Mutterland zurückgab, diese Reaktion wurde in ihrer neuen Form des Hitlerfaschismus mit der Waffengewalt der Sowjetarmee restlos zerschlagen. Danzig wurde erst jetzt eine wirklich freie Stadt.[4]

Nach weiteren 50 Jahren, 2004, war auch diese Interpretation längst überholt. Die demokratisch selbstverwaltete Stadt feierte ihr Jubiläum nun, indem sie ein neues «Danziger Fest» aus der Taufe hob, das seitdem alljährlich im Mai mit historischen Umzügen, Theater und Konzerten möglichst bunt und multikulturell an den Übergang der Stadt zu Polen und an den Beginn ihres goldenen Zeitalters erinnert. Dabei war den Danzigern 1454 zunächst gar nicht zum Feiern zumute, denn die Zeichen standen auf Krieg.

DREIZEHN JAHRE KRIEG. OPFER UND PRIVILEGIEN

Als sich der Preußische Bund vom Orden gelöst und Polen unterworfen hatte, zogen schwere Jahre herauf: Für die Kreuzritter stand nichts weniger als die Existenz ihres Staates auf dem Spiel, während die von ihnen abgefallenen preußischen Städte und Adligen befürchten mussten, im Falle einer Niederlage ein ähnliches Schicksal zu nehmen wie Danzig 1308. Der Krieg zwischen Polen und dem Deutschen Orden sollte mit wechselndem Glück für beide Seiten 13 Jahre dauern; viele hundert Danziger Bürger und noch viel mehr von Danzig geworbene Söldner ließen bei den Kämpfen ihr Leben.

Zu Beginn des Kriegs feierte Danzig große Erfolge und besetzte viele pommerellische Städte, belagerte ohne Erfolg die Marienburg, musste bei Konitz eine bittere Niederlage hinnehmen und im Januar 1455 sogar zusehen, wie die Ordensarmee vor die Mauern der Stadt zog. Durch einen siegreichen Ausfall von rund 1400 Bürgern konnte die Gefahr jedoch gebannt werden. Die Finanzkraft der Stadt machte sich 1457 bezahlt, als sie sich am Kauf der Marienburg von den seit längerem unbezahlten Söldnern des Ordens beteiligte. Auch die Fahrten Danziger Freibeuter in die Ostsee brachten einige Entlastung, alleine 1458 waren 33 Danziger Schiffe auf Kaperfahrt. 1460 standen Einheiten des wieder ein wenig zu Kräften gekommenen Ordens erneut kurz vor Danzig und im Jahr darauf fielen weitere Städte der Umgebung an die Ritter. Da trotz aller Kriegshandlungen der Weichselhandel weiter funktionierte, hatte die Stadt aber genügend Mittel, um sich aktiv an der polnischen Offensive des Jahres 1462 zu beteiligen. Und so ging der Sieg in einer großen Schlacht nördlich von Danzig zu einem Gutteil auf das Konto der Stadt, deren Soldaten knapp die Hälfte des polnischen Heeres stellten. Nach einer ebenfalls siegreichen Seeschlacht auf dem Frischen Haff war es nur noch eine Frage der Zeit, bis sich der finanziell ausgeblutete Orden ins Unvermeidliche fügte und am 19. Oktober 1466 im Zweiten Thorner Frieden das Königliche Preußen an Polen abtrat.

Zwar hatte Danzig während des Dreizehnjährigen Kriegs erhebliche Verluste an Menschen und finanzielle Belastungen hinnehmen müssen, doch auf der Haben-Seite stand ein gewaltiger Machtgewinn der Bürgerstadt. Bereits in seinem ersten Privileg vom 16. Juni 1454 machte der polnische König Kasimir Danzig große Zugeständnisse, die am 15. Mai 1457 bei einem Aufenthalt des Monarchen in der Stadt noch stark ausgeweitet wurden: «Im namen des herren amen»,[5] beginnt diese Urkunde. Danzig, das dem König «mit stetir getrewenheit und vestem gemute»[6] beigestanden habe, erhielt ein gewaltiges Landgebiet von rund 1000 Quadratkilometern – mehr als Lübeck, Hamburg oder Bremen zusammen besaßen –, darunter die Frische Nehrung, die Scharpau, das Danziger Werder, Praust, Ohra und viele weitere Dörfer in der Umgebung. Die Stadt durfte alle weltlichen und kirchlichen Ämter selbst besetzen (mit Ausnahme des Pfarrers von St. Marien), im Umkreis von ca. 30 Kilometern um die Stadt konnte der König keine Burg errichten, sie durfte eigene Münzen prägen, kontrollierte die preußische Küste von Hinterpommern bis Elbing und konnte unbeschränkt Waren aus Polen und Litauen einführen. Einziger königlicher Würdenträger in der Stadt war der aus den Reihen der Ratsherren ernannte Burggraf – kaum mehr als ein Ehrenamt. Außerdem wurden die verschiedenen, bis dahin eigenständigen Städte, aus denen Danzig bestanden hatte, unter dem Dach der Rechtstadt vereint; nur die Altstadt behielt bestimmte Eigenrechte. «Geschen in unnsir stat Danczke am Sontage, als man singet in der heiligen kirchin Cantate, noch Cristi geborth unnsirs herrn tawsent vierhunderth und in deme seeben und fumffczigsten jore».[7]

Auf dieser Grundlage wurde Danzig in kurzer Zeit zur mächtigsten Stadt an der Ostsee, zur größten Stadt Polen-Litauens und zu einem wirtschaftlich und kulturell florierenden Zentrum, dessen Blüte rund zweihundert Jahre dauern sollte.

ZERSTÖRUNG UND AUSDEHNUNG

Kaum waren die Ritter abgezogen, brachen die Bürger die Ordensburg ab, die nie mehr Sitz eines Herrschers sein, die Entfaltung der Stadt nie mehr beschränken sollte. Der Burgbezirk blieb bis ins 17. Jahrhundert unbebaut. Und auch die Tage der Jungstadt waren gezählt. Aus Furcht, die Ritter könnten sie als Einfallstor nach Danzig verwenden, ließ die

Rechtstadt die ungeliebte kleine Schwester bereits 1455 abreißen. Ihre Bewohner zogen in die nördliche Altstadt, wo sie sich neue Häuser bauten, was ihnen auch deshalb nicht so schwer fiel, weil das an der Weichsel gelegene Gebiet der Jungstadt häufig vom Hochwasser heimgesucht worden war.

Danzig wuchs, nicht mehr so sehr in die Höhe – die meisten großen Kirchtürme waren bis Ende des 15. Jahrhunderts fertig –, sondern in die Breite. Prägend war zum einen die gewaltige Ausdehnung des städtischen Landbesitzes direkt im Anschluss an die bisherigen Grenzen der Stadt. So entstanden unterhalb des Bischofsbergs mit der Zeit vorstädtische Siedlungen, die allerdings bei drohenden feindlichen Belagerungen meist abgebrannt wurden, um den Angreifern die Annäherung an die Stadt zu erschweren. Auch das Speicherviertel der Stadt auf dem rechten Mottlauufer veränderte sein Aussehen und wurde bis zum 16. Jahrhundert durch die Anlage eines neuen Flussarms, der Neuen Mottlau, zur Insel. Als in der ersten Hälfte des 17. Jahrhunderts die Bevölkerungszahl weiter wuchs, wurde südöstlich der Speicherinsel der neue Stadtteil Niederstadt angelegt.

Das reiche Danzig war nach 1454 ungeschützter als zuvor. Hatte sich das Machtzentrum des Deutschen Ordens nicht weit entfernt in der Marienburg befunden, so hielt sich der polnische Königshof meistens im fernen Krakau auf. Aber auch aufgrund der sich verändernden außenpolitischen Lage war die Stadt gezwungen, in ihre Verteidigung zu investieren. Da sie wohlhabend war, konnte sie stets dem neuesten Stand der Kriegstechnik folgen. Die alten mittelalterlichen Stadtmauern erwiesen sich schon bald als nicht mehr zeitgemäß, und so wuchsen bis in die Mitte des 17. Jahrhunderts neue gewaltige Befestigungsanlagen um die Stadt. Seit der ersten Hälfte des 16. Jahrhunderts entstand, beaufsichtigt zumeist von auswärtigen Baumeistern, ein Ring von Erdwällen, in den Türme und Tore eingebettet und dessen Ecken von Bastionen geschützt waren. Zunächst fanden die Arbeiten vor allem im Norden, Westen und Süden der Stadt statt. Nach den Erfahrungen der Belagerung von 1577 wurden die Arbeiten noch einmal intensiviert. Schließlich wurde auf Anraten italienischer Spezialisten die Stadt auch im Osten und Nordosten mit einem Befestigungsring umgeben, bis ein mächtiger, vielfach gezackter Wall die gesamte Stadt umschloss. Nur die vielen Türme und höchsten Giebel ragten über die grünen, von wenigen Toren durchbrochenen Wälle.

HANDEL UND HANDWERK, QUELLEN DES REICHTUMS

Danzig lag zwischen den Welten. Es lag zwischen Land und Meer, zwischen der slawischen und der germanischen Welt, aber auch zwischen dem Zentrum und der Peripherie Europas. In dieser Lage wurde die Stadt im 16. Jahrhundert zu einer jener Schnittstellen, die das von Immanuel Wallerstein beschriebene «moderne Weltsystem», die beginnende Globalisierung des Wirtschaftslebens, entstehen ließen. Die Voraussetzungen hierzu hießen Angebot, Nachfrage und Transport.

Das Spektrum der in Danzig angebotenen Güter wandelte sich seit der Mitte des 15. Jahrhunderts, blieb aber von Rohstoffen bestimmt. Zunächst waren es wie zuvor hauptsächlich Holz und Waldprodukte wie Asche, Pech und Honig, die aus den unermesslichen Wäldern des östlichen Europas, aus Polen, Litauen und Livland nach Danzig und weiter in den Westen gelangten. Hauptverkehrsweg war die Weichsel, aber Danziger Kaufleute holten sich die Waren per Schiff auch direkt aus Häfen wie Riga oder Åbo/Turku. Ein gefragtes Handelsgut waren Pelze aus der Rus (Novgorod), Livland oder Finnland.

Mit der Zeit aber schob sich Getreide an den ersten Platz unter den ausgeführten Waren. Im Zentrum des damaligen Europas, einem von Italien über das südliche und westliche Deutschland, Ostfrankreich und die Niederlande bis nach England reichenden Streifen, erhielt nach einer Phase der Stagnation die wirtschaftliche Entwicklung seit der zweiten Hälfte des 15. Jahrhunderts neuen Schwung. Die großen Städte des Westens, gerade in einer so urbanen Region wie den Niederlanden, konnten ihren Nahrungsmittelbedarf nicht mehr in der engeren Umgebung befriedigen und suchten nach neuen Versorgungsquellen.

Zur selben Zeit veränderte sich das sozioökonomische System Polens. Der Adel konnte seinen Einfluss im Staat weiter steigern und seinen Landbesitz auf Kosten von Bürgern und Bauern vergrößern. Es ent-

Um 1600 war Danzig eine Großstadt von europäischem Rang. Beherrscht von der gewaltigen Marienkirche, erstreckte sich das Häusermeer vom belebten Mottlauhafen (rechts) bis zu den Umwallungen. Diese erst unlängst in Schweden entdeckte Darstellung wird dem Danziger Maler Anton Möller zugeschrieben.

stand das sogenannte Fronhofsystem, ein dichtes Netz großer adliger Güter. Manche von ihnen besaßen nur einige wenige, andere mehrere hundert Hektar. Sie wurden entweder von kleineren Adligen selbst bewirtschaftet oder gehörten zu den Latifundien des Hochadels, der Magnaten, und wurden in der Regel verpachtet. Die Arbeit auf den Vorwerken verrichteten leibeigene Bauern im Rahmen ihrer Frondienste, was die Kosten reduzierte und eine erhebliche Ausdehnung der Anbaufläche erlaubte. Gegen Ende des 16. Jahrhunderts konnten die Vorwerke rund 40 Prozent ihrer Ernte auf dem freien Markt verkaufen, und das hieß in der Regel – nach Danzig verschiffen.

An der Entstehung dieses Systems, das abgesehen von den Bauern allen Beteiligten zwar große Gewinne ermöglichte, langfristig aber durch die einseitige Bevorzugung des getreideproduzierenden Adels die Gesellschafts- und Wirtschaftsstruktur Polens lähmte, war Danzig entscheidend beteiligt, allerdings nur als Drehscheibe. Natürlich war auch Danzig, das um 1600 mehr als 50 000 Einwohner zählte, von der Lebensmitteleinfuhr abhängig, aber der Großteil des in der Stadt eintreffenden Korns wurde weiter in den Westen verschifft.

Bei diesem Handel waren die Niederländer führend. Ihre Dominanz im Ostseehandel, wo sie die Hanse und auch Danziger Kaufleute bald hinter sich ließen, hatte sich seit dem 15. Jahrhundert entwickelt. Einige Zahlen verdeutlichen dies: Bereits gegen Ende dieses Jahrhunderts stammten 30 Prozent aller in den Danziger Hafen einlaufenden Schiffe aus den niederländischen Gebieten, wenige Jahrzehnte später waren es schon 50 Prozent und im zweiten Jahrzehnt des 17. Jahrhunderts hatten nicht weniger als 70 Prozent der den Sund passierenden Schiffe ihren Heimathafen in den Vereinigten Provinzen, hauptsächlich in Holland und Friesland. Die große Nachfrage nach Ostseegetreide hielt bis zu Beginn des Nordischen Kriegs 1655 an. Mehr als hundert Jahre lang hatte Getreide einen Anteil von drei Vierteln am Wert der aus Danzig durch den Sund ausgeführten Waren, 1625 waren es sogar 83,6 Prozent.

Entscheidend für den Erfolg der Niederländer waren ihre Kenntnisse: Ihre modernen Wasserfahrzeuge, die Fluiten, konnten Massengüter sehr viel billiger transportieren als die veralteten Schiffe der Hansestädte, und ihre hoch entwickelten Handelsmethoden – Kredite, Wechsel, Risikoverteilung auf mehrere Schiffseigner, ein ausgedehntes Netz von Faktoreien – waren auf Dauer den Fertigkeiten der Danziger und anderer Kaufleute überlegen.

Der Getreidehandel mit der Ostsee galt in den Niederlanden selbst als «Mutterhandel», als Grundlage für den Reichtum des Landes. Vier Fünftel der Amsterdamer Lagerhäuser waren mit Ostseegetreide gefüllt – mehr als zwei Drittel davon aus Danzig. Ganze Wirtschaftsbranchen der holländischen Metropole waren vom Korn abhängig: Die Brauereien, die Schiffbauindustrie und die Ziegelproduktion, denn Backsteine wurden als Ballast in die Ostsee mitgenommen. Dennoch ist die Bedeutung des Ostseehandels für die Entwicklung der Niederlande umstritten. Während Immanuel Wallerstein ihn als «Schlüssel für den Erfolg» der Holländer wertete,[8] sprach ihm Jonathan I. Israel eine wichtige Rolle ab, da er im Vergleich zu den überseeischen Aktivitäten nur geringe Gewinne ermöglicht und vorwiegend spekulativen Charakter gehabt habe, nur für kleinere Kaufleute von Interesse gewesen und für die Niederlande keineswegs lebensnotwendig gewesen sei.[9]

Roggen und Weizen waren nicht die einzigen Güter, mit denen über Danzig gehandelt wurde. Nach wie vor wichtig, wenn auch mit absteigender Tendenz, war unbeschnittenes und beschnittenes Holz in hoher Qualität, das für den Schiffbau in ganz Europa benötigt wurde; auch Rembrandt malte in Amsterdam auf Eichenbrettern, die ihm über die Ostsee geliefert wurden. Doch das Danziger Hinterland hatte noch mehr zu bieten. Die Register der zwischen 1579 und 1588 in Weißenberg an der Abzweigung der Nogat von der Weichsel bestehenden Zollstation verzeichnen folgende flussabwärts geschiffte Waren: Malz, ungarische Pflaumen, Pech, Asche, Wachs, Farbe, Bier, Weine, Eisen, Stahl, Sensen, Blei, Alaun, Kupfer, Fleisch, Tuche, Töpferwaren, Pfefferkuchen und vieles mehr. Flussaufwärts wurden Äpfel, Pflaumen, Honig, Fische, Tran, Speck, Häute, Felle, Bier, Weine, Eisen, Salz, Pfeffer, Zitronen, Tuche, Eisenwaren und anderes transportiert.

Unter den auf dem Seeweg nach Danzig eingeführten Waren stand Salz, das als Konservierungsmittel große Bedeutung besaß, lange an erster Stelle. Da das Salzbergwerk in Wieliczka bei Krakau die große Nachfrage noch nicht decken konnte, wurde Salz aus Lüneburg, in sehr viel stärkerem Maße aber aus den großen Salzpfannen an der französischen, spanischen und portugiesischen Atlantikküste eingeführt. Seit Beginn des 17. Jahrhunderts schoben sich Tuche an die erste Stelle. Auch Heringe waren nach wie vor ein gesuchtes Handelsgut. Aus Schweden kamen Eisen, Wald- und Feldprodukte.

Obwohl die Niederländer eine so große Bedeutung für den Danziger

Seehandel gewannen, konnten sie die Position der einheimischen Kaufleute nicht ernstlich gefährden. Grund hierfür waren die im 15. Jahrhundert erworbenen Privilegien der Stadt, die ihr nicht nur die Freiheit des Handels in Polen-Litauen garantierten, sondern vorschrieben, dass alle nach Danzig gebrachten Waren dort zum Verkauf angeboten werden mussten (Stapelrecht), und es Nichtbürgern auch untersagten, miteinander in der Stadt zu handeln. Dennoch veränderte sich die Art und Weise des Handels. Noch zu Beginn des 16. Jahrhunderts trieben viele Danziger Kaufleute aktiven Seehandel; in der Jahrhundertmitte passierten jährlich rund 180 unter Danziger Flagge fahrende Schiffe den Sund. Doch diese Zahl ging unter dem Druck der holländischen Konkurrenz rasch zurück. Das war zu einem Teil auch der Situation der Stadt geschuldet, denn wenn fast automatisch Unmengen an Rohstoffen die Weichsel herabkamen und alleine schon deren Weiterverkauf große Gewinne versprach, konnte man als Kaufmann auf den risikoreicheren Seehandel eigentlich verzichten. Diese Tendenz zur Passivität und die sich dadurch ergebende Abhängigkeit Danzigs und seines riesigen Hinterlands von den sich rasch modernisierenden und industrialisierenden Zentren des Westens ist von der Forschung teilweise als Kolonialismus bezeichnet und sehr kritisch diskutiert worden.

Ganz passiv waren die Danziger Kaufleute aber nicht. Manche von ihnen rüsteten immer wieder Schiffe nach Frankreich, Spanien, ja selbst nach Italien aus, um in Zeiten großer Nachfrage nach Getreide oder Schiffsholz gute Gewinne einzustreichen. Mit Venedig beispielsweise bestand um 1600 ein – allerdings von der Lagunenstadt initiierter – direkter regelmäßiger Seehandel, durch den sowohl Venezianer nach Danzig kamen als auch Danziger Bürger die stolze Serenissima bestaunten. Danziger Firmen besaßen Faktoren und Vertreter in vielen Häfen. Doch seit den 1620er Jahren schliefen diese Aktivitäten unter dem Druck der holländischen Konkurrenz ein – um 1640 waren in Danzig selbst schon rund 50 holländische Faktoren tätig.

Der Handel dominierte nicht nur die Danziger Wirtschaft, sondern das gesamte öffentliche Leben. In dem sich unaufhörlich vergrößernden Hafen herrschte reges Treiben. Seeleute, Sackträger, Kaufleute, Gäste von weither, Marktfrauen, polnische Adlige wuselten durcheinander. Im Jahre 1583 liefen 2230 Schiffe in den Hafen ein; ein halbes Jahrhundert später waren es zwar weniger, aber dafür größere. Zu diesen kamen unzählige Weichselkähne und -flöße, kleinere und größere, mit Ruderern, den «Flissen» bzw. «Flissaken» besetzte Fahrzeuge. Sie trafen vor allem während des Frühjahrshochwassers, aber auch im Herbst nach der Ernte in großer Zahl in Danzig ein, oft in größeren Verbänden, die unter der Aufsicht eines Gutsverwalters standen. Für die rund 650 km lange Fahrt von Sieniawa am San bis nach Danzig und zurück musste man zum Beispiel zehn bis zwölf Wochen einkalkulieren. Vor der Einfahrt in den Danziger Hafen wurde das Korn auf einem «Schörappke» genannten Weichseluferstück gut durchgeschaufelt, um es zu trocknen. Nachdem die Fracht in einen der Speicher ausgeladen war, fuhren die größeren Boote zum Krantor, wo ihnen der mitgebrachte Mast eingesetzt wurde, damit sie heimsegeln konnten. Bootstypen wie die Komeggen aber, die eher schwimmenden, grob gezimmerten Kisten glichen, wurden in Danzig auseinandergenommen und als Bauholz verkauft.

Wie farbig das Hafenleben war, hielt Charles Ogier, der 1635/1636 mit einer französischen Gesandtschaft in Danzig weilte, in seinem Reisetagebuch fest:

> Viele Stunden lang betrachtete ich die unterschiedlichsten Schiffe auf dem die Speicherinsel umfließenden Kanal, sowohl solche, die auf dem Meer segeln, als auch solche, die auf der Weichsel fahren. Es ist angenehm, sich das anzuschauen: der ganze Weizenhandel geht aus Polen auf Schiffen mit eher flachem Boden; auf ihnen ist eine Schar Dorfbewohner, die für ihre Herren wie Diener zur Arbeit verpflichtet sind und die diese langen und breiten Schuten mit Stangen abstoßen. [...] Der polnische Adlige befehligt sein Schiff selbst und geht selbst zum Danziger Kaufmann, zu seinem Speicher, der oft in sechs oder sieben lange Bansen unterteilt ist und aus ebenso vielen Stockwerken besteht. Das Gebiet, das diese Speicher einnehmen, könnte dem Gebiet der ganzen Stadt nahe kommen, und überall auf den Straßen und ihren Kreuzungen drängt sich das Volk in unerhörter Fülle, insbesondere im Sommer [...]. Gleichzeitig, während die Polen und Menschen aus Preußen diese Weizensäcke in die Speicher tragen, sind schon Holländer mit ihren Schiffen zur Stelle, die mit großem Geschick und großer Sorgfalt den Weizen fortbringen und in die ganze Welt schiffen. Sie sind nicht mit leeren Händen hergekommen, denn sie kaufen diese Gaben der Ceres mit reichlichen Gaben des Bacchus, die sie aus Frankreich und Spanien herbringen. Dieser Wein wandert dann mit den Polen die Weichsel hinauf bis nach Warschau und Krakau.[10]

Danzig handelte jedoch nicht nur über die Ostsee und die Weichsel. Das nähere Umland lieferte große Mengen an Getreide und Holz, auch alle

1617, als Ägidius Dickmann diesen Holzschnitt veröffentlichte, herrschte im Danziger Hafen Hochbetrieb: Flussschiffe und Flöße brachten Getreide aus Polen, das von niederländischen Kaufleuten schon sehnlichst erwartet wurde. Hier passiert ein Flusskahn mit niedergelegtem Mast die Grüne Brücke, rechts an der Langen Brücke liegt ein Handelsschiff.

sonstigen Lebensmittel für die große Stadt. Metalle kamen nicht nur aus Schweden, sondern auch von Süden teils über Land, ebenso wie Gewürze und andere Luxuswaren. Weitere Fernhandelswege führten in Richtung Schlesien, Großpolen und Pommern.

Der Handel war Danzigs Goldgrube, durch den Handel wurde Danzig reich. In der ersten Hälfte des 17. Jahrhunderts konnten die Getreidekaufleute der Stadt durchschnittlich 30 Prozent des eingesetzten Kapitals als Gewinn verbuchen. An gutem Holz ließ sich sogar noch mehr verdienen. Besonders lukrativ war auch der Handel mit Tuchen und Heringen. Wenn sich Danziger Kaufleute dazu aufrafften, selbst Getreide oder Holz nach Spanien oder Portugal zu exportieren, winkten bei viel größerem Risiko (Verlust oder Beschlagnahme der Schiffe, Währungs- und Preisrisiken) sogar Gewinne von mehr als 100 Prozent.

Für die polnische Wirtschaft war Danzig von überwältigender Bedeutung; in der zweiten Hälfte des 16. und in der ersten Hälfte des 17. Jahrhunderts gingen drei Viertel des gesamten polnischen Außenhandels über die Hafenstadt. Diese große Abhängigkeit Danzigs vom polnischen Getreide und Polens vom Danziger Hafen sollte sich, als die Nachfrage nach Getreide im Westen sank, für beide als höchst nachteilig erweisen.

Neben dem Handel entwickelten sich in Danzig weitere Wirtschaftszweige. Die Handelsbilanz der Stadt war seit Anfang des 16. Jahrhunderts sehr positiv, es wurde viel mehr exportiert als importiert, so dass die ausländischen Käufer oft nicht mit mitgebrachten Waren, sondern mit Geld zahlten. Dies führte in der Stadt zu einer Anhäufung großer Vermögen, die zum Teil der Finanzwirtschaft zur Verfügung standen. Danziger Kaufleute waren deshalb meist auch Bankiers, und hatten sie ein großes Vermögen angehäuft, zogen sie sich gerne aus dem aktiven Handel zurück und widmeten sich Geldgeschäften (und der Bewirtschaftung großer Landgüter). Bürger der Stadt verliehen also kleinere und größere Summen, vergaben Kredite an den preußischen und polnischen Adel, halfen auch Monarchen immer wieder aus finanziellen Verlegenheiten.

Das Handwerk blühte, organisiert in Zünften, weiter auf. Zunächst gaben die Brauer noch den Ton an, ehe ihre Bedeutung im 17. Jahrhundert sank, die Mühlen entwickelten sich zu Großbetrieben und mehr als zweihundert Werkstätten verarbeiteten im Jahre 1526 Leder. Fleischer und Bäcker stopften die Mäuler. Nur die textilverarbeitenden Berufe hatten es zunächst schwer, da importierte Stoffe den Markt beherrschten, bis durch die Einwanderung zahlreicher niederländischer Fachleute auch in Danzig die Tuchmacherei Erfolg hatte; nach 1600 lebten mehr als 6000 Menschen davon, Stoffe und Kleidung herzustellen.

Durch den Ausbau öffentlicher Gebäude, nicht zuletzt durch die ständigen Arbeiten an den Befestigungsanlagen, aber auch die Errichtung und den Umbau privater Häuser hatten Maurer und Zimmermänner gut zu tun. Ziegeleien und Sägewerke in der Stadt und in ihrer Umgebung lieferten das benötigte Material. Die Bernsteinverarbeitung erlebte einen großen Aufschwung, da das Ordensmonopol auf das «Gold der Ostsee» gebrochen war. Der Luxuskonsum des polnischen Adels ließ vor allem im 17. Jahrhundert die kunsthandwerklichen Berufe florieren, Goldschmiede, Kunstschmiede und Bernsteindreher waren für ihre Erzeugnisse berühmt und erhielten Aufträge von weither. Brauer und Färber waren nicht selten reich, Schneider oft arm wie die sprichwörtliche Kirchenmaus. Glas, Metallprodukte, Möbel, Seife, Papier, Nadeln, Nägel, Waffen – es gab kaum etwas, was in Danzig nicht hergestellt wurde. Die Stadt wurde zum größten Zentrum des produzierenden Gewerbes, nicht nur in Polen, sondern im gesamten Ostseeraum.

Der Schiffbau erlebte in der Zeit nach dem Dreizehnjährigen Krieg seinen Höhepunkt. Als 1462 die gewaltige französische Karavelle «Pierre de la Rochelle» vor der Stadt Schiffbruch erlitt, hatten die einheimischen Fachleute Gelegenheit, moderne Konstruktionsmethoden eingehend zu studieren, was die Produktion positiv beeinflusste. Bis in die Mitte des 16. Jahrhunderts wurden in Danzig zahlreiche Schiffe auf Kiel gelegt und zum Teil auch exportiert; selbst der englische König Heinrich VIII. kaufte hier zwei große Karavellen. 1526 waren beim Schiffbau nicht weniger als 130 Schiffszimmermänner beschäftigt, doch die Ausrüstung der Schiffe gab noch viel mehr Menschen Arbeit und Brot. Bald aber war der Glanz vorbei; in der Mitte des 17. Jahrhunderts wurde in Danzig kaum noch ein Schiff zu Wasser gelassen.

DANZIG SUCHT SEINEN PLATZ

Die Rolle, die Danzig im polnischen Staatsverband spielte, war ungewöhnlich und ist oft diskutiert worden. Die Stadt selbst hielt lange an der Überzeugung fest, nur dem polnischen König gehuldigt zu haben, bezeichnete sich als «Republik» und beklagte später oft, die Institutionen des Königreichs Polen bzw. der polnisch-litauischen Adelsrepublik, insbesondere der Reichstag (Sejm), hätten sich seit der zweiten Hälfte des 16. Jahrhunderts Rechte in der Stadt angemaßt, die ihnen nicht zugestanden hätten. Deutsche Historiker des 19. und 20. Jahrhunderts hielten an dieser Interpretation fest, bezeichneten das frühneuzeitliche Danzig sogar als autonomen Stadtstaat, als «Freie Reichsstadt». Um ihre Sicht der Dinge zu unterstützen, führten sie an, dass Danzig eigene auswärtige Beziehungen gepflegt und seine Verteidigung selbst organisiert hätte. Dabei blieb allerdings unberücksichtigt, dass die Stadt ihre rechtliche Position ganz bewusst im Unklaren ließ und je nachdem, was den eigenen Interessen gerade größeren Nutzen versprach, sich mal als treuer Teil des polnischen Staates darstellte, mal offen auf Konfrontationskurs ging. Mit dieser Ambivalenz und dem geschickten Lavieren der städtischen Politik hatten auch polnische Historiker lange ihre Probleme. Zwar konnte man nicht genug betonen, wie aufopferungsvoll Danzig immer wieder zu Polen gehalten habe, musste dann aber zahlreiche Ausnahmen von dieser Regel entweder mühsam erklären oder verschweigen. Zum Deutschen Reich jedenfalls ging Danzig stets auf Distanz. Schon als es 1456 eine Einladung zum Nürnberger Reichstag erhielt, lehnte es unter Hinweis auf seine Zugehörigkeit zu Polen ab, und an dieser Haltung änderte sich auch später nichts.

Reich und beneidet, war Danzig neben Elbing und Thorn das einzige größere städtische, bürgerliche Zentrum in einer riesigen, vom Adel dominierten Umgebung. Hinzu kamen sprachliche und seit der Reformation auch konfessionelle Gegensätze. Angesichts dieser Ausgangslage musste der städtischen Politik jede Gelegenheit willkommen sein, die eigene Position zu stärken und die Rechte, die man besaß, hartnäckig zu verteidigen.

Auch die Beziehungen zu den Ständen des Königlichen Preußen waren von solchen Differenzen geprägt. Städte und Adel der Provinz hatten gemeinsame Interessen, über die auf den auch «Tagfahrten» genannten Landtagen verhandelt wurde, doch schon bald nach 1466 kam es immer wieder zu Meinungsverschiedenheiten. Die «Pfeffersäcke» aus der Stadt hatten eben ihren eigenen Kopf, zum Beispiel als es in den 1470er Jahren im «Pfaffenkrieg» um die Besetzung des Bistums Ermland mit einem Polen oder, wie Danzig wollte, mit einem einheimischen Geistlichen ging. Die Beziehungen zum preußischen Adel, der sich seit dem 16. Jahrhundert bereitwillig in die polnische Adelsgesellschaft integrierte, waren aber auch später nicht immer einfach, wie sich in jenen Jahren zeigte, als die räuberischen Brüder Mattern bei Danzig ihr Unwesen trieben.

Georg Mattern war Faktor eines Danziger Kaufmanns in London gewesen und hatte sich dort wegen einer Partie feuchten und verschimmelten Leinens mit einem Danziger Schiffer gestritten. Als Mattern diesen Ende 1492 vor dem Artushof in Danzig wieder traf, schlug er ihn gemeinsam mit zwei Gefährten zusammen. Aus der Stadt verbannt, fand der in seiner Ehre verletzte Bürger Unterstützung beim Kleinadel der Umgebung, später auch beim Deutschen Orden, und begann mit Überfällen auf Danziger Ratsherren und Kaufleute. Erst 1502 wurde er aufgeknüpft. Doch kurz darauf trat sein jüngerer Bruder Simon in seine Spuren, scharte viele abenteuerlustige Kleinadlige und deren Leibeigene um sich und machte die Gegend unsicher, entführte Danziger Bürger, überfiel sogar die Stadt selbst und legte dort Brände, fand aber immer wieder Unterstützung bei den preußischen Ständen, die Danzig seine eigenständige Politik verübelten. Schließlich griff Danzigs Bürgermeister Eberhard Ferber 1516 energisch durch, holte sich die Zustimmung des Königs, verfolgte Mattern trotz des Widerstands des Adels, ließ einige seiner adligen Verbündeten hinrichten und erwischte den Räuberhauptmann schließlich selbst. Bevor man ihm jedoch sein Leben nehmen konnte, tötete er sich selbst.

Besonders misstrauisch beobachtete Danzig die politischen Ambitionen Polens im Ostseeraum, da dies die wirtschaftlichen und politischen Interessen der Stadt gefährdete. Schließlich verfolgte man, teils an der Seite der Hanse, eigene Pläne, die stets darauf hinausliefen, den Handelsverkehr von und nach Danzig möglichst zu schützen. Vor diesem Hintergrund kam es dann auch innerhalb der Hanse zu immer größeren Interessengegensätzen. Zunächst aber engagierte sich Danzig noch stark, so beim Seekrieg der Hanse gegen England seit 1469.

Danzig takelte die große französische Karavelle, die 1462 Schiffbruch erlitten hatte, wieder auf und ließ sie unter Leitung eines Ratsherrn in die Nordsee fahren, wo sie neben vielen anderen Schiffen des Städtebundes wie auch privater Eigner als «Peter von Danzig» auf Kaperfahrt ging, nicht ohne Mühen übrigens, weil das Schiff immer wieder leckte und die Mannschaft bei stürmischem Wetter ständig an den Pumpen stehen musste. Bernd Pawest berichtete: «wi pompeten de Nacht ower und konnten nicht verwinnen und ward' jo länger jo groter und mehr, also dat wi in groter Sorge und Not waren.»[11]

1473 an private Investoren verkauft, brachte der «Peter von Danzig» unter dem Danziger Kapitän Paul Beneke – der zuvor bereits den Lord Mayor von London gefangen genommen hatte – eine von Sluys nach England segelnde Galeide mit außergewöhnlich kostbarer Ladung auf. Besatzung und Schiffseigner freuten sich über die große Beute, das wertvollste Stück aber, Hans Memlings prächtiges Altarbild des Jüngsten Gerichts, stifteten die Reeder der Kapelle der Georgenbrüderschaft in der Danziger Marienkirche, wo es bis zum Zweiten Weltkrieg hing. Heute ist dieses Meisterwerk der flämischen Malerei im Nationalmuseum der Stadt zu sehen. Die Herkunft des Bildes war jahrhundertelang in Vergessenheit geraten, erst in der Mitte des 19. Jahrhunderts brachten neu entdeckte Chroniken Aufschluss. Der Danziger Paul Beneke wurde daraufhin zu einem «deutschen Seehelden» stilisiert und galt Anhängern des Kaisers, der Republik wie auch des Nationalsozialismus als Beweis für die Wehrhaftigkeit der angeblich stets von Polen bedrohten Stadt, auch wenn er nie gegen Polen gekämpft hatte.

Während Danzig im Krieg mit England also solidarisch mit dem Rest der Hanse war, kam es in den folgenden Jahrzehnten immer häufiger zu Zwistigkeiten. Sei es, dass Danzig das Handels- und Finanzimperium der Fugger unterstützte, dem Lübeck den Kampf angesagt hatte, sei es, dass man die Kämpfe Lübecks gegen Dänemark 1531 nicht mitmachte. Zwar beteiligte sich Danzig aktiv an der 1557 beschlossenen Reform der Hanse – die Stadt wurde nun im Zuge der Neuorganisation zum Vorort des preußischen Hansequartiers –, doch angesichts des Aufstiegs der großen Mächte schienen die Tage eines bürgerlichen Städtebunds gezählt. Aus alter Verbundenheit nahm Danzig aber bis 1669 noch an allen Hansetagen teil.

Am letzten Krieg Polens gegen den Deutschen Orden 1519–1521 beteiligte sich Danzig aktiv, ging es doch um den ungeliebten Nachbarn an der Ostsee, der mit letzten Kräften versuchte, seine staatliche Zukunft zu sichern. Zwar war es dem Orden gelungen, den deutschen Kaiser dazu zu bewegen, wegen kleinerer Auseinandersetzungen 1497 die Reichsacht gegenüber Danzig zu verhängen, die 1511 nochmals erneuert wurde (aufgehoben 1515), doch brachte das dem Orden letztlich ebenso wenig ein wie der Krieg. Danzig stellte der königlichen Armee 600 Söldner zur Verfügung, verstärkte seine Befestigungen und fühlte sich gut gerüstet gegen den immer noch gefährlichen Feind. Dieser hatte bei Frankfurt an der Oder eine 12 000 Mann starke Söldnerarmee zusammengezogen, die nach Osten marschierte, an der Weichsel vor der polnischen Armee nach Norden auswich und Anfang November ihr Lager vor Danzig aufschlug. Doch die Beschießung der gut vorbereiteten Stadt dauerte nur zwei Tage, dann zog das Heer unverrichteter Dinge ab. Im kommenden Jahr setzten Danziger Schiffe dem Orden auf der Ostsee zu, auch Freibeuter waren unterwegs, und 1521 musste der Hochmeister die Aussichtslosigkeit des Kriegs einsehen. Vier Jahre später huldigte er dem polnischen König Sigismund und wandelte seinen Staat in ein weltliches, protestantisches Herzogtum um.

PROTEST UND REFORM – EINE GROSSSTADT IM AUFRUHR

Danzig war eine große Stadt. Schon 1454 zählte es mit seinen rund 20 000 Einwohnern zu den 50 größten Städten Europas, aber es wuchs noch weiter: Anfang des 16. Jahrhunderts lebten in Danzig und seinen Vorstädten 35 000 Menschen, hundert Jahre später waren es über 50 000 und in der Mitte des 17. Jahrhunderts, auf dem Höhepunkt der Entwicklung, schätzungsweise 70 000, eine Zahl, die erst zweihundert Jahre später wieder erreicht werden sollte. Um 1650 gab es zwischen Moskau und Amsterdam keine größere Stadt, selbst Hamburg und Prag waren kleiner. Die Anziehungskraft Danzigs war so groß, dass sogar die immensen Bevölkerungsverluste bei den großen Pestepidemien das Wachstum kaum aufhalten konnten. 1549 kamen angeblich 20 000 Menschen ums Leben, 1564 und 1602 starben jeweils 15 000, 1620 9000 und 1653 nochmals 11 000 – und mit weniger furchtbarer Ernte wüteten Seuchen noch häufiger in der Stadt.

An der sozialen Schichtung änderte sich 1454 zunächst einmal nichts. Die Fäden hielten die Patrizierfamilien in der Hand, die bestrebt waren, unter sich zu bleiben – sie stellten alle Ratsherren und Schöffen, zogen sich in ihre prächtigen Häuser innerhalb und außerhalb der Stadt zurück, heirateten untereinander und trafen sich an exklusiven Orten wie dem Artushof.

Das Bürgertum bestand aus den unterschiedlichsten Groß- und Kleinkaufleuten, Krämern und Handwerkern; während die einen stattliche Häuser besaßen, wohnten nicht wenige ärmlich zur Miete und mussten, wie viele Gesellen auch, schwer schuften – zwischen 13 und 17 Stunden täglich. Aufgrund dieser großen Unterschiede verfolgten die verschiedenen Gruppen der Bürgerschaft oft ganz entgegengesetzte Interessen. Sie alle aber blickten auf die besitzlosen Schichten herab, auf verarmte Handwerker, Tagelöhner, Fischer, Hausierer, Prostituierte und Bettler.

Als zu Beginn des Dreizehnjährigen Kriegs die Steuern stark angehoben wurden, brach sich die latente Unzufriedenheit des gemeinen Volks über den patrizisch bestimmten Rat Bahn, man warf seinen Mitgliedern finanzielle Unregelmäßigkeiten vor, war aber auch neidisch auf deren große, durch den Krieg ermöglichte Gewinne. Unter der Führung des reichen Kaufmanns Martin Kogge rebellierten im Herbst 1456 Teile der Bürgerschaft und setzten die Wahl von Kaufleuten und Handwerkern in den Rat durch. Als nun aber auch der neue Rat zur Deckung der Kriegskosten weitere Steuern erheben musste, forderte Kogge vom königlichen Gouverneur in Preußen die Absetzung des Rats. Der Gouverneur reagierte umgehend, aber anders als erwartet, und ließ insgesamt 17 Aufrührer, darunter Kogge selbst, hinrichten. Das Patriziat konnte in den Folgejahren seinen unbeschränkten Einfluss wieder herstellen.

Nächster Auslöser für soziale Unruhen war der vermutlich durch Misswirtschaft der führenden Ratsgeschlechter verursachte Zusammenbruch der städtischen Finanzen 1517. Das Volk erzwang eine Reform der Finanzverwaltung und ihre Aufsicht durch «48 Männer» (vor allem Kaufleute, außerdem einige Zunftälteste), was jedoch zu keiner Steuerminderung führte. Aufgrund neuer Kriege und des notwendigen Ausbaus der Stadtmauern benötigte die Stadt bald wieder Geld, und als sich die Stimmung erneut zuspitzte, blieb dem Rat nichts anderes übrig als den «48 Männern» größere Rechte einzuräumen.

In dieser Situation gelangten erste Nachrichten über die Reformation nach Danzig und stießen vor allem bei den weniger wohlhabenden Bürgern auf große Resonanz. Bereits 1518 trat der Mönch Jakob Knade zum Luthertum über, 1522 predigte Jakob Hegge leidenschaftlich gegen die Kirchenhierarchie und die bestehende Sozialordnung. Der Unmut des Volks richtete sich nicht zuletzt gegen den selbstherrlichen Bürgermeister Eberhard Ferber, der sich wie manche anderen Patrizier adlige Lebensgewohnheiten zugelegt hatte und den oppositionellen Bestrebungen entschieden entgegentrat. Auch Ferbers Verbannung aus der Stadt und die Beschlagnahme seines Vermögens konnten die Lage nicht entspannen, es kam zu Plünderungen und schließlich zu offenen Ausschreitungen gegen die katholische Kirche, insbesondere gegen die Ordensgemeinschaften.

Die reformatorischen Ideen griffen in der Folgezeit weiter um sich und führten, verstärkt durch die gesellschaftlichen Spannungen, immer wieder zu Auseinandersetzungen mit dem offiziell noch katholischen Patriziat und den kirchlichen Institutionen. Bald entflammte die Unruhe aufs Neue. Als im Januar 1525 der Franziskaner Alexander Svenichen in Mönchskutte in der Marienkirche predigen wollte, empörten sich Anhänger der radikalen Strömung dagegen, der Rat ließ deren Wortführer festnehmen, doch noch am selben Tag zog eine große Menschenmenge durch die Stadt, um das Rathaus zu besetzen und den Rat zu stürzen. Viele Stunden standen sich die Anhänger des Rats und der Aufrührer auf dem Langen Markt bewaffnet gegenüber, bis der Rat nachgeben musste und die Forderungen annahm. Sie liefen darauf hinaus, die Reformation in der Stadt zu festigen und die Macht der Klöster zu beschränken, die Verwaltung durch die allgemeine Wahl des Rats, der

Schöffen und aller Beamten zu demokratisieren, die Rechtsprechung gerechter zu machen, den Wucher zu verbieten und alle Abgaben abzuschaffen.

Doch sogleich taten sich Interessengegensätze auf. Während die besitzlosen Schichten weiter an den radikalen Positionen festhielten, strebten die wohlhabenderen Bürger, auch aus Angst vor einer vollständigen Desorganisation der Stadt, Kompromisse an. Es gelang, die personelle Zusammensetzung des Rats zur Zufriedenheit der Menge zu ändern, gleichzeitig aber die Vorherrschaft der besitzenden Kreise sicherzustellen, auch legte die Bürgerschaft einen Eid ab, dem Wort Gottes, dem König und der Stadt treu zu sein. Aber das von radikalen Geistlichen aufgewiegelte Volk kam nicht zur Ruhe, Kirchen wurden von Bildern und Altären «gesäubert», Waffen verteilt. Um wieder Ruhe herzustellen, bat der neue, von den Handwerkern dominierte Rat Martin Luther persönlich, gemäßigte Prediger nach Danzig zu schicken, die bald darauf eintrafen.

Unterdessen griff der polnische König Sigismund der Alte ein, forderte die sofortige Wiederherstellung der überkommenen gesellschaftlichen und religiösen Ordnung. Angesichts einer drohenden gewaltsamen Intervention des Monarchen einigten sich Vertreter der alten Patriziereliten, der reichen Kaufleute und des neuen Rats darauf, den Monarchen milde zu stimmen, und baten ihn, selbst nach Danzig zu kommen, um für Ordnung zu sorgen.

Im März 1526 reiste Sigismund mit einem Gefolge von nicht weniger als 3000 Mann nach Marienburg, was Danzig in Schrecken versetzte, und wenige Wochen später zog er glanzvoll in die große Hafenstadt ein. Der König leitete die Untersuchungen persönlich, zahlreiche Aufrührer wurden verhaftet und schließlich im Juli vom Henker mit dem Schwert enthauptet. Im Juni verkündete der Monarch die «Statuta Sigismundi», die die Verhältnisse in der Stadt regelten und für die nächsten Jahrhunderte hindurch im großen und ganzen Bestand haben sollten. Sigismund setzte neue Ratsherren und Schöffen ein, mehrheitlich Angehörige der alten Eliten, und befahl die Einrichtung einer Dritten Ordnung als Vertretung des Volks, die aus 100 vom Rat zu ernennenden Bürgern der Rechtstadt bestehen sollte – hauptsächlich aus Kaufleuten und zudem aus den Ältesten der vier Hauptgewerke, der Schmiede, Schumacher, Bäcker und Fleischer. Zwar wurde die katholische Konfession wieder eingeführt, doch da auch die Patrizier mittlerweile größtenteils Anhänger der Reformation geworden waren, verwandelte sich Danzig, obschon auf dem Papier noch katholisch, faktisch doch in den nächsten Jahren in eine protestantische Stadt, und unter den nach wie vor katholischen Pfarrern, die die Einnahmen aus ihren Pfründen meist außerhalb der Stadt verzehrten, waren bald schon evangelische Prediger tätig. Kurz bevor er im Juli 1526 die Stadt verließ, bestätigte Sigismund noch die bestehenden Privilegien der Stadt.

SCHIFFE UND STATUTEN: SPANNUNGEN MIT POLEN

Auch Sigismund II. August bestätigte gleich bei seinem Regierungsantritt im Jahre 1548 die Privilegien Danzigs. Seine Herrschaftszeit stand im Zeichen der sich in Polen und Litauen ausbreitenden Reformation, der Reform und Zentralisierung des Staates und der Ereignisse rund um die Ostsee.

Der Einfall des russischen Zaren Ivan IV. 1558 nach Livland eröffnete einen lange währenden Kampf um die Herrschaft über die Ostsee. Zwischen 1563 und 1570 lagen Polen (mitsamt Litauen) und Dänemark gegen Russland und Schweden im Krieg, was Danzig überhaupt nicht gefiel, da der Ostseehandel sehr darunter litt. Besonders störend empfanden die Kaufleute der Stadt aber die Freibeuter, die, mit polnischen Kaperbriefen ausgestattet, von Danzig aus Jagd auf feindliche Schiffe machen sollten. Dabei stammten die Kapitäne und Schiffsbesatzungen oft selbst aus Danzig, und nicht wenige Kaufleute investierten in die Freibeuterei, mussten sie doch von ihrer Beute nur zehn Prozent an den König abführen. Der Bürger Paul Glasow beispielsweise besaß Anteile an 23 Freibeuterschiffen. Da aber die Kaperschiffe die Schifffahrt erheblich behinderten, reagierten die am Handel interessierten Staaten gereizt und beschlagnahmten – wie etwa Dänemark – immer wieder Danziger Schiffe.

Noch größere Unruhe in Danzig entstand jedoch, als sich der König zur Verbesserung der polnischen Chancen im Krieg daran machte, eine eigene Flotte aufzubauen und eine Marinekommission gründete, die er in Danzig ansiedeln wollte. Die Volksseele kochte, was einige Matrosen eines Freibeuterschiffes erfahren mussten, die sich im Juni 1568 auf der Suche nach Essbarem aus dem Hafen aufmachten, kaschubische Markthändler überfielen und ausraubten. Der Rat ließ umgehend elf Freibeuter verhaften und wenige Tage später enthaupten; die Köpfe wurden zur

Abschreckung ans Hohe Tor genagelt, wo sie zwei Jahre lang gehangen haben sollen.

Sigismund August setzte eine Untersuchungskommission ein, die aber, als sie nach Danzig kam, vor verschlossenen Stadttoren stand. Der König war erzürnt. Um das Schlimmste zu verhindern, aber auch zur Wahrung der Danziger Interessen vor dem Hintergrund der bevorstehenden Staatsreform, machten sich die drei Danziger Bürgermeister Georg Klefeld, Konstantin Ferber und Johann Proite sowie der Ratsherr Albrecht Giese im Frühjahr 1569 zum Reichstag nach Lublin auf. Hier wurde ihnen wegen der Hinrichtung der Freibeuter der Prozess gemacht, sie wurden für schuldig befunden und gefangen gesetzt.

Eine neue Kommission wurde nach Danzig entsandt, die sich unter Leitung des Bischofs von Włocławek, Stanisław Karnkowski, ab Dezember 1569 vier Monate in der Stadt aufhielt. Die Stadt bot, wie so oft, eine Entschädigungszahlung an und war auch bereit, die Hälfte der Hafenabgaben, des Pfahlgelds, an die Krone abzutreten. Doch die Kommission ließ es damit nicht bewenden und verkündete im März 1570 die *Statuta Karnkoviana*, eine neue Verfassung für die Stadt, deren Ziel es in erster Linie war, die königliche Macht zu steigern. So sollten Bürgermeister und Ratsherren von nun an König und Reich einen Treu- und Amtseid schwören. Auch wurde eine stärkere Beteiligung der Handwerker an der Dritten Ordnung dekretiert.

Danzig protestierte, zog mit einer großen Delegation 1570 zum Reichstag nach Warschau, diese aber konnte nicht viel ausrichten und der König bestätigte – mit Vorbehalt – die Statuten. Er verlangte außerdem von den Vertretern der Stadt, auf Knien vor ihm um Verzeihung zu flehen. Der Stadthistoriker Paul Simson kommentierte dies zu Beginn des 20. Jahrhunderts folgendermaßen: «Ein Augenblick tiefster Demütigung für sie und ihre Stadt (...). In seiner ganzen Geschichte hatte Danzig bisher keine so tiefe Erniedrigung erlebt wie an jenem Tage.»[12] Die stolze Danziger Bürgerschaft mag das tatsächlich so empfunden haben, aus der Sicht Polens war es ein konsequenter Schritt zur Vereinheitlichung des Staates und zur Beseitigung unerwünschter Sonderrechte der mächtigen Stadt. Aber Danzig sollte sich zu helfen wissen und setzte zwischen 1577 und 1585 seinen Willen doch noch durch. Die gefangenen Danziger Würdenträger kamen übrigens Ende 1570 frei und der in Elbing begonnene Bau einer königlichen Flotte wurde mit dem Tod Sigismund Augusts 1572 eingestellt.

Schon seit längerem war man in Polen und Litauen mit dem staatsrechtlichen Zustand des Doppelreiches nicht mehr zufrieden, das nur in einer Personalunion vereint war, und bereitete eine viel engere Verflechtung vor – die Realunion. Im Zuge der Vereinheitlichung und Zentralisierung des Reiches sollten auch die Sonderrechte des Königlichen Preußens aufgehoben werden. Trotz vieler Widerstände bei den Ständen, aber auch in Danzig, wo man neben der Rücknahme der Religionsfreiheit ein stärkeres Eingreifen Polens in die inneren Angelegenheiten fürchtete, beschloss der Reichstag im März 1569 in Lublin die Inkorporation des Königlichen Preußen. Die deutsche Geschichtsschreibung hat dies als «rohe Gewalt und schnöden Rechtsbruch»[13] der Krone bezeichnet, und was Paul Simson in seiner so kenntnisreichen Geschichte Danzigs über die nun einsetzende Polonisierung der ländlichen Gegenden des Königlichen Preußens schrieb, war an der Wende zum 20. Jahrhundert eine weit verbreitete Auffassung im deutschen Osten: «Überall hielten polnischer Schmutz und polnische Unbildung ihren Einzug.»[14] Die prächtige, «saubere» Stadt Danzig wurde als deutsche Insel dargestellt, umbrandet von slawischen Fluten, und der moderne Nationalismus in die Frühe Neuzeit zurückgeschrieben, als man sich zwar über Sprachen und Mentalitäten, über Konfessionen und Loyalitäten trefflich streiten konnte, völkisch grundierte Überlegenheitsgefühle aber unbekannt waren.

DANZIG BEHAUPTET SICH GEGEN DEN KÖNIG

Mit Sigismund August starb 1572 der letzte Jagiellone auf dem polnischen Thron. Das nun eingeführte Wahlkönigtum gab vor allem dem Adel Polens und Litauens die Möglichkeit, in den Interregnen und in Verhandlungen mit den Thronanwärtern seine Rechte auf Kosten der Monarchie auszudehnen. Das wollte, unterstutzt von seiner großen wirtschaftlichen Macht, auch Danzig ausnutzen. Und tatsächlich, kaum war Sigismund August gestorben, weigerte es sich, seinen mit der Karnkowski-Kommission vereinbarten Verpflichtungen nachzukommen, bis nicht alle Zusagen der Krone erfüllt und neue Ungerechtigkeiten abgestellt sein würden.

Dabei blieb die Stadt auch bei der Königswahl von 1575. Danzig unterstützte den Habsburger Kandidaten Kaiser Maximilian II., der den Protestanten gewogen war und sich, wie man hoffte, aus dem fernen Wien nicht so stark in die lokalen Angelegenheiten einmischen würde. Doch nicht nur der Habsburger wurde gewählt, sondern zwei Tage später auch der siebenbürgische Fürst Stefan Báthory, der sich sofort nach Polen aufmachte und am 1. Mai 1576 in Krakau gekrönt wurde. Von dieser Entschlusskraft beeindruckt, wechselten rasch die meisten Anhänger Maximilians auf seine Seite, nur Danzig nicht, das pokerte, um das Beste für sich herauszuholen. Im September forderte Stefan die Stadt zum Einlenken auf.

Nun überschlugen sich die Ereignisse. In der Stadt herrschte nämlich keineswegs Eintracht. Nach den Unruhen der 1520er Jahre hatte das Patriziat den Rest der Bürgerschaft wieder erfolgreich von der Verwaltung ferngehalten. Diese kleine, zu Beginn des 17. Jahrhunderts aus rund 30 Familien bestehende Gruppe errichtete aber nicht nur «eine von den Ratsgeschlechtern regierte Untertanengesellschaft»[15] und kontrollierte die Finanzen der Stadt, sondern war auch wirtschaftlich am erfolgreichsten, so erfolgreich, dass sie immer weniger Lust hatte, mit Handel ihr Geld zu verdienen, sondern danach trachtete, den Lebensstil des polnischen Adels nachzuahmen. Um 1600 besaß rund die Hälfte aller Danziger Patrizier feudale Gutsbetriebe.

Ermutigt von den gegen das Patriziat gerichteten Bestimmungen der Karnkowski-Kommission, forderten Kaufleute und Handwerker über die Dritte Ordnung eine stärkere Beteiligung an der Verwaltung der Stadt, wurden aber vom Rat hingehalten. Neben den Brauern waren diesmal die Fleischer besonders rührig. Erbittert über eine Anordnung des Rats, Fleisch nicht mehr nach Gutdünken, sondern nach Gewicht zu verkaufen, was ihre Einnahmen deutlich schmälern musste, schlossen sie Ende 1575 die Fleischbänke und versuchten auch die Zufuhr von Schlachtvieh nach Danzig zu verhindern. Angesichts der drohenden Versorgungsschwierigkeiten wurden über 80 Fleischermeister festgenommen und blieben ein Jahr in Haft.

Unterdessen hatte Báthory, dessen Forderungen Danzig abgelehnt hatte, die Acht über die Stadt verhängt und seine Truppen in das Danziger Landgebiet geschickt. Aufgestachelt von den geflüchteten Bauern, plünderte das erregte Danziger Volk die drei Klöster der Stadt, da die Nonnen und Mönche beschuldigt wurden, mit Báthory gemeinsame Sache zu machen. Die Verhandlungen mit dem König gingen zwar weiter, doch konnte der Rat dessen Vorstellungen – 300 000 Gulden, die

Hälfte des im Hafen erhobenen Pfahlgelds und die Überlassung schwerer Geschütze – in der Stadt nicht durchsetzen: Überredet vom Kaufmann Kaspar Göbel, der erklärte, man wolle dem König keinen Pfennig zahlen, widersetzten sich die Gewerke und bald auch die Dritte Ordnung dem kompromisswilligen Rat. Das Volk warf den Patriziern Schwäche und Verrat vor und lehnte die Forderungen ab, selbst als die Nachricht vom Tod Maximilians II. eintraf.

Nun hatte auch Báthory genug. Er ließ Bürgermeister Konstantin Ferber und Ratmann Georg Rosenberg, die ihm die Nachrichten überbrachten, verhaften und ging mit harter Hand gegen Danzig vor. Seine Truppen und Söldner machten die Umgebung unsicher, der Handel mit der Stadt wurde verboten und nach Thorn bzw. Elbing verlegt. Ein Krieg gegen Danzig schien beschlossene Sache.

Die Bevölkerung reagierte mit weiteren Ausschreitungen. Die Menge zog nach Oliva, überfiel, plünderte und zerstörte das reiche Kloster mit all seinen Kunstschätzen und zwang dann den Rat zu dem Versprechen, die Bürgerschaft an der Finanzverwaltung zu beteiligen. Aufgebracht über die drohende Kriegsgefahr, den ausbleibenden Handel, die großen finanziellen Belastungen, die Einquartierung tausender Söldner und vermeintliche Machenschaften des Rats, schien das Volk die Herrschaft der Patrizier gefährden zu können.

Die Stadt hatte Vorbereitungen für einen Krieg getroffen, die Befestigungen verstärkt, die Festung Weichselmünde ausgebaut und Söldner geworben. Nach monatelangem Nichtstun waren die gedungenen Soldaten und Teile der Bevölkerung aber ungeduldig geworden und suchten die Auseinandersetzung. Ohne den Rat groß zu fragen, marschierten am 16. April 1577 rund 10 000 Menschen, darunter etwa 3000 Soldaten, unter Führung des angeworbenen Obersten Hans Winkelburg von Kölln voll Siegeszuversicht und in Erwartung reicher Beute in Richtung Dirschau. Doch beim Liebschauer See wartete Hetman Jan Zborowski mit seinen Truppen und hatte leichtes Spiel. Nach kurzem Kampf flohen die Danziger. Neben 2500 Toten und knapp tausend Gefangenen verloren sie alle Geschütze, viele Wagen und Waffen. Angesichts dieser Niederlage konnte der Rat, der gegen den Ausfall gewesen war, seine Autorität erneuern und nahm die Organisation der Verteidigung wieder in seine Hand.

Im Juni begann Báthory mit der Belagerung der Stadt. Wochenlang ließ er sie beschießen, immer wieder kam es zu kleineren Gefechten der

Kriegsparteien, doch gegen die hervorragenden Befestigungen wusste er letztlich keinen Rat. Unterstützt von Dänemark, das eine Flotte in die Danziger Bucht geschickt hatte, wehrte sich die Stadt verzweifelt. Ein Versuch der Polen, die Festung Weichselmünde einzunehmen, endete mit schweren Verlusten – ein mutiger Kapitän durchbrach mit seinem Schiff eine provisorische Brücke über die Weichsel, wodurch einige hundert deutsche Söldner des Königs auf der rechten Weichselseite abgeschnitten wurden. Die Danziger machten sie fast bis auf den letzten Mann nieder.

Báthory, beunruhigt durch den Einfall des russischen Zaren Ivan IV. nach Livland, hob die Belagerung schließlich im September 1577 auf und begann Friedensverhandlungen mit der Stadt. Deren Bürgerschaft aber nutzte die neu gewonnene Freiheit zu einem Rachefeldzug nach Elbing. Eine große Danziger Flotte segelte ins Frische Haff, um die Stadt für ihre Unterstützung Báthorys und die Konkurrenz im Handel zu bestrafen. Die Danziger plünderten die Elbinger Speicher, kaperten rund 60 Schiffe und kehrten nach zwei Wochen stolz nach Hause zurück.

Im Dezember 1577 wurde schließlich, vermittelt von einigen deutschen Fürsten, Frieden geschlossen, nachdem sich auch Rat und Bürgerschaft der Stadt geeinigt hatten. Danzig leistete Abbitte, zahlte 200 000 Gulden an den König, 20 000 an das Kloster Oliva und entließ die Söldner, Báthory hob die Acht auf, bestätigte die Danziger Privilegien und sicherte die freie Religionsausübung zu. 1585 einigte man sich schließlich auch über das Pfahlgeld, das nun zur Hälfte dem König zufließen sollte. Trotz der sehr großen finanziellen Belastung und der vielen Toten war der Krieg letztendlich ein Triumph für die Stadt, die ihre Privilegien in vollem Umfang wahrte und für ihren Widerstand nicht bestraft wurde. Danzigs Blütezeit sollte noch bis in die Mitte des 17. Jahrhunderts dauern, zumal auch die gesellschaftlichen Unruhen beigelegt werden konnten und das Patriziat seine Vorherrschaft in der Stadt wieder festigte.

Die Auseinandersetzungen von 1576/1577 haben die Nachwelt stark beschäftigt. Sie galten, je nach Zeit, als Beleg für das großartige Aufbäumen einer Stadt gegen ein ganzes Land, von protestantischem Bürgertum gegen die katholischen Herren, von «aufrechten» Deutschen gegen «verschlagene» Polen. Gedichte, Romane und Dramen besangen die Geschehnisse. Und ein Anfang 1577 entstandenes, von Hans Hasentödter verfasstes Lied lernten zu Beginn des 20. Jahrhunderts alle Danziger Schulkinder auswendig:

O Dantzig halt dich feste,
Du weitberumbte Statt,
Betracht itzund dein Beste
Und gehe nicht lang zu Rath.
Mit vielem Contrahiren
Wird es nicht werden gut,
Der Feind will dich vexiren,
Drumb thu nicht mehr tractiren
Und faß eins Mannes Muth.[16]

DAS DANZIGER LEBEN ZWISCHEN REGELN UND FEIERN

Die Danziger Gesellschaft war alles andere als homogen. In den Mauern der Stadt lebten nicht nur Arm und Reich, Kaufleute, Handwerker und Bettler, sondern hier hielten sich auch Menschen verschiedener Zunge auf. Gewiss, Umgangssprache war Deutsch und die Integration in die Bürgerschaft war nur möglich, wenn man die deutsche Sprache beherrschte, doch viele Zugezogene, vor allem Dienstboten und die Einwohner der Vorstädte, sprachen von Hause aus Polnisch (bzw. Kaschubisch). Deshalb gab es in einigen evangelischen Kirchen Danzigs polnische Predigten. Plattdeutsch war weit verbreitet, auch wenn es zunehmend zu einer Sprache der unteren Volksschichten wurde.

Besonders vielsprachig ging es im Hafen und in den Kaufmannskontoren zu, wo sich polnische Adlige, holländische und englische Kaufleute die Klinke reichten, wo Schweden, Dänen und Italiener anzutreffen waren. Auch Juden kamen nach Danzig, selbst wenn sie hier wie viele andere Fremde kein Wohnrecht besaßen – das hatten sich die Bürger bereits in den Privilegien von 1454 und 1457 ausbedungen, um sich unerwünschte Konkurrenz vom Leibe zu halten. Außerhalb der Stadt aber, auf Gebiet, das nicht zu Danzig gehörte, durften sie sich niederlassen, beispielsweise im südlich der Stadt gelegenen, im 14. Jahrhundert von schottischen Leinwebern gegründeten Dorf Alt Schottland.

Das konfessionelle Leben in Danzig war seit der Reformation trotz mancher Auseinandersetzung von Toleranz geprägt, ähnlich wie in ganz Polen-Litauen. In der Mitte des 16. Jahrhunderts überwogen die Protestanten bereits bei weitem, was der König schließlich auch sanktionierte,

Eines der berühmtesten Werke Hans Holbeins d. J. ist sein Bildnis des Danziger Kaufmanns Georg Giese von 1532. Der Maler porträtierte den Sohn eines Ratsherren im Londoner Hansekontor, dem Stalhof.

indem er 1557 die Religionsfreiheit gewährte (bestätigt 1577 durch Stefan Báthory). In Danzig gehörten um 1650 rund 87 Prozent der Einwohner dem lutherischen Bekenntnis an, knapp sechs Prozent waren Calvinisten und ca. sieben Prozent Katholiken. In fast allen Pfarr- und Hospitalkirchen der Stadt fanden seit 1557 lutherische Gottesdienste statt, während die Calvinisten sich in St. Petri und Pauli sowie in St. Elisabeth, zeitweise auch in St. Trinitatis versammelten. Zwischen den in den letzten Jahrzehnten des 16. Jahrhunderts durch Zuwanderung aus den Niederlanden und Schottland stärker gewordenen Calvinisten, denen viele Ratsherren angehörten, und den Lutheranern entbrannten rasch erbitterte Streitigkeiten, die sich unter gegenreformatorischem Druck zu einer vielschichtigen Konfrontation zwischen Bürgerschaft und Stadtregiment entwickelten und erst abebbten, als seit 1612 auf königlichen Befehl hin – der jedoch nicht immer eingehalten wurde – öffentliche Ämter nur mehr mit Lutheranern besetzt werden durften.

Nicht genug, dass sich die Protestanten untereinander stritten, auch die Katholiken versuchten verlorengegangenes Terrain zurückzugewinnen. Sie befanden sich in Danzig seit der Reformation in der Defensive, hatten aber bedeutende Fürsprecher in Person der polnischen Könige, deren Besuche in der Stadt in der Regel mit feierlichen Messen und Bemühungen einhergingen, die Position der katholischen Kirche zu stärken. Es gab in Danzig noch mehrere Klöster, auch die Jesuiten versuchten – letztlich ohne Erfolg – Fuß zu fassen. Dennoch gelang es dem Katholizismus bis ins 19. Jahrhundert kaum, seinen Einfluss und die Zahl seiner Anhänger zu vergrößern.

Der wichtigste Baustein der spätmittelalterlichen und frühneuzeitlichen Gesellschaft in Danzig war die Familie: In vielem folgten die Söhne ihren Vätern, sei es als Ratsherren, als Handwerksmeister oder Besitzer eines Handelsunternehmens. Die Bürgerfrauen sorgten sich um Haus und Herd. Den ärmeren Bevölkerungsschichten gegenüber versuchte sich das Bürgertum auf vielerlei Weise abzugrenzen. Zur Demonstration von Wohlstand eigneten sich das eigene Haus, die Kleidung, aber auch die Familienfeiern – Taufe, Verlobung, Hochzeit und Beerdigung. Im Laufe der Jahrhunderte waren die Stadtgewaltigen jedoch bemüht, die Zurschaustellung sozialer Gegensätze zu beschränken: Eine bis ins 18. Jahrhundert immer größer werdende Zahl von lokalen Gesetzen regelte die maximale Breite von Häusern, die Größe von Handwerksbetrieben, die für die einzelnen gesellschaftlichen Schichten zulässige Kleidung, aber eben auch die Familienfeiern: Nur eine bestimmte Zahl von Gästen durfte geladen, nur bestimmte Speisen verzehrt, nur bestimmte Musik gespielt werden. Die Danziger Ordnung von 1590 hielt beispielsweise für Verlobungsfeiern fest:

> Und auf solche verlobung mügen braut und breutigam desseben tags nur einen tisch von 12 personen gerechnet und nicht mehr geste haben. Darbey auch seitenspiel und ehrliche züchtige tänze sollen vergennet und

Die Kleidung der Danziger unterlag strengen Vorschriften. Hier einige Zeichnungen Anton Möllers, eines der bedeutendsten Künstler im frühneuzeitlichen Danzig.

> zugelassen sein. Die lobebiere aber und andere gastereien bey solchen ehegelobnussen, sollen ganz und gar abgestellet und verboten sein, alles bei der peen [Strafe] 10 guter marke.[17]

Über die Motive, das bürgerliche Alltagsleben der Frühen Neuzeit so streng zu reglementieren, wird unter dem Stichwort der Sozialdisziplinierung seit Jahrzehnten diskutiert. Auf der einen Seite waren religiös-moralische Gründe für die Restriktionen wichtig. So heißt es in der Danziger Kleiderordnung von 1642, sie sei notwendig «zu hemmung der einreissenden Hoffart und übermessigen Pracht in Kleidung und Schmuck», um «Gottes Straffe von dieser Stadt» abzuwenden.[18] Daneben wollte der Gesetzgeber die Gesellschaftsordnung stabilisieren, Unordnung oder auch die Verschuldung einzelner Bürger verhindern.

Gesellschaftlich disziplinierend wirkten zahlreiche weitere Vorschriften und Institutionen der Stadt, sei es die starre Pfarrorganisation, seien es die Zünfte. Zuwiderhandlungen wurden gerichtlich geahndet. Die Rechtsprechung (hauptsächlich das Schöffengericht) hatte jedoch noch mit ganz anderen Verfehlungen zu tun, mit Mord und Totschlag, Diebstahl, Ehebruch, Gotteslästerung und vielem mehr. In den schwersten Fällen wurden die Verurteilten öffentlich hingerichtet, meist auf dem Langen Markt mit dem Schwert geköpft oder außerhalb der Stadt an

dem Galgen gehenkt, in weniger schweren Fällen aus der Stadt verbannt, körperlich bestraft, zu Zwangsarbeit im Zuchthaus verurteilt oder, wenn auch nur selten, an den Pranger gestellt.

Wie vieles andere war in Danzig – wie überhaupt in den mitteleuropäischen Städten jener Zeit – auch die Kleidung reglementiert. Nach der Kleiderordnung von 1642 durften Arbeiter und Gesinde nur billigste Tuche tragen, Gesellen konnten ihren Umhang immerhin mit einer Seidenschnur verzieren und silberne Schlüsselketten zur Schau stellen, Handwerksmeistern, Schiffern, Krämern und ihren Frauen waren Stoffe bis zu einem Preis von sieben polnischen Mark pro Elle gestattet, auch durften sie bescheidenen Schmuck anlegen. Für Tuch-, Seiden- und Gewürzhändler, Brauer, Künstler und manche mehr waren Samtverzierungen und Umhänge aus Atlas, Pelzmäntel aus Zobel und Hermelin vorgesehen, und die Großkaufleute hatten das Recht, die teuersten Tuche (bis zu zwölf polnische Mark pro Elle) und Goldschmuck zu tragen. Nur für Ratsherren und ihre Familien galten all diese Beschränkungen nicht. Der Platz, den ein Danziger in der Sozialordnung einnahm, war somit auf der Straße oder in der Kirche ganz einfach zu erkennen.

Trotz strenger Regeln war das Leben in Danzig keineswegs von Trübsal bestimmt. Im Gegenteil, immer wieder gab es Anlass zu Freude und

Belustigung. Besonders festlich ging es zu, wenn die polnischen Könige – in der Regel alle paar Jahre – die Stadt besuchten. Prächtig, mit großem Aufwand und unter Anteilnahme der gesamten Bevölkerung empfangen, zogen sie mit großem Gefolge ein, residierten in der Stadt und entfalteten ein geselliges Leben, wie es in der Bürgerstadt nur selten zu sehen war. Turniere, Feste, Musikaufführungen boten genügend Gelegenheit, standesübergreifend Kontakte zwischen dem polnischen Adel und den reichen Bürgern zu knüpfen. Ähnlich turbulent ging es während des Dominiks, des traditionellen Jahrmarkts im August, zu.

Das gehobene Bürgertum traf sich, zu sieben «Bankenbruderschaften» organisiert, zum Feiern und Bechern im Artushof, der weithin Berühmtheit genoss und auch von Fremden gerne aufgesucht wurde. Der Ratsherr Salomon Brandt schrieb im Jahre 1580, «dass bey vielen sonderlich sehefarenden und handtirenden frembden wie auch andernn fuhrnehmen Leutten diesses Hausz der löbliche Königliche Artus Hoff allen andern Trinckstuben unnd versamblungen fast in gantz Europa weitt vorgetzogen und gerumet wirdt».[19] Den feinen Georgenbrüdern war die Gesellschaft aber schon bald nicht mehr gut genug, weshalb sie bereits 1494 in die neu errichtete Georgshalle zogen. Weniger wohlhabende Bürger besuchten die Zunftherbergen und Wirtshäuser. Großer Beliebtheit erfreuten sich die Fechtschule, aber auch die Wettkämpfe der Schützen. Viel Zulauf hatten die fahrenden Theatergruppen, die immer wieder – vor allem zum Dominik – in die Stadt kamen, teils sogar aus dem elisabethanischen England. Wichtiger als die Kenntnis des Englischen war es für die Bürger jedoch, Polnisch zu sprechen, da in Handel und Politik, aber auch im Privatleben zahlreiche Kontakte zu Polen bestanden. Deshalb gab es an den Pfarrschulen der Stadt nicht nur Latein-, sondern auch Polnischunterricht, seit 1589 auch am Danziger Gymnasium.

Dieses war 1558 gegründet worden, nannte sich seit ca. 1643 «Akademisches Gymnasium» und erreichte seit Ende des 16. Jahrhunderts unter bedeutenden Rektorenpersönlichkeiten ein hohes Niveau. Zwischen 1580 und 1655 wurde es insgesamt von fast 6000 Schülern besucht, die Hälfte von ihnen stammte nicht aus Danzig. Die Lehrer am Gymnasium bereicherten das intellektuelle Leben der Kaufmannsstadt sehr. Auch das 1621 außerhalb der Stadt in Alt Schottland gegründete Jesuitenkolleg trug zum wachsenden Renommee Danzigs als Schulstadt bei. Als Studienorte städtischer Jünglinge wurden nach der Reformation Wittenberg und Heidelberg, bald auch Königsberg beliebt.

Danzig war Polens größte Stadt und übte auf die Bevölkerung des polnisch-litauischen Doppelreichs eine gewaltige Anziehungskraft aus. Besucher aus dem vom Adel und einer ländlich-bäuerlichen Gesellschaft geprägten Ostmitteleuropa hatten hier die Gelegenheit, bürgerliche Lebenswelten kennen zu lernen, handwerkliche (und andere) Dienstleistungen auf höchstem Niveau in Anspruch zu nehmen und sich mit Luxuswaren zu versorgen. Die Bürger, aber auch ihre Besucher aus dem Westen, Niederländer, Deutsche oder Engländer, kamen ihrerseits in Kontakt mit dem Adel Polens und Litauens, der «Adelsrepublik», und übernahmen bestimmte Verhaltensmuster der im Kontusch, dem polnischen Adelsrock, anreisenden Gäste.

DANZIG UND DER KAMPF UM SCHWEDEN

Zwar hatte Danzig seine Sonderstellung gegen Stefan Báthory behaupten können, doch nach dessen Tod 1586 änderte sich die politische Lage wieder einmal grundlegend. Bei der nun anstehenden Königswahl setzte sich Sigismund durch, der Sohn des schwedischen Königs Johann III. Er erreichte Ende September 1587 mit seiner Flotte die Danziger Bucht, leistete wenige Tage später im Kloster Oliva seinen Eid auf die Bedingungen des Wahlreichstags und zog am 8. Oktober mit seinem Hof auf Booten feierlich in Danzig ein, das er unter Geschützdonner durch das Grüne Tor betrat. Die Stadt wollte sich dem jungen König von ihrer besten Seite zeigen, gab ihm bei seiner Abreise wenige Tage später ein erkleckliches Handgeld mit und begleitete ihn mit 300 Reitern aus der Stadt heraus bis nach Praust.

Die Wahl eines Wasa sollte die politischen Ereignisse der nächsten Jahrzehnte in Nordosteuropa entscheidend beeinflussen. Die polnischen Wasa versuchten ihre Ansprüche auf den schwedischen Thron durchzusetzen, während die Herrscher Schwedens alles taten, um ihre polnischen Vettern zu schwächen. Konfessionelle Auseinandersetzungen kamen hinzu, und Danzig als Drehscheibe des Handels musste sich Erwartungen und Forderungen aller Seiten erwehren.

Der katholische, von Jesuiten erzogene Sigismund III. war zwar schwedischer Thronfolger, hatte aber in seiner bereits weitgehend protestantischen Heimat mit erheblichen Widerständen zu rechnen. Als sein Vater Johann III. 1592 starb, trat er dessen Erbe an, musste jedoch als Regenten seinen protestantischen Onkel Karl von Södermanland einsetzen und kehrte nach Polen zurück. Bald schon herrschte in Schweden zwischen den beiden Parteien Bürgerkrieg, in dem Sigismund 1598 eine verheerende Niederlage erlitt. Das Kriegsgeschehen verlagerte sich in das zu Polen gehörende Livland, das Sigismund gegen den 1604 zum König von Schweden gewählten Karl verteidigen konnte, ehe er sich in Kriege mit Russland verstrickte.

Sigismund besuchte Danzig in diesen Jahren öfter. Dabei entstanden mehrere Konflikte. Der Streit um die Marienkirche brach 1593 aus, als Hieronim Rozrażewski, der Bischof von Włocławek, die Stadt auf Rückgabe der Kirche an die Katholiken verklagte. Im Sommer des Jahres hielt sich Sigismund auf dem Weg nach Schweden mehrere Wochen in der Stadt auf und verlangte unter Einfluss des Bischofs, dass während seiner Anwesenheit in der Hauptpfarrkirche der Stadt katholische Messen gelesen werden müssten, was die drei Ordnungen der Stadt einmütig ablehnten. Die Bürgerschaft aber befürchtete weitere Restriktionen für die Protestanten und geriet in Aufruhr, so dass sich ein harmloser Streit zwischen einem polnischen und einem deutschen Diener des Königs zu einer gewaltigen Schlägerei ausweitete, Schüsse fielen und Kugeln sogar durch die Fenster der königlichen Wohnung am Langen Markt pfiffen.

Das gerichtliche Verfahren lief jedoch weiter und Ende 1594 erging ein vom König bestätigtes Urteil gegen die Stadt, unter Androhung einer Strafe von 100 000 Floren dem Bischof die Kirche auszuliefern. Die Danziger legten beim polnischen Reichstag erfolglos Berufung ein und beschuldigten ihrerseits Rozraszewski, die in Polen geltende Religionsfreiheit zu verletzen. Doch fanden sie Unterstützung bei einflussreichen evangelischen Adligen wie auch beim päpstlichen Nuntius in Polen, der sich für Getreidelieferungen der Danziger erkenntlich zeigte, die dem Kirchenstaat einige Jahre zuvor bei einer Missernte sehr geholfen hatten. Die Übergabe der Marienkirche konnte durch geschicktes Taktieren der Danziger immer weiter verzögert werden, bis die Angelegenheit schließlich im Sande verlief.

Ebenso heftig bekämpften die Bürger einen weiteren Wunsch Sigismunds III., in Danzig den Jesuitenorden anzusiedeln. Sie befürchteten, dieser Hauptakteur der Gegenreformation würde den Protestantismus auch in Danzig gefährden, weshalb sie viele Jahre hindurch alles taten, um die vom König verordnete Übergabe des Brigittenklosters an die Societas Jesu zu verhindern.

Als die Auseinandersetzungen um die Herrschaft in Schweden und über die Ostsee an Intensität zunahmen, stellte sich angesichts der schwedischen Dominanz auf hoher See für die polnische Seite das Fehlen einer Kriegsflotte als großer Nachteil heraus. Danzig, der größte Hafen des Landes, spielte bei den Flottenplänen des Königs stets eine wichtige Rolle, doch versuchte die Stadt zum Schutz ihres Handels alles, um im politisch-kriegerischen Geschehen möglichst neutral zu bleiben. Schon 1598 beschlagnahmte der König, mit Zustimmung des Rats, rund 60 im Hafen liegende fremde Schiffe für seine Überfahrt nach Schweden. Zu Beginn des 17. Jahrhunderts ließ er in Danzig neue Schiffe für eine Flotte bauen, auch waren polnische und dänische Freibeuter unterwegs, was zum Schaden des Handels wiederum schwedische Kriegsschiffe auf den Plan rief.

Nach einem mehrjährigen Waffenstillstand lebte die Auseinandersetzung mit Schweden, wo unterdessen Gustav Adolf die Regierung übernommen hatte, 1623 wieder auf. Gerade als Sigismund Ende Juni mit großem Gefolge nach Danzig einzog, tauchte sein Vetter mit 20 Schiffen und 4000 Soldaten auf der Danziger Reede auf. Die erschrockenen Danziger bangten um den freien Handel und bemühten sich, das Zustandekommen einer polnischen Flotte zu behindern.

Es sollte nicht mehr lange dauern, bis Gustav Adolf im Sommer 1626 das vor Königsberg gelegene Pillau besetzte, um von hier aus in Richtung Danzig zu marschieren. Der schwedische Wasa verlangte von der Stadt weiterhin strikte Neutralität, und als diese zögerte, ließ er seine Truppen im Werder und im Danziger Landgebiet plündern sowie die Schanzen am Danziger Haupt erobern, wo sich Danziger und Elbinger Weichsel teilten. Das erbitterte selbst die Anhänger Gustav Adolfs in der Stadt, diese erklärte die Verhandlungen für beendet und der König der Stadt den Krieg. Angesichts weiterer Scharmützel ließ Danzig seine Befestigungen verbessern, warb Söldner an und bat Sigismund um Hilfe.

Der polnische König kam tatsächlich nach Danzig, setzte aber ohne Wissen der Stadtväter eine Königliche Schiffskommission ein, deren Ziel es war, im Danziger Hafen eine Flotte zu bilden. Obwohl die Stadt auch diesmal hinhaltend reagierte, wurde unter Leitung des zum Admiral ernannten Danziger Kleinkaufmanns Arndt Dickmann aus beschlagnahmten Schiffen eine Flotte zusammengestellt, die am 28. November 1627 vor Oliva sogar eine siegreiche Schlacht gegen ein schwedisches Geschwader feiern konnte.

Der polnisch-schwedische Krieg im Weichselmündungsgebiet zog sich bis 1629 ohne Entscheidung hin. Auf Druck unter anderem von Danzig, dessen Handel erheblich unter den Kämpfen litt, nahmen die beiden Kriegsparteien schließlich Verhandlungen auf und unterschrieben am 26. September in Altmark bei Stuhm einen Waffenstillstand, in dessen Folge unter anderem ausgehandelt wurde, dass bis 1635 im Danziger Hafen ein Zoll von 5,5 Prozent erhoben werden sollte, von dem 3,5 Prozent an die schwedische Krone sowie je ein Prozent an Polen und Danzig gehen sollten, auch blieben schwedische Truppen im Weichseldelta stationiert. Die Zolleinnahmen, die Schweden für sich herausgehandelt hatte, sorgten in den nächsten Jahren für mehr als die Hälfte des schwedischen Staatseinkommens, waren letztlich aber doch nicht so hoch, als dass sie den Danziger Handel stark behindert hätten.

Als Sigismund III. 1632 starb, folgte ihm auf dem polnischen Thron sein Sohn Władysław IV. Danzig hatte gegen die Wahl nicht viel einzuwenden, zumal es die finanziellen Nöte des Königs gut für sich nutzen konnte. Der junge Monarch schickte sich zunächst an, den Krieg gegen Schweden wiederaufzunehmen, und machte sich bei seinem ersten Aufenthalt in Danzig Ende 1634 wie seine Vorgänger daran, eine polnische Flotte aufzubauen. Die «Kommission der Meeresschiffe» verfügte bald über zehn Schiffe, war aber, als eine schwedische Flotte den Hafen blockierte, zur Tatenlosigkeit verdammt und verlor ihre Bedeutung, als Schweden und Polen am 15. August in Stuhmsdorf unweit von Danzig den Waffenstillstand um 26 Jahre verlängerten.

In diesem Vertrag wurde die Frage der 1635 ausgelaufenen Danziger Zölle zwar nicht erwähnt, doch waren es diese Zölle, die in den kommenden beiden Jahrzehnten die politischen Beziehungen zwischen Polen und seiner wichtigsten Hafenstadt bestimmen sollten. Der König konnte der Versuchung nicht widerstehen und legte Anfang 1636 einen 3,5-prozentigen Zoll fest, gegen den jedoch alle drei städtischen Ordnungen Sturm liefen, so dass Władysław schließlich gegen eine hohe Geldzahlung auf die einträgliche Geldquelle verzichtete. Aber schon 1637 setzte der polnische Adel, der selbst nicht höher besteuert werden wollte, einen neuen Seezoll ein, der ab Herbst von drei vor dem Danziger Hafen liegenden Schiffen eingetrieben wurde. Die empörte Danziger Bürgerschaft schloss den Hafen, schickte Gesandtschaften mit Hilfsersuchen ins Ausland und bereitete sich bereits auf eine Belagerung vor, doch am 1. Dezember liefen vier dänische Schiffe in die Danziger Bucht ein, deren Besatzung die drei königlich-polnischen Schiffe mühelos überwältigte. Damit waren die Zölle praktisch wieder abgeschafft. Die Ruhe währte allerdings nur knapp 20 Jahre. Der 1655 ausbrechende verhängnisvolle Krieg zwischen Schweden und Polen sollte auch Danzig schwer zu schaffen machen und leitete den Niedergang der stolzen Handelsstadt ein.

SCHALTSTELLE DER KÜNSTE UND DES WISSENS

In den zwei Jahrhunderten, die zwischen 1454 und 1655 verstrichen, wandelte sich Danzig von einer mittelalterlichen Stadt zu einer Metropole der Frühen Neuzeit, zu einem Zentrum des wirtschaftlichen Lebens, aber auch der Künste. In der Mitte des 17. Jahrhunderts befand sich Danzig auf dem Höhepunkt seiner Entwicklung, es war reich, es war mächtig, es war stolz. Als größte Stadt weit und breit dominierte es nicht nur das wirtschaftliche Geschehen, sondern es spielte für die gesamte Region eine überragende Rolle als Vermittler kultureller und künstlerischer Innovationen, die aus den zivilisatorischen Zentren der Zeit, vor allem aus Italien, den Niederlanden und den deutschen Ländern, nach Ostmittel- und Nordosteuropa transferiert wurden.

Rat und Bürgerschaft waren sich Danzigs herausragender Bedeutung sehr wohl bewusst und bestrebt, Macht und Reichtum auch symbolisch zu manifestieren, wozu die Künste bestens geeignet waren, allen voran die Baukunst. Die großen öffentlichen Gebäude, die in der zweiten Hälfte des 16. und in der ersten Hälfte des 17. Jahrhunderts entstanden, sprachen eine deutliche Sprache – sie demonstrierten im Stil der niederländischen Renaissance (der auch «nordischer Manierismus» genannt wird) Reichtum, Bürgerstolz und Selbstbewusstsein. Danzig, wo zahlreiche niederländische Bauleute wirkten und wo graphische Vorlagen aus den Niederlanden eifrig studiert und kopiert wurden, entwickelte sich innerhalb weniger Jahrzehnte zu einem einzigartigen Zentrum dieses Baustils. Hierin grenzte sich die Stadt markant vom gewaltigen polnischen Hinterland ab, wo italienische Vorbilder dominierten.

Beeindruckend war um 1650 jede Annäherung an die Stadt: Von Norden, Westen, Süden oder Osten – auf allen Seiten war sie längst nicht mehr von Mauern umgeben, sondern von großen grünen Wällen, auch wenn hier und da an den Befestigungen noch gearbeitet wurde, denn die Bürgerschaft sah neue Kriege heraufziehen. Nur vier in die Wälle eingebettete Tore ermöglichten die Einfahrt in die Stadt, von denen das wichtigste das im Westen gelegene monumentale Hohe Tor war. Errichtet von Hans Kramer in den 1570er Jahren, wurde es 1588 vom Niederländer Wilhelm van den Blocke reich im Stil der niederländischen Renaissance nach Antwerper Vorbild verziert – ein deutliches Zeichen der bürgerlichen Stadtrepublik an den polnischen König, der als Vertreter der Adelsrepublik durch dieses Tor die Stadt betrat. Über den drei Durchgängen grüßten kunstvolle Wappenreliefs die Besucher, in der Mitte das von zwei Engeln gehaltene Wappen Polens, rechts das von Löwen getragene Wappen Danzigs und links, gestützt von Einhörnern, jenes des Königlichen Preußen. Diese in der Stadt häufiger auftretende Wappentrias symbolisierte die drei Loyalitäten der Stadt, und den darunter angebrachten lateinischen Inschriften waren die Wünsche der Stadtväter zu entnehmen. Von Polen etwa erwartete man sich Gerechtigkeit und Frömmigkeit («*Justitia et pietas duo sunt regnorum omnium fundamenta*»), Danzig selbst solle nach Frieden, Freiheit und Eintracht streben («*Civitatibus haec optanda bona maxima: pax, libertas, concordia*»).

Hatte man das Hohe Tor passiert, so kam man zu dem stadtbildprägenden Komplex aus Stockturm und Peinkammer, der, im Kern noch mittelalterlich, am Ende des 16. Jahrhunderts im Stil der Renaissance ausgebaut worden war und als Gefängnis diente. Gleich darauf durchschritt man, links den Kohlenmarkt liegen lassend, das prächtige Langgässer Tor (heute: Goldenes Tor), 1612–1614 errichtet von Wilhelms Sohn Abraham van den Block(e) an der Stelle eines gotischen Tores, das den Stadtvätern nicht mehr repräsentativ genug erschien. Die reich gestalteten, mit Säulen versehenen Fassaden trugen seit 1648 acht allegorische Standbilder. Auf der Westseite symbolisierten Frieden, Freiheit, Reichtum und Ruhm, wie sich die Stadt am liebsten nach außen zeigen wollte, auf der Ostseite, zur Innenstadt zu, wurde die Bürgerschaft zu Umsicht, Frömmigkeit, Gerechtigkeit und Eintracht aufgefordert.

Die Rechtstadt hatte sich in den letzten beiden Jahrhunderten zu großen Teilen in eine Stadt aus Stein verwandelt. Schließlich legte schon die Willkür von 1455 aus Feuerschutzgründen fest:

> Ouch sal nymands meh gebude machen anders denne mit leyme zcu kleyben adir mit czygelen zcu mauvern, wer sie mit bretern wenden adir gebelen bauwete, der sie allreyde gebauwet hat, der sal sie abbebrechen bei V gutten marken.[20]

Die Danziger Bürgerhäuser, wie sie gleich hinter dem Langgässer Tor rechts und links der Langgasse standen, folgten meist einem bestimmten Muster. Größere Häuser besaßen drei, kleinere zwei Fensterachsen. In der Gotik waren die Fassaden streng gegliedert, in der Renaissance mit verschiedenerlei Schmuck verziert. Die «Beischläge» genannten Terrassen vor den Gebäuden entwickelten sich zu prächtig herausgeputzten Schmuckstücken mit phantasievollen Wasserspeiern, aufwändigen Steinmetz- und Schmiedearbeiten.

In der Langgasse, einer der Repräsentationsstraßen der Stadt, entstanden prächtige Renaissance-Wohnhäuser – etwa das Haus «Adam und Eva» (1560) mit seiner allegorischen Reliefdarstellung oder das «Löwenschloss» (1569) mit seinem löwenbekrönten Eingang und der verschwenderischen Innenausstattung. Hinter der Fassade lag in der Regel eine Diele, die von großen, nicht selten fünf Meter hohen Fenstern beleuchtet wurde. Geschwungene Treppen führten in die oberen Stockwerke, wo man damals noch wohnte, während sich im Erdgeschoss Handelskontore befanden.

Am Ende der Langgasse, an der Ecke zum Langen Markt, stand nach wie vor das Rathaus der Rechtstadt. Gleich nach dem Übergang Danzigs an Polen, 1454, begann der Bau des bis heute erhaltenen gotischen Ostgiebels und bald darauf folgte ein hoher Turm. Nach einem Brand 1556 wurde das Bauwerk teils im Renaissance-Stil erweitert; die prächtige schlanke Turmhaube prägt das Panorama der Stadt bis heute.

Bedeutendes tat sich auch im Inneren des Rathauses. Durch Anregungen, die einflussreiche Danziger Bürger in Venedig und anderen italienischen Städten erhalten hatten, begannen 1593 die Arbeiten an der Ausgestaltung der Repräsentationsgemächer. Für die Sommerratsstube (Roter Saal) fertigte Wilhelm van der Meer einen prächtigen Kamin an; 1594 begann Hans Vredeman de Vries damit, Wände und Decke des Raums mit Gemälden zu schmücken. Doch schon kurz darauf war den städtischen Eliten das Werk des angesehenen flämischen Malers nicht mehr gut genug und sie beauftragten Isaak van den Blocke 1606 mit der Neugestaltung der Decke. Als Vorbild diente vermutlich die Decke des Senatssaals im Dogenpalast zu Venedig: Hier wie dort ist das zentrale Deckenbild eine ovale Apotheose auf die jeweilige Stadt, die von kleineren Bildern und reich geschnitzten Einfassungen umgeben ist. Auf dem Danziger Gemälde ist in der Mitte auf einem Triumphbogen die Silhouette der Stadt zu sehen, im Vordergrund reichen sich vor einem stattlichen Gebäude – dem Artushof – inmitten einer großen Menge ein Danziger Kaufmann und ein polnischer Adliger die Hand. Von rechts fahren mit Getreide beladene Flusskähne die Weichsel herab nach Danzig, links verlassen Seeschiffe die Stadt. Dieses auch «Allegorie auf den Danziger Handel» genannte Bild demonstriert den Reichtum der Stadt und seine Quellen – die Weichsel, den Hafen, das gute Einvernehmen mit Polen, die selbstbewusste Bürgerschaft, aber auch das Wohlwollen höherer Mächte: Eine aus den Wolken reichende Hand umschließt fürsorglich die Turmspitze des Rathauses.

Auch der 1633 aufgestellte Neptunbrunnen vor dem Rathaus auf dem Langen Markt folgte italienischen Vorbildern und bezeugt die angestrebte Antikisierung Danzigs, galten Monumentalbrunnen dieser Art zu jener Zeit doch als direktes Zitat aus der Antike. Der Brunnen, der zu einem weiteren Wahrzeichen der Stadt werden sollte, steht vor dem Artushof, der nach einem Brand 1476 mit einer großen, säulengestützten Halle neu gebaut wurde, Mitte des 16. Jahrhunderts eine Renaissance-Schaufassade erhielt und in seinem Inneren mit zahlreichen Kunstwerken – großformatigen Gemälden, Statuen, Holzschnitzereien, Schiffsmodellen – verziert wurde. Besonders bekannt wurde der 1545 gebaute, zwölf Meter hohe Renaissance-Kachelofen. Direkt neben dem Artushof ließ der Ratsherr und Bürgermeister Johann Speimann zu Beginn des 17. Jahrhunderts sein prächtiges, reich geschmücktes Haus errichten (heute bekannt als Steffenshaus bzw. Goldenes Haus).

Der Lange Markt war der wichtigste Platz der Stadt und diente der Zurschaustellung bürgerlicher Macht. Hin und wieder als «Gesamtkunstwerk» bezeichnet, schloss das städtische Bauprogramm auch das zwischen 1564 und 1568 erbaute Grüne Tor am Ende des Marktes ein: Da das alte gotische Koggentor den repräsentativen Intentionen der Stadtgewaltigen nicht mehr entsprach, wurde es durch dieses erste große Renaissance-Gebäude vor Ort ersetzt. Hinter dem Grünen Tor gelangte man über die Grüne Brücke auf die eng mit Lagerhäusern bebaute Speicherinsel.

Parallel zur wichtigsten innerstädtischen Verkehrsachse von Langgasse und Langem Markt verliefen weitere große Straßen, gesäumt teils von reich verzierten Patrizierhäusern, teils von schmalen Häusern des weniger wohlhabenden Bürgertums, nicht selten noch mit gotischen, oft aber schon mit geschweiften Renaissance-Giebeln. Aus dem Häusermeer ragten die Kirchen heraus, allen voran St. Marien. Die gewaltige

Die «Apotheose Danzigs», auch «Allegorie auf den Danziger Handel», ein Meisterwerk Isaak van den Blockes vom Anfang des 17. Jahrhunderts, schildert anschaulich die Quellen des lokalen Reichtums: die Vermittlung von Waren und Dienstleistungen zwischen Polen und der westlichen Welt. Der Ausschnitt zeigt die Mündung der Mottlau in die Weichsel.

Hauptkirche der Stadt war noch in der zweiten Hälfte des 15. Jahrhunderts bedeutend erweitert worden. Mit größeren Seitenschiffen, höherem Turm und prächtigen Gewölben versehen, war sie für Jahrhunderte der Stolz der Bürger. Der aus Danzig stammende Dominikanermönch Martin Gruneweg stellte sie in seinen Aufzeichnungen Anfang des 17. Jahrhunderts der St. Markus-Kirche in Venedig zur Seite:

> Wie rumreich dan der venediger Pfare ist, nicht viele weniger ists die Dantziger auch, welche man nicht anders wes inn Polen und sonst Lenderen zunennen, nur die Grosse Kirche, und helt sie idermeniglich vor Schön und Reich. (…) Ein rechtschaffen irdisch Paradeis. (…) Woe wirt schöner schnitzwerck gesehen als ann irem Hogen Altare? (…) Woe wirt schöner Crucifix, Epitaphie geweiset als in dieser kirche?[21]

Tatsächlich hatten sich die Danziger Bürger sehr um die Inneneinrichtung des Gotteshauses bemüht. Besonders aufwändig wurde der Hochaltar gestaltet, der, «goldstrotzend und formenreich»,[22] zwischen 1510 und 1517 unter Aufsicht des Meisters Michael aus Augsburg entstand. Zahlreiche andere Altäre, eine Kreuzigungsgruppe, Grabplatten und die zwischen 1464 und 1470 von Hans Düringer geschaffene Astronomische Uhr ergänzten die Ausstattung. Im Zuge der Reformation veränderte sich das Kircheninnere. Prägendes Element der Renaissance waren seit der zweiten Hälfte des 16. Jahrhunderts die Steinepitaphien, die, an Seitenwänden und Pfeilern angebracht, das Andenken an bedeutende Bürgerfamilien wahrten, sei es nur durch Inschriften, sei es zusätzlich auch durch bildliche Darstellungen der Verstorbenen oder, adligen Gepflogenheiten folgend, durch Familienwappen.

Ähnlich wie St. Marien veränderten auch andere Kirchen ihr Aussehen, weniger von außen – St. Brigitten erhielt einen hübschen Turm, St. Trinitatis wurde mit filigranen Westgiebeln beendet – als von innen: St. Johannis wartete mit einem von Abraham van den Blocke entworfenen Hochaltar aus Sandstein und Marmor auf, bekam eine kostbare Orgel und eine nicht minder wertvolle Kanzel, die katholische Klosterkirche St. Nikolai schmückte sich mit einem vergoldeten Hochaltar, viele Kirchenschiffe wurden im ausgehenden 15. und im 16. Jahrhundert eingewölbt.

Danzig brauchte für seine Verteidigung nicht nur Festungsanlagen, sondern auch Waffen. Um diese aufzubewahren, wurde zwischen 1601 und 1609 das Große Zeughaus gebaut, mit seinen verschwenderisch verzierten Fassaden eines der Meisterwerke des nordischen Manierismus. Während es selbst nur zur Aufbewahrung diente, war die Festung Weichselmünde ein reines Verteidigungsbauwerk. Ausgehend von einem gemauerten Turm von 1482 entstand hier nördlich des Stadtkerns, knapp vor der Mündung der Weichsel in die Ostsee, bis in die Mitte des 17. Jahrhunderts eine große, mit Wällen und Wassergräben gesicherte Festung.

Doch Danzig war nicht nur eitel Glanz und Sonnenschein. Die engen Gassen waren laut und übervölkert, das Abwasser lief durch offene Gräben zur Mottlau, Abfälle und Kloaken stanken vor sich hin, Handwerksbetriebe verpesteten die Luft und viel Grün bekam man auch nicht zu sehen. Ansteckende Krankheiten waren gerade in der warmen Jahreszeit eine reale Bedrohung für die Bevölkerung. Deshalb fanden die reichen Danziger Familien Gefallen daran, in den Sommermonaten in die Umgebung zu ziehen. Wer es sich leisten konnte, erwarb etwa in den nördlich an die Stadt grenzenden Dörfern Langfuhr, Strieß, Oliva und Zoppot eine Sommerresidenz, nicht wenige Patrizierfamilien pachteten ganze Krongüter (Starosteien). Bürgermeister Konstantin Ferber, der von seinem Vater Eberhard seine Neigung zum luxuriösen Leben geerbt hatte, machte hier keine Ausnahme, und da er besonders reich war, kaufte er auch besonders viel Land. 1555 gründete er südlich der Stadt sogar ein eigenes Dorf, das er uneitel Konstantinopel nannte (das war den Einwohnern aber zu umständlich und sie verkürzten den Namen später zu «Nobel»).

Künstlerisches Leben drückte sich in Danzig jedoch beileibe nicht nur in einer umfassenden Bautätigkeit aus. Die bildenden Künste lebten zunächst vorwiegend von kirchlichen Aufträgen, die großen Altäre in den Kirchen der Stadt bezeugen das bis heute, aber auch Gold- und Silbermonstranzen sowie die zahllosen «Paramente», kostbare liturgische Gewänder. Neben der aus Flandern stammenden Künstlerfamilie van den Block(e), deren Mitglieder sich als Bildhauer und Maler in Danzig einen großen Namen machten, dem für die Ausbreitung der Renaissance wichtigen, in Friesland geborenen Maler Hans Vredeman de Vries, der sich einige Zeit in Danzig aufhielt, oder dem vor allem wegen seiner Arbeiten für die Klosterkirchen in Oliva und Pelplin bekannt gewordenen Hermann Hahn machte insbesondere der Maler Anton Möller auf sich aufmerksam. Er verbrachte fast sein ganzes Erwachsenenleben in der Hansestadt und schuf große Gemälde, hielt aber in seinem «Danziger

Trachtenbuch» auch Szenen aus dem alltäglichen Leben fest. Es gab in Danzig jedoch nicht nur große Künstlerpersönlichkeiten, sondern auch das Kunsthandwerk florierte. Seine Blüte reichte sogar noch über die Mitte des 17. Jahrhunderts hinaus: Der Goldschmied Peter van der Rennen etwa erhielt 1662 den Auftrag seines Lebens – er schuf einen Schrein für die Reliquien des polnischen Nationalheiligen, des hl. Adalbert, in der Gnesener Kathedrale. Auch die Medaillenkünstler Johann Höhn Vater und Sohn gehörten zu den angesehensten Vertretern ihrer Zunft, ihre Gedenkmedaillen zu Ehren der polnischen Könige sind bis heute begehrte Sammlerstücke. Bernsteindrechsler, Glockengießer, Kunstschmiede, Orgelbauer – sie alle genossen große Anerkennung.

Musik wurde in Danzig geschätzt; für die Kirchenkapellen waren viele ausgezeichnete Musiker tätig, die musikalische Werke in den Kirchen, im Artushof, in den Zunftherbergen oder auch für Familienfeiern nicht nur aufführten, sondern auch schrieben. Besondere Bedeutung hatte die Kapelle von St. Marien, die Kirchenmusik spielte und für die Stadt auch bei offiziellen Anlässen musizierte. Seit Mitte des 16. Jahrhunderts bestellte der Stadtrat hervorragende Musiker zum Kapellmeister an St. Marien, unter anderem Andreas Hakenberger, dessen Motetten und Madrigale bis heute geschätzt werden.

Besondere Ausstrahlung hatte das reiche Danzig auf das intellektuelle Leben Ostmittel- und Nordosteuropas. Mancher Bürgersohn machte große Karriere, wie der Humanist und Dichter Johannes Dantiscus, der es bis zum Berater der polnischen Könige, zum Bischof von Kulm und des Ermlands brachte. Der Stadtrat war bemüht, gut ausgebildete Männer in seinen Dienst zu stellen, um für die schwierigen politischen Verhandlungen gut gerüstet zu sein. Zu diesen zählte Caspar Schütz, der seit 1564 Ratssekretär war und kurz vor seinem Lebensende eine große Landeschronik schrieb, die *Wahrhafte Beschreibung der Lande Preussen*. Auch Reinhold Curicke war Sekretär des Stadtrats; sein zwischen 1638 und 1642 geschriebenes, bahnbrechendes Werk *Der Stadt Dantzig historische Beschreibung* konnte allerdings erst 1687 erscheinen, da der Rat Bedenken hatte, ihr Druck könnte die konfessionellen Spannungen in Danzig verschärfen.

Viele Schriftsteller und Wissenschaftler waren Lehrer am Danziger Gymnasium, etwa der Theologe Bartholomäus Keckermann oder der mit seinen Geschichtswerken bekannt gewordene Joachim Pastorius. Da Danzig nicht in die Wirren des Dreißigjährigen Kriegs hereingezogen wurde, war es auch für einen so hoch geschätzten Dichter wie Martin Opitz ein attraktiver Aufenthaltsort. Der aus Niederschlesien stammende, kaiserliche *poeta laureatus* ließ sich hier 1636 als Sekretär und Historiograph des polnischen Königs Władysław IV. nieder. Zwar entkam er dem Krieg, nicht aber der in Danzig wütenden Pest, der er 1639 zum Opfer fiel. Das Gymnasium zog manchen begabten Schüler in die Stadt, so die später als Dichter berühmt gewordenen Andreas Gryphius (1634 bis 1636 in Danzig) und Christian Hoffmann von Hoffmannswaldau, der sich hier zwischen 1636 und 1638 erste akademische Sporen erwarb.

Das literarische Leben Danzigs beschränkte sich aber nicht nur auf einige wenige Autoren, sondern bestand aus einer großen Zahl schreibender Männer, die aus den unterschiedlichsten Anlässen zur Feder griffen. Die Stadt besuchende polnische Monarchen erhielten mitunter einen ganzen Stapel von Begrüßungs- und Lobgedichten, doch Gelegenheitsgedichte wurden auch zu Hochzeiten, Geburtstagen und beim Ableben bedeutenderer lokaler Persönlichkeiten verfasst. In den Druckereien erschienen zahllose Flugblätter, Druckschriften, Kalender, Bücher und – seit 1618 – Zeitungen, die zum Großteil auch die Regale der Danziger Stadtbibliothek füllten. Diese wurde 1596 gegründet, nachdem der bei einem Schiffbruch in Danzig gestrandete, aus Neapel stammende Giovanni Bernardino Bonifacio, Marchese d'Oria, seine kostbaren Bücher der Stadt geschenkt hatte. Die Aktivitäten von Autoren und Druckern, aber auch die Sammeltätigkeit der Bibliothek machte Danzig zeitweise zum wichtigsten Nachrichtenzentrum Nordosteuropas.

Als der Barockdichter Georg Greblinger um 1646 nach Danzig kam, schrieb er über die sich auf dem Höhepunkt ihrer Macht befindende Stadt ein umfangreiches Poem, dem er den Titel *Das blühende Dantzig* gab. Er beschloss es mit folgenden vier hoffnungsvollen Zeilen:

Gehab dich Dantzig wol, fahr fort in Deinem blühen,
Gott wende gnädig ab, was dich zu überziehen
Gleich wie ein Wetter kömmt undt lasse dich zur Stadt
Wohin bey mancher Lust man seine Zuflucht hat.[23]

Kaum jemand hätte geahnt, dass das Ende der Danziger Blüte viel rascher kommen würde als gedacht.

6

VERBLASSENDE FARBEN

1655–1793

✦ ✦

Früher, fuhr Schmieden fort, war der Himmel noch kräftig und blau über unserer Stadt, und es war, fuhr er fort, ein saftiges Grün um die Stadt, und das Rot, fuhr er fort, war so leuchtend und warm, doch jetzt, fuhr er fort, scheint Euch, wie Ihr sagt, und sicher zu Recht, kein Glanz mehr in Danzig zu sein.
Er hielt inne und schwieg.
Früher, sprach Schmieden dann weiter, war jedes neue Jahr ein Sonnenjahr, und jedes neue Jahr schien Glück und Wohlstand zu mehren, doch heute ist jedes neue Jahr, fuhr er fort, ein Jahr der Wolken und Gewitter, und der Regen wäscht die Farben weg, und der Frost, fuhr er fort, macht den Putz rissig, bis er von den Fassaden fällt, und so nehmt Ihr wahr, was Ihr vorhin zum Ausdruck gebracht und was mich, wie Ihr gesehen, so bedrückt: Danzig, die Stolze, verblasst …

✦ ✦

VOM «GOLDENEN ZEITALTER» ZEHREN DIE JAHRHUNDERTE

Danzigs «goldenes Zeitalter» ging in der zweiten Hälfte des 17. Jahrhunderts unwiderruflich zu Ende, sein Glanz verblasste, doch sollte es die Erinnerung der Bürger bis in die Gegenwart nachhaltig prägen. Die Prachtbauten aus Gotik und Renaissance standen ihnen ebenso vor Augen wie die Bürgerhäuser aus Renaissance und Barock, die die großen Straßen von Recht- und Altstadt säumten. Dieses in Mittelalter und Früher Neuzeit harmonisch gewachsene Stadtbild geriet allerdings zunehmend in Gefahr:

Abriss und Modernisierung setzten ihm im 19. Jahrhundert zu, Zerstörung und Auslöschung im Jahre 1945. Schon die deutsche Denkmalpflege der 1930er Jahre war deshalb bemüht, die Architektur der letzten hundert Jahre zurückzubauen, um Danzig als «Urbild einer mittelalterlichen deutschen Stadt»[1] präsentieren zu können. Nachdem dieses «Urbild» in Schutt und Asche gelegt worden war, wollten es die polnischen Architekten des Wiederaufbaus ähnlich halten: Wiederaufgebaut wurde «das alte Danzig aus der Zeit seiner Blüte im 16. und 17. Jahrhundert, als es am schönsten war»[2] – und als die Stadt schon einmal zu Polen gehörte.

Dieses «goldene Zeitalter» prägt die Stadt und ihre Eliten bis heute. Auf der offiziellen Internetseite der Danziger Stadtverwaltung heißt es: «Dieses alte, sehr reiche und in Europa angesehene Danzig – eine Stadt vieler Nationalitäten, verschiedener Kulturen, Religionen und Sprachen, die internationalste Stadt der polnisch-litauischen Republik – war eine einzigartige Gemeinschaft der Diversität.» Und genau in dieser Kontinuität sieht sich die Stadt heute: «Die Geschichte hat einen Bogen geschlagen. Das heutige Danzig pulsiert wie einst vor Leben und baut in Erinnerung an die Vergangenheit immer wieder aufs Neue seine eigene Identität.»[3]

Und wenn Stadtpräsident und Ratsmitglieder heute zu festlichen Anlässen ihre frühneuzeitlichen Gewänder anlegen, so würden sie nur zu gerne die Augen vor der Gegenwart verschließen und den Barockdichter Johannes Rist zitieren, der 1662 über Danzig schrieb:

> Wen man auch ferner diser Statt Königlicher Herligkeit Brustwehren, Wälle und Mauern, die besondern Häuser der Bürger und die gemeine Gebäu, samt der Kunst und Arbeit, so in denselben keineswegs gespahret, imgleichen die weiten und gewaltig Schiffhaven mit der grossen Anzahl der Schiffe, so man allezeit daselbst findet, wen man auch das wolgeordente Politische und Bürgerliche Regiment samt der grossen Gewalt des Büchsenpulvers, so man alda sihet, mit Fleiß überleget; So mag Dantzig gahr wol zu den Sieben Wundern der Welt gezehlet werden.[4]

ENDE DER GLANZZEIT: SCHWEDENS KRIEG GEGEN POLEN

Eine Handelsstadt wie Danzig war auf Frieden angewiesen. Nur im Frieden war ein ungestörter Warenverkehr möglich, nur im Frieden war das kaufmännische Risiko überschaubar. Sicherlich boten militärische

Auseinandersetzungen einzelnen Handelsherren große Gewinnchancen, aber die Stadt und das Gros ihrer Bürger litten. Wie froh war man deshalb in Danzig, dass die Stadt, ganz anders als das benachbarte Pommern, vom Dreißigjährigen Krieg weitgehend verschont worden war. Umso besorgter verfolgten die Bürger die Ereignisse, die sich seit 1648 im fernen Südosten Polen-Litauens zu entwickeln begannen. Der Aufstand der Zaporoger Kosaken gegen die polnischen Herren wuchs sich zu einem zerstörerischen Krieg aus, in dem sich Kosaken und Tataren sowie das polnische Heer erbittert bekämpften. Die Nachbarmächte blieben nicht untätig und nutzten die Schwächung Polens. 1654 besetzte Russland große Teile Litauens, und wenig später hielt Schwedens neuer König Karl X. Gustav die Zeit für gekommen, um den schwedischen Besitzstand in Pommern und Livland zu arrondieren und Polens Stellung als ostmitteleuropäische Großmacht dauerhaft zu erschüttern. Als er 1655 nach Litauen und Polen einmarschierte und den Ersten Nordischen Krieg entfesselte, konnte ihm das polnische Heer kaum Widerstand entgegensetzen, Ende September floh König Johann Kasimir außer Landes.

Danzig aber blieb standhaft auf Seiten der polnisch-litauischen Adelsrepublik, der es seit zwei Jahrhunderten seinen Reichtum verdankte. Die Stadt hatte unter Anleitung eines niederländischen Festungsbaumeisters den Kranz ihrer Verteidigungswälle perfektioniert, Soldaten angeworben und war gut vorbereitet, als der schwedische König im Spätherbst 1655 ins Königliche Preußen zog und, unterstützt von den kurfürstlich-brandenburgischen Truppen, es zu einem Großteil besetzte. Die befürchtete Belagerung Danzigs blieb zwar aus, doch ließ der Rat vorsichtshalber die nicht zur Stadt gehörenden Vorstädte niederbrennen – auch dies aus Sicht der Bürger, insbesondere der Handwerker, ein positiver Nebeneffekt von Kriegen, konnte man so doch unerwünschte Konkurrenz zumindest kurzzeitig ausschalten. Mitte 1656 zog der Schwedenkönig nochmals bis kurz vor Danzig und ließ Vorbereitungen zu einer Belagerung treffen, doch setzten die Bürger das Werder südwestlich der Stadt unter Wasser, was die Angreifer zum Rückzug zwang. Immerhin besetzten die Schweden verschiedene strategisch wichtige Punkte, so – wie schon 1626 – das Danziger Haupt, wo sich Danziger und Elbinger Weichsel teilten.

Danzig konnte seinerseits auf ausländische Unterstützung bauen, im Juli 1656 hob eine niederländisch-dänische Flotte die schwedische Seeblockade des Hafens auf. Da sich die Danziger Kaufleute aber vor der niederländischen Konkurrenz schützen wollten und nicht bereit waren, ihr im Gegenzug Vorrechte in der Stadt einzuräumen, blieb diese Zusammenarbeit fragil. Jedoch genügten auch die eigenen Kräfte. Noch hatte die Stadt die finanziellen Mittel, um bis zu 12 000 Mann (Söldner und Bürger) unter Waffen zu halten.

Unterdessen hatte Johann Kasimir längst wieder einen großen Teil Polen-Litauens unter seine Kontrolle gebracht, unterstützt durch ein Bündnis mit den Krimtartaren, einen Waffenstillstand mit den Kosaken sowie Angriffe der Russen auf die Schweden in Livland. Der polnische König hielt Mitte November 1656 Einzug in Danzig und blieb bis zum Februar des folgenden Jahres. Beflügelt von so viel königlicher Zuwendung, machten sich die Danziger Truppen 1657 zu mehreren Feldzügen auf, so über das zugefrorene Frische Haff nach Frauenburg und Tolkemit. Die Schweden revanchierten sich, indem sie versuchten, das Weichselhochwasser in die Stadt zu leiten. 1659 verschärfte sich die Lage noch einmal, als eine schwedische Armee ins Königliche Preußen zog und bis kurz vor Danzig kam. Polnische, brandenburgische, österreichische und Danziger Truppen leisteten erfolgreich Widerstand, und kurz vor Weihnachten konnten die Danziger auch das Danziger Haupt zurückerobern. Kurz darauf begannen in Oliva Friedensverhandlungen, die – beschleunigt durch den Tod Karls X. – am 3. Mai 1660 mit dem Frieden von Oliva endeten. Er regelte die Beziehungen zwischen Polen und Schweden und bestätigte die Souveränität des Kurfürsten von Brandenburg im Herzogtum Preußen, das bislang polnisches Lehen gewesen war.

Der Frieden war teuer erkauft, für Polen-Litauen ebenso wie für Danzig. Da der Handel durch die Besetzung und Zerstörung des Danziger Umlands stark beeinträchtigt worden war, brachen die Einnahmen weg, so dass die beträchtlichen Kosten für die Befestigungsarbeiten, den Unterhalt der Söldner und die Anschaffung von Kriegsgerät zu großen Teilen durch Kredite gedeckt werden mussten. Die Kriegsausgaben wurden auf gewaltige fünf Millionen Gulden geschätzt, von denen drei Millionen auf dem Kapitalmarkt aufgenommen werden mussten. König und Reichstag (Sejm) hatten der Stadt zwar die Rückerstattung dieser Summe versprochen, doch obwohl sie das Thema immer wieder zur Sprache brachte, war der an chronischer Geldnot leidende Staat nie dazu in der Lage.

DANZIGS STELLUNG IM LANDE

Danzigs politische Lage blieb bis zum Ende des 18. Jahrhunderts kompliziert, und sie ist bis heute noch nicht umfassend erforscht. Als größte Stadt in der Adelsrepublik Polen-Litauen und stolzes bürgerliches Gemeinwesen war Danzig auf eine kluge Politik gegenüber den Zentralgewalten angewiesen, insbesondere gegenüber dem König und dem Reichstag. Solange seine finanzielle Lage rosig war, hatte es mehr als nur gute Argumente vorzuweisen. Mit Einkünften, die in guten Jahren ebenso groß waren wie die der Krone bzw. der polnisch-litauischen Adelsrepublik, konnte die Stadt durch Zahlungen an den König, wichtige Staats- und Kirchenmänner oft Entscheidungen zu ihren Gunsten beeinflussen. Auch Geschenke – Wein, Austern, Orangen, Zitronen, Fische, Goldschmuck – wurden überreicht oder nach Warschau gesandt.

Neugewählte Könige ehrte Danzig mit Glockengeläut, Predigten, Feuerwerk, Reden und Gedichten, doch erst wenn sie die städtischen Privilegien bestätigt hatten, huldigte ihnen die Stadt. Zu diesem Zweck kamen königliche Kommissare an die Mottlau, die im Rathaus den Huldigungseid der drei Ordnungen entgegennahmen, dann entblößten die auf dem Langen Markt versammelten Bürger ihre Häupter, hoben ihre Arme, streckten zwei Finger ihrer rechten Hand aus und sprachen den Eid nach. Besuchten die Könige die Stadt, so wurden sie in der Regel feierlich mit Paraden, Ehrenpforten, Lobgedichten, Gottesdiensten und festlichen Mahlzeiten begrüßt, zu ihrem Erstbesuch ließ die Stadt Gedenkmünzen prägen. Einige Könige kamen mehrfach an die Mottlau, andere hielten sich fern. Die Könige hatten das Recht, in die innere Verfassung Danzigs einzugreifen und Gesetze zu erlassen.

Vertreter des Königs in Danzig waren der Burggraf – nach wie vor kaum mehr als ein Ehrenamt –, der die Zolleinnahmen in der Pfahlkammer überwachende Pfahlkommissar, seit der Wende zum 18. Jahrhundert ein polnisch-sächsischer Resident und später ein Generalkommissar. Danzig seinerseits verfügte in Warschau über einen Sekretär, der in einem der Stadt gehörenden «Danziger Hof» lebte, den Rat über die Ereignisse in der Hauptstadt informierte und sich für die Interessen der Stadt einsetzte. Einen Palast besaß der König in Danzig nicht; für die Zeit seines Aufenthalts wurden ihm drei Häuser am Langen Markt zur Verfügung gestellt.

Der König griff im Laufe der Zeit häufiger in die Geschehnisse in

Danzig ein, insbesondere als es im 17. und 18. Jahrhundert zu Auseinandersetzungen in der Bürgerschaft kam. Im Gegensatz hierzu beschäftigte sich der Reichstag nur vergleichsweise selten mit Danziger Angelegenheiten. Danzig hielt weiterhin an der Auffassung fest, nur vom König, nicht aber von der Adelsrepublik an sich, also vom Reichstag, abhängig zu sein. Gottfried Lengnich, Danzigs großer Jurist und Historiker des 18. Jahrhunderts, gestand in seinem Werk *Ius publicum civitatis Gedanensis*, in dem er die lokalen Eigenrechte in besonderem Maße unterstrich, jedoch immerhin ein: «Ob nun zwar Danzig die Oberherrschaft der Republik Polen nicht erkennen kann, so ist doch die Stadt mit der Republik vereiniget und stehet gegen dieselbe in einer gewissen Verbindlichkeit.»[5] So war die Stadt dazu berechtigt, bei den Wahlreichstagen an der Königswahl mitzuwirken, ein Recht, auf das sie Wert legte, jedoch nur selten wahrnahm. Auch verfolgten die Danziger Stadtväter das politische Geschehen der Adelsrepublik aufmerksam; bei den Reichstagen war die Stadt meist mit einem Syndikus oder einem Subsyndikus vertreten. Dennoch entwickelte sie auch einen eigenen Stolz auf ihre Freiheit, eine wahre Freiheitsideologie, an die man sich umso stärker klammerte, je schwächer die Stadt – und Polen – wurde.

Seltener versuchte Danzig, gegen den König eine eigene Außenpolitik zu betreiben, doch besaß es nach wie vor seine Vertreter in mehreren Staaten, schickte immer wieder Delegationen an verschiedene Höfe und suchte, je nach politischer Konstellation, Unterstützung in den Niederlanden, in Dänemark, Sachsen oder Russland. Seit dem 17. Jahrhundert waren die großen Mächte in der Stadt mit Residenten vertreten. Autonom war Danzig in militärischen Angelegenheiten, es unterhielt eine städtische Garnison, die in Krisenzeiten bis auf mehrere tausend Mann verstärkt werden konnte.

Die politische Lage der Provinz, des Königlichen Preußen, veränderte sich nach 1569, als sie ihre autonomen Rechte verlor. Danzig hatte bis dahin mit zwei festen Vertretern im höchsten Gremium der Provinz, dem Preußischen Rat, erheblichen Einfluss ausgeübt und war bemüht, diesen auch unter den veränderten Bedingungen der polnisch-litauischen Realunion zu bewahren. In der fast ausschließlich aus Adligen bestehenden Ständeversammlung, dem Generallandtag, der in der Regel in Marienburg oder Graudenz zusammentrat, war Danzig – wie auch die preußischen Schwesterstädte Thorn und Elbing – mit zwei Abgesandten präsent. Gelegentlich – so etwa 1658 oder 1710 – wurde der Generallandtag sogar in Danzig einberufen. Über die Wahl der Abgeordneten zum Reichstag, der «Landboten», und über die Ausarbeitung der Instruktionen für sie übte Danzig auch Einfluss auf das politische Geschehen Polen-Litauens aus. Die Zusammenarbeit der gewieften Bürger mit dem zahlenmäßig weit überlegenen Adel war jedoch nie einfach und scheiterte vielfach auch daran, dass der preußische Generallandtag – ebenso wie der polnische Reichstag – im 18. Jahrhundert oft durch Einspruch weniger Abgeordneter (*liberum veto*) «gesprengt» wurde, also zu keinem ordentlichen Ende kam, wodurch er einen Teil seiner politischen Mitwirkungsmöglichkeiten einbüßte.

GESELLSCHAFTLICHER PROTEST UND POLITISCHE REFORM

Der Krieg Polens gegen Schweden, der Erste Nordische Krieg, hatte Danzig wirtschaftlich geschädigt, die Zeit der Blüte war unwiderruflich vorbei, Stagnation hielt Einzug. Die Einwohnerzahl stieg nicht mehr weiter an und pendelte sich für ein Jahrhundert bei rund 60 000 ein. Die erlahmende Wirtschaftstätigkeit und die angesichts rückläufiger öffentlicher Einnahmen notwendige Einführung neuer Steuern und Abgaben riefen seit den 1670er Jahren mehrfach großen Unmut, ja Protest und Tumulte der Handwerker und Kaufleute hervor.

Die Bevölkerung der Stadt war nach wie vor deutlich differenziert. Da war zum einen die Unterteilung in Einwohner mit und solche ohne Bürgerrecht. Wer Danziger Bürger werden wollte, musste «ehelich und frei geboren sein und beides beweisen, wenn er das Bürgerrecht suchet».[6] Doch nur etwa ein Zehntel der Einwohner besaß dieses Bürgerrecht. Seit der zweiten Hälfte des 17. Jahrhunderts unterschied man zwischen den Bürgerrechten für Kaufleute, Handwerker und Arbeitsmänner. Wer es erwerben wollte, musste tief in die Tasche greifen, am teuersten war es für Kaufleute, die dann aber auch als einzige dem gewinnbringendsten Metier nachgehen konnten – dem Handel: Seit 1644 hatten sie dafür zwischen 1000 und 3000 Gulden zu zahlen. Quasi von Amts wegen stand ein Ehrenbürgerrecht unter anderem Predigern, Professoren am Gymnasium, Medizinern, städtischen Offizieren und einigen anderen Berufsgruppen zu. In der Regel kein Bürgerrecht besaßen Hafenarbeiter, Bedienstete, Gesellen und Lehrlinge, Bettler und Herumtreiber.

Politische Partizipationsrechte in der Stadt standen nur den Bürgern zu, allerdings lediglich mittelbar über die Zünfte, die Versammlungen der vier städtischen Quartiere oder die Dritte Ordnung. Die Erste Ordnung, der Rat, bestand im 18. Jahrhundert aus 23 Ratsmännern (*Consules*) und vier Bürgermeistern (*Proconsules*): dem Präsidierenden, dem Vize-Präsidierenden, dem Ober-Wachherrn und dem Kriegs-Präsidierenden Bürgermeister. Jeder Bürgermeister war auch für einen Teil des städtischen Territoriums zuständig. Außerdem hatte jeder Ratsherr für einen bestimmten Bereich der Verwaltung zu sorgen. Diese Ämter waren lukrativ, denn sie boten neben dem stattlichen Grundgehalt zahlreiche Einnahmen oder Naturalabgaben: Wer beispielsweise das städtische Landgebiet überwachte, konnte damit rechnen, regelmäßig mit frischem Federvieh beschenkt zu werden.

Der Rat kooptierte seine Mitglieder in der Regel aus der Zweiten Ordnung, dem Schöffenkollegium. Dieses zählte zwölf Mitglieder und stand unter dem Vorsitz eines dem Rat angehörenden Richters. Die Schöffen sprachen bei ihren Versammlungen im Artushof, dem «Echten Bürgerding», aber nur für die Rechtstadt Recht, in der Altstadt gab es ein eigenes Schöffengericht. Manche rechtlichen Angelegenheiten fielen in die Kompetenz der Bürgermeister, Übertretungen der Polizeiverordnungen wurden vom Wettgericht behandelt. Die Dritte Ordnung bestand aus 100 lebenslang vom Rat ernannten Mitgliedern, auch wenn ihre Zusammensetzung zum Gegenstand erbitterter Auseinandersetzungen wurde; der jährliche Kürtag im März, an dem die durch Tod freigewordenen Plätze neu bestimmt wurden, galt als städtischer Feiertag. Die Dritte Ordnung war untergliedert in vier Quartiere, das Koggenquartier, das Hohequartier, das Breitequartier und das Fischerquartier. Die Verwaltung der Stadt ruhte aber nicht nur in den Händen der Ordnungen, sondern auch professioneller städtischer Beamter. Einem Syndikus unterstanden zwischen sechs und elf Sekretäre, die sich – mehr schlecht als recht bezahlt – um die laufenden Geschäfte Danzigs kümmerten.

Gegen die starre Machtverteilung in der Stadt erhob sich immer wieder Protest: Handwerker forderten eine bessere Vertretung in der Dritten Ordnung, Kaufleute wollten stärker im Rat repräsentiert sein, alle Bürger beneideten die Ratsherren um ihre stattlichen Einkünfte, versuchten aber zugleich, ihre eigenen bürgerlichen Privilegien gegen die Nichtbürger innerhalb und außerhalb der Stadt zu schützen. Gelegenheiten, um den Rat zu Zugeständnissen zu bewegen, boten innere und äußere Auseinandersetzungen. So geschah es während des Kriegs gegen Schweden in den 1650er Jahren. Um die Zustimmung der Bürger zu den gewaltigen finanziellen, der militärischen Lage geschuldeten Aufwendungen zu erhalten, war der Rat bereit, alle Ordnungen an der Verwaltung der Stadt und der städtischen Einnahmen zu beteiligen. Auch die Zünfte, deren Mitglieder unter der schwierigen wirtschaftlichen Lage litten, wollten die Situation nutzen, suchten Unterstützung beim König und forderten den Rat auf, allen Bönhasen, also nicht den Zünften angehörenden Handwerkern, und anderen Zunftschädlingen das Handwerk zu legen, auch wollten sie das Recht haben, mit ihren eigenen Fertig- und Halbfertigprodukten zu handeln, ein Privileg, das bis dahin den Kaufleuten vorbehalten war. Zunächst aber hatten sie mit ihren Bestrebungen nur wenig Erfolg.

Ab ca. 1673/1674 nahmen die sozialen Spannungen in Danzig erneut zu, diesmal verschärft durch konfessionelle Auseinandersetzungen, die «Strauch'schen Religionshändel». Auslöser war der aus Wittenberg gekommene lutherische Pfarrer von St. Trinitatis und Rektor des Akademischen Gymnasiums, Ägidius Strauch. In seinen Predigten griff er die Katholiken scharf an, was die Empörung vor allem des katholischen Adels im Königlichen Preußen hervorrief, der sogar den Scheiterhaufen für den protestantischen Eiferer forderte. Vorsichtshalber setzte ihn der Rat deshalb Ende 1673 ab, was jedoch größte Unruhe in der Stadt hervorrief, denn der Pfarrer genoss bei den einfachen Bürgern viel Anerkennung. Als Strauch 1675 als Professor nach Greifswald berufen wurde, wollten die Handwerker die Abreise des Pfarrers, den sie als Vertreter ihrer Interessen schätzten, verhindern, harrten zwei Tage vor dem Rathaus aus und erzwangen neue Zugeständnisse des Rats. Im Oktober machte sich Strauch dann doch noch auf den Weg.

Beide Seiten – der Rat und die nicht in den Ordnungen vertretenen Handwerker – versprachen sich Hilfe vom neuen, Anfang 1676 gekrönten König Johann III. Sobieski. Dieser bestätigte zunächst die Privilegien Danzigs und die Stadt leistete ihren Treueeid, doch dauerte es noch bis zum Mai 1677, ehe der Monarch mit seinem Hof in Warschau Weichselkähne bestieg und nach gemächlicher Reise am 1. August in der Stadt eintraf. Feierlich empfangen, insbesondere von den Zünften – der Einzug Sobieskis mit Gefolge dauerte drei Stunden! –, nahm er sich bald als Vorsitzender des königlichen Assessorialgerichts der Streitfragen an.

Der König interessierte sich vor allem für die Position der Katholiken in Danzig, doch der Rat war gerade hier zu keinen Zugeständnissen bereit. Wo zwei sich stritten – Rat und Zünfte –, freute sich als Dritter die Dritte Ordnung. Sie setzte eine größere Mitsprache bei der Besetzung freiwerdender Plätze in ihren Reihen durch. Der Rat musste den Dekreten Sobieskis vom Januar und Februar 1678 zufolge auch weitere Kompetenzen an die Dritte Ordnung abgeben, deren Vertreter gemeinsam mit den beiden anderen Ordnungen Einfluss auf zahlreiche Gebiete des öffentlichen Lebens erhielt – von der Ämtervergabe der Kämmereikasse bis hin zum Pferdegeld und der «Untersuchung des Scheffels und anderer Maße». Die Steuern wurden reduziert, dafür aber auch die militärischen Ausgaben der Stadt beschränkt. Gegen die unliebsame Konkurrenz der Zünfte ging der König jedoch nicht vor, und nach einem stattlichen Geldgeschenk des Rats (mit dessen Auszahlung er es jedoch später nicht so ernst nahm) verzichtete Sobieski sogar auf eine Stärkung seiner Vorrechte in der Stadt. Mitte Februar 1678, nach einem mehr als halbjährigen Aufenthalt, verließ er Danzig. Auch die Katholiken hatten kaum etwas gewonnen – schon Anfang Mai kam es am Rande einer Prozession zu gewalttätigen Auseinandersetzungen mit dem lutherischen Volk, das ein Kloster und eine Kirche stürmte. Für den Rat war dies der willkommene Anlass, die Zügel wieder fester anzuziehen, die Rädelsführer – vor allem Gesellen und Gesinde – wurden festgenommen, einige zum Tode verurteilt. Als einer zwei Jahre später tatsächlich enthauptet wurde, brachen neue Tumulte aus, die mehrere Opfer forderten, woraufhin der König schließlich auf Bitten des Rats die Freiheiten der Zünfte wieder beschränkte. Zwar hatte sich das städtische Machtsystem verändert, letztlich aber konnten die Ratsfamilien viele ihrer Privilegien bewahren, und es sollte mehrere Jahrzehnte dauern, ehe sich die Unzufriedenheit über ihre Herrschaft neu entlud.

DANZIG IM GROSSEN NORDISCHEN KRIEG

Einige verhältnismäßig ruhige Jahre vergingen, ehe der Tod von Johann III. Sobieski 1696 wieder für Unruhe im Lande sorgte. Im Juni 1697 kam es zu einer Doppelwahl. Der französische Fürst von Conti erhielt die meisten Stimmen, doch Kurfürst Friedrich August von Sachsen war schneller in Polen und übernahm als August II. die Regierung. Auch

Danzig huldigte ihm, obwohl Conti gerade mit einer kleinen Flotte nach Danzig segelte und im September vor Oliva vor Anker ging. Als aber sächsisch-polnische Truppen nach Oliva zogen, verging ihm die Lust auf weitere Abenteuer und er kehrte nach Frankreich zurück.

August II. zog Mitte März 1698 erstmals in seine wichtigste Hafen- und Handelsstadt ein, prächtig begrüßt wie auch seine Vorgänger, wenige Tage später bestätigte er die städtischen Privilegien und nahm den Treueeid entgegen. Noch war nicht abzusehen, dass der neue Monarch sein Land bald schon in einen neuen, verheerenden Krieg verwickeln würde. Sein Plan, Livland von Schweden zurückzuerobern, führte 1700 zum Großen Nordischen Krieg, den August gemeinsam mit Russland vom Zaun brach. Doch der schwedische König Karl XII. brachte Polen und Sachsen eine Niederlage nach der anderen bei, seit 1703 stand seine Armee auch im Königlichen Preußen. Zu allem Übel trat 1704 mit Stanisław Leszczyński ein von den Schweden unterstützter Gegenkönig auf den Plan. Die Schweden belagerten Danzig zwar nicht, verlangten im Gegenzug aber immer wieder große Geldsummen, die die Stadt nur mit Mühe aufbringen konnte. Auch nach Augusts Thronverzicht 1706 kehrte keine Ruhe ein, da die russischen Truppen im ganzen Land operierten. Als Karl XII. 1709 bei Poltawa von den Russen vernichtend geschlagen worden war, kehrte August nach Polen zurück. Er warf Danzig vor, Leszczyński begünstigt zu haben, ließ sich aber durch ein Geldgeschenk von 600 000 Gulden umstimmen und besuchte die Stadt 1710. Fortan konnte er seine Herrschaft nur mehr mit russischer Hilfe sichern. Noch viele Jahre lang plagten russische und polnische Truppen die Umgebung der Stadt mit Einquartierungen und Beschlagnahmungen (der Krieg endete 1721).

Für den russischen Zaren Peter den Großen, der Russland mit Vehemenz nach Westen hin zu öffnen suchte, war Danzig als Versorgungsbasis für seine Flotte interessant. Im Februar 1716 kam er in die Stadt und verbrachte hier, unterhalten durch allerlei Belustigungen, fast drei Monate. Manche Anekdote aus dieser Zeit ist in den lokalen Legendenschatz eingegangen, wie die folgende: Als Peter einmal den Gottesdienst in der Marienkirche besuchte, fröstelte es ihn. Der neben ihm sitzende Danziger Bürgermeister war mit seiner prächtigen Staatsperücke gekommen, die so schön warm aussah, dass der Zar sie dem verdutzten Danziger kurzerhand fortnahm und sie sich selbst aufsetzte.

Wie dem auch sei, besondere Sympathie für die Stadt schien Peter nicht gehegt zu haben, verlangte er kurz nach seiner Abreise doch, dass sie für die Dauer des Kriegs «5 Fregatten mit 12 biß 18 Canonen schaffen»[7], russische Mannschaften aufnehmen und unterhalten sowie den Handel mit Schweden unterbrechen müsse, anderenfalls drohe Krieg. Auch der in der Stadt weilende August II. konnte nicht viel ausrichten und Danzig begann mit dem Bau der Kaperschiffe. Trotz der immer schlechter werdenden Wirtschaftslage galt die Stadt nach wie vor als reich und war ständig mit neuen Geldforderungen konfrontiert. So auch 1717, als ein unter russischer Kuratel stehender polnischer Reichstag die Heeresfinanzierung reformierte und Danzig zu erheblichen Zahlungen verpflichtete. Zur Unterstützung dieser Forderungen marschierten polnische Soldaten nach Danzig, wurden nach mehreren Scharmützeln aber vertrieben, doch ganz konnte sich die Stadt nicht aus der finanziellen Verantwortung stehlen.

Mit dem Eingreifen der großen Mächte in die inneren Angelegenheiten Polen-Litauens wurde auch Danzig immer stärker zum Spielball fremder Interessen, und da es sich seine Gunst nicht mehr wie früher freigebig mit großen Summen erkaufen konnte, war seine stolze Sonderstellung gefährdet. Von nun an konzentrierte sich die Stadtregierung noch stärker darauf, ihre Rechte und Privilegien zu retten.

HANDEL UND HANDWERK – DANZIG WIRD ÄRMER

Seit der Mitte des 17. Jahrhunderts stagnierte die wirtschaftliche Entwicklung Danzigs. Ausschlaggebend war der auf lange Sicht gesehen rückläufige Handel, insbesondere mit Getreide, das bis dahin der Garant seines Reichtums gewesen war. Zwischen 1655 und 1660 ging der Getreidehandel auf weniger als ein Zehntel der in den fünf Jahren zuvor ausgeführten Menge zurück und erreichte, auch wenn er nach Kriegsende wieder stieg, nie mehr für längere Zeit die einstigen Ausmaße; die Gewinnmargen sanken.

Hauptursache für den Rückgang waren die vielen Kriege, die Polen heimsuchten, die Erzeugerbasis – das Fronhofsystem – stark in Mitleidenschaft zogen und traditionelle Handelsbeziehungen unterbrachen. Viele Anbauflächen wurden zerstört und die Ernteerträge sanken, weshalb kleine Erzeuger oft keine Gelegenheit mehr hatten, Getreide

Der aus Danzig stammende Daniel Chodowiecki hielt bei seinem Besuch der Heimatstadt 1773 zahlreiche Menschen und Szenen mit dem Stift fest. Links der reiche Kaufmann und Reeder Franz Gottfried von Rottenburg, rechts der mennonitische Bankier Abraham Dirksen.

für den Export bereitzustellen, während die großen, vor allem in Südostpolen gelegenen Latifundien der Magnaten nach wie vor Jahr für Jahr viele mit Roggen und Weizen beladene Weichselkähne nach Danzig schickten. Weitere Gründe traten hinzu: Die holländischen Kaufleute konnten anderswo größere Gewinne erzielen, die Handelstechniken veränderten sich schon alleine durch die immer beliebtere Zahlung mit Wechseln, die Anbauflächen und Erträge in den entwickelten Regionen Europas stiegen erheblich und die Währungskrise des 17. Jahrhunderts führte auch in Polen-Litauen zu einer Münzverschlechterung, die Inflation und sinkenden Handelsverkehr mit sich brachte.

Negativ wirkten sich zudem die Seuchen aus, insbesondere die große Pestepidemie zu Beginn des 18. Jahrhunderts, die die Verheerungen des Großen Nordischen Kriegs noch verstärkte. Schließlich wurde auch die Konkurrenz für Danzig größer. Waren zu Beginn der 1660er Jahre noch mehr als 25 Prozent aller durch den Sund nach Westen segelnden Schiffe von Danzig aus in See gestochen, so waren es um 1700 nur mehr 16 Prozent. Häfen wie Königsberg und Riga, schließlich auch Stettin gewannen an Bedeutung.

Dennoch blieb Danzig der wichtigste Handelsplatz Polen-Litauens, und trotz aller Produktionsprobleme war Getreide nach wie vor das wichtigste Exportgut des Landes. An zweiter Stelle folgten Holz und Holzprodukte, die immer häufiger von England und von den Winzern von Bordeaux (Fassholz) nachgefragt wurden.

Wichtigstes Importgut, das über Danzig ins polnische Hinterland gelangte, war Salz, von steigender Bedeutung waren Zucker, Gewürze, Südfrüchte, Wein und Seefische, der Adel kaufte an der Mottlau auch Danziger Liköre, teure Tuche, Bernsteinerzeugnisse oder Danziger Möbel. Kaffee, Tee und Tabak wurden in den 1720er und 1730er Jahren rasch zu wichtigen Danziger Handelsgütern.

Der Schiffsverkehr im Danziger Hafen sank parallel zu den rückläufigen Umschlägen; um 1750 liefen jährlich zwischen 600 und 1000 Schiffe ein, darunter viele kleine und kleinste. Dominiert wurde er nach wie vor von den Niederländern, doch im 18. Jahrhundert holte das sich industrialisierende England stark auf, dessen Handel 1706 in Danzig besonders privilegiert wurde. Auf Bestreben einiger führender Kaufleute, die erkannt hatten, dass eine rein passive Rolle auf Dauer schädlich sein würde, bemühte man sich, die kleine Danziger Flotte zu vergrößern. Um 1700 engagierten sich bereits mehr als 200 lokale Kaufleute und Reeder mit rund 150 eigenen Schiffen im Seehandel. Mit Johann Philipp Schultz brachte die Stadt sogar einen Großreeder und Schiffbauunternehmer hervor – er ließ zwischen 1726 und 1750 in Danzig über 50 Schiffe bauen, darunter die große Fregatte «Augustus III Rex Poloniae», die jedoch schon bei ihrer Jungfernfahrt von algerischen Piraten gekapert wurde.

Da die Schiffe größer wurden, war es für Danzig von entscheidender Bedeutung, die Zufahrt zum Mottlauhafen zu verbessern. Um die Navigation sicherer zu machen, wurde in dem zu Danzig gehörenden Städtchen Hela auf der gleichnamigen Halbinsel ein Leuchtturm gebaut. Unerlässlich war die regelmäßige Instandhaltung der Fahrrinne, denn die Weichsel schwemmte ständig neue Sandbänke vor der Flussmündung an. Gerade nach Stürmen mussten sich die Kapitäne immer wieder neue Wege suchen (seit 1707 herrschte deshalb Lotsenzwang). Im Laufe der Jahrzehnte entstand eine gewaltige Sandbank, die spätere Westerplatte, und gefährdete das nördliche Fahrwasser. Deshalb wurde schließlich ab 1716 das westliche Fahrwasser («Neufahrwasser») ausgebaut und 1757/1758 mit zwei Leuchttürmen versehen.

Doch alle Verbesserungen konnten nicht verhindern, dass der Verkehr im Danziger Hafen unaufhaltsam zurückging. Da die Stadt einen Gutteil ihrer Einnahmen aus den Hafenabgaben bezog und der Handel für die Bürger eine Schlüsselbedeutung besaß, waren die Zeiten glänzenden Reichtums bald vorbei. Hatten beispielsweise die städtischen Einnahmen aus Steuern und außerordentlichen Einkünften in den 1720er Jahren durchschnittlich noch 119 000 Gulden im Jahr betragen, so lagen sie um 1755 nur noch bei 39 000 Gulden.

Um den lokalen Handel anzuregen und seine Interessen in der Stadt durchzusetzen, entstand 1704 ein aus Vertretern der Ordnungen und Kaufleuten bestehendes «Commerzcollegium», das 1742 im Artushof (oder bei gutem Wetter auch davor auf dem Langen Markt) eine regelmäßige Börse ins Leben rief. Einige Kaufleute waren als Bankiers erfolgreich, darunter der aus England stammende Archibald Gibsone.

Wie dem Handel erging es auch dem Danziger Gewerbe. Der allgemeine wirtschaftliche Rückgang zeigte sich an den sinkenden Mitgliederzahlen der Zünfte; nur die mit dem Schiffbau beschäftigten Handwerke machten eine Ausnahme. Große Bedeutung hatten auch die Textilhandwerke, die am Ende des 17. Jahrhunderts in Danzig bis zu 5000 Menschen Brot gegeben haben könnten. Insgesamt aber stieg der Preisdruck, weshalb die Danziger Handwerker immer nachdrücklicher bestrebt waren, unlautere Wettbewerber aus dem Markt zu verdrängen, vor allem die Konkurrenz der städtischen Klöster sowie der nicht zu Danzig gehörenden Vorstädte, in denen sich auch Mennoniten sowie in zunehmender Zahl Juden niederließen. 1745 sollen allein in Stolzenberg 60 Brauer Bier hergestellt haben.

Die Arbeit in den Handwerksbetrieben war schwer. Gesellen und Lehrlinge hatten kein leichtes Leben, ihre Arbeitszeit war lang und ihr Verdienst gering. Meister zu werden, war oft mit langem Warten verbunden, es sei denn, eine Meistertochter heiratete einen Gesellen. Die Zünfte sollten zwar theoretisch allzu große Ungleichheiten verhindern und bemühten sich wie auch in der Vergangenheit immer wieder darum, besonders ehrgeizige Handwerker in die Schranken zu weisen, doch in der Praxis hatten die einzelnen Meister ganz unterschiedlichen Zugriff auf die knappen Ressourcen, denn qualitativ hochwertige Rohstoffe waren rar und qualifizierte Arbeitskräfte ebenso, zumal Danzig seine Anziehungskraft für Gesellen und Lehrlinge von auswärts zunehmend einbüßte.

DANZIG KÄMPFT, DER KÖNIG FLIEHT: DIE BELAGERUNG VON 1734

Als August II. in der Nacht auf den 1. Februar 1733 starb, wollte der polnische Hochadel einen einheimischen Monarchen durchsetzen, und da der französische König Ludwig XV. seinen Schwiegervater Stanisław Leszczyński unterstützte, fiel die Wahl schließlich auf diesen. Russland dagegen fürchtete um seinen Einfluss und favorisierte Augusts Sohn August III., der kurz nach seinem Kontrahenten von einer Minderheit des Adels ebenfalls zum König gewählt wurde. Doch die Mehrheitsverhältnisse hatten nicht mehr viel zu sagen, da eine starke russische Armee nach Polen einmarschierte und das Land vor vollendete Tatsachen stellte. Leszczyński, der keine vergleichbare militärische Unterstützung besaß, zog sich am 2. Oktober in das hervorragend befestigte Danzig zurück, das rasch seine Partei ergriffen hatte. Die Dichter besangen das Eintreffen des Königs:

Wie grüst zu Tausendmahl da Du hier eingekommen,
Das treue Dantzig Dich, wie wahrst Du auffgenommen,
Ja nicht allein Dein Land, so fast die gantze Welt,
Hat Ehr und Lieb vor Dich. Unüberwundner Held.[8]

Die Stadt blieb auf Leszczyńskis Seite, selbst als sich der Thronkonflikt zum Polnischen Erbfolgekrieg ausweitete. Russland hatte es am einfachsten, da es bereits mit Truppen im Land stand, die, nachdem der polnische Adel angesichts der Machtverhältnisse rasch zu August übergegangen war, mit rund 30 000 Mann langsam auf Danzig zogen. In Versailles hingegen wollte man sich nicht stark im fernen Polen engagieren, erweckte aber den Anschein, Danzig alsbald substanzielle militärische Hilfe schicken zu wollen (die dadurch gebundenen russischen Truppen konnten nicht in den französisch-österreichischen Krieg eingreifen). Letztlich erhielt es viel zu spät viel zu geringe Verstärkung.

Danzig rüstete sich für die bevorstehende Verteidigung, warb Söldner an und setzte die Befestigungen instand. Im Februar standen, zusammen mit der Bürgerwehr und polnischen Einheiten, rund 14 500 Männer in Danzig unter Waffen. Mitte März 1734 kam es zu ersten verlustreichen Gefechten vor der Stadt, auch die Festung am Danziger Haupt wurde rasch von den Russen erobert. Am 30. April begannen die von Feldmarschall Burkhard Christoph Graf von Münnich befehligten Angreifer von den Hügeln im Westen und Süden mit der Beschießung der Stadt; im Osten waren die Niederungsgebiete unter Wasser gesetzt worden, weshalb von hier keine Gefahr drohte. Recht-, Alt- und Vorstadt lagen nun wochenlang im Granathagel, nur Langgarten östlich der Mottlau war vor dem Beschuss sicher, weshalb nicht nur Leszczyński und sein Hof, sondern auch viele Danziger hier Unterschlupf suchten.

Der Ring zog sich immer enger um die Stadt, eine Schanze nach der anderen fiel in die Hände der Russen, auch wenn sie am 9. Mai bei nächtlichen Kämpfen am Hagelsberg eine schwere Niederlage erlitten – rund 1000 Angreifer kamen ums Leben, viele wurden verwundet. Bis heute heißt diese Gegend «russisches Grab», und seit 1898 erinnert ein Denkmal an diese Kämpfe. Kurz nach dieser verlustreichen Schlacht traf eine französische Flottille mit drei Regimentern vor Danzig ein, doch alle Versuche, sich von ihrem Lager auf der Westerplatte in die Stadt durchzuschlagen, scheiterten. Als Mitte Juni eine russische Flotte mit großen Verstärkungen die Danziger Bucht erreichte, wurde die Lage aussichtslos und der Rat beschloss am 25. Juni, Verhandlungen mit den Russen aufzunehmen. Feldmarschall Münnich forderte unter anderem die Auslieferung Leszczyńskis. Dieser suchte jedoch sein Heil in der Flucht – in der Nacht auf den 28. Juni entkam er, als Bauer verkleidet, durch die Überschwemmungsgebiete östlich der Stadt und traf nach einer Woche in Marienwerder ein; Polen sollte er nie mehr betreten.

Entzürnt über die Flucht des Königs ließ Münnich die Beschießung kurzzeitig wiederaufnehmen, doch bald schon gingen die Verhandlungen weiter, und am 7. Juli wurde die Kapitulationsvereinbarung unterzeichnet. Danzig musste August III. huldigen und Russland eine Million Taler Entschädigung zahlen, kam aber um eine Besetzung und Einquartierung herum. August III. reiste wenig später nach Oliva und verzieh Danzig, setzte aber weder jetzt noch später seinen Fuß in seine Mauern und verlangte seinerseits eine hohe Entschädigung.

Während der 145 Belagerungstage waren 4430 Bomben in die Stadt gefeuert worden, 1800 Häuser wurden zerstört und beschädigt, 1500 Einwohner getötet oder verwundet. Viele städtische Dörfer waren in Rauch

Die Belagerung Danzigs 1734 war ein warnendes Zeichen: Erstmals seit undenklichen Zeiten war es gelungen, die Stadt mit Waffengewalt in die Knie zu zwingen. Diese Zeichnung von Daniel Schultz, die 1734 unter dem Titel «DANTZIG im Prospect der Weichsel-Seite, unter der Russisch-Sächsischen Belagerung 1734» erschien, zeigt die verheerenden Folgen der Beschießung.

und Flammen aufgegangen. Die Gesamtausgaben für Verteidigung und Entschädigung beliefen sich auf die horrende Summe von mehr als sechs Millionen Gulden (ein Viertel davon übernahm Frankreich). Dies zwang die Stadt dazu, im Ausland Darlehen aufzunehmen, deren Abzahlung 20 Jahre dauern sollte. Der Preis für ihre Treue war aber nicht nur finanzieller Natur – erstmals erkannten die Bürger deutlich, wie schwach ihre politische Stellung geworden war. Die Tage des republikanischen Danzig waren schon jetzt gezählt.

Die in nationalen Schablonen verhaftete Nachwelt hatte an den Ereignissen von 1734 entweder ihre helle Freude oder ihre liebe Müh und Not. Deutsche Historiker versuchten zu erklären, warum die «deutschen» Danziger so verbissen den polnischen König Leszczyński gegen den «deutschen» König August verteidigten, während die polnische Geschichtsschreibung die Danziger Haltung als glorreichen Beweis für das polnische Staatsbewusstsein der Hafenstadt lobte. Wie so oft in der Historie ist die Wahrheit jedoch viel komplizierter.

UNRUHIGE ZEITEN: SOZIALER PROTEST UND PREUSSISCHE BEGEHRLICHKEITEN

Die Mitte des 18. Jahrhunderts war in Danzig geprägt von sozialem Protest, aber auch einem gesellschaftlichen Aufbruch. Während auf der einen Seite die Aufklärung an der Mottlau Fuß fasste, steigerte sich auf der anderen Seite die Unzufriedenheit der breiten Schichten. Die wirtschaftliche Situation hatte sich durch die Belagerung von 1734 nochmals verschlechtert, und die finanzielle Belastung der Stadt schlug sich in steigenden Steuern nieder, wodurch die Realeinkommen vieler Bürger sanken. Außerdem hatte sich trotz der Bemühungen von 1678 die städtische Elite weiter abgekapselt. Geschuldet sicherlich auch zum Teil der immer anspruchsvolleren Aufgabe, eine Großstadt zu verwalten, waren die Verbindungen der in der Regel akademisch gebildeten Patrizier zum lokalen Handelsbürgertum lockerer geworden, man nannte sie gar «Gelehrte» und warf ihnen vor, sich nicht um die Interessen der Kaufleute und Handwerker zu kümmern.

1748 spitzten sich die Spannungen zu: Die Brauer beschwerten sich bei Hofe über den Rat, der ihnen zu hohe Steuern auferlegt habe, und die in der Dritten Ordnung vertretenen Kaufleute forderten wieder einmal die Bekämpfung unlauterer Konkurrenz. Als dann auch noch Vertreter der Kaufleute, Krämer und «Speichernegocianten» beim König in Dresden vorstellig wurden, setzte August III. eine Kommission ein, deren Aufgabe es war, die Streitfragen vor Ort zu untersuchen. Die königlichen Abgesandten trafen im März 1749 ein und fanden eine große, aus Kaufleuten und Handwerkern bestehende Opposition zum Rat vor. Der König folgte ihren Empfehlungen und ordnete – gegen energischen Widerstand des Rats – Mitte 1750 die Wahl einiger Kaufleute in die Erste und Zweite Ordnung an, auch vergrößerte er die Mitspracherechte der Dritten Ordnung auf allen Gebieten der städtischen Verwaltung. Die Rechte von Mennoniten und Juden wurden beschränkt und das Zunftsystem gestärkt. Während einige Verbrauchssteuern aufgehoben wurden, führte der König eine zweimal jährlich zu entrichtende Vermögenssteuer ein (die allerdings nur 0,125 Prozent betrug).

Da der Rat jedoch nach wie vor auf Zeit spielen wollte und die Umsetzung der Neuerungen verzögerte, verschärfte sich die Lage weiter, angefacht durch zahlreiche Pamphlete und Druckschriften beider Seiten. Nun hatten auch die Gesellen genug, die – gemeinsam mit den Lehrlingen – am unteren Ende der gesellschaftlichen Leiter standen und unter den wirtschaftlichen Problemen der Stadt besonders zu leiden hatten. Im Mai 1751 traten die Schuhmachergesellen in den Ausstand und demonstrierten, unterstützt von vielen anderen Gesellen, vor dem Rathaus, was den Rat dazu veranlasste, ihnen entgegenzukommen; einige Meister wurden bestraft. Doch als im August die Tischlergesellen demonstrativ ihren Dienst aufkündigten und aus der Stadt marschierten, gingen wieder Tausende von Gesellen und Angehörigen der ärmeren Volksschichten auf die Straße.

Angesichts dieser gefährlichen Unruhen ließ der Rat einige Brettschneidergesellen festnehmen und zu schweren Strafen verurteilen. Dies hinderte das nach Danzig einberufene königliche Assessorialgericht aber nicht daran, den Rat die königliche Ordination von 1750 öffentlich verkünden und umsetzen zu lassen. Dadurch versöhnt, gingen Rat und Dritte Ordnung im April 1752 einträchtig gegen weitere Gesellenunruhen vor. Nachdem auch noch einige finanzielle Streitfragen gelöst waren und der König weitere 780 000 Gulden erhalten hatte, kehrte wieder Ruhe ein in Danzig. Die sich ihres Sieges bewussten Kaufleute setzten August III. aus Dankbarkeit ein Denkmal – das Marmorstandbild im Artushof wurde 1755 eingeweiht und entschädigte die Stadt quasi dafür, dass der Monarch nie persönlich in die große Hafenstadt gekommen war.

Zwar herrschte nun vorerst innerer Frieden, doch jenseits der Stadt zog neues Ungemach auf. Den Ton hierbei gab der preußische König Friedrich II. an, der eifrig am Aufstieg seines Landes zur europäischen Großmacht arbeitete und seine bislang getrennten Landesteile (Ost-)Preußen und Pommern/Brandenburg gerne durch Zugewinn des Königlichen Preußen verbinden wollte. Bereits in seinem politischen Testament von 1752 hatte er geschrieben:

> Ich halte es nicht für angebracht, diese Provinz mit Waffengewalt zu gewinnen. Polen ist ein Wahlreich; beim Tod des jeweiligen Königs wird es jedesmal durch Parteikämpfe zerrissen. Das muß man sich zunutze machen und um den Preis seiner Neutralität bald eine Stadt, bald ein anderes Gebiet erwerben, bis man alles geschluckt hat. (...) Bei der friedlichen Eroberung von Polnisch-Preußen halte ich es für durchaus nötig, Danzig bis zuletzt aufzusparen. Denn über diese Erwerbung werden die Polen ein großes Geschrei erheben, führen sie doch ihr ganzes Getreide über Danzig aus.[9]

Und genau so kam es, wenn auch mit einigen Hindernissen, denn den Verlauf des Siebenjährigen Kriegs (1756–1763) hatte Friedrich so nicht vorausgesehen: 1757 besetzten die Russen Königsberg und zogen bis vor Danzig, das gerade noch einmal die Gefahr abwehren konnte, eine russische Besatzung aufnehmen zu müssen, bald darauf aber auch die preußische Armee in seiner Nähe sah.

Stanisław August Poniatowski, der nach Augusts III. Tod 1764 zum polnischen König gewählt wurde, bestätigte Danzigs Privilegien rasch, vielleicht auch deshalb, weil er die Stadt bestens kannte. Der Sohn eines mächtigen polnischen Adelsgeschlechts war mit seiner Familie, die zu den Parteigängern Stanisław Leszczyńskis gehörte, Ende 1733 als Kleinkind hierher gekommen, hatte die Belagerung von 1734 miterlebt und verbrachte weitere fünf Jahre an der Mottlau, unterrichtet unter anderem von Gottfried Lengnich. Stanisław August stand vor einer schwierigen Aufgabe: Er war Anhänger einer grundlegenden Staatsreform, musste aber gleichzeitig zwischen den beiden mächtigen Nachbarn Preußen und Russland lavieren. Auch in der unmittelbaren Umgebung Danzigs war zu sehen, wie problematisch die Lage der Adelsrepublik war: Russische Truppen waren nach wie vor im Königlichen Preußen stationiert und führten vor Augen, was sich St. Petersburg mittlerweile in Polen alles herausnehmen konnte.

Aber auch Preußen blieb dem benachbarten Königreich nichts schuldig und arbeitete beharrlich an seiner Schwächung. Zur Verbesserung seiner finanziellen Lage führte Polen 1765 einen Generalzoll von zehn Prozent auf alle Exportgüter ein, doch erhob Danzig, das um seine Handelsgeschäfte fürchtete, Einspruch. Dem Danziger Protest schloss sich Friedrich II. an und ließ kurz darauf in Marienwerder, wo Preußen an die Weichsel grenzte, eine eigene, militärisch bewachte Zollstelle einrichten. Auf russischen Druck musste Preußen die Zollstelle zwar bald wieder schließen, doch auch Stanisław August wurde gezwungen, den Generalzoll aufzuheben.

Preußen und Russland suchten aber noch andere Wege, um ihren Einfluss in Polen zu vergrößern und die Reformbemühungen zu behindern. Die konfessionellen Streitigkeiten kamen ihnen dabei gerade recht. Im 18. Jahrhundert hatten sich in Polen Bestrebungen gegen die religiöse Toleranz verstärkt, was trotz Danziger Widerstand zum Verlust einiger Rechte für die Protestanten führte. Im März 1767 bildete sich in Thorn eine adlige Konföderation der Dissidenten, der auch die drei großen, überwiegend protestantischen Städte der Provinz beitraten. Zwar wurde die Hoffnung, die Autonomie des Königlichen Preußen wiederherstellen zu können, enttäuscht, doch sah sich der Reichstag 1768 veranlasst, die Gleichberechtigung der Dissidenten zu beschließen. Die Konföderation von Thorn lieferte ebenso wie die 1768 gebildete, katholisch-konservative, reformfeindliche Konföderation von Targowica, der gegenüber Danzig sich neutral verhielt, für Russland, Preußen und Österreich Argumente, mit denen sie die Erste Teilung Polens 1772 begründen konnten.

Danzig, das sich gegen die unsichere internationale Lage absichern wollte, hatte im März 1767 ein Schutzversprechen von Zarin Katharina II. erhalten, die alles tun wollte, dass die Stadt «in ihren bisherigen Rechten, Freiheiten, Privilegien usw. besonders in dem Besitz ihrer Ländereien und Gründen, in dem See-, Handlungs-, Hafen-, Münz- und Festungsrecht ohne einige Verkürzung erhalten werden möge».[10] Damit glaubte man, dem Druck Preußens standhalten zu können, das von Danzig vehement die Auslieferung von Deserteuren verlangte und – so mit der Besetzung Danziger Dörfer – das Recht durchsetzte, auch auf Stadtgebiet Soldaten anzuwerben. Die Bürger lernten die absolutistisch-militärstaatlichen Absichten Preußens fürchten und sahen sich bestätigt, als die preußischen Truppen Anfang 1772 unter dem Vorwand, Rekruten auszuheben, bis in die Nähe der Stadt zogen. Gerüchte von einer bevorstehenden Teilung Polens machten die Runde, und der Teilungsvertrag zwischen Preußen, Russland und Österreich vom August 1772, nach dem Polen ein Drittel seines Staatsgebiets verlor, überraschte niemand mehr. Die Preußen nahmen fast das ganze Königliche Preußen in Besitz, nur Thorn blieb bei Polen; einer Besetzung Danzigs und seines Landgebiets hatte sich Russland, das einen zu großen Machtzuwachs der Hohenzollern fürchtete, widersetzt. Der Stadt standen 20 schwere Jahre bevor.

TRADITION UND NEUE MODEN: VOM ALLTAG IN DER ALTEN STADT

Die wirtschaftlichen Schwierigkeiten Danzigs und seine sinkende politische Bedeutung prägten auch die städtische Gesellschaft. Die Einwohnerzahl stagnierte, nicht nur aufgrund der Kriege, sondern auch durch erhöhte Sterberaten infolge besonders kalter Jahre um 1700. In manchen Wintern fror die ganze Danziger Bucht zu, 1709 wurde der Hafen erst Anfang Mai eisfrei. Doch die Freude der Menschen über den Frühling währte in diesem Jahr nicht lange, da eine Pestepidemie in den folgenden Monaten in Danzig und seinen Vorstädten weit mehr als 30000 Menschen dahinraffte.

Durch Existenzängste, wirtschaftlichen Druck und steigende Preise wurde die Mentalität der Danziger langsam konservativer, man rühmte das, was man besaß, und war immer weniger bereit, liebgewonnene Konventionen aufzugeben. Noch Ende des 18. Jahrhunderts hieß es: «Danzig lebt, so zu sagen, noch im 17ten Jahrhundert; die Macht der Gewohnheit [...] ist allmächtig.»[11] Diese historische Selbstverliebtheit sollte die Stadt bis ins 21. Jahrhundert prägen. Äußeres Zeichen dieser steifen Beharrlichkeit waren die reich verzierten, schweren Danziger Möbel, die nicht nur viele Bürgerhäuser in der Stadt schmückten, sondern in ganz Ostmitteleuropa Abnehmer fanden.

Das bedeutete jedoch nicht, dass sich die Bürgerinnen und Bürger jeder Neuerung verschlossen, im Gegenteil, sie konnten sich der neuen Tendenzen kaum erwehren. So kam die an spanischen Vorbildern orientierte Kleidung mit ihren Halskrausen im 17. Jahrhundert aus der Mode und wich bequemeren französischen Gewändern; zunehmend beliebt waren gepuderte Perücken. Nach wie vor versuchte die Verwaltung, den zur Schau getragenen Luxus durch Kleiderordnungen zu begrenzen. Auch die anderen Vorschriften zur Luxusbeschränkung wurden weiter verschärft und ihre Einhaltung durch Spione, die sogenannten Instigatoren, kontrolliert; bei Überschreitungen drohten Geld- oder gar Gefängnisstrafen. Hochzeiten, Taufen und Begräbnisse wurden somit – wie in vielen mitteleuropäischen Bürgerstädten – zu streng reglementierten Feierlichkeiten, aber auch zu Übungen in der Kunst, den Gesetzgeber hie und da einmal auszutricksen. In diesen Vorschriften zeichnete sich gleichzeitig der materielle Druck auf einen großen Teil des Bürgertums ab, das, um übermäßigen Ausgaben vorzubeugen, vorsichtshalber strenge Regeln erließ.

Das gesellige Leben veränderte sich langsam. Die mittelalterliche Institution des Artushofs büßte an Anziehungskraft ein, die Bankenbrüderschaften hatten immer größere Mühe, neue Mitglieder zu gewinnen, verzichteten auf kostspielige Mahlzeiten und verkauften auch Teile ihres wertvollen Geschirrs. Schließlich zogen sie 1742 aus dem Artushof aus, um sich fortan als wohltätige Organisationen nur noch unregelmäßig zu treffen. Dafür richtete sich die Börse im Artushof ein, die zuvor unter freiem Himmel auf dem Langen Markt stattgefunden hatte. Neue Formen lokaler Vergemeinschaftung waren Vereine, Gesellschaften und Freimaurerlogen (die erste, «Zu den drey Bleywagen», wurde 1751 gegründet), die insbesondere unter Einfluss der Aufklärung an Bedeutung gewannen. Allerdings waren hier weiterhin die Männer tonangebend, während sich die Rolle der Bürgerfrauen zumeist auf das häusliche Leben und die Organisation des Haushalts beschränkte; ihr Anteil am öffentlichen Leben sollte erst im 19. Jahrhundert zunehmen. Übrigens waren Frauen auch in niedrigeren Gesellschaftsschichten benachteiligt – sie durften keine Handwerksbetriebe führen, allenfalls helfen oder sich als Arbeiterinnen verdingen.

Nach wie vor war Danzig eine ganz überwiegend protestantische Stadt, doch sank die Zahl der Evangelischen bis zum Ende des 18. Jahrhunderts auf unter 80 Prozent der Danziger Bevölkerung (darunter nur noch gut zwei Prozent Calvinisten), während jene der Katholiken zwischen 1650 und 1800 von rund sieben auf mehr als 20 Prozent stieg, eine Folge der verstärkten Einwanderung aus der katholisch geprägten Umgebung Danzigs. Der sonntägliche Gottesdienstbesuch war nicht nur moralische Pflicht, sondern auch gesetzlich vorgeschrieben. Die Beschränkungen für Mennoniten und Juden wurden in der Mitte des 18. Jahrhunderts verschärft; Mennoniten durften sich nur nach Entrichtung eines Schutzgeldes in Danzig aufhalten, Juden seit 1752/1763 nur nach dem Kauf von Geleitbriefen, die eine Gültigkeit von acht Tagen bis vier Wochen besaßen; allerdings lebten einige Juden bereits fest in der Stadt. An den sprachlichen Verhältnissen änderte sich nicht viel, allerorten erklang Platt- und Hochdeutsch, hin und wieder, allerdings kaum unter den Bürgern, Polnisch, und an Fremden aus anderen Ländern mangelte es in der Stadt nie.

Bei allen Schwierigkeiten – den Danzigern ging es vergleichsweise gut. Sie verzehrten im Jahre 1769 10 000 Ochsen, 13 000 Kälber, 42 000 Schafe, 14 500 Schweine und viel Geflügel, was, wie fleißige Historiker ausgerechnet haben, durchschnittlich 172 Gramm Fleisch pro Person und Tag ergab. Die Wohnungen vieler Bürger zeugten von Wohlstand. Prunkstück war meist ein großer, «Spind» genannter Dielenschrank, sie besaßen besonders aufwändige Bettstellen, Spiegel, aber auch Uhren, deren Wert in den Nachlassinventaren auf bis zu 500 Gulden beziffert wird. Soviel war oft der gesamte Nachlass ärmerer Bürgerfamilien nicht wert.

Die neuen Konsumgewohnheiten machten um Danzig keinen Bogen. Da die Stadt nach wie vor immense Bedeutung für den Transfer von Waren, Kulturgütern und Nachrichten von und nach Polen besaß, bekamen die Kaufleute als Erste mit, was der Adel gerade für modisch hielt. Nicht selten dürfte aber auch das Angebot in Danzig Interesse und Nachfrage beim Adel überhaupt erst hervorgerufen haben. Jedenfalls hielten Tee, Kaffee, Tabak und neue Gesellschaftsspiele siegreichen Einzug in Danzig. Und so vermehrte sich der Besitz vieler Familien um Tee- und Kaffeeservices, Zuckerdosen, Rauchutensilien, Spielgeräte und vieles andere mehr. All dies hatte seinen Einfluss auf die sich verändernden Formen von Geselligkeit. Es wurde mehr musiziert, es gab – in der zweiten Hälfte des 18. Jahrhunderts – Salons, man veranstaltete hin und wieder einen Ball, ließ sich aber auch in der Öffentlichkeit sehen. Deshalb etablierten sich neben den traditionellen Wirtshäusern langsam auch öffentliche Kaffeehäuser, von denen jenes des Mennoniten Anton Momber, seit ca. 1700 bestehend, das bekannteste war. Hier lagen französische, deutsche und holländische Zeitungen aus, und im Sommer lockte ein kleiner Garten.

Doch nicht alles in der Stadt war eitel Sonnenschein. So stand es um die hygienischen Verhältnisse nach wie vor schlecht. Die Straßenreinigung oblag den Hausbesitzern, die Verwaltung ließ nur gelegentlich die öffentlichen Plätze reinigen. Die Abwässer liefen in der Rechtstadt durch Rinnen an den Straßen entlang bis in «Schlammkästen» vor den Toren an der Mottlau, wo sie vom Gesinde des Scharfrichters gereinigt wurden, das übrigens auch herrenlose Hunde einfing und erschlug. Nicht immer dürften liebliche Düfte durch die Gassen gezogen sein. Vor allem am Abend musste man auf der Hut sein, um seinen Fuß nicht auf eine falsche Stelle zu setzen, denn die Beleuchtung der Straßen war schlecht. Wer spät unterwegs war, leuchtete sich mit Kienspänen oder trug Laternen vor sich her. Erst 1767 rang sich der Rat dazu durch, 808 gläserne Straßenlaternen aufzustellen, zunächst allerdings nur in der Rechtstadt; acht Laternenaufseher und 21 Laternenwächter fanden nun Arbeit.

Der steigende Wagenverkehr führte in den Gassen zu Gedränge, denn durch die großen Beischläge waren die Fahrbahnen schmal und Fußgänger hatten, wie Johanna Schopenhauer, die Mutter des berühmten Philosophen, schreibt, «genug zu tun, um nur ihre gesunden Gliedmaßen zu salviren».[12] Zwar störten die Beischläge den Verkehr, waren für die Bewohner aber auch ein wichtiger Ort, an dem sie unter freiem Himmel ihren Tee zu sich nehmen und die Kinder spielen lassen konnten. Johanna Schopenhauer erinnerte sich am Ende ihrer Tage mit viel idyllisierender Wehmut an die Stadt ihrer Jugend in den 1770er Jahren:

> Und welch einen Spielplatz bot in meiner Jugend der Beischlag den Kindern! So sicher, so bequem! Dicht unter den Augen der oben am Fenster nähenden und strickenden Mutter, die zuweilen es nicht verschmähte, mitten unter ihnen des milden Abends zu genießen. Bei leidlichem Wetter brachten wir mit unseren Gespielen alle unsere Freistunden in diesem Asyl zu.[13]

Die nachlassende Wirtschaftskraft der Stadt hatte auch ihre Auswirkungen auf die Vorstellungswelt der Danziger. Leerstand und der Traum vom großen Geld waren in einer Zeit des Niedergangs in Danzig weit verbreitet und klangen noch im 19. Jahrhundert nach, als man daran ging, lokale Sagen und Legenden aufzuzeichnen oder zu erfinden. So dürfte die Erzählung von «Adam und Eva zu Danzig» auf diese Zeit zurückgehen. Ein «Adam und Eva» genanntes Haus in der Langgasse stand lange leer, angeblich weil es darin spukte. Jeder Versuch, das Gebäude mit seiner prächtigen Fassade zu renovieren, scheiterte, weil die Geister die Arbeiten stets zunichte machten, und wer dort zu schlafen wagte, fand häufig den «jählichen Tod».[14]

Angesichts der Wirtschaftslage vergrößerte sich die Zahl der hilfsbedürftigen und erwerbslosen Personen. Deshalb beschäftigte die Frage, was mit den Bettlern zu tun sei, immer wieder die Zeitgenossen. Eine Antwort bestand in der Gründung des Spendhauses für arme Jugendliche, mit dessen Bau man 1698 begann. Für die Armen wurde vor den Kirchen gesammelt, es gab wohltätige Stiftungen, doch für eine Zahl von 3400 Unterhaltsbedürftigen, wie sie für 1734 belegt ist, war nicht so einfach zu sorgen.

VOM BAROCK ZUR AUFKLÄRUNG: KUNST UND WISSENSCHAFT

Danzigs allmählicher wirtschaftlicher Niedergang ließ nicht nur die Gesichter der Handelsherren, sondern auch die künstlerische Bedeutung der Stadt erblassen. Große Architektur beispielsweise entstand seit

Die Langgasse, wie Daniel Chodowiecki sie 1773 zeichnete, war eine idyllische Straße mit vielen Bäumen.

Mitte des 17. Jahrhunderts kaum mehr, wie Denkmäler einer immer ferneren Vergangenheit ragten die großen Kirchen und Türme über das Häusermeer. Als einziges wichtiges öffentliches Bauwerk wurde auf besonderen Wunsch von König Johann Sobieski zwischen 1678 und 1683 die barocke Königliche Kapelle als Pfarrkirche für die örtlichen Katholiken errichtet; mit der Fassadengestaltung war vermutlich der aus Danzig stammende junge Bildhauer Andreas Schlüter betraut. Und für das ganze 18. Jahrhundert ist lediglich der Bau eines neuen Rokokoportals für das Rechtstädtische Rathaus zu erwähnen. Die Festungswerke wurden nicht weiter ausgebaut, sondern bei Bedarf nur noch hergerichtet und modernisiert. 1768 wurde, eine Spende des Bürgermeisters Gralath, mit 1416 holländischen Linden eine Doppelallee nach Langfuhr gepflanzt.

Auch wenn die großen städtischen und kirchlichen Gebäude schon betagt waren, präsentierte sich Danzig immer noch sehr ansehnlich. Nicht ohne Grund waren die Bürger stolz auf die Silhouette der Stadt und auf ihre prächtigen Sehenswürdigkeiten, weshalb sie sich besonders freuten, wenn Besucher von auswärts derselben Meinung waren wie Johann Timotheus Hermes, der 1776 schrieb: «Diese Stadt ist unvergleichbar.»[15]

In den Bürgerhäusern schien die Zeit seit Jahrhunderten stehengeblieben zu sein. Hier besucht Chodowiecki sein Elternhaus, dessen Diele von schweren Schränken und einem Zwischengeschoss dominiert wird.

An derartigen Urteilen hatten die Bürgerhäuser ihren besonderen Anteil. Zwar entstanden kaum mehr neue Wohnhäuser, doch wurden die existierenden teilweise umgebaut und erhielten neue Fassaden, seit ca. 1680 im Stil des Barock mit prächtigen Schnörkelgiebeln, in der zweiten Hälfte des 18. Jahrhunderts dann einfacher und geprägt vom Rokoko. Eines der wenigen neuen Häuser leistete sich 1776 der Kaufmann Johann Uphagen in der Langgasse; es zeugt mit seiner prunkvollen Einrichtung bis heute als Museum vom Lebensstil der wohlhabenden Danziger Bürger.

Künstler fanden in der Stadt immer weniger Aufträge. Wenn sich Maler wie Jakob Wessel nicht mit Porträts oder Kupferstecher wie Matthäus Deisch nicht mit Stadtansichten bescheiden wollten, mussten sie in die Fremde ziehen. Dazu gehörte nicht nur Andreas Schlüter, sondern auch Daniel Schultz, der unter dem Einfluss Rembrandts stand und zeitweise am Warschauer Königshof arbeitete. Auch den berühmtesten Danziger Künstler der Zeit hielt es nicht lange in seiner Heimatstadt: Daniel Chodowiecki ging schon in jungen Jahren nach Berlin, wo er als Zeichner Karriere machte. Nur einmal, 1773, kehrte er für zwei Monate nach Danzig zurück, eine Reise, die er mit 108 Zeichnungen illustrierte. Von den vielen Porträts Danziger Persönlichkeiten, die er während seines Aufenthalts anfertigte, ist dagegen kaum mehr etwas erhalten. In seinem Tagebuch von der Reise jedenfalls schildert Chodowiecki, dass er von Bürgern wie von polnischen Würdenträgern immer wieder gebeten wurde, sie zu zeichnen, und schon bald hatte er so viel Anerkennung erworben, dass man ihm selbst zur Nachtstunde nicht die Tür wies: «Als ich ging», beschreibt er den Verlauf eines geselligen Abends, «nahm mich noch Herr Ledikowski mit zu sich, um seine Frau zu zeichnen. Sie war schon ausgekleidet & hatte das Haar gelöst, empfing mich aber sehr freundlich, wir tauschten viele Höflichkeiten aus, ohne aufeinander zu hören, schließlich nahm sie die Nachthaube ab & nahm Platz, um mir zu sitzen».[16]

Das musikalische Leben hatte seinen Mittelpunkt in den großen Kirchen. Zu den bedeutenden Kapellmeistern an St. Marien zählten Johann Valentin Meder, der dieses Amt zwischen 1687 und 1699 ausübte, und Johann Balthasar Christian Freißlich, der rund 100 Kantaten schrieb, so eine zur Enthüllung des Denkmals für August III. im Artushof. Die Kapellmeisterstelle war so gut ausgestattet, dass sie selbst für Johann Sebastian Bach attraktiv war, der 1730 einen in Danzig lebenden Freund bat, vor Ort «vor mich eine hochgeneigte Recommendation einzulegen»[17], was allerdings ohne Erfolg blieb. In der zweiten Hälfte des 18. Jahrhunderts verloren jedoch die alten Formen der Musikpflege – wie die Musik im Artushof oder festliche Gelegenheitsmusiken – an Bedeutung, während Wochen- und Liebhaberkonzerte populärer wurden. Auch das Theater hatte viele Freunde, fahrende Truppen wie die von Konrad Ernst Ackermann und der Familie Schuch kamen regelmäßig nach Danzig, wo sie in der 1730 zum Theater ausgebauten ehemaligen Fechtschule spielten, einer besseren Bretterbude.

Das öffentliche und kulturelle Leben veränderte sich im 18. Jahrhundert unter dem Eindruck der Aufklärung. Literarische und wissenschaftliche Gesellschaften entstanden, so 1720 die allerdings recht kurzlebige «Societas Litteraria», der Patrizier, Ärzte und Kaufleute angehörten, die sich über die verschiedensten literarischen und wissenschaftlichen Neuigkeiten informierten, und bald darauf folgten in der Stadt viele weitere wissenschaftliche Vereine und Lesegesellschaften. Nachhaltige Bedeutung für das naturwissenschaftliche Leben in Danzig hatte die 1743 gegründete und bis 1945 bestehende «Naturforschende Gesellschaft».

In mehreren Bereichen behielt Danzig noch seine überregionale Bedeutung, hatte es in seiner Glanzzeit doch eine hervorragende Infrastruktur von Kultur- und Bildungseinrichtungen aufgebaut, von der es noch lange zehren sollte. Im Zentrum stand das Akademische Gymnasium mit seinen ausgezeichneten Lehrern, wie dem Philosophen Samuel Schelwig, der es auch drei Jahrzehnte lang leitete. Der Unterricht fand nach dem altgewohnten Schema statt; neben den sieben Professoren (für die Fächer: Theologie, Jura und Geschichte, Physik und Medizin, Philosophie, Beredsamkeit und Poesie, griechische und orientalische Sprachen, Mathematik) lehrte hier noch ein Lektor für die polnische Sprache. Doch auch der Stern des Gymnasiums war im Sinken begriffen; 1765 besuchten es nur noch 65 Schüler. Die Pfarrschulen, an denen es für arme Kinder eigene Pauperklassen gab, erlebten ebenfalls einen langsamen Niedergang, bis das Pfarrschulwesen um 1720 durch die Gründung dreier großer «Freischulen» reformiert wurde.

Auch als Drehkreuz des Handels war Danzig weiterhin ein wichtiges Nachrichtenzentrum, selbst wenn durch die sich verbessernden Landwege die Bedeutung des Seeverkehrs für die Nachrichtenübermittlung sank. Besonders in Krisenzeiten verließ eine Fülle von Flugschriften die heimischen Druckerpressen, so aus Anlass der Belagerung von 1577, während des Dreißigjährigen Kriegs, im Zuge der Auseinandersetzungen mit Elbing 1656 oder der Belagerung von 1734. Sie trugen umständliche, doch informative Titel wie *Kurtze und summarische Schrift, in welcher die Unschuldt der königlichen Stadt Dantzigk, bey diesem betrübeten und verworrenen Zustande, gegens der Widdersacher ungegründete und erdichte Bezüchtigung kürtzlich angezeiget wird* (1577) oder *Kurtzer jedoch gründlicher Bericht dessen, was bey der Belagerung der Stadt Danzig passiret, und wie solche geändiget ist: unparteyisch von einem der Wahrheit Liebenden aufgesetzt* (1734).

Früh schon wurden in Danzig die Nachrichten in Form regelmäßig erscheinender Zeitungen verbreitet. Handelte es sich zunächst um handgeschriebene, nur in wenigen Exemplaren in Umlauf gebrachte Blätter, so gab es in Danzig seit 1618 auch gedruckte Zeitungen, etwa eine «Wöchentliche Zeitung». Nach 1705 brach diese Tradition ab, Zeichen für die allmähliche Provinzialisierung der Stadt, die erst 1781 wieder eine Zeitung erhielt. Daneben erschienen in Danzig Zeitschriften wie die von Gottfried Lengnich herausgegebene «Polnische Bibliothek» und seit der Mitte des 18. Jahrhunderts zahlreiche moralische Wochenschriften, deren erste den heute recht umständlich klingenden Titel *Die mühsame Bemerkerin derer menschlichen Handlungen* trug und deutlich an Gottschedsche Vorbilder anknüpfte. Ein Anzeigenblatt, das auch Artikel und Gedichte brachte, kam seit 1739 heraus und erschien fast zwei Jahrhunderte hindurch, bis es erst 1921 sein Leben aushauchte. Wichtig war Danzig als Ort der Buchproduktion, aus der Ratsdruckerei gingen zwischen 1659 und 1694 immerhin über 250 Drucke hervor. Bücher wurden nicht nur in der Ratsbibliothek, die am Ende des 18. Jahrhunderts 26 000 Bände zählte, sondern auch von Privatleuten gesammelt. Heinrich Wilhelm Rosenberg etwa besaß kaum weniger Bücher als die Ratsbücherei.

Während das künstlerische Leben der Stadt keinen Höhenflug mehr unternahm, waren die Wissenschaften durchaus aktiv. Die Stadt war noch so wohlhabend, dass es Mäzene gab oder auch einfach nur ein wenig verrückte – und gut ausgebildete – Bürger, die ihrem ausgefallenen Steckenpferd frönten. Zu Letzteren zählte Johannes Hevelius, der nach Studienaufenthalten in Amsterdam, England und Frankreich in seine Vaterstadt zurückkehrte, um hier sein Geld als Kaufmann und Brauer zu verdienen, nebenbei war er Ratsherr der Altstadt. Sein eigentliches Interesse aber galt dem Firmament, das er mit selbst konstruierten astronomischen Geräten von seinem Observatorium auf den Dächern seiner drei Häuser in der Pfefferstadt Nacht für Nacht beobachtete. Detaillierte Mondkarten und Erkenntnisse über neue Sternbilder veröffentlichte er in prächtigen Werken wie *Selenographia* (1647) oder *Machina coelestis* (1673). Der gelehrte Brauer war in Danzig in aller Munde, und zwar nicht nur wegen seiner Entdeckungen, sondern auch wegen seines Papageis. Als 1679 sein Haus in Brand geriet, soll er als Erstes seinen gefiederten Freund gerettet haben, während viele seiner wissenschaftlichen Werke verbrannten.

Während manche Namen außerhalb Danzigs heute vergessen sind, etwa der des Arztes und Astronomen Nathan Matthäus Wolf, der in seiner Heimatstadt ein Observatorium erbauen ließ, sind andere nach wie vor in aller Munde: Der in Nassenhuben südlich von Danzig als Pfarrer arbeitende Johann Reinhold Forster und sein Sohn Johann Georg wurden als Naturforscher berühmt, 1765 erkundeten sie Russland und 1772 bis 1775 begleiteten sie James Cook auf seiner zweiten Reise um die Erde. Ein Bürgersohn, der zu Ruhm und Ehren gelangte, verbrachte in Danzig nur seine Jugend – Daniel Gabriel Fahrenheit, der das Quecksilberthermometer erfand und dessen Temperaturskala in der angelsächsischen Welt bis heute verwendet wird. Ein Thermometer-Denkmal erinnert auf dem Langen Markt seit wenigen Jahren an ihn.

Erwähnt werden sollen auch in Danzig wirkende Historiker, etwa Joachim Pastorius, Hofhistoriograph von König Johann Kasimir, der Werke zur Geschichte Polens vorlegte, oder der städtische Syndicus Gottfried Lengnich, der sich in zahlreichen Studien mit Recht und Geschichte Danzigs, des Königlichen Preußen und Polens befasste. Bis aber die erste moderne, umfassende Geschichte der Stadt geschrieben wurde, sollte noch viel Zeit vergehen, nicht zuletzt weil der Rat das Archiv eifersüchtig hütete, um zu verhindern, dass politische Widersacher städtische Dokumente zu ihrem Nutzen verwenden konnten. Erst Daniel Gralath d. J., Patriziersohn und Professor am Gymnasium, legte zwischen 1789 und 1791 in drei Bänden seinen *Versuch einer Geschichte Danzigs* vor, quasi den Schwanengesang auf die dem Untergang geweihte Stadtrepublik.

Die Stadt besaß aber noch andere Sänger – die Dichter. Ihre Heimstatt war das Gymnasium, dessen Lehrer sich mit Gelegenheitslyrik in deutscher und lateinischer Sprache gerne ein Zubrot verdienten, auch wenn es durch die Luxusbeschränkungen immer weniger Aufträge für Hochzeits- oder Begräbnisgedichte gab. Gedichte zu Ehren der polnischen Monarchen waren aber nach wie vor gefragt, und auch die Stadt selbst war gelegentlich Motiv der Literatur, etwa in einem anonymen Sechszeiler auf das Danziger Wappen:

Die Kron in Deinem Wappen weist,
Daß Du die Kron in Preußen seyst.
Die Kreutze geben uns zu sehen,
Daß Du bey Christo wollest stehen.
Was bilden dann die Löuen für?
Der Löuen art und Muth an Dier.[18]

Auch polnische Werke entstanden an der Mottlau, für die unter anderem die Polnischlektoren am Gymnasium verantwortlich zeichneten. Insgesamt aber fehlte es der Stadt an literarischen Persönlichkeiten, die über die Region hinaus größere Bedeutung erlangten, ausgenommen allenfalls Luise Adelgunde Viktoria Kulmus, Johann Christoph Gottscheds Ehefrau, die jedoch schon früh in die Fremde zog. Ihr Stück *Die Pietisterey im Fischbeinrocke* spielt teilweise in Danzig.

UMKLAMMERT, UMSCHLOSSEN, GESCHLUCKT: DANZIG WIRD PREUSSISCH

Die erste Teilung Polens 1772 war für die Adelsrepublik ein Schock, der neue Reformkräfte freisetzte. Für Danzig aber war die Teilung ein Drama: Als polnische Exklave umschlossen von Preußen und seinen Zollgrenzen, war es entweder zum raschen wirtschaftlichen Niedergang oder zum freiwilligen Abfall von Polen verurteilt. Die Bürger wählten, das harte preußische Regiment fürchtend, die Treue zu Polen, zumal sie hofften, die Teilung würde auf Druck Frankreichs, Englands und der Niederlande bald zurückgenommen werden müssen.

Friedrich II. aber war entschlossen, das Errungene nicht mehr herzugeben, mehr noch, er wollte auch Danzig bald gewinnen, indem er ihm nun zusetzen ließ, so er nur konnte. Eigentlich waren die drei Teilungsmächte Preußen, Österreich und Russland übereingekommen, Danzig mit seinem gesamten Landgebiet bei Polen zu belassen, während alle Vorstädte, die dem Bischof von Włocławek oder dem Kloster Oliva gehörten, besetzt werden sollten, darunter die direkt im Süden und Westen angrenzenden Siedlungen Alt Schottland, Stolzenberg und Bischofsberg sowie im Norden Oliva. Damit ließen es die Preußen aber nicht bewenden und marschierten auch in einige zum Danziger Landgebiet gehörende Orte ein, insbesondere in Neufahrwasser, von wo aus sie die Hafenzufahrt kontrollieren und Danzig trefflich schikanieren konnten: Bald mussten die nach Danzig fahrenden Schiffe hier zur Revision ihre Waren ausladen. Die Stadt protestierte bei allen europäischen Mächten, konnte dagegen aber ebenso wenig ausrichten wie gegen die Zollkontrollen direkt jenseits der Stadtgrenzen sowie an der Weichsel in Fordon bei Thorn. Die hier seit 1772 erhobenen hohen Zölle von nominell zwölf Prozent, faktisch aber 30–40 Prozent für nach Danzig gebrachte

Waren sollten den Weichselhandel in das nunmehr preußische Elbing lenken, ein Plan, der auch aufging – schon 1784 hatte Danzigs kleinere Schwester einen beinahe ebenso großen Anteil am Getreidehandel, während der Holzhandel nach wie vor größtenteils über Danzig lief. Die Danziger Kaufleute versuchten, sich mit ihrer eigenen, rund 70 Schiffe zählenden Flotte den Unbilden entgegenzustemmen, konnten aber gegen die neue geopolitische Lage kaum etwas ausrichten. Zwischen 1770 und 1791 fiel der Import um zwei Drittel, der Export um rund die Hälfte des Werts. Viele Firmen und Geschäfte machten bankrott, die Handwerker erhielten keine Aufträge mehr. Innerhalb dieser 20 Jahre verringerte sich die Einwohnerzahl von knapp 60 000 auf gut 35 000 – eine Katastrophe!

Nicht nur der große Warenverkehr war stark gestört, sondern auch das Alltagsleben der Bürger. Gotthilf Löschin, einer der bedeutenden Geschichtsschreiber Danzigs im 19. Jahrhundert, schrieb:

> Wollten Danziger Bürger ihre in Langfuhr, Pelonken, Oliva u. s. w. gelegenen Landhäuser und Gärten besuchen, so mußte jeder Braten, jede Flasche Wein, womit sie hinausfuhren, versteuert werden, und die Visitation, die dabei vorging, wurde – da sogar Damen bei dem übelsten Wege zum Aussteigen aus ihren Wagen gezwungen waren, so lästig, daß viele Familien auf den Genuß ihrer schönen Sommerwohnungen lieber gänzlich Verzicht leisteten.[19]

An die preußischen Zollkontrolleure, auch «Kaffeeriecher» genannt, weil sie, ihre Nase überall hineinsteckend, nach zollpflichtigen Waren suchten, erinnerten sich die Danziger noch nach vielen Jahrzehnten.

Und die Schikanen kannten kein Ende. Die preußischen Truppen forderten die Auslieferung wehrpflichtiger Kantonisten und Rekruten, aus Polen zu Land eintreffende Waren wurden immer wieder vor der Stadtgrenze zwangsweise abgeladen und zum Verkauf angeboten, jenseits der Stadtgrenzen wurde aus einigen Vorstädten die «Königlich-Preußische Immediatstadt Stolzenberg» gegründet, um Danzig, allerdings ohne größeren Erfolg, mit einem eigenen Markt und Handwerkern Konkurrenz zu machen. Während der Rat mehrfach zu Kompromissen mit den Preußen bereit war, setzten die Dritte Ordnung und die Kaufleute eine härtere Linie durch. Dennoch kam man 1785 um ein recht unterwürfiges Abkommen mit den Preußen nicht herum, das ihnen freien Transport durch Danziger Territorium erlaubte. Auch nach Friedrichs II. Tod 1786 änderte sich nichts an der preußischen Politik.

1788 kam Bewegung in die außenpolitische Lage. Der preußische Minister Ewald Friedrich von Hertzberg schlug vor, dass Preußen die territoriale Integrität Polens respektieren würde, wenn es Danzig und Thorn erhielte. Davon wollte Polen zwar nichts wissen, schloss aber 1790 dennoch ein Schutzbündnis mit Preußen gegen Russland, um die geplante Erneuerung des Staates abzusichern. Die Adelsvertreter, die seit 1788 Reichstag hielten und an einer umfassenden Staatsreform arbeiteten, waren sich der Bedeutung Danzigs für das Land bewusst, was auch der Danziger Geschäftsträger in Warschau aus dem Munde von Landboten vernahm:

> Wie? Wir sollen Danzig abtreten? Das wird nimmermehr geschehen. Denn Danzig ist nur das einzige Fenster, durch welches die entfernteren Mächte jetzt zu uns hereinschauen. Wenn wir aber dieses Fenster verlieren, so werden wir hier gleichsam in der Wildnis bleiben, keine auswärtige Nation wird mehr zu uns hereinschauen können, und wir werden nur den einzigen Anblick der uns umgebenden Mächte uns überlassen befinden.[20]

Doch von Polen war keine Hilfe mehr zu erwarten. Auch der Versuch einiger Bürger, bei Stanisław August Mitleid zu erregen und ihn dazu zu bewegen, sich für Danzig einzusetzen, musste scheitern:

> O Sire! Könnten wir Ew. Majt. mit Ihrem für fremdes Elend bis dahin immer empfänglichen Herzen in die Wohnungen vieler scheinbar Begüterten, aber heimlich Darbenden (…) führen – Ew. Majt. würden gerührt werden.[21]

Beschäftigt mit Reform und den Machtgelüsten seiner Nachbarn, wusste der König keine Mittel, um seiner darbenden Hafenstadt zu Hilfe zu kommen, zumal sich die Ereignisse bald überschlugen. Preußen, das durch die Verhandlungen mit Polen wenig für sich erreicht hatte, sprach wieder mit Russland, vor allem nachdem in Polen am 3. Mai 1791 eine Verfassung als Grundlage eines umfassenden Reformpakets verabschiedet worden war und Russland im Jahr darauf nach Polen einmarschierte. Nicht zuletzt aus Furcht vor einer revolutionären Bewegung einigte man sich auf die zweite Teilung Polens; der Teilungsvertrag wurde am 23. Januar 1793 in St. Petersburg unterzeichnet. Danzig sollte, wie auch Thorn und die Provinz Großpolen, preußisch werden.

Ende Februar teilte der preußische König Friedrich Wilhelm II. der Stadt Danzig mit, man müsse sich ihrer «versichern», und schob ein paar scheinheilige Vorwände vor: Danzig habe «seit einer langen Reihe von Jahren gegen den preußischen Staat sehr wenig freundschaftliche Gesinnungen gehegt», was ja verständlich war, und es habe sich «auch jetzt jene boshafte und grausame Rotte daselbst eingenistet, die von Verbrechen zu Verbrechen fortschreitet», was nur insofern stimmte, als sich alle diejenigen, die von Preußen nichts wissen wollten, im polnischen Danzig sicher wähnten.[22] Preußische Truppen wurden vor der Stadt zusammengezogen, rückten am 8. März in aller Frühe bis vor die äußersten Tore und blockierten die Stadt. Der Rat ließ die Bürger bewaffnen und auf die Wälle ziehen, nahm die preußischen Bedingungen entgegen, sah sich dann aber mit einer empörten Menge einfacher Leute konfrontiert, die eine Unterwerfung nicht akzeptieren wollten, schon alleine deshalb, weil viele Männer fürchteten, gleich zur Armee eingezogen zu werden. Doch die drei Ordnungen, die Kaufleute und Elterleute der Zünfte sahen ein, dass Gegenwehr zwecklos war. Schließlich kam man überein, dass die Preußen am 28. März einrücken, vorerst aber keine Danziger für die Armee «enrolliert» werden sollten. Doch viele Einwohner misstrauten diesen Versicherungen. Als sich die Preußen zum Einmarsch anschickten, meuterten zahlreiche Stadtsoldaten gegen ihre Offiziere, taten sich mit Matrosen zusammen und schossen von den Außenwerken mit Gewehren auf die verhassten Preußen, bald holten sie sich sogar mit Gewalt einige Kanonen und feuerten in die preußischen Kolonnen. Helle Aufregung ergriff die Stadt, deren Behörden machtlos waren. Die Preußen gingen zum Gegenangriff über, die Kämpfe und Auseinandersetzungen hielten den ganzen Tag an und erst am 4. April konnten die Sieger in die Stadt einziehen. Umso eifriger waren sie bedacht, schon bald deutliche Zeichen zu setzen: Bereits wenige Tage später wurde an den Haupttoren, wo bislang die Wappen Polens, des Königlichen Preußen und Danzigs prangten, der preußische Adler angebracht.

Am 7. Mai huldigte Danzig schließlich dem preußischen König. Die Ratsherren hatten bereits beim Einmarsch zum Ausdruck ihrer Trauer die Amtstrachten und Staatsperücken abgelegt und sich in schwarze Gewänder gekleidet. Als sie sich nun im Rechtstädtischen Rathaus einfanden, in der großen Wettstube, in der noch die Gemälde der polnischen Könige hingen, waren sie sich darüber im Klaren, dass in dieser Stunde eine 339 Jahre lange Geschichte zu Ende ging. Das Bild des preußischen Königs, das man ebenso wie einen symbolischen leeren Thron aufgestellt hatte, konnte ihre Bitternis nicht mildern. Sie hätten sich kaum träumen lassen, dass 14 Jahre später das Rad der Geschichte noch einmal zurückgedreht werden sollte.

7

PREUSSISCH BLAU

NIEDERGANG UND AUFSTIEG IM 19. JAHRHUNDERT

1793–1918

✦ ✦

Der Knopf glänzt im Sonnenlicht, wirft einen kleinen Schatten auf den Stoff. Preußisch blau gefaltet streckt sich die Uniform über Brust und Schultern des Soldaten. Ärgerlich wischt er ein paar Fliegen fort, die sich hartnäckig auf den leuchtenden Rock stürzen. Noch einige Stunden muss er auf den Wällen patrouillieren, hin und her, mal die Stadt rechts im Blick, mal links, dann wieder rechts, dann wieder links. Stolz ist er. Denn er, ein armer Schlucker aus Pommern, beherrscht die Bürgerstadt, er, nicht der König im fernen Berlin.

Der Soldat schaut an sich herunter, hebt dann den Blick und lässt ihn schweifen. Bald scheint es ihm, als wölbe sich der Himmel preußisch blau, als sei das Meer dort preußisch blau, als woge der Wald, dampfe die Stadt, ragten die Türme preußisch blau, als habe man die ganze Welt preußisch blau angemalt. Da wird ihm froh ums Herz, und schließlich lacht er auf. Er denkt daran, wie preußisch blau er gestern war, nach Dienstschluss unten in der Stadt.

Derweil wähnt Danzig sich noch immer backsteinrot und weizenblond, wenn auch verblasst …

✦ ✦

TRAUER ODER GLORIA: AM DATUM 1793 SCHEIDEN SICH DIE GEISTER

1793 endete ein langes Kapitel Danziger Geschichte. Die «unfreundliche Übernahme» der Stadt durch Preußen rief bei Zeitgenossen und Nachgeborenen unterschiedliche Reaktionen hervor, je nachdem, ob man sie aus wirtschaftlicher oder nationaler, lokalpatriotischer oder staatsrechtlicher Perspektive betrachtete. Viele Danziger trauerten der einstigen, in Wahrheit schon längst marode gewordenen Herrlichkeit bis weit ins 19. Jahrhundert nach. Als Danzig 1871 erstmals in seiner Geschichte Teil eines deutschen Reiches wurde, geriet der alte Partikularismus bald in Vergessenheit.

Die Säkularfeier von 1893 zum hundertsten Jahrestag des Übergangs an Preußen, ein großes Fest mit Gottesdienst, Umzug, Volksvergnügungen und Abendempfang, war eine Demonstration reichsdeutsch-preußischer Verbundenheit. Während die Konservativen die gelungene Integration der Stadt in den preußischen Staat bejubelten, rief der nationalliberale Oberbürgermeister in seiner Festansprache aus: «Ja [...], Danzig war stets eine deutsche Stadt und Danzig bleibt eine deutsche Stadt immerdar.»[1]

Aus polnischer Sicht nahm sich das jedoch ganz anders aus: Danzig sei nur mit Gewalt in den preußischen Staat gezwungen worden, in seinem Herzen nie eine deutsche Stadt geworden und sehne sich nach neuer Freiheit. Als 1919 ein politischer Kampf um die staatliche Zukunft Danzigs entbrannt war, schrieb die polnische Tageszeitung der Stadt, das Danziger Bürgertum habe sich 1793 «mit Waffengewalt» gegen die Annexion gewehrt, bis die «Danziger Revolution» von der preußischen Armee blutig erstickt worden sei.[2] Zwar konnte von einer «Revolution» in der Stadt keine Rede sein, doch das Denkmuster der kleinen, erst seit dem Ende des 19. Jahrhunderts organisierten polnischen Minderheit Danzigs war deutlich: Das «lange» preußische Jahrhundert der Stadt war eine Fremdherrschaft. Besonders großen Widerhall fand diese Perspektive bei polnischen Beobachtern von außerhalb, gerade nach dem Zweiten Weltkrieg, als es darum ging, den «preußisch-deutschen Charakter» Danzigs zu beseitigen. Tatsächlich war man beim Wiederaufbau bemüht, die Uhr zurückzudrehen und die Rechtstadt wieder in einen idealen Zustand von vor 1793 zu versetzen, als die Stadt noch zu Polen gehört hatte. Selbst nach der politischen Wende von 1989 sollte es noch einige Zeit dauern, ehe die städtische Gesellschaft das in Vergessenheit geratene, vermeintlich so fremde preußische Danzig fasziniert wiederentdeckte.

WIRD ALLES WIEDER GUT? 14 JAHRE IN PREUSSEN

Das Jahr 1793 bedeutete eine einschneidende Veränderung für Danzig: Hatte sich die Stadt bislang selbst regiert, sollte sie von nun an regiert werden. Neue wirtschaftliche Beziehungen, ein neuer König – wohin sollte das alles führen? Hoffnung und Zweifel hielten sich zunächst die Waage.

Noch vor der Huldigung Danzigs wurde die Verwaltung einer aus 18 Mitgliedern der drei Ordnungen gebildeten Deputation übertragen, die bald in einen «interimistischen Polizeimagistrat» überging. Da alle vier bisherigen Bürgermeister die Mitarbeit verweigerten, übernahm der bisherige preußische Resident in Danzig, Kriegsrat Johann Christian von Lindenowski, die Stelle eines Oberbürgermeisters und Polizeidirektors. Die Stadt behielt einige ihrer angestammten Rechte, wurde aber anders organisiert. Geleitet von einem «Stadtpräsidenten», einem Bürgermeister und einem aus zehn Räten bestehenden Magistrat, unterstand Danzig direkt der königlichen Kriegs- und Domänenkammer in Marienwerder. Die Abhängigkeit von einer Behörde in dieser knapp 100 Kilometer südlich an der Weichsel gelegenen Kleinstadt rief im bürgerstolzen Danzig alles andere als Wohlgefallen hervor. Die Stadtverordneten hatten zunächst nur sehr beschränkte Mitspracherechte und konnten erst nach jahrelangem Protest 1805 mehr Einfluss auf die städtischen Geschäfte durchsetzen.

Danzig behielt sein gesamtes Landgebiet, auch wenn es viele Befugnisse an preußische Behörden abgeben musste. Vorerst waren die Einwohner vom Militärdienst befreit, die Rechtstadt außerdem von der Einquartierung – das hatten die hier lebenden Patrizier fein herausgehandelt –, während Altstadt und Vorstadt jeweils ein Infanterieregiment aufnehmen mussten. Die starke Präsenz von Militär sollte die Stadt über hundert Jahre lang prägen: Aus der Handelsstadt wurde eine Beamten- und Garnisonsstadt.

Nicht alle Einwohner wollten sich mit den politischen Veränderungen abfinden. Beeindruckt von den revolutionären Ereignissen in Frankreich, griff eine kleine Gruppe von Schülern und Ehemaligen des Akademischen Gymnasiums freiheitliche Ideen auf. Unter der Führung des Handwerkersohns Gottfried Benjamin Bartholdy entstand 1794 ein Geheimbund der «Freien Preußen», der am 13. April 1797 einen Aufstand gegen die preußische Herrschaft wagen wollte. Doch der Versuch, durch die Verköstigung mit Schnaps auch einige Hafenarbeiter von der revolutionären Sache zu überzeugen, schlug fehl: Ihre Kollegen gingen sie suchen, verursachten einen Menschenauflauf, erregten die Aufmerksamkeit der Polizei, Bartholdy floh über die Dächer und wurde zwei Tage später festgenommen. Der Aufstandsversuch war kaum mehr als eine Farce, dennoch waren die Behörden alarmiert, die Tore wurden geschlossen und Wachen zogen auf. Oberpräsident Schrötter berichtete beruhigend an den König:

> Der Complott besteht vielmehr bloß aus einer geringen Anzahl unbesonnener junger Leute, von welchen auch nicht einer das Alter der Volljährigkeit erreicht hat. Die eigentliche Bürgerschaft bezeuget ihren Abscheu an dem unsinnigen Unternehmen dieser unbesonnenen Jugend.[3]

Die Revolutionäre wurden bald verurteilt, Bartholdy zunächst sogar zum Tode, später zu lebenslänglich, schließlich kam er ganz frei und starb als Nachhilfelehrer in seiner Heimatstadt.

Im Frühjahr 1798 besuchte mit Friedrich Wilhelm III. erstmals ein preußischer Monarch die Stadt, wenn auch nur für drei Tage. Wie sehr unterschied sich das Empfangsritual von den Einzügen der polnischen Könige – nicht die Ratsherren und Gewerke begrüßten den Gast, sondern seine eigene Armee mit einer Militärparade und die Provinzialbehörden mit einem Empfang, wohlgemerkt nicht in der Innenstadt, sondern draußen in Oliva. Immerhin nahm er an einem Ball im Artushof teil und erhob einige Mitglieder verdienter Ratsgeschlechter in den Adelsstand, was sie mit den neuen Verhältnissen versöhnen sollte.

Unter der neuen Herrschaft verbesserte sich die wirtschaftliche Lage der Stadt rasch. Der lästigen Zollgrenzen zu Preußen entledigt, profitierte Danzig von der gewaltigen Expansion des Königreichs, das seit 1795 bis nach Warschau, kurz vor Wilna und Krakau reichte. Die Menge von Getreide und Holz, die im Hafen verschifft wurde, erreichte im besten Jahr – 1802 – wieder den Umfang aus der Mitte des 18. Jahrhunderts. Größter Abnehmer war nun England, während die Bedeutung des niederländischen Handels stark rückläufig war. Weitere wichtige Ausfuhrartikel waren Wolle, Hanf und Leinen. 1803/1804 liefen jeweils mehr als 1700 Schiffe in den Hafen ein; die Danziger Flotte vergrößerte sich auf 111 Schiffe.

Während also die Weichsel ihre alte Rolle zurückerhielt, wurden gleichzeitig die Landwege verbessert. Um 1800 bestanden zweimal in der Woche Postverbindungen in die wichtigsten preußischen Städte Königsberg, Warschau und Berlin (wohin die Postkutsche fünf, die Kurierpost drei Tage benötigte). Auch dem produzierenden Gewerbe ging es wieder besser, vor allem Textilmanufakturen hatten Erfolg. Aufgrund der guten Konjunktur konnte die Stadt die Schulden aus der Zeit von vor 1793 weitgehend zurückzahlen.

All dies konnte nicht ohne Einfluss auf die Bevölkerungsentwicklung bleiben. Von 1794 bis 1806 vergrößerte sich die Einwohnerzahl von knapp 37 000 auf gut 44 000, die preußischen Militärs und ihre Familien, rund 6000 Personen, nicht mitgezählt. Kaufleute und Reeder stärkten dank ihres geschäftlichen Erfolgs ihre Stellung in der Stadt. Einige machten große Karriere, wie etwa der ehemalige Hafenvorarbeiter Matthias Broschke. Er wurde mit Getreide- und Holzhandel so reich, dass er auf eigene Kosten eine mautpflichtige Chaussee nach Neufahrwasser bauen konnte. Mit der Zeit aber brachte er alle anderen Kaufleute der Stadt gegen sich auf und musste schließlich das Weite suchen.

NAPOLEON MISCHT SICH EIN: DIE BELAGERUNG VON 1807

«So unglücklich war Danzig noch nie, als in den sieben Jahren von 1807 bis 1814.»[4] Dieses Urteil Abraham Friedrich Blechs, eines eifrigen Historikers und Pfarrers an St. Marien, der kurz nach dem Untergang der ersten Freien Stadt ein großes Werk über die Geschichte der «siebenjährigen Leiden» Danzigs vorlegte, kündigt eine tragische Zeit an, von deren Folgen sich die Stadt lange nicht erholen sollte.

Die gute Entwicklung der Handelsstadt unter preußischer Herrschaft endete mit dem Ausbruch des Kriegs zwischen Frankreich und Preußen 1806 abrupt. Am 14. Oktober wurden die preußischen Truppen bei Jena und Auerstedt vernichtend geschlagen, zwei Wochen später marschierten die Franzosen in Berlin ein. Es war nur eine Frage der Zeit, bis sie weiter nach Osten ziehen würden. Der Kaiser aus Korsika lenkte sein Interesse insbesondere auf Danzig, dessen Finanzkraft er für seine Armee nutzen wollte.

Danzig bereitete sich auf eine viele Monate dauernde Belagerung vor, Lebensmittelvorräte wurden angelegt, die nicht nur die Einwohner, sondern die bis März 1807 auf fast 22 000 Soldaten angewachsenen preußischen und russischen Festungstruppen unter dem Kommando von General Friedrich Adolf Kalckreuth ernähren sollten. Die Spannung wuchs.

> Sonnabend am 7. März des Morgens erscholl das allgemeine Geschrei: ‹Der Feind ist vor dem Thore! Er attaquirt beim Legen Thore und auf'm Holzraum.› Es war Markttag! Die Menschen liefen wild an einander. Die Lärmtrommel ging unaufhörlich; die auf dem Markt befindlichen Sachen wurden Hals über Kopf verkauft.[5]

Der Belagerungsring zog sich enger, weshalb nun der Befehl erging, die Vorstädte abzubrennen, um dem Feind die Annäherung an die Stadt zu erschweren. Dieser zog immer mehr Truppen zusammen, der größte Teil Polen, daneben französische, badische und sächsische Einheiten, die ihre Kanonen in Stellung brachten.

In der Nacht vom 23. auf den 24. März begann die Beschießung mit Feuerkugeln, Bomben und Granaten, ein gespenstisches Schauspiel. Theodor Behrend, 18-jähriger Sohn eines wohlhabenden Kaufmanns, erinnerte sich später:

> Ich war eines Abends zu dem Onkel [...] gegangen, um dort einige Stunden zuzubringen, als die Dienstboten zitternd und weinend ins Zimmer stürzten und erzählten, daß von allen Seiten glühende Kugeln auf die Stadt geworfen würden. Wir eilten vor die Thüre und sahen denn auch wirklich, daß hoch in der Luft solch glühende Körper sich fortrollten. [...] Nur von einer derselben schien es zweifelhaft, ob sie über den Marktplatz hinwegfliegen würde. Unser Schrecken war groß, als sie etwa vierzig Schritte vor uns niederfiel, mit fürchterlichem Krachen zerplatzte und ihren glühenden Inhalt weit umherschleuderte. Ich war vor Schrecken in die Knie gesunken. Hunderte von Fensterscheiben waren durch die Detonation geplatzt und fielen mit Klirren auf das Straßenpflaster.[6]

Erste Todesopfer waren zu beklagen. Wer konnte, floh noch in der Nacht vor der Beschießung über die Mottlau in die Stadtteile Langgarten und Niederstadt, viele Menschen hausten für Wochen in den Kellern. Napoleon aber war unerbittlich und beobachtete den Fortgang der Belagerung zeitweise sogar persönlich. Von den Hügeln westlich der Stadt bot sich den von Marschall François-Joseph Lefebvre befehligten Angreifern ein wunderbares Panorama über die große, in ihre grünen Festungswälle eingebettete Stadt.

Danzig hatte für Napoleon eine große strategische Bedeutung. Deshalb überwachte er die Belagerung der Stadt im Frühjahr 1807 persönlich, hier auf einer zeitgenössischen Darstellung im Kreis seiner Offiziere.

Die Beschießung dauerte mehrere Wochen. Entlastungsangriffe der Preußen hatten keinen Erfolg. Die westlichen Befestigungswerke Bischofsberg und Hagelsberg gerieten in immer größere Bedrängnis, die nördlich der Stadt in Richtung Meer gelegene Weichselinsel Holm ging Anfang Mai verloren und die Kommunikation mit der Festung Weichselmünde und der Westerplatte konnte nur über einen – später als technische Neuerung berühmt gewordenen – optischen Telegraphen aufrechterhalten werden. Nachdem ein russischer Entsatzversuch gescheitert war, zerplatzte die letzte Hoffnung der von Lebensmittelknappheit und hohen Preisen geplagten Bevölkerung, als am 15. Mai ein englischer Dreimaster mit vollen Segeln in die Stadt gelangen wollte:

> Tausende von Menschen stürmten auf die Wälle. Alle Bastionen, sowohl Preuß. als Französ. donnerten, und das kleine Gewehrfeuer ging fürchterlich. Die Stadt schien in Dampf und Rauch gehüllt. Alles schrie: Sieg, der Holm ist wieder genommen. Das Schiff gab 3 Lagen, plötzlich

> schweigt es, und scheint fest zu stehen; die Flagge sinkt, das Schiff streicht. Es ist genommen, schreit alles, andere widerstreiten es. Die größten Zänkereien gelten. Leider aber war das Schiff um 6 Uhr schon in den Händen der Belagerer mit allen darauf befindlichen Vorräthen, Geld, Pulver und Depeschen.[7]

Unter dem Eindruck der Niederlagen brach der Verteidigungswille, mehrere tausend preußische Soldaten desertierten, und bald schon begannen, aufmerksam verfolgt von Napoleon selbst, Kapitulationsverhandlungen. Am 27. Mai marschierten die Preußen ohne Waffen, aber mit ihren Standarten aus der Stadt heraus und die Franzosen herein. 2700 Soldaten, aber nur 20 Bürger waren in der Stadt ums Leben gekommen.

FREIE STADT – WAS NUN?

Am 1. Juni besuchte Napoleon Danzig und machte keinen Hehl aus seinen Absichten. Bei einem Treffen mit angesehenen Kaufleuten fragte er barsch: «Eh bien, Messrs., quel est le plus riche?» [Nun denn, meine Herren, wer ist der reichste?] Die zurückhaltenden Kaufleute waren verlegen und antworteten nicht, erst als der Kaiser noch barscher fragte, zeigte man auf Theodor Christian Frantzius. «Aha, c'est vous? Combien de millions?» [Aha, also Sie? Wieviel Millionen?] Verängstigt antwortete Frantzius: «Oh, Sire, pas un seul.» [Oh, Sire, keine einzige.] Daraufhin kündigte Napoleon an, Mittel und Wege finden zu wollen, die zugeknöpften Börsen zu öffnen.[8] Es sollte ihm gelingen; zehn Jahre später war nicht nur Frantzius bankrott.

Napoleon, der seinen Marschall Lefebvre zum «Herzog von Danzig» ernannte, war unerbittlich und verlangte von der eroberten Stadt eine horrende Kontribution von 30 Millionen Franken. Im Frieden von Tilsit zwischen Preußen und Frankreich ließ er am 9. Juli Danzig zur Freien Stadt erklären: «Die Stadt Danzig mit einem Gebiete von 2 Lieues im Umkreise wird in ihre vorige Unabhängigkeit unter dem Schutze der Könige von Preußen und Sachsen wiederhergestellt und nach den Gesetzen regiert werden, die sie zu der Zeit hatte, als sie aufhörte, sich selbst zu regieren.»[9] Zum Gouverneur in Danzig ernannte er General Jean Rapp.

In der Stadt herrschte keineswegs einhellige Freude über die Wiederherstellung der alten Herrlichkeit. Führende Patrizier wähnten sich zwar schon wieder als Herren Danzigs und träumten vom alten Wohlstand, vielerorts herrschte auch Jubel über die Rückkehr der «langentbehrte[n] Freiheit»[10], doch zahlreiche Einwohner äußerten sich skeptisch. Ihre Zweifel sollten sich als nur zu begründet erweisen, denn nur zu schnell wurde deutlich, dass der Kaiser mit der Gründung einer Freien Stadt nichts anders als seinen eigenen Vorteil im Sinn hatte.

Die französischen Machtaber bildeten gleich nach der Besetzung eine neue Stadtverwaltung, die vor schier unlösbaren Aufgaben stand: Wie sollten die unglaublich hohen Kontributionen jemals bezahlt werden können, zumal die Bürger durch Einquartierungen geplagt und die Kaufleute durch die Kontinentalsperre fast zur Untätigkeit verdammt waren? Und welchen Umfang sollte die Freie Stadt wohl haben? Schließlich erhielt Danzig mit einigen Einschränkungen sein altes Landgebiet zurück, ergänzt um die Vorstädte, um deren Besitz es sich Jahrhunderte lang vergeblich bemüht hatte.

Schwierig verhielt es sich auch mit der konkreten Ausgestaltung der städtischen Verfassung. Monatelang hielt sich eine Danziger Delegation in Paris auf, um mit Napoleon zu einem Einverständnis zu gelangen. Letztlich kehrte man, zumindest auf dem Papier, tatsächlich zu den alten Zuständen zurück. Die städtische Regierung bestand wieder aus drei Ordnungen, auch wenn der einstige Rat nun «Senat» hieß. Doch schon bei der Ernennung der Senatoren zeigte sich, wer in der Stadt das Sagen hatte – sie wurden von Jean Rapp ausgewählt; Danziger «Präsident» wurde Karl Friedrich von Gralath. Am 21. Juli 1807 wurde die Freie Stadt Danzig feierlich proklamiert.

Bald stellte sich heraus, dass die in großen Maßstäben denkende französische Führung mit den Danziger Bürgern wenig anzufangen wusste. Da es der behäbigen Verwaltung trotz kaiserlichen Wunsches nicht gelang, innerhalb eines knappen Jahres den Code Napoléon einzuführen und die Kontributionen wie gewünscht zu zahlen, wurde Rapp ungeduldig und ersetzte Gralath als Präsidenten durch den aus Danzig stammenden, in Landshut wirkenden Rechtsprofessor Gottlieb Hufeland. Weitere Schritte waren die Entmachtung der Dritten Ordnung und die Schaffung einer Finanzkommission, die sich darum kümmern sollte, die Abzahlung der Kontributionen voranzutreiben.

Zunächst hatte in Danzig Aufbruchstimmung geherrscht. Johann August Arnewald rief etwa in seinem *Vaterlandslied* die Danziger zum Kampf für Napoleon auf:

Auf Söhne von Danzig, was zaudert ihr?
Stellt Euch zu des Vaterlandes Fahnen!
Das Doppelkreuz wehet vom hohen Panier,
es winkt Euch zur Tugend der Ahnen.[11]

Mit dem Doppelkreuz war das Danziger Wappen gemeint, dessen Krone der Dichter im republikanischen Eifer wohlweislich unterschlug. Durch die überall in der Stadt einquartierten Franzosen lernten die Danziger neue, freiere gesellschaftliche Umgangsformen kennen. Die Franzosen gaben ständig Bälle, nahmen das Theater fast komplett in Beschlag und luden die Bürger, besonders gerne aber ihre Frauen und Töchter ein. Ein anonymer Autor erinnerte sich später mit Abscheu an diese Zeit: «Die Kirchen wurden seltner, die Tanzböden häufiger besucht; kleine Halbfranzosen füllten die Waisenhäuser, Mädchen, mit bösartigen Krankheiten behaftet, die Lazarethe.»[12]

Während sich die steifen hanseatischen Sitten ein wenig lockerten, fühlten sich die Regierenden angesichts der finanziellen Nöte, der beschwerlichen Einquartierungen und immer neuer französischer Forderungen nicht wohl in ihrer Haut. «Die Geschäfte des Magistrats schränken sich jetzt hauptsächlich nur auf Herbeischaffung des Geldes ein», schrieb der preußische Gesandte schon 1808 aus der Freien Stadt.[13] Um unerwünschten Kontakt mit Preußen oder den Feinden Frankreichs, aber auch antinapoleonische Stimmungen in der Stadt selbst zu unterdrücken, fand eine strenge Brief- und Pressezensur statt.

Grund zur Verbitterung gab es in Danzig zur Genüge. Die in Garnison liegenden Franzosen (1811 immerhin 24 000 Mann) ließen es sich auf Kosten von Stadt und Bürgern gutgehen, während gleichzeitig der Handelsverkehr fast völlig zum Erliegen kam. Waren 1805 noch 1194 Schiffe in den Hafen eingelaufen, so kamen 1808 nur noch 32. Vor allem das scharf überwachte Verbot des Handels mit England schädigte das Wirtschaftsleben; jeder Bruch der Kontinentalblockade wurde streng bestraft, wenn auch erfinderische Kaufleute Auswege wussten. So erinnerte sich der Selfmademan Friedrich Hoene stolz daran, wie er in dieser Zeit mit seinem formell über Schweden abgewickelten Englandhandel einfallsreich, wenn auch nicht gerade legal die Grundlage seines Vermögens legte:

> In demselben Grade, wie die alten Handelshäuser davor zurückschreckten, hatte die Sache [...] für mich einen entschiedenen Reiz. Durch [seinen Handelspartner, P.O.L.] Solly unterstützt mit allem, was von und in England erforderlich war, hier im Besitz des Vertrauens der französischen Autoritäten in meine Verschwiegenheit, spielte ich bald eine Hauptrolle in Danzig und mein Name wurde auch im Auslande bekannt.[14]

Aber nicht nur die Kontinentalsperre, auch die Zollgrenzen zu Preußen und zum Herzogtum Warschau setzten den Kaufleuten zu. Zudem litt der lokale Handel, legten die Franzosen doch vielfach willkürliche Höchstpreise fest, was viele Firmen in den Ruin trieb.

Die Kontributionen, deren Zahlung immer wieder angemahnt wurde, waren bis 1812 nur zu einem kleineren Teil aufgebracht worden, doch gemeinsam mit Warenlieferungen, der Unterhaltung der Garnison und vielem mehr summierten sich die Leistungen Danzigs an die Franzosen bis 1813 auf über 35 Millionen Franken. Trotz hoher Arbeitslosigkeit mussten deshalb die Steuern erhöht werden und Danzig legte kurz hintereinander 18 Zwangsanleihen auf. Senatspräsident Hufeland warf angesichts seiner sehr eingeschränkten Handlungsmöglichkeiten bereits im April 1812 das Handtuch (er hatte es sich in Danzig übrigens gutgehen lassen und ließ hohe Schulden zurück) und wurde durch Johann Georg Wernsdorf ersetzt.

DAS ENDE ALLER TRÄUME: DIE BELAGERUNG VON 1813

Die Vorbereitungen für Napoleons Feldzug gegen Russland begannen in Danzig 1811: Proviant wurde eingelagert, Lazarette eingerichtet. Als östlichste Außenstelle des französischen Imperiums spielte die Stadt bei den Kriegsplänen eine wichtige Rolle. Seit April 1812 zogen Teile der Grande Armée durch Danzig und sorgten für Aufregung:

> Welch ein Gewühl auf den Straßen und den öffentlichen Plätzen! [...] Auf- und niedereilende Soldaten unterm Gewehre oder auch mit Gepäcken; hin und her rasselnde Wagen auf- und abzuladen, was anher gebracht, was hier gekauft, requirirt, geraubt war; mitunter eine Reihe Ochsengespanne, um die Thiere zum Zuge nach Rußland einzuüben.[15]

Zwischen dem 7. und dem 11. Juni inspizierte Napoleon höchstpersönlich die Befestigungen, die seit einigen Monaten eifrig ausgebaut und verbessert wurden, vor allem an der Westfront der Stadt auf dem Bischofs- und dem Hagelsberg. Bei einem Treffen mit Kaufleuten mit deren Klagen konfrontiert, winkte er ab: «Je paye tout, cela s'arrangera.» [Ich zahle alles, das wird schon werden.][16] Besonders glaubwürdig dürfte er nicht gewirkt haben. Bald darauf zogen er und Gouverneur Rapp in Richtung Osten.

Der Krieg schien zunächst noch fern, bald aber rückten seine Schatten näher. Ab September blockierte eine englisch-russische Flotte den Hafen und beschoss Neufahrwasser. Die Nachrichten von den Kriegsschauplätzen waren immer alarmierender. Mitte Dezember traf Rapp wieder in Danzig ein, mit abgefrorener Nase, Ohren und Fingern um eine Russlanderfahrung reicher. Sogleich begannen die Vorbereitungen für eine lange Belagerung, doch aufgrund des strengen Winters war die Versorgungslage der Stadt schwierig. Als sie Anfang Februar 1813 von Russen und Preußen umzingelt war, hielten sich hier neben den Einwohnern rund 30 000 Soldaten auf, hauptsächlich Franzosen und Polen, nur die Hälfte von ihnen kampftauglich. Alleine im Februar starben 3000 Militärs und Zivilpersonen an Krankheiten und Erschöpfung.

Der eigentliche Kampf um die Stadt entbrannte Anfang März. Nach für beide Seiten verlustreichen Wochen kam auch Danzig in den Genuss des Waffenstillstands, den die Kriegsparteien geschlossen hatten. Die Belagerung aber wurde aufrechterhalten, weshalb sich die Versorgung der Zivilbevölkerung nicht verbesserte, im Gegenteil, die Lebensmittelpreise erreichten schwindelerregende Höhen. Der «einfache Mann» sah dem Hungertod ins Auge: «Kleie, Branntweinstrank, wenn noch welcher zu bekommen war, Leimkuchen und andere Gerichte in notdürftigstem Maße waren sein Frühstück, Mittag und Abendbrot.»[17]

Um die Verteidigung zu erleichtern, befahlen die Franzosen den Einwohnern Mitte August, die Stadt zu verlassen. Insgesamt 6000 Bürger leisteten der Anweisung bis zur Wiederaufnahme der Kampfhandlungen Folge; rund 16 000 waren schon zuvor geflohen. Die Kämpfe konzentrierten sich nun auf die Westfront Danzigs. 100 schwere Geschütze, 28 Haubitzen und 66 Mörser schossen in die Stadt. Anfang September fiel Langfuhr und der Ring um die Stadt schloss sich immer enger. Doch der größte Schlag kam in der Nacht auf den 1. November, als die Speicherinsel in Brand geschossen wurde und 171 Lagerhäuser in Flammen aufgingen. Die Hitze war so groß, dass auf dem gegenüberliegenden Mottlauufer Schiffe in Brand gerieten.

Als dann die Nachrichten von Napoleons vernichtender Niederlage in der «Leipziger Völkerschlacht» eintrafen, sah General Rapp ein, wie aussichtslos die Lage war. Nach mehrtägigen Verhandlungen wurde am 29. November 1813 die Kapitulation unterzeichnet. Die napoleonischen Truppen sollten Danzig am 1. Januar 1814 verlassen. Die Belagerung hatte mehr als 15 000 Soldaten das Leben gekostet, außerdem starben fast 6000 Zivilisten, die meisten von ihnen an Seuchen. Mehr als 1200 Häuser waren zerstört oder beschädigt, eine gewaltige Schuldenlast drückte die Stadt.

IM SCHATTEN DER VERGANGENHEIT

1814 erschienen die letzten Jahre wie ein böser Spuk und wurden als größte Erniedrigung der Stadt in ihrer jahrhundertealten Geschichte empfunden. Viele alteingesessene Familien waren dezimiert, viele Vermögen vernichtet, viele Traditionen abgerissen. Die Stadt kam ihren Bürgern «ausgeplündert und völlig desorganisiert» vor.[18]

Kurzzeitig schien unklar, wie sich Danzigs staatliche Zukunft gestalten würde, denn auch Russland hatte Interesse an dem Ostseehafen. Schließlich aber setzte sich Preußen durch und nahm die Stadt am 19. Februar 1814 feierlich in Besitz. Als wieder preußische Adler an den öffentlichen Gebäuden angebracht wurden, geschah dies – anders als 1793 – «unter dem Zujauchzen des Volks».[19] Die Bemühungen des freistädtisch-Danziger Agenten in Paris, Wilhelm Daniel Keidel, der sich mehrere Monate lang bei den europäischen Mächten für die weitere staatliche Unabhängigkeit Danzigs einsetzte und deshalb sogar zum Friedenskongress nach Wien reiste, hatten keinen Erfolg.

Danzigs Rückkehr zu Preußen bedeutete, dass es sich wieder mit seiner Rolle als Verwaltungs- und Garnisonsstadt bescheiden musste. 1815 wurde die Stadt immerhin Sitz eines Regierungsbezirks sowie, wichtiger noch, Hauptstadt der neu geschaffenen Provinz Westpreußen, deren Oberpräsident, der energische Theodor von Schön, den Ton in Danzig angab. Kein geringerer als Joseph von Eichendorff arbeitete zwischen 1821 und 1824 als Regierungsrat für Kirchen- und Schulwesen in seiner Verwaltung. Doch schon 1823 wurden die Provinzen Ost- und Westpreußen vereinigt, der Oberpräsident zog nach Königsberg und Danzig verlor wesentlich an politischer Bedeutung.

Oberbürgermeister war von 1814 bis 1850 Joachim Heinrich von Weickhmann, Angehöriger einer seit langem in der Stadt beheimateten Familie, der sich als geschickter Verwalter um die Belange der Gemeinde kümmerte, jedoch angesichts der angespannten finanziellen Lage, der wirtschaftlichen Schwierigkeiten und der Probleme, die sich aus dem Festungscharakter Danzigs ergaben, nur beschränkte Handlungsmöglichkeiten hatte. 1851 folgte ihm mit Karl August Groddeck ebenfalls der Spross eines alten Danziger Geschlechts.

Für die Kontrolle des Magistrats durch die Bürger sorgte die Stadtverordnetenversammlung. Gewählt wurde sie nach einem Zensuswahlrecht, zunächst ausschließlich durch die vermögenden Kreise der Stadt – 1817 waren das nur Bürger mit einem Jahreseinkommen von mehr als 200 Talern, insgesamt 2622 Personen. Seit 1853 galt das Dreiklassenwahlrecht, das ebenfalls nur den reicheren Einwohnern die Stimmabgabe ermöglichte. Dadurch sicherte sich das Handelsbürgertum bis zum Ende des Ersten Weltkriegs das Sagen in der Stadt und noch um 1900 war rund die Hälfte der Stadtverordneten Kaufleute.

Die Hoheitsrechte über sein Landgebiet musste Danzig 1814 an Preußen zurückgeben, allerdings wurden Langfuhr, Neufahrwasser, Neuschottland und einige andere Vorstädte direkt der Stadt angegliedert, ebenso die «kombinirten Städte» Stolzenberg. Die grundherrlichen Rechte der Stadt am ehemaligen Landgebiet erloschen 1824, nur das Patronatsrecht, also die Aufsicht über die Kirchengemeinden, blieb länger bestehen. Bis zum Ersten Weltkrieg sollte die Stadt durch Eingemeindungen von ursprünglich 389 Hektar auf mehr als 6000 Hektar wachsen.

Eine Belastung für viele Jahrzehnte waren die Schulden aus der napoleonischen Zeit. Auch wenn der preußische Staat einen erheblichen Teil der Verpflichtungen übernahm, so dauerte es doch bis 1860, ehe die Schulden abbezahlt waren.

Angesichts der wirtschaftlichen Stagnation blickte Danzig gerne zurück in jene Glanzzeiten, von denen die großen Bauwerke, aber auch die Erinnerungen und lokalen Erzählungen berichteten. Schon 1794, ein Jahr nach der Annexion durch Preußen, hatte ein distanzierter Beobachter geschrieben:

So obsolete Gebräuche finden Sie jetzt wohl in keinem Lande in Europa mehr. Weder in protestantischen noch in katholischen Ländern treffen Sie so rein und unverfälscht noch jetzt den Geist des vorigen Jahrhunderts in allen öffentlichen Verhandlungen, in allen Verordnungen, in der Politik und in der ganzen Staatsverfassung an als bei uns.[20]

Die stolz auf die Vergangenheit schauenden alteingesessenen Bürger, die, wie es hieß, «am Alten kleben müssen wie die Auster an ihrer Schaale»,[21] blickten ihrerseits mit Herablassung auf die preußischen Beamten, und noch lange hielt sich bei vielen Danzigern eine latente Abneigung gegen alles Preußische. Gleichzeitig war man sich aber auch bewusst, im Vergleich zu anderen Städten des Königreichs zurückzufallen und immer mehr an die Peripherie des wirtschaftlichen und politischen Geschehens zu geraten. So schrieb ein Dichter im Jahre 1836:

In den Blättern der Geschichte hab' ich staunend es gelesen,
Wie du einst so wunderherrlich und wie mächtig du gewesen,
Wie weit über Land und Meere deines Ruhmes lauter Klang
Einst mit siegenden Gewalten durch die ganze Erde drang.
[...]
Danzig, Königin der Städte – jene Zeiten, sie entwichen,
Deine Macht, sie ist zertrümmert, und dein Glanz, er ist erblichen,
Nur in den Erinnerungen lebst du herrlich noch und groß –
Was der Schooß der Zeit geboren – Wechsel ist sein sich'res Loos!
[...]
Danzig, herrlichste der Städte! liegt dein Handel auch darnieder –
Was die Gegenwart dir raubte, giebt die Zukunft einst dir wieder;
Ewig wechseln die Geschicke auf der Zeiten schnellen Bahn,
Was der Schooß der Zeit geboren, ist dem Wechsel unterthan.[22]

Der Versuch, aus verflossener Größe und gedanklicher Rückkehr zu den Ahnen Hoffnung zu schöpfen, sollte die Stadt bis ins 21. Jahrhundert prägen. Dennoch gab es einige historische Situationen, in denen sich das gesamte Umfeld radikal zu verändern schien und die Bürger gezwungen waren, sich in neue Kontexte einzufinden. Ein solcher kam 1848. Kaum war in Berlin die Revolution ausgebrochen und eine politische Neugestaltung Deutschlands in den Bereich des Möglichen gerückt, kaum hatten auch die preußischen Polen in jenem «Völkerfrühling» die Restitution eines polnischen Staates in den historischen Grenzen, also unter Einschluss Danzigs postuliert, formulierten Magistrat und Stadtverordnete eine Adresse an den Deutschen Bund. Danzig sei eine durch und durch deutsche Stadt, auch wenn sie lange Zeit unter polnischer «Oberherrschaft» gestanden habe.

> Durchaus deutsch, schlagen unsere Herzen für Deutschlands Wohl und Ehre und hegen die erhebende Hoffnung, die innige Übereinstimmung mit unseren deutschen Brüdern, von den Vätern überkommen und in unserm Gefühl lebendig erhalten, auch äußerlich erkannt zu sehen. [...] Jetzt tritt uns die Stimme derjenigen Polen entgegen, welche Preußen und unsere Stadt als ihrer Nationalität zugehörig beanspruchen. Ihr reges Nationalgefühl ehren wir, aber nur so lange, als es, nicht irre geleitet, die Rechte Anderer ungekränkt läßt [...]. Deutsch sind wir und wollen es bleiben!

Deshalb forderten sie, vom Deutschen Bund «als Abkömmlinge der ehemaligen deutschen Ansiedler und als treue Bewahrer deutscher Sitte und Gefühle» anerkannt zu werden, um «das Glück und den Glanz des deutschen Vaterlandes» mitgründen zu dürfen.[23]

An diesem Dokument wird deutlich, wie sehr sich die politischen Kontexte der Stadt geändert hatten. Auf der Woge nationaler Begeisterung, geprägt von der romantischen Entdeckung der Nation, richteten sich die Zukunftshoffnungen des Bürgertums nicht im Geringsten mehr auf Polen, sondern ausschließlich auf Deutschland. Die Handelskontakte zum russischen Teilungsgebiet Polens waren durch die Zollgrenzen stark gestört worden, auch persönliche Kontakte zwischen Danziger Deutschen und polnischen Adligen oder Bürgern waren längst nicht mehr die Regel, so dass kaum noch emotionale Bindungen an das verflossene Reich bestanden.

1848 blieb es in Danzig zunächst ruhig, auch wenn sich die öffentlichen Debatten schlagartig belebten: Die Aufhebung der Pressezensur ließ viele neue Zeitungen entstehen, in denen lokale wie überregionale Fragen intensiv diskutiert wurden. In einem dieser Blätter, dem «Danziger Krakehler», dichtete der Satiriker Carl Queisner nach einer Rückkehr aus dem bewegten Berlin:

> *Da kam ich nach Danzig, wie ruhig, wie schön,*
> *So hab' ichs in keinem Ort noch gesehen.*
> *Man schwärmt hier nicht für das errungene Glück*
> *Und wünscht sich nur Handel und Wandel zurück. [...]*
> *Man denkt nicht der Zeiten bedrohlichen Lauf. –*
> *Ach hörte doch nie die Gemüthlichkeit auf.*[24]

Dennoch bildete sich in Danzig ein konstitutioneller Verein, der Radikalen wie Reaktionären den Kampf ansagte, wenig später auch ein linker «Demokratischer Klub» und ein reaktionärer «Vaterländischer Verein». Die Stadt entsandte Abgeordnete in die Frankfurter Paulskirche, machte sich schon Hoffnungen auf eine glänzende Zukunft im neuen Reich und bot dem Marineausschuss im Paulskirchenparlament sogar den nahe der Ostsee gelegenen Sasper See als künftigen Kriegshafen für die deutsche Marine an.

Doch die Reaktion erhob ihr Haupt. Am 18. März 1849 wollte der Demokratische Klub den Jahrestag der Märzereignisse begehen, lud zu einem Bankett außerhalb der Stadt und marschierte in einem großen Zug durch die Straßen. Vor dem Olivaer Tor kam es zu Auseinandersetzungen mit Angehörigen der «untersten Volksschichten», die, «mit Messern, Knüppeln und Zaunpfählen bewaffnet», die Demokraten überfielen. «Ihre Fahnen wurden zerrissen und in den Koth getreten. Der Straßenkampf war blutig und erbittert; man zählte 13 meist schwer Verwundete und 4 Todte, letztere auf Seiten der Angreifer.»[25] Angestiftet vermutlich von Gegnern der Demokraten und gebilligt von der preußischen Regierung, wurde hiermit die politische Reformbewegung der Stadt zu Grabe getragen. Die Modernisierung sollte wenig später auf anderen Wegen beginnen.

WIRTSCHAFT: NIEDERGANG UND NEUE EXISTENZEN

Das Danziger Wirtschaftsleben hatte es nach 1815 nicht leicht. Neben der schlechten Kapitalausstattung der Kaufmannshäuser spielte die wechselhafte allgemeine Konjunktur ebenso eine Rolle wie die Zölle. Erst als in der Freihandelsphase gegen Mitte des 19. Jahrhunderts die Zölle fielen, änderte sich die Lage. Dennoch musste Danzig mitansehen, dass Hafenstädte wie Stettin, Königsberg oder auch Memel rasch wuchsen, während die eigene Entwicklung stagnierte. Die durch erneuten Zollprotektionismus und staatliche Wirtschaftsförderung gekennzeichnete Wirtschaftspolitik des Deutschen Reichs nach 1879 benachteiligte das auf den Handel angewiesene Danzig wiederum stark. Der fortwährende Kampf gegen die Schutzzölle prägte das an liberalen Ideen orientierte Danziger Handelsbürgertum.

Eine der faszinierendsten frühen Fotografien aus Danzig: Um 1870 nahm der Fotograf Ballerstaedt diese Häuser am Holzmarkt auf. Zu sehen sind Kaufleute in Zylindern, Gassenjungen mit Mütze und sogar ein echter «Bowke«, ein Gelegenheitsarbeiter, der sich hier auf einem Wagen fläzt. Es waren Fotos wie dieses, die in den 1990er Jahren das Interesse der polnischen Danziger an der untergegangenen deutschen Vorzeit ihrer Heimatstadt weckten.

Eine besondere Rolle für die Entwicklung der Stadt spielte seit jeher ihre Verbindung zu einem großen wirtschaftlichen Einzugsgebiet. Der wichtigste Verkehrsweg, die Weichsel, verlor an Bedeutung, da der oft geringe Wasserstand und fehlende Stromarbeiten die Nutzung durch größere Kähne verhinderten, was zu hohen Frachtkosten führte.

Dennoch kam es ganz unerwartet zu einer Verbesserung: In einem kalten Winter durch Eisschollen verstopft, brach die Weichsel in der Nacht auf den 2. Februar 1840 bei Plehnendorf durch die mehrere Kilometer breite Binnennehrung und schuf die neue Mündung Neufähr. Der bisherige Mündungsarm wurde zur «Toten Weichsel». Damit war nicht nur die Hochwassergefahr für Danzig ein für alle Mal gebannt und die Versandung des Hafens beendet, sondern es entstand nach dem Bau einer Schleuse auch ein neues Hafenbecken zwischen dem Hauptstrom der Weichsel und Danzig, das vor allem für die Holzlagerung wichtig wurde. Zwischen 1890 und 1895 wurde zur Begradigung der Flussmündung zwischen Schiewenhorst und Nickelswalde ein Siebeneinhalb Kilometer langer Durchstich gegraben.

Allerdings waren nicht alle Hafenprobleme beseitigt, denn der alte Mottlauhafen litt unter niedrigen Wasserständen und zunehmender Enge. Deshalb wuchs die Rolle des Außenhafens in Neufahrwasser, wo immer mehr größere Schiffe gelöscht wurden. 1867 erhielt er einen Eisenbahnanschluss; 1879 folgte ein neues Hafenbecken. Zwischen Neufahrwasser und Innenstadt entstand am Ende des Jahrhunderts der Kaiserhafen. Die Zahl der nach Danzig kommenden Schiffe stieg bis 1862 auf 3200, sank anschließend stark und wuchs erst wenige Jahre vor dem Ersten Weltkrieg wieder auf rund 2800.

Als Problem stellte sich die Frage der Eisenbahnanbindung heraus. Zur Sorge der örtlichen Kaufleute wurde die große preußische Ostbahn von Berlin nach Königsberg südlich an Danzig vorbeigebaut; die Stadt erhielt 1852 Anschluss durch einen Abzweig von Dirschau. Aus Fehlern schlau geworden, setzten sich die Kaufleute später umso vehementer für die Marienburg-Mlawkaer Bahn ein, die 1877 eröffnet wurde und den Getreidetransport aus den russisch-polnischen Gebieten in den Hafen stark erleichterte.

Zwischen 1871 und 1913 wuchs zwar der Warenumschlag im Danziger Hafen um mehr als das Dreifache und ließ die Stadt florieren, doch waren die Zuwachsraten im Vergleich zu anderen Städten gering, nicht nur zu Hamburg und Bremen, sondern auch zu Stettin oder Lübeck, das Danzig kurz vor dem Ersten Weltkrieg den Rang als zweitgrößter deutscher Ostseehafen ablief. Vor allem der gewinnbringende Handel mit Kolonialwaren ging für Danzig verloren. Der Hafen büßte seine internationale Stellung ein, auch wenn er 1913 beim Warenumschlag noch an fünfter Stelle der Ostseehäfen lag, hinter Riga, aber vor Königsberg.

Hauptexportgüter blieben weiterhin Getreide und Holz. Das Getreide stammte hauptsächlich aus dem preußischen Staatsgebiet, wo die Ernteerträge im 19. Jahrhundert stark anstiegen, während das russische Teilungsgebiet weniger Korn nach Danzig ausführte. Hauptabnehmer war nach wie vor England. Das über Danzig gehandelte Holz traf größtenteils aus Kongresspolen ein und fand seinen Weg meist nach England und in die Niederlande. Mit der Entwicklung des Rübenanbaus wurde die Ausfuhr von Zucker immer wichtiger. Die Bedeutung des Warenverkehrs mit preußischen und deutschen Häfen nahm zu, während sich die historisch so bedeutenden Wirtschaftsbeziehungen etwa mit Amsterdam lockerten.

Die begehrtesten Importgüter waren neben Kolonialwaren Salz und Wein, aber im Zuge der Industrialisierung verstärkt auch Steinkohle und Eisen. Stand die seewärtige Einfuhr zunächst noch weit hinter der Ausfuhr zurück, so kehrten sich die jahrhundertealten Verhältnisse in den 1870er Jahren um und über Danzig wurde mehr importiert als exportiert.

Nach wie vor war die Reederei keine Stärke Danzigs. 1850 waren im Hafen 108 Schiffe registriert, 1910 nur noch 22. Erste Dampfschiffe kauften Danziger Unternehmer um 1840, in den 1880er Jahren lagen schon mehr Dampf- als Segelschiffe im Hafen, von denen allerdings nur wenige einheimischen Reedern gehörten.

Die Industrie hatte es in Danzig schwer, qualmende Fabrikschlote waren noch die Ausnahme. Der Festungscharakter der Stadt behinderte die Industrieansiedlung, da in einem breiten Streifen außerhalb der Festungswerke lange Zeit keine massiven Bauwerke errichtet werden durften, und auch die Verkehrswege waren lange Zeit nicht günstig. Deshalb blieb es bis zur Mitte des 19. Jahrhunderts, sieht man einmal von der Königlichen Gewehrfabrik ab, bei einigen Mühlen, größeren Brauereien und Werften. Die wirtschaftlich ausschlaggebenden Kreise waren meist nur am Handel interessiert, besaßen aber ohnehin nicht die für industrielle Investitionen nötigen Kapitalien. Deshalb blieb die Industrieentwicklung weit hinter Städten wie Königsberg oder Stettin, ja selbst Elbing zurück. 1850 gab es in Danzig nur drei Industriebetriebe mit mehr als 50 Beschäftigten, in denen zwei Dampfmaschinen gerade einmal 6 Pferdestärke leisteten.

Erst langsam veränderten sich die lokalen Wirtschaftsmentalitäten. Großindustrieller Vorreiter war die 1850 gegründete Königliche (seit 1871 Kaiserliche) Werft, die zu einer der drei wichtigsten Militärwerften Preußens und Deutschlands werden sollte. Mit dem Bau von Schiffen und U-Booten für die kaiserliche Marine groß geworden, wuchs die Zahl der mit vielen Sozialleistungen und hohen Löhnen verwöhnten Mitarbeiter auf mehrere tausend an. 1889 entschloss sich die Elbinger Großwerft Schichau, in Danzig einen weiteren Betrieb zu errichten. Schon bald gaben hier Reedereien wie die Hamburg-Amerika-Linie oder der

Norddeutsche Lloyd ihre Ozeandampfer in Auftrag, auch die Kriegsmarine ließ bei Schichau Kreuzer bauen. 1913 beschäftigte die Werft über 4000 Menschen. Das Militär versorgte übrigens nicht nur die Werften mit Aufträgen, sondern verhalf auch der Gewehrfabrik (ca. 1000 Beschäftigte) und den Artilleriewerkstätten zu guten Geschäften.

Gegen Ende des 19. Jahrhunderts war Danzig im Vergleich zu anderen preußischen Großstädten aber nach wie vor ein industrielles Leichtgewicht. Um das zu ändern, entwickelte der seit 1891 amtierende Oberpräsident Gustav von Goßler gemeinsam mit örtlichen Kaufleuten den Plan, lokale Industrieansiedlung staatlich zu fördern. Doch schon nach wenigen Jahren war der Industrialisierungsversuch mit dem Zusammenbruch der «Nordischen Elektrizitäts- und Stahlwerke AG» fehlgeschlagen. Fernab der großen Industriezentren waren derartig künstlich aufgebaute Betriebe aufgrund der langen Transportwege und fehlenden Absatzgebiete zum Scheitern verurteilt.

Während die Großindustrie ihre Probleme hatte, konnten sich relativ viele mittlere und kleine, für den regionalen Markt produzierende Fabriken etablieren, insbesondere für Lebensmittel- und Holzverarbeitung sowie chemische Betriebe. Welches Unternehmerethos dahinter stand, verdeutlichen die Lebenserinnerungen Friedrich Heykings, der eine Fabrik für Treppenbau- und Eisenkonstruktionen aufgebaut hatte:

> Meinen stolzen Wunsch sah ich erfüllt. Die wunderschöne Fabrik mit hohem Schornstein, unser Wohnhaus, belastet zwar mit Schulden bis über die Schornsteine hinaus, aber gestützt auf Stolz, Schaffensfreude und Kraft, sah ich vor mir. Wir hatten das ersehnte Ziel erreicht [...]. Wir waren rechtmäßige, grundbuchamtlich eingetragene Fabrikbesitzer vom Schuitensteg und handelsgerichtlich eingetragene Großkaufleute in der ehrwürdigen, schönen alten Hansestadt Danzig.[26]

Das Handwerk, traditionell in Danzig stark vertreten, blieb das gesamte 19. Jahrhundert über von großer Bedeutung. 1828 gab es in der Stadt 1758 Handwerksmeister, eine Zahl, die sich kaum verändern sollte. Am zahlreichsten waren Schuster, Tischler und Metzger; mit dem voranschreitenden Wachstum der Stadt wurden die Baumeister besonders wohlhabend. Während die Zünfte als Zentren handwerklicher Geselligkeit an Einfluss verloren, wurden andere Formen der Vergemeinschaftung populär, wie der 1828 gegründete Gewerbeverein.

AUF DEM WEG ZUR GROSSSTADT

In den 1850er Jahren ging ein Ruck durch die städtische Gesellschaft. Eine neue Generation von Bürgern, zu deren Sprachrohr die 1858 gegründete liberale «Danziger Zeitung» wurde, setzte sich für eine umgreifende, alle Lebensgebiete erfassende Modernisierung der Stadt ein, die – mit Unterbrechungen – ein halbes Jahrhundert lang dauern sollte. Äußeres Zeichen für den Wandel war die Wahl eines neuen Oberbürgermeisters: Mit Leopold von Winter, der zuvor Polizeipräsident in Berlin war und sein Amt 1863 antrat, wurde ganz bewusst kein Einheimischer gewählt, sondern ein charismatischer, liberaler Spitzenbeamter. Seine 27-jährige Amtszeit prägte die Stadt wie keine zweite.

Die Ära Winter begann mit einem Paukenschlag, mit der «Danziger Affäre» vom Sommer 1863. Der für seine liberalen Sympathien bekannte Kronprinz Friedrich Wilhelm hielt in Danzig eine Rede, in der er Bismarcks Politik offen kritisierte und König Wilhelm verärgerte. Winter soll sich mit dieser Affäre die Chancen auf das Oberbürgermeisteramt in Berlin verscherzt haben. Was ihm Schwierigkeiten bei Hof einbrachte, sollte Danzig nur zugute kommen, denn mit umso größerem Einsatz konzentrierte er sich auf die lokalen Angelegenheiten. Ein Sturm der Modernisierung fegte durch die Stadt und ihre Verwaltung. Er erfasste bezeichnenderweise zunächst das Rechtstädtische Rathaus, das seit dem 18. Jahrhundert nicht mehr gründlich hergerichtet worden war und einer modernen Verwaltung keine geeigneten Arbeitsbedingungen bot: Nun wurde das alte Gemäuer sogar – hochmodern! – mit einer Warmwasserheizung ausgestattet.

Doch das größte Reformvorhaben war der Bau einer Wasserversorgung und Kanalisation. An den hygienischen Verhältnissen in der Stadt hatte sich seit Jahrhunderten kaum etwas geändert. Das Abwasser wurde durch kleine, teils nicht überdeckte Kanäle, die «Trummen», aus den Straßen in die Mottlau geleitet, «und offen lagen dort die ekelerregendsten Küchenabfälle in der Gosse. Da sah man Tiereingeweide, Knochen und Pomuchelsköpfe.»[27] Während sich die wohlhabenden Bürger Frischwasser mit Wagen in die Stadt bringen ließen, schöpfte man in den Armeleutevierteln Wasser vielfach aus dem Radaunekanal, was die Ausbreitung von Seuchen begünstigte.

Als die Cholera 1831 durch Mitteleuropa zog, war Danzig nicht nur die erste preußische Stadt, in der die «asiatische Hydra» Einzug hielt, sondern hier wütete die Krankheit besonders schlimm. Alle sanitären Maßnahmen – die Isolation der Kranken, das Ausräuchern von Wohnungen oder ein militärisch gesicherter Seuchenkordon um die Stadt – waren wirkungslos geblieben und die Bevölkerung schwebte monatelang in großer Angst. Zwischen Mai und November starben 1056 Einwohner an der Cholera, vor allem Angehörige der Unterschichten. Auch in den nächsten Jahrzehnten wurde Danzig immer wieder von Choleraepidemien heimgesucht. Die mysteriöse Krankheit beeindruckte die Zeitgenossen sehr. Da die Wissenschaft mit ihrem Latein am Ende war, versuchten die Dichter, ihr reimend entgegenzutreten:

Schreckliche Furie! dem Orkus entstiegen,
Indianerin! tödtende, du!
Störerin all' uns'rer Frühlingsvergnügen,
Cholera morbus! ach, laß uns in Ruh.[28]

Erst als die bakteriellen Ursachen der Krankheit entdeckt worden waren, wusste man, dass das Hauptproblem die Verunreinigung des Wassers war. Deshalb rangen sich die Stadtverordneten 1868 nach langer Diskussion über die finanziellen Belastungen zum Bau einer Wasserleitung und zur Kanalisation Danzigs durch. Beraten von englischen Fachleuten, entstand bis 1871 zunächst eine 20 Kilometer lange Wasserleitung aus dem Quellgebiet von Prangenau in die Stadt, anschließend wurden die Innenstadtbezirke kanalisiert. Das Abwasser wurde zwischen Heubude und der Festung Weichselmünde auf großen Rieselfeldern gereinigt. Damit besaß Danzig als erste Stadt auf dem europäischen Kontinent eine Kanalisation mit Abwasserreinigung. Der Gesundheitszustand der Bevölkerung verbesserte sich schlagartig, die Zahl der Typhustoten etwa sank um zwei Drittel.

Weitere Reformen in Winters Amtszeit, die sich dank günstiger Wirtschaftslage, staatlicher Beihilfen, vor allem aber einer großzügigen Verschuldung finanzieren ließen, waren der Hafenausbau, die Entwicklung des Schulwesens und die umstrittene Anpassung der Verkehrswege in der historischen Innenstadt an das gewachsene Verkehrsaufkommen.

Derweil änderte sich auch die politische Großwetterlage: 1866 wurde Preußen und somit auch Danzig Mitglied des Norddeutschen Bundes und 1871, erstmals in seiner Geschichte, Teil eines deutschen Reichs. Die Bürgerschaft war sich der Bedeutung dieses Schrittes bewusst. Am 31. Januar 1871 verabschiedeten die Stadtverordneten den Text einer vom Magistrat vorgelegten Adresse an den neuen deutschen Kaiser. Die städtischen Körperschaften drückten hier ihre Befriedigung darüber aus, dass Danzig endlich einem deutschen Reich angehöre, fühlten sich aber zugleich verpflichtet, diese Angehörigkeit zu legitimieren. Da es keine gemeinsame politische Geschichte gab, argumentierte man mit anderen Kategorien:

> Unsere Stadt hat zwar dem äußern Verbande des früheren deutschen Reiches nicht angehört. Aber aus deutscher Colonisation entstanden, als Hansestadt und Vermittlerin des deutschen Handels mit den slavischen Völkern, als Vorposten deutscher Cultur, die sie auch in den traurigen Zeiten, als polnische Herrschaft bis an ihre Thore reichte, muthig und siegreich aufrecht erhielt, hat sie sich stets in geistigem Verbande mit Deutschland gehalten.

Nun sei Danzig endlich ein «vollberechtigtes Glied des ganzen deutschen Reiches», schloss man «in tiefster Ehrfurcht» und «allerunterthänigst».[29]

Das neue Reich ließ auch in Danzig das Interesse an gesamtdeutschen Fragen anwachsen, und einige Danziger machten reichspolitische Karriere. Zu ihnen gehörte Heinrich Rickert, Redakteur und Teilhaber der «Danziger Zeitung», der ab 1874 für die Liberalen im Reichstag saß. Die gemäßigten Liberalen, die «Freisinnigen», beherrschten das politische Leben in Danzig lange, bis vor dem Ersten Weltkrieg die Nationalliberalen und die Sozialdemokraten erstarkten. Rickert und Oberbürgermeister Winter waren ausschlaggebend für einen weiteren Danziger Erfolg: Sie setzten sich für die Loslösung Westpreußens von der Provinz Preußen ein, da es sich oft nicht gegen das größere Ostpreußen hatte durchsetzen können. 1878 wurde Danzig wieder Provinzhauptstadt. Die ihm dadurch zuwachsenden Aufgaben trugen zum weiteren Aufschwung der Stadt bei.

Auch wenn das Danziger Bürgertum liberal war, so war es doch zugleich königstreu, und Besuche des Monarchen waren stets Anlass zu «großem Bahnhof» und Volksfeststimmung. So 1861, als Wilhelm I. auf der Rückreise von der Krönung in Königsberg durch die Stadt kam und diese ihn mit Flaggenschmuck, Ehrenpforten, Königsbüsten und einer großen Illumination begrüßte. Auch der militärverliebte Wilhelm II. sollte sich oft in der Stadt zeigen, die ja eine seiner wichtigsten Garnisonen war; die liberalen Bürger mochte er weniger. Gelegentlich

Nachdem in den 1890er Jahren die frühneuzeitlichen Wälle der Stadt zum Teil abgetragen wurden, veränderte die Stadt ihr Antlitz: Das Hohe Tor stand plötzlich nicht mehr zwischen Erdwällen, sondern zwischen einem Hotel und Verwaltungsgebäuden, alle hübsch im Stil der Neorenaissance erbaut. Und vor dem Tor hielt Kaiser Wilhelm I. Wacht, bis er 1945 vom Sockel gestürzt wurde.

trafen sich die deutschen Herrscher in Danzig auch mit den russischen Zaren, etwa 1881, als Wilhelm I. und Alexander III. an die Mottlau kamen, und 1902, als Wilhelm II. Nikolaus II. zu den Kaisermanövern einlud.

1890 schied Oberbürgermeister Winter schwerkrank aus dem Amt. Keiner seiner Nachfolger konnte sich so wie er profilieren, am ehesten der spätere Reichsinnenminister Clemens Gottlieb Delbrück (1896–1902) und Heinrich Scholtz (1910–1918). Die Initiative ging an den neuen, 1891 ernannten Oberpräsidenten Gustav von Goßler über, dem nicht nur an Industrieansiedlung, sondern auch an der Gründung einer Universität gelegen war. Derweil entstanden in der Stadt weitere moderne Einrichtungen – eine Gasanstalt, Feuerwachen, ein Schlacht- und Viehhof, ein städtisches Elektrizitätswerk und kurz vor dem Ersten Weltkrieg ein großes städtisches Krankenhaus mit mehr als 800 Betten.

Ein großes Thema beherrschte Danzig um die Jahrhundertwende –

die Aufhebung der Rayonbeschränkungen und die mit der Niederlegung der frühneuzeitlichen Wälle verbundene Stadterweiterung. Die alten Befestigungsanlagen waren im Zeitalter der weitreichenden Artillerie militärisch zwecklos geworden, und nach langen Bemühungen gelang es der Stadt 1895, einen Teil der Wallanlagen vom Staat zu kaufen. Nach ihrer Einebnung entstanden neue, breite Straßen und Zufahrtswege in die Recht- und Altstadt, zahlreiche neue Wohn- und Geschäftshäuser, Hotels sowie eine ganze Reihe repräsentativer öffentlicher Gebäude wie der Hauptbahnhof, die Reichsbank, die Stadtbibliothek oder das Staatsarchiv. Danzig schien vor dem Ersten Weltkrieg endlich zu einer richtigen Großstadt zu werden. Als solche schilderte Bruno Pompecki sie in einem expressionistisch beeinflussten Gedicht:

In dem Gewirr der Riesenstadt,
Qualmumloht,
Vom Abendschein gesegnet matt,
In warmem Ziegelrot
Leuchten die alten Giebel,
Schüchtern versteckt und krähenüberflogen.
Fern dröhnt die Eisenbahn auf Brückenbogen – –
Im stillen Giebel
Ein Kind träumt über der Fibel …
[…][30]

VON BÜRGERN, ARBEITERN UND EINER POLENFEINDSCHAFT FAST OHNE POLEN

Die Bevölkerung der Stadt wuchs im 19. Jahrhundert rasant. 1816 zählte sie knapp 48 000 Einwohner, um 1860 hatte sie mit rund 70 000 den Stand aus der Mitte des 17. Jahrhunderts wieder erreicht. Die nun einsetzende vehemente Modernisierung und Industrialisierung zog Scharen von Zuwanderern an, die zu großen Teilen aus der engeren und weiteren Umgebung stammten, vielfach aus den konfessionell und national gemischten Gebieten Westpreußens. 1871 lebten bereits knapp 90 000 Menschen in Danzig und 1915 hatte sich die Zahl mit gut 192 000 mehr als verdoppelt. Besonders Langfuhr, aber auch Schidlitz, die Altstadt, Ohra und Neufahrwasser wuchsen und entwickelten sich zu Zentren von Kleinbürgertum und Proletariat.

Nicht wenige Einwohner waren Soldaten, denn in der Garnisonsstadt waren zahlreiche Regimenter stationiert, darunter ein Leibhusaren-Regiment (seit 1901 noch ein zweites) sowie das 1882 neu aufgestellte Danziger Infanterie-Regiment Nr. 128. 1891 wurde die Stadt Sitz des XVII. Armeekorps, kurz darauf erhielt sie eine der Offiziersausbildung dienende Kriegsschule. Auch als Kriegshafen war Danzig wichtig. Zeitweise machten preußische Soldaten und ihre Familien mehr als zehn Prozent der Gesamtbevölkerung aus.

Den Ton gaben zunächst noch die alten, mit Handel wohlhabend gewordenen Bürgerfamilien an, doch da die Bedeutung der Stadt für den internationalen Handel zurückging, hatten auch die Kaufleute immer größere Mühe, ihren Status zu halten. Nicht wenige Handelsfirmen brachen im 19. Jahrhundert zusammen. Das mittlere und untere Bürgertum war relativ groß und setzte sich vorwiegend aus Handwerkern, Einzelhändlern und Beamten zusammen. Seine Zahl wuchs stetig, doch verschoben sich die Proportionen; vor allem die einst so starken Handwerker verloren an Einfluss. Dafür gewannen Bildungsbürger immer mehr Gewicht in der städtischen Gesellschaft – Ärzte oder Juristen etwa, aber auch Lehrer und höhere Beamte.

Die Zahl der Arbeiter stieg trotz der nur schleppend vorankommenden Industrialisierung unaufhörlich. 1861 wurden gut 1000 Industriearbeiter gezählt, 1913 waren es über 20 000, davon mehr als ein Viertel in den drei größten Werften. Zwei Drittel der Arbeiter waren außerhalb Danzigs geboren.

In wirtschaftlich schwierigen Zeiten war das wachsende Industrieproletariat von Arbeitslosigkeit bedroht. Wenn wie 1894 auf der Schichau-Werft 1200 Arbeiter entlassen wurden, kam es zu Arbeitskämpfen, in die sich die zunehmend besser organisierten Gewerkschaften einschalteten. 1911 streikte die Belegschaft der Schichau-Werft für 20 Wochen (und wurde ausgesperrt), ohne ihre Forderungen jedoch durchsetzen zu können. Nach der Reichsgründung 1871 nahm die Sozialdemokratie auch in Danzig einen großen Aufschwung, konnte bis zum Ersten Weltkrieg die Stellung der bürgerlichen Parteien jedoch noch nicht gefährden. Dennoch war sich das Bürgertum der zunehmenden Fragilität seiner Herrschaft bewusst.

Eine so rasch wachsende Stadt wie Danzig war auf Zuwanderung angewiesen. Schon in der Mitte des 19. Jahrhunderts fühlten sich «alte Danziger» bisweilen in der Defensive. Einer von ihnen, Eduard Garbe, veröffentlichte 1880, veranlasst durch die Zerstörung vieler altehrwürdiger Gebäude, einen verzweifelten Aufruf:

> Es giebt keine Danziger mehr! Was wir jetzt unter diesem Namen verstehen, sind Fremdlinge, die oft für geringe Preise die alten Patrizierhäuser angekauft, ihres Schmuckes größtentheils baar gemacht und sie in nüchterne moderne Spiegelscheibenläden verwandelt haben. Es sind Fremdlinge, die die meisten Ämter bekleiden, Fremdlinge, in denen das Wohl und Wehe unserer Stadt liegt, und die natürlich auch kein Interesse für die historische Vergangenheit und die noch vorhandenen Kunstwerke eines Ortes, worin sie nicht geboren, und dessen gewaltige Geschichte sie nicht kennen, an den Tag legen mögen, beides auch gar nicht wollen.[31]

Doch gegen die Veränderung der Stadt war kein Kraut gewachsen. Sie spiegelte sich auch im Wandel der konfessionellen Struktur der Bevölkerung wider. Der Prozentsatz der Katholiken wuchs deutlich, von 23,6 Prozent im Jahre 1816 auf genau ein Drittel 1910, während die Protestanten 1816 noch gut 70 Prozent, 1910 aber nur noch 64,6 Prozent ausmachten. Bereits 1814 war durch die Eingemeindung der Vororte die Zahl der Danziger Juden sprunghaft angestiegen. Sie stellten 1816 4,6 Prozent der Einwohnerschaft und machten den christlichen Kaufleuten Konkurrenz, was 1821 während des Dominik-Jahrmarkts zu einem «Judentumult» führte, als jüdische Verkaufsstände von einer großen Volksmenge demoliert wurden. Im Laufe des Jahrhunderts sank der Anteil der jüdischen Bevölkerung jedoch bis auf 1,4 Prozent (1910). Die 1887 eröffnete große Synagoge war Ausdruck neuen jüdischen Selbstbewusstseins.

Danzig war im 19. Jahrhundert weiterhin eine ganz überwiegend deutschsprachige Stadt. Polen waren hier zwar immer präsent, sei es als Besucher, sei es als Bedienstete, doch nur vereinzelt unter den städtischen Eliten. Daran änderte sich auch nicht viel, als mit der Industrialisierung eine verstärkte Zuwanderung aus dem polnisch- und kaschubischsprachigen, katholischen Umland nach Danzig einsetzte; zu einem großen Teil assimilierten sich die Migranten rasch an die deutsche Mehrheitsbevölkerung. Gegen Ende des Jahrhunderts begannen die Polen allerdings ihre Köpfe zu heben; 1876 gründeten Vertreter des Mittelstands einen ersten polnischen Verein und nannten ihn *Ogniwo* (Kettenglied). 1891 entstand eine polnische Tageszeitung, die «Gazeta Gdańska», die allerdings vor allem auf dem Land gelesen wurde; in Danzig selbst wurden 1896 nur 91 Exemplare polnischer Zeitungen abonniert.

Trotz der geringen Bedeutung, die Polen in Danzig bis zum Ersten Weltkrieg spielten, spitzte sich auch hier der deutsch-polnische Nationalitätenkonflikt zu, gerade nach der Reichseinigung von 1871. Schon 1872, als Westpreußen den hundertsten Jahrestag seines Übergangs zum Königreich Preußen feierte, war in der lokalen Presse vom Wert des «Deutschthums», von der «Fackel der deutschen Cultur», von «polnischen Anmaßungen» und «slawischer Fluth» zu lesen.[32] Damit hielt ein Denken Einzug in die Stadt, das die Vorstellungswelt vor allem der konservativen und nationalliberalen Kreise dominierte, von Organisationen wie dem Ostmarkenverein kultiviert und von Zeitungen wie der 1895 gegründeten modernen Großstadtzeitung «Danziger Neueste Nachrichten» propagiert wurde. Rasch radikalisierte sich die Sprache der nationalen Überheblichkeit. Als der Ostmarkenverein 1902 in Danzig einen «Deutschen Tag» organisierte, sagte dessen Ortsvereinsvorsitzender, ein Landgerichtsrat, in seinen historischen Ausführungen:

> Hell und strahlend hat Danzig den deutschen Schild in der dreihundertjährigen Nacht polnischer Barbarei, die sich über unsere Lande ergoß, erhalten! Deutsch war es und deutsch blieb es in der brandenden Woge der slavischen Fluth, bis endlich auch ihm und dem unglücklichen Lande die Erlösung durch die deutschen Hohenzollern, die Könige von Preußen, wurde.[33]

Von der Rede über «die polnische Hetz-Sippe»[34] war es nicht mehr weit bis zu der Beteuerung, man befinde sich «hier in der Ostmark im Kriegszustande [...]. Für das Vaterland müssen wir eben unser Gut und – wenn es einst nötig sein sollte – unser Blut opfern.»[35] Auch wenn der Nationalitätenkonflikt in Danzig selbst nur künstlich geschürt wurde, so prägte er doch die Denkmuster vieler Deutscher auf Generationen hin in verhängnisvoller Weise.

ALLTAG, ARMUT. HEIMAT?

In einer großen Stadt wie Danzig stießen die unterschiedlichsten Lebenswelten aufeinander. Man konnte hier reizende Kindheiten verbringen wie die Romanschriftstellerin Julie Burow in den 1820er Jahren, die im Sommer zwischen den Giebeldächern der Rechtstadt Blumen zog und schwärmte: «Hier komponierten wir vermittelst Brettstücken, die wir zwischen die Dachziegel schoben, wahrhafte Feensitze, Lauben, um die sich meine Blumen gar lustig rankten.»[36] Gleichzeitig aber stank es in den engen Gassen der Stadt, sie waren, wie ein Zeitgenosse schilderte, «so dumpfig und hauchen aus den Gossen so ekelhafte Dünste, daß Jemanden, der in luftigeren und gesunder gebauten Städten zu leben gewohnt ist, angst und bange wird».[37]

Diese zunächst nur zum Teil gepflasterten, erst seit 1854 mit Gaslaternen beleuchteten Straßen waren von Lärm und Leben erfüllt, auch in Zeiten, als es noch keinen motorisierten Verkehr gab: Bettler, Leierkastenmänner, Blechmusikanten machten auf sich aufmerksam, immer wieder boten Frauen und Männer ihre Waren und Dienstleistungen singend oder ausrufend an, nicht zuletzt auf dem Fischmarkt. In den Hafenvierteln gaben Seeleute den Ton an – und all jene, die ihnen das Geld aus der Tasche ziehen wollten.

Armut war ein häufiger Gast in der Stadt. Das «Danziger Dampfboot» berichtete 1834 von einem nächtlichen Besuch in der Wohnung von Kleindieben:

> Der Grund des Bodens ist locker und enthält Gruben, über welche man vermittelst morscher Bretter nicht ohne natürliche Besorgniß gelangt. Nun aber die Stube selbst! Hier liegt ein unsauberes Pärchen auf kargem Strohlager mit Lumpen bedeckt, dort ein zweites auf fast bloßer Diele; dem folgt das Lager der Gesellschaftsmutter, die durch Stimme und Angesicht nur zu lebhaft ein Hexenbild vor die Augen stellt. Nach andern einzelnen Personen erblickt man eine Schichte nackter Kinder auf zurückschreckendem Strohe.[38]

Die Armut verabschiedete sich nie aus Danzig. Dienstmädchen lebten ein sehr bescheidenes Leben in Offiziersfamilien, die ihrerseits nur mit Müh und Not einen angemessenen Lebensstand halten konnten. Vor dem Ersten Weltkrieg wohnten übrigens im Durchschnitt 87 Prozent der Danziger zur Miete.

Die wohlhabenden Bürger führten ein ganz anderes Dasein. Schwere Möbel und viel Hausrat kennzeichneten die Patrizierhäuser. In den modernen Etagenwohnungen der Gründerzeit hielt dagegen eine am Berliner Geschmack orientierte Einrichtung Einzug, die vor dem Ersten Weltkrieg bereits immer häufiger von elektrischem Licht beleuchtet wurde. Auch läutete gelegentlich schon das Telefon – 1899 gab es in der Stadt 734 Fernsprecher, 1913 waren es knapp 5000.

Gesprochen wurde in Danzig meist ein niederdeutsch eingefärbtes Hochdeutsch oder, vor allem in den Unterschichten, Plattdeutsch. Im Laufe des 19. Jahrhunderts entwickelte sich, auch durch Einfluss der vielen Zuwanderer, die Stadtsprache «Missingsch».

Ihre Freizeit verbrachten die Danziger mit immer größerer Freude in einem der zahlreichen Vereine, die sich etwa dem Gesang oder gemeinsamen Erinnerungen an die Militärzeit verschrieben hatten. Gesellige Vereinigungen («Ressourcen»), Konditoreien, die wiederbelebten Artushofbanken oder Freimaurerlogen waren ebenfalls beliebte Treffpunkte, daneben auch Kneipen und Spelunken. Mit der Freizeit war es übrigens so eine Sache – die Arbeitszeit für Arbeiter betrug bis weit ins 19. Jahrhundert nicht selten 14 bis 16 Stunden.

Im Winter lief man auf den zugefrorenen Wasserläufen Schlittschuh und im Sommer lockten Wälder und Strände. Die Strandbäder kamen in der zweiten Jahrhunderthälfte in Mode: Brösen, Glettkau, Heubude, Westerplatte und allen voran das sich rasch zum mondänen Kurort entwickelnde Zoppot zogen die Städter heraus ans Wasser. Auch das Wandern gehörte zum guten Ton und die Bürger berauschten sich an der schönen Umgebung Danzigs. Die Entdeckung der Heimat war zugleich eine Reaktion auf die sich beschleunigende Veränderung der vertrauten Umgebung. Wo Fabrikschlote in den Himmel wuchsen und Werftgehämmer erklang, wo Arbeiterunruhen drohten und Polen die deutsche «Gemütlichkeit» zu stören schienen, da wurde die scheinbar «heile Welt» des frühneuzeitlichen Danzig ebenso glorifiziert wie die vermeintlich noch unberührte Natur.

KULTUR IN DER PROVINZ

Danzigs politischer Bedeutungsverlust und seine nachlassende wirtschaftliche Potenz machten es dem kulturellen Leben schwer. In allen Bereichen wurde die Stadt zur Provinz, um erst an der Wende zum 20. Jahrhundert wieder mehr Anziehungskraft zu entfalten. Bedeutenden Künstlern und Intellektuellen bot sie keine Existenzbedingungen, und wen es trotz großer Ambitionen nach Danzig verschlug, den hielt es hier meist nicht lange. Wie ein Schatten lag die glänzende Vergangenheit auf dieser Stadt, die sich an ihr aufrichtete, selbst aber nur mehr ein Schatten dieser Vergangenheit war. Trotz allem war Danzig kulturelles Zentrum für ein großes Gebiet und nach wie vor wichtigstes urbanes Zentrum zwischen Stettin, Warschau und Königsberg.

Besonders augenfällig war der Stillstand zunächst bei der Bautätigkeit. Nach 1814 war man erst einmal mit dem Wiederaufbau der stark beschädigten Stadt beschäftigt, deren Bürgerhäuser oft mit schlichten, klassizistischen Fassaden versehen wurden. Von diesen Häusern gab es innerhalb der Befestigungen übrigens rund 4000, ebenso viele wie dreihundert Jahre zuvor. Nur das Militär sorgte mit einigen Kasernen für größere Neubauten.

Wenn auch kaum Neues entstand, so verschwand doch viel Altes: Zur Verbesserung der Verkehrsverhältnisse wurden einige mittelalterliche, mittlerweile funktionslose Stadttore der Rechtstadt sowie ein Großteil der Stadtmauer, die über Jahrhunderte Recht- und Altstadt getrennt hatte, abgerissen. Manch anderes Baudenkmal wurde ebenfalls ein Opfer der Zeit und fehlender Instandhaltungsmittel: Das Brigittinnen- und das Dominikanerkloster wurden abgebrochen, auch die baufälligen Renaissancegiebel des Grünen Tors mussten weichen. Glück im Unglück hatte die prächtige gotische Hausfassade aus der Brotbänkengasse 14: Sie wurde auf Geheiß des preußischen Königs von Karl Schinkel auf der Berliner Pfaueninsel wieder aufgebaut.

Gegen diese Eingriffe in die Bausubstanz begann sich Widerstand zu regen. 1856 entstand ein erster «Verein zur Erhaltung der alterthümlichen Bauwerke und Kunstdenkmäler in Danzig», der sich gegen die «von der Fremde her eingedrungene blinde Neuerungssucht» wendete.[39] Besonders umstritten war die Rettung der Beischläge: Vor allem Haus- und Ladenbesitzer wollten diese «alte[n], verrottete[n] Einrichtungen»[40] abreißen, um durch die Verbreiterung der Straßen und mit dem Bau von Trottoirs den Zugang zu ihren Geschäftslokalen zu verbessern, in die statt Sprossenfenstern große Schaufenster eingebaut werden sollten. Der Kampf der Denkmalschützer um diesen einzigartigen Bestandteil der Stadtlandschaft war jedoch vergeblich. Hatte es 1868 noch 1500 bis 1700 Beischläge und Vorbauten gegeben, so waren 1910 nur noch 93 übrig.

Gegen Ende des Jahrhunderts regte sich neuer Widerstand gegen den achtlosen Umgang mit dem architektonischen Erbe. Das Franziskanerkloster, für dessen Erhalt sich der Bildhauer Rudolf Freitag eingesetzt hatte, wurde als Schule, Stadt- und Provinzialmuseum umgebaut, das Grüne Tor erhielt 1886 seine Renaissancegiebel wieder, bald darauf wurden die noch existierenden Beischläge in einigen Straßen unter Schutz gestellt und 1900 schließlich entstand ein neuer Denkmalschutzverein.

Einen urbanistischen Entwicklungsschub gab die Neugründung der Provinz Westpreußen. Die Bürogebäude von «Neu-Danzig», dem auf Neugarten angelegten Stadtteil für die Verwaltung, insbesondere der Provinziallandtag und die Provinzverwaltung, sollten mit ihrer Neorenaissance-Architektur an das künstlerische Erbe des alten Danzig anknüpfen. Auch die nach der Niederlegung der Wälle entstehenden Großbauten schlossen sich dieser Ästhetik an. Erst durch diese sehr späte Ausweitung der historischen Stadt über die einstigen Befestigungen hinaus entwickelte sich Danzig zur Großstadt.

Die Innenstadtbezirke wurden nun zunehmend zu Verwaltungs- und Geschäftsgegenden. Viele, vor allem wohlhabende Bürger entschieden sich, die enge Recht- und Altstadt zu verlassen und in Langfuhr, später auch in Oliva oder Zoppot Villen zu bauen; wer weniger Geld hatte, schloss sich einer Siedlungsgenossenschaft an. Pferde- und Straßenbahnverbindungen sowie die Eisenbahnstrecken nach Zoppot und Neufahrwasser erleichterten die Verkehrsverhältnisse in der Stadt erheblich. Bereits vor dem Ersten Weltkrieg verlor deshalb gerade die Rechtstadt an Einwohnern; 1914 zählte sie nur noch 5900 Seelen.

Die Kunst hatte es in Danzig nicht leicht. Bereits 1808 hieß es sarkastisch, sie sei in der Stadt «nicht einheimisch, denn sie würde hier verhungern müssen. Kochkünstler und Marzipankünstler und was dahin einschlägt, ausgenommen, gedeiht kein Künstler in Danzig. Man liebt im allgemeinen hier einen Kälber- oder Rinderbraten mehr als ein Werk der schönen Kunst».[41] Dennoch zogen sich die Musen nicht aus der Stadt zurück. Das Theater etwa rückte gar ins Zentrum bürgerlichen Selbstverständnisses. Die Bretterbude, in der bis zum Ende des 18. Jahrhunderts Schauspiele aufgeführt worden waren, genügte den Ansprüchen nicht mehr, weshalb zwischen 1798 und 1801 eine vom Kaufmann Jakob Kabrun gegründete Aktiengesellschaft am Kohlenmarkt im frühklassizistischen Stil ein Stadttheater für 1600 Zuschauer errichten ließ, das aufgrund seiner charakteristischen Kuppel bald «Kaffeemühle» genannt wurde. Zunächst als Privatunternehmen geführt, wurde es aufgrund der schlechten Wirtschaftslage in Danzig 1814 vom preußischen König erworben, der es an Direktoren weiterverpachtete. Künstlerisch besonders erfolgreich war dabei Friedrich Genée (1841–1854), der nicht nur viele talentierte Schauspieler an die Mottlau holte, sondern auch zahlreiche ambitionierte Stücke aufführte.

Mit der Zeit stellte sich auch das neue Theater zwar als zu eng heraus, doch trotz vieler Debatten kam es bis zum Ersten Weltkrieg nur zu bescheidenen Verbesserungen. Dennoch war es gesellschaftlicher Mittelpunkt der Stadt und zog auch unterbürgerliche Schichten an, die über die Teilhabe am kulturellen Leben den Anschluss an die «große Welt» suchten und Aufstiegschancen sondierten. Ein Journalist beschrieb 1890, wie es auf den billigsten Plätzen ganz oben zuging, wo

> sich das Militär ohne Charge, der gesunde Grenadier mit seinem Schatz, der derben Köchin breit macht und beim Verzehren eines Wurstbrodes Thränen der Rührung über die bevorstehende Hinrichtung der Maria Stuart weint, wo der Lehrbube mit seinem Kollegen sitzt, die ihr kleines Taschengeld angewendet haben, um sich Sonntags bei einer Berliner Posse einen höheren Genuß zu verschaffen.[42]

Alleine in der Spielzeit 1900/1901 führte das Theater 137 verschiedene Stücke auf, darunter 33 Opern und Operetten, 25 Komödien und Schwänke sowie 37 Dramen und Tragödien. Doch nicht nur das Stadttheater lockte die Massen an, sondern auch einige Unterhaltungsbühnen, allen voran das Wilhelmtheater auf Langgarten, zeitweise das bedeutendste deutsche Varietétheater östlich von Berlin.

Das literarische Leben war ganz auf den lokalen und regionalen Raum zugeschnitten. Es gab zwar eine große Zahl von Danzigern, die gerne die Feder führten und Gedichte, Prosa, ja sogar Schauspiele zu Papier brachten, doch kaum etwas davon fand seinen Weg aus der Stadt heraus: Eine Veröffentlichung in einer Lokalzeitung oder vielleicht ein Buch in einem lokalen Verlag waren fast alles, was man sich erhoffte. Einige Lokaldichter wie der satirische Wilhelm Schumacher oder der protestantisch-moralisierende Walther Domansky erlangten große Bekanntheit in Danzig und Artur Brausewetter, seines Zeichens Pfarrer an St. Marien, hatte mit seinen vielen Unterhaltungsromanen sogar großen überregionalen Erfolg.

Einige früh in die Ferne gezogene Danziger konnten sich hingegen einen festen Platz in der Literaturgeschichte erschreiben: der Malerdichter Robert Reinick, der mit seinen *Naturwissenschaftlichen Volksbüchern* bekannt gewordene Aaron Bernstein, Johannes Trojan, der lange

Jahre den Berliner «Kladderadatsch» leitete, oder der verwegene Futurist Paul Scheerbart. Nie in Danzig gelebt hatte hingegen Max Halbe. Den südlich der Stadt bei Dirschau geborenen Dramatiker bezeichneten die Danziger dennoch gerne als einen der ihren, seitdem sein Schauspiel *Jugend* 1893 zu einem Sensationserfolg und Halbe zu einem der Protagonisten des Naturalismus geworden war. Umschmeichelt von der Stadt, siedelte der Dichter die Handlung einiger seiner späteren Stücke in Danzig an.

Das musikalische Geschehen Danzigs war lange nur von provinzieller Bedeutung, lebte von einigen umtriebigen Organisten, dem Stadttheater, seinem Orchester, seinen Dirigenten und Sängern, von Militärkapellen und durchreisenden Virtuosen. Auch Hausmusik gehörte zum guten Ton der Zeit. Im Laufe des 19. Jahrhunderts wurden Gesang- und Orchestervereine beliebter, Oratorien und Kammermusik wurden öffentlich von Laien und ausgebildeten Musikern aufgeführt. Es gab mehrere Musikschulen und mit Carl Fuchs einen hervorragenden Musikkritiker.

Während es also um die *Nach*-Schöpfung recht gut bestellt war, stand es mit der Schöpfung selbst weniger gut. Folglich hatte die bildende Kunst in einer wirtschaftlich verarmten Stadt wenig zu lachen; Künstler mit überregionaler Ausstrahlung suchte man in Danzig vergebens. Die großen Historiengemälde, die gegen Ende des Jahrhunderts für das Landeshaus und das Rechtstädtische Rathaus entstanden, wurden ausnahmslos an auswärtige Maler vergeben. Die einheimischen Maler verdienten ihren Unterhalt oft als Kunstlehrer und malten nebenbei Genreszenen und Porträts. Mit seinen hübschen Kupferstichen von der alten Stadt wurde Johann Carl Schultz bekannt. Eine große Änderung trat durch die Eröffnung des Stadtmuseums 1873 ein, in dem sowohl Danziger Kunst wie auch Kunstwerke bedeutender deutscher Maler gesammelt und ausgestellt wurden. Das bedeutendste städtische Kunstwerk, das Altarbild vom Jüngsten Gericht, war, nachdem der entzückte Napoleon es hatte nach Paris bringen lassen, längst wieder in die Marienkirche zurückgekehrt.

Danzigs wichtigste Schule, das Akademische Gymnasium, wurde 1817 mit der Pfarrschule von St. Marien zum Städtischen Gymnasium verschmolzen; 1837 bezog es einen von Schinkel entworfenen Neubau. 1876 entstand als zweite höhere Lehranstalt das Königliche Gymnasium, und rasch folgten weitere Schulen. Schon 1817 war eine Navigationsschule für die Steuermannsausbildung gegründet worden. Die

Volksschulen waren nach wie vor überfüllt und in schlechtem Zustand; 1910 betrug die Klassenstärke in den 30 städtischen Volksschulen durchschnittlich 46 Schülerinnen und Schüler.

Ein Zentrum der Wissenschaften war Danzig – trotz Hevelius oder Lengnich – nie gewesen, und auch im 19. Jahrhundert änderte sich daran zunächst nur wenig. Die «Naturforschende Gesellschaft» besaß 1812 nur noch zwölf Mitglieder, wurde aber um die Jahrhundertmitte wieder sehr aktiv und entwickelte sich zur Stütze des wissenschaftlichen Lebens. Der 1879 gegründete «Westpreußische Geschichtsverein» machte sich um die Erforschung der lokalen und regionalen Vergangenheit verdient. Zu den wichtigsten in Danzig wirkenden Gelehrten zählten Christoph Coelestin Mrongovius, ein Polnischlehrer und Herausgeber wertvoller Wörterbücher, die Historiker Theodor Hirsch und Paul Simson sowie Hugo Conwentz, der zunächst das Provinzialgewerbemuseum leitete, sich aber vor allem als Vordenker der Naturschutzbewegung einen Namen machte. Zudem machten viele aus Danzig stammende Wissenschaftler von sich reden, allen voran die Philosophen Arthur Schopenhauer und Heinrich Rickert.

Zu einer einschneidenden Veränderung aber kam es, als Berlin nach langjährigen Bemühungen überzeugt werden konnte, in Danzig eine Technische Hochschule zu gründen, die 1904 vom Kaiser höchstpersönlich in einem stattlichen, zwischen der Innenstadt und Langfuhr gelegenen Gebäude (das natürlich im Stil der Neorenaissance gehalten war) eröffnet wurde. Sie erhielt Abteilungen für Architektur, Bauingenieurwesen, Maschinenbau und Elektrotechnik, Schiffs- und Schiffsmaschinenbau, Chemie sowie Allgemeine Wissenschaften. Die mehr als 30 nach Danzig berufenen Professoren, das übrige Lehrpersonal und die bald schon mehr als 1000 Studenten belebten das wissenschaftliche und intellektuelle Leben der Stadt nachhaltig.

KRIEG UND ZUKUNFT

Als im August 1914 der Erste Weltkrieg ausbrach, erfüllte hektische Betriebsamkeit die Stadt. Die in Danzig stationierten Regimenter wurden aufgefüllt und an die Fronten verlegt, viele Männer in die Armee einberufen, blumen- und tränenreich verabschiedet. Die durch die Flottenbaupolitik groß gewordenen Werften erhielten neue Aufträge. 1918 waren in der Kaiserlichen Werft mehr als 6000 Arbeiter vor allem mit dem U-Boot-Bau beschäftigt. Der Arbeitskräftemangel zwang zur forcierten Anwerbung polnischer Arbeiter. Für den Handel hingegen brachen schwere Zeiten an, weil die Seefahrtsrouten unsicher geworden waren, was die Frachtkosten enorm steigen ließ.

Zunächst erfüllten patriotische Gefühle die Bürgerschaft. Noch im Herbst 1915 gingen Tag für Tag neue Kriegsgedichte bei den «Danziger Neuesten Nachrichten» ein, die das so kommentierte: «Es ist, als wenn ein Rausch seelischer Gehobenheit durch alle geht.»[43] Mit der Zeit aber verschärften sich die Versorgungsschwierigkeiten, immer mehr Danziger Söhne fielen und die Kriegsbegeisterung verflog, Anfang 1918 wurde in den Betrieben sogar gestreikt. Leichte Unruhe beschlich die lokalen Eliten, als Anfang 1917 die Friedensbedingungen der Entente bekannt wurden und Danzigs Zugehörigkeit zum Deutschen Reich in Frage gestellt wurde, eine Unruhe, die wuchs, als US-Präsident Woodrow Wilson im Januar 1918 in seinen 14 Punkten für eine künftige Friedensordnung Polens freien Zugang zum Meer forderte. Doch nach dem Friedensschluss mit Russland schien wieder neue Hoffnung einzukehren. Noch Anfang August 1918 wünschte sich Oberbürgermeister Heinrich Scholtz die verkehrstechnische Anbindung Danzigs an das Schwarze Meer: «Die durch den gewaltigen Krieg neugestaltete Welt soll auch ein neues Ostdeutschland finden.»[44] Die Illusionen zerplatzten allerdings rasch: Anfang Oktober starb Scholtz an der Spanischen Grippe, im November brach das Kaiserreich zusammen.

Vieles war nun möglich, und trotzdem hätten sich die Danziger wohl kaum träumen lassen, dass ihre Stadt in den kommenden Jahren ins Zentrum der Weltöffentlichkeit rücken und 20 Jahre später sogar den Vorwand für den nächsten Weltkrieg abgeben würde.

8

AUF ROTEM GRUND

DANZIG ALS FREIE STADT UND IM ZWEITEN WELTKRIEG

1918–1945

✦ ✦

Vielleicht, sagte Lehrer Meier und sah Ulrich nachdenklich an, weiß ich keine Antwort auf deine Frage, denn rot ist die Fahne schon immer gewesen, und rot war auch Danzigs Wappen, darauf die beiden silbernen Ordenskreuze und die goldene Königskrone.
Wie? Ob das Blut ist, fragst du? Weißt du, Ulrich, und auch ihr anderen, tatsächlich ist genug Blut geflossen in der Geschichte dieser Stadt. Mir scheint, es wird auch noch genug Blut fließen, denn die deutschen Kreuze wollen die polnische Krone nicht dulden, und das rote Tuch macht die Menschen wütend, blind und wild.

✦ ✦

POLEN ENTDECKT DANZIG

Im 19. Jahrhundert schien Danzigs Rückkehr in einen polnischen Staatsverband in weite Ferne gerückt. Nichts Heimisches entdeckten polnische Besucher an der Mottlau: «Es gibt hier keine Denkmäler des Polentums; Sprache, Einwohner und ihre Namen sind nicht polnisch; polnischer, slawischer Ruhm und Siege ermuntern und erheben sie nicht, erwecken nicht ihren Stolz.»[1]

Dennoch verschwand Danzig, das in der Geschichte eine so wichtige Rolle für Polen gespielt hatte, nicht ganz vom nationalen Horizont. So ließ Polens großer romantischer Dichter Adam Mickiewicz in seinem Epos *Pan Tadeusz* (1834) einen der Helden einen Trinkspruch mit Danziger Goldwasser ausstoßen:

> *Sie lebe – rief der Richter, die Flasche erhebend,*
> *Die Stadt Danzig, einst unser, wird wieder unser sein!*[2]

Kaum keimte neue Hoffnung auf eine Restitution Polens auf, da richtete sich das Interesse der politischen Eliten wieder auf Danzig. Vor allem die Vertreter des modernen polnischen Nationalismus wie Roman Dmowski verkündeten seit dem beginnenden 20. Jahrhundert, ein polnischer Staat könne ohne Danzig als einzigem Hafen nicht existieren, auch wenn es mehrheitlich von Deutschen bewohnt sei. Eine Zugehörigkeit zu Polen käme auch Danzig selbst zugute: Während es unter preußischer Herrschaft zu einer «toten Stadt»[3] geworden sei, würde es durch die Anbindung an ein großes Hinterland zu neuer Blüte gelangen.

Diesen Argumenten schenkten die Westmächte ihr Ohr. Als US-Präsident Woodrow Wilson am 8. Januar 1918 seine 14 Punkte für eine künftige Friedensordnung verkündete, forderte er, Polens «freier und sicherer Zugang zum Meer» müsse gesichert werden. Das konnte, musste aber nicht bedeuten, dass Danzig nach dem Krieg polnisch werden würde, und ließ einen Kampf um die Stadt entbrennen, der nicht mit Waffen, sondern mit Worten ausgefochten wurde.

KAMPF UM DANZIG: ZWISCHEN REVOLUTION UND VERSAILLES

Das wachsende polnische Interesse an Danzig war in der Stadt nicht verborgen geblieben. Wenige Wochen vor Kriegsende, als sich eine Niederlage der Mittelmächte abzuzeichnen begann, erhoben sich warnende Stimmen: «Polnische Anschläge auf Danzig», titelten die «Danziger Neuesten Nachrichten» Ende September 1918 und führten ganz im gewohnten Ton nationaler Überheblichkeit aus: «Der polnische Stoß [...] bleibt [...] ein Akt der Undankbarkeit eines Volkes, dessen Lehren wir uns merken müssen.»[4]

Nach dem deutschen Friedensangebot von Anfang Oktober eskalierte die Stimmung. Ein deutschnationaler Professor an der Technischen Hochschule verlangte bei einer der vielen politischen Versammlungen dieser Tage einen Kampf bis zum Letzten. Am 14. Oktober schickte der besorgte Magistrat ein Telegramm an das Reichsinnenministerium, in dem er betonte: «Unsere alte Hansastadt Danzig ist durch deutsche Kulturkraft entstanden und gewachsen, sie ist kerndeutsch.»[5] Wenige Tage später wiesen alle bürgerlichen Parteien bei einer öffentlichen Kundgebung polnische Ansprüche auf die Stadt zurück.

Nur wenige Stunden nachdem der Kaiser abgedankt hatte, hielt die Revolution auch in Danzig Einzug. Am 10. November stürmten revolutionäre Matrosen Gefängnisse in der Stadt und bei einer Großkundgebung auf dem Heumarkt verkündeten führende Sozialdemokraten die Ausrufung der Republik. Ein deutscher Arbeiter- und Soldatenrat übernahm die Macht in Danzig, auch ein polnischer Rat entstand. Die Garnison unterstellte sich den Räten und sorgte, gemeinsam mit der Bürgerwehr, für die Aufrechterhaltung der öffentlichen Ordnung. Am 11. November legte ein Generalstreik die Stadt lahm.

Der revolutionäre Trubel ließ aber bald nach und die Revolution verlief in Danzig relativ ruhig, nicht zuletzt dank des mäßigenden Einflusses der von Julius Gehl geführten Sozialdemokratie. Auch die Sorge um das eigene Überleben hielt viele Danziger von revolutionärer Betätigung ab: Die Lebensmittelversorgung sollte noch das ganze kommende Jahr hindurch kritisch bleiben, die Arbeitslosigkeit hoch. Relativ rasch verloren die Arbeiter- und Soldatenräte an Einfluss, während die politische Rechte mit markigen antipolnischen Parolen viel Zuspruch fand.

Mitte November hatte Polen seine Unabhängigkeit erklärt und es stellte sich die Frage nach den künftigen Staatsgrenzen. Am 25. Dezember 1918 traf Ignacy Paderewski, der berühmte polnische Pianist und Exilpolitiker, auf einem englischen Kreuzer in Danzig ein, hielt eine flammende Rede vor Vertretern Danziger Polen, denen er eine Zukunft der Stadt innerhalb des polnischen Staates verhieß, und reiste nach Posen weiter. Seine Ankunft dort gab das Signal zum Aufstand gegen die deutsche Teilungsmacht, der die Deutschen in den preußischen Ostprovinzen in höchste Aufregung versetzte.

Derweil beteiligte sich Danzig im Januar 1919 an den Wahlen zur Deutschen Nationalversammlung. Im Weimarer Parlament war es die deutschnationale Danziger Frauenrechtlerin Käthe Schirmacher, die immer wieder den Untergang der Ostmarken an die Wand malte. Auch in der Stadt selbst kochten die Emotionen hoch und die lokalen Historiker fühlten sich zu historischen Parallelen bemüßigt: Der polnische Staat habe «der Stadt Danzig gegenüber immer nur eine Erpresserrolle gespielt».[6]

Ende Februar wurde der neue Oberbürgermeister Heinrich Sahm, zuvor Vorsitzender des deutschen Städtetags, in sein Amt eingeführt. Der knapp zwei Meter große, erfahrene Verwaltungsbeamte legte in seiner Antrittsrede «ein offenes und starkes Bekenntnis für das Deutschtum dieser alten Hansastadt» ab, «die noch heute bis ins Herz so echt deutsch ist, wie in all den vergangenen Jahrhunderten ihrer stolzen Geschichte».[7] Diese Rede war, wie er sich später erinnerte, «eine offene Kampfansage an Polen»[8] und gab den Ton vor, mit dem sich der überwiegende Teil der städtischen Eliten in den kommenden 20 Jahren äußern sollte. Die polnischsprachige «Gazeta Gdańska» jedenfalls zeigte sich enttäuscht: Wäre Danzig nicht 1793 von Polen losgerissen worden, so wäre es heute eine Millionenstadt «und tausende von Schiffen durchpflügten die Wellen der Danziger Bucht».[9]

Viel Zeit zum Eingewöhnen hatte Sahm nicht, denn die nationalen und nationalliberalen Kreise, die die öffentliche Meinung der Stadt beherrschten, schlugen Alarm: Die im Westen Europas zusammengestellte polnische Haller-Armee sollte über Danzig nach Polen verlegt werden und man fürchtete, die Soldaten würden dies zur Einnahme Westpreußens nutzen. Anfang April war diese Gefahr gebannt, die Soldaten fuhren auf dem Landweg in ihr Heimatland. Doch die nationalen Wogen schlugen weiterhin hoch in der Stadt, zumal sich die Friedensverhandlungen in Paris ihrem Ende zuneigten.

Über Danzig wurde in Paris mit Verweis auf den von Woodrow Wilson versprochenen freien Zugang Polens zum Meer viel diskutiert. Frankreich stand auf der Seite Polens und konnte sich zunächst durchsetzen: Am 19. März schlug eine Kommission der Friedenskonferenz vor, Danzig an Polen zu geben. Um zu zeigen, wie sehr die Danziger Bevölkerung bei Deutschland bleiben wollte, organisierten alle großen Parteien in den folgenden Wochen zwei große Massenkundgebungen auf dem Heumarkt, zu denen viele zehntausend Menschen strömten. Manche Politiker forderten gar, die Danziger Bürger müssten «mit den Waffen in der Hand unser Selbstbestimmungsrecht» schützen.[10]

Der britische Premierminister David Lloyd George setzte schließlich durch, dass Danzig nicht an Polen fallen dürfe, und brachte am Ende auch Wilson auf seine Seite. Und so griff man eine Idee auf, die der englische Außenminister Balfour bereits im April 1917 ins Spiel gebracht hatte, nämlich die Gründung einer Freien Stadt. So wollte man die polnischen Forderungen nach einem Zugang zum Meer mit dem Selbstbestimmungsrecht der Völker in Übereinstimmung bringen.

Die der deutschen Delegation am 7. Mai übergebenen Friedensbedingungen waren ein Schock für die unvorbereitete Öffentlichkeit: Danzig sollte, wie bereits früher in seiner Geschichte, Freie Stadt werden. Die größte Tageszeitung der Stadt brachte es mit ihrem Titel auf den Punkt: «Das Todesurteil gegen das deutsche Volk. Unmenschliche, unerhörte und unfaßbare Bedingungen der Entente. [...] Danzig als Freistaat unter polnischer Oberhoheit.»[11]

Die deutsche Friedensdelegation in Paris warnte in ihrer Antwortnote Ende Mai: «Der Versuch, Danzig zu einer freien Stadt zu machen [...] würde zu heftigem Widerstand und zu einem dauernden Kriegszustand im Osten führen.»[12] Sie schlug vor, in Danzig einen Freihafen mit weitgehenden Rechten für Polen einzurichten. Doch die Entente ließ sich nicht erweichen und beharrte auf ihrer Lösung: Die Bildung einer Freien Stadt, hieß es in ihrer Antwort vom 16. Juni, solle «den Charakter bestätigen, den die Stadt Danzig durch Jahrhunderte bis zu dem Tage gehabt hat, an dem sie durch Gewalt und entgegen dem Willen ihrer Bewohner dem Preußischen Staate einverleibt worden ist [...]. Die wirtschaftlichen Interessen Danzigs und Polens sind identisch.»[13] Damit hatte sich die polnische Argumentation durchgesetzt, ohne aber zu dem von Polen angestrebten Ergebnis zu führen.

Nach einigen hektischen Tagen stimmte die Weimarer Nationalversammlung schließlich den Friedensbedingungen zu; am 28. Juni wurde der Friedensvertrag in Versailles unterzeichnet. Von den mehr als 400 Artikeln waren die Artikel 100 bis 108 Danzig gewidmet. Die Freie Stadt sollte unter dem Schutz des Völkerbundes stehen, in einer Zollunion mit Polen verbunden sein und außenpolitisch von Polen vertreten werden, das außerdem die Kontrolle über die Wasserwege und Eisenbahnen der Stadt erhielt.

DIE GEBURT EINES UNGELIEBTEN STAATES

Die Friedensmacher stellten sich die Freie Stadt als Modellbeispiel für die europäische Nachkriegsordnung vor, als klugen Kompromiss zwischen zwei unvereinbaren nationalen Ansprüchen. Es sollte sich jedoch zeigen, dass die Zeit nicht reif war für eine solche postnationale Lösung. Die «deutsche», von den Polen «bedrohte» – bzw. Polen «bedrohende» – Freie Stadt Danzig führte nicht nur Deutschen wie Polen die Unvollkommenheit der politischen Verhältnisse vor Augen, sondern hielt auch die Welt in Atem und galt schon bald als eine der Sollbruchstellen im Versailler System.

Wie sollte eine «Freie Stadt» auch funktionieren, wenn die Danziger Stadtverordnetenversammlung am 13. Mai 1919 einstimmig verkündete: «Wir lehnen die Bildung eines Freistaates Danzig ab, weil wir darin nur die Vorstufe der Einverleibung Danzigs in Polen erblicken. Wie aber Danzig seit hunderten von Jahren deutsch fühlt und denkt, so will es auch jetzt dem deutschen Vaterland, mit dem es die guten Zeiten geteilt hat, die Treue wahren und es in seiner schwersten Not nicht verlassen.»[14]

Worte waren das eine, die Realität das andere. Denn der Versailler Vertrag musste erfüllt werden und Danzig sich, ob es wollte oder nicht, mit seiner neuen staatlichen Existenz abfinden. Deshalb galt es, die Gründung des oktroyierten Staatswesens rasch vorzubereiten. Zwar konnte man die preußischen Ämter zum Teil übernehmen, musste sie aber aus den bisherigen Strukturen herauslösen. Manche Behörde musste neu geschaffen werden. Für wen die Herzen der in preußischen Amtsstuben groß gewordenen Beamten schlugen, stand natürlich außer Frage – für Deutschland. Dennoch gewannen viele von ihnen ihre neue Rolle als Spitzenvertreter eines eigenen Staates bald lieb, gelangten sie doch zu einem Ansehen, das sie mit einer normalen Beamtenlaufbahn nie erreicht hätten. Dieses Spannungsverhältnis zwischen insgeheimem Stolz und offiziell geäußertem Unmut über die neue staatliche Lösung sollte die gesamte Freistaatzeit prägen.

Das künftige Gebiet der Freien Stadt Danzig erstreckte sich über 1952 Quadratkilometer, seine Grenzen zu Deutschland und Polen waren rund 290 km lang und es wurde von 365 000 Menschen bewohnt. Neben Danzig gehörten die Städte Zoppot, Tiegenhof und Neuteich, ein Teil der Weichselniederung und zahlreiche Dörfer auf der Danziger Höhe westlich und südwestlich der Stadt dazu.

Am 10. Januar 1920, dem Tag, an dem der Versailler Vertrag in Kraft trat, wurde das Gebiet der späteren Freien Stadt Danzig vom Reich abgetrennt und der Verwaltung der Alliierten unterstellt. Zwei Wochen später wurden die deutschen Truppen auf dem Langen Markt feierlich verabschiedet, für große Teile der deutschen Bevölkerung ein bewegender und trauriger Augenblick. «Die Vergangenheit soll unserer Zukunft Trost sein. [...] Wir gehen bergab. Eine andere Zeit wird bergauf gehen», hieß es in den «Danziger Neuesten Nachrichten».[15]

Bald darauf traf ein englisches Infanteriebataillon ein, das bis zur Gründung der Freien Stadt in Danzig für Ordnung sorgen sollte. Am 11. Februar kam schließlich auch der Engländer Sir Reginald Tower, der als Völkerbund-Hochkommissar das künftige Staatsgebiet vorläufig verwaltete. Er betraute einen von Oberbürgermeister Sahm geleiteten Staatsrat mit den Amtsgeschäften. Der Staatsrat wiederum berief einen aus Vertretern aller Parteien bestehenden Verfassungsausschuss, der bis Ende September den Entwurf für eine Verfassung ausarbeitete.

Am 27. Mai 1920 fanden Wahlen zu einer aus 120 Abgeordneten bestehenden Verfassunggebenden Versammlung statt, bei denen die Sozialdemokraten vor den Deutschnationalen stärkste Partei wurden. Nach schwierigen Verhandlungen und öffentlichen Tumulten nahm die Versammlung am 11. August bei Gegenstimmen u. a. der Sozialdemokraten die Verfassung der Freien Stadt an. Doch der Völkerbund hatte noch ein Wörtchen mitzureden und untersagte etwa die Bezeichnung «Freie und Hansestadt Danzig»; das Staatswesen sollte nur «Freie Stadt Danzig» heißen.

Oberste Landesbehörde war der Senat. Er bestand aus einem Präsidenten, sieben hauptamtlichen und 13 nebenamtlichen Senatoren, die vom Volkstag für jeweils vier Jahre gewählt wurden und nicht nur den Staat regierten, sondern auch als Magistrat der Stadt Danzig fungierten; Senatspräsident und hauptamtliche Senatoren konnten vom Parlament nicht abberufen werden. Der Völkerbund war in der Stadt mit einem Hochkommissar vertreten, der vor allem bei Streitfragen zwischen Danzig und Polen anzurufen war.

Um das erforderliche Abkommen mit Polen vorzubereiten, hielt sich im Herbst eine starke, von Sahm angeführte Danziger Delegation in Paris auf. Nach vielen Wochen und komplizierten Verhandlungen konnte sie am 9. November schließlich stolz das große Danziger Siegel aus dem 16. Jahrhundert hervorholen, das sie zur Unterzeichnung der Pariser Konvention mitgebracht hatte. Diese sah unter anderem die Einrichtung eines paritätisch mit Danzigern und Polen besetzten «Ausschusses für den Hafen und die Wasserwege Danzigs» unter einem ausländischen Präsidenten vor. Auch die Grenzfragen waren inzwischen geregelt worden. Und so konnte der englische Vertreter in einer feierli-

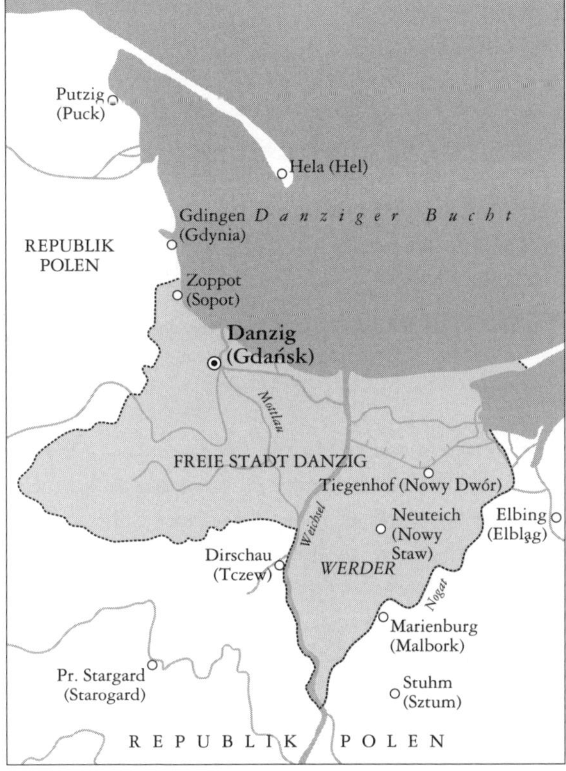

Karte der Freien Stadt Danzig

chen Sitzung der Verfassunggebenden Versammlung am 15. November 1920 die Gründung der Freien Stadt Danzig verkünden. Wenige Tage später rückten die ausländischen Truppen ab. Die Verfassunggebende Versammlung konstituierte sich anschließend als Volkstag und ernannte eine als «Stadtbürgerschaft» bezeichnete Kommunalvertretung der Stadt Danzig. Bald wurde der Senat gewählt, an dessen Spitze Heinrich Sahm trat, sicherlich kein charismatischer Politiker, aber ein kluger Verhandler, der vorsichtig und im Interesse der bürgerlich-nationalen Mitte agierte, ohne einer Partei anzugehören.

Darüber, ob Danzig nur eine «Freie Stadt» war, wie Polen es wollte, um die Abhängigkeit von Warschau hervorzuheben, oder ein «Freistaat», wie die deutsch-Danziger Seite gerne sagte, um die Souveränität und völlige Unabhängigkeit von Polen zu unterstreichen, wurde viele Jahre verbissen gestritten. Die Freie Stadt legte sich jedenfalls bald viele Attribute eines selbständigen Staates zu: Als Fahne wehte schon seit 1920 das stolze Danziger Wappen auf rotem Grund von den öffentlichen Gebäuden, sehr zum Gefallen der lokalen Eliten, auch wenn die Sozialdemokraten die Königskrone im Wappen ganz gerne beseitigt hätten. 1923 kam eine eigene Währung – der Gulden – hinzu, bald darauf folgten eine Hymne *Kennt ihr die Stadt am Bernsteinstrand* und ein «Nationalfeiertag».

KLEINES LAND UND GROSSE POLITIK

Die Freie Stadt Danzig war nicht nur ein Zankapfel der Außenpolitik, sondern auch in ihrem Inneren ging es hoch her. Schon die politische Grundausrichtung wurde kontrovers diskutiert: Sollte das junge Staatswesen versuchen, die Rolle zu spielen, die ihm die Friedenskonferenz zugewiesen hatte, nämlich mit Polen zu kooperieren, ohne dabei seinen überwiegend deutschen Charakter zu gefährden? Oder sollte man mehr oder weniger offen auf eine Wiederangliederung an Deutschland hinarbeiten?

Für eine engere Zusammenarbeit mit Polen setzten sich vor allem die Linken und natürlich die polnische Minderheit ein. So forderte der USPD-Abgeordnete Johannes Mau in der ersten Volkstagssitzung am 6. Dezember 1920: «Das Wirtschaftsleben des Freistaates Danzig ist auf das engste mit dem des Polenreiches verknüpft. […] Wenn man an die Bildung einer Regierung herantritt, müssen Leute und Personen genommen werden, die in der Lage sind, die Brücke zur wirtschaftlichen Verständigung mit unserm Hinterlande Polen zu schaffen.»[16] Doch die schließlich gewählten hauptamtlichen Senatoren und der Senatspräsident selbst verkörperten – abgesehen vom reichen jüdischen Holzkaufmann Julius Jewelowski – eine andere Haltung. Sahm selbst hatte offensichtlich kein vorurteilsfreies Bild von den Polen, die er weniger als Partner denn als Feinde wahrnahm. Bezeichnend ist, dass in seinen auf Tagebuchaufzeichnungen gestützten Lebenserinnerungen häufig Wendungen wie «maßloßer polnischer Übergriff» vorkommen.[17] Gegen diese hartnäckigen Vorbehalte der preußischen Provinzelite, die in Danzig nach wie vor den Ton angab, war kein Kraut gewachsen.

	1919	1923	1927	1930	1933	1935
Wahlbeteiligung	70,0%	81,6%	85,4%	89,1%	92,1%	99,5%
Nationalsozialistische Deutsche Arbeiterpartei (NSDAP)	–	–	0 0,8%	12 16,4%	38 50,0%	43 59,3%
Deutschnationale Volkspartei (DNVP)	34 28,2%	34 28,1%	26 20,6%	10 13,6%	4 6,3%	3 4,2%
Deutschsoziale Partei	–	7 6,2%	1 1,2%	–	–	–
Verschiedene bürgerliche Parteien der Mitte	22 18,5%	18 15,3%	22 19,8%	11 16,1%	0 0,5%	0 0,1%
Zentrum	17 13,9%	15 12,8%	18 14,3%	11 15,3%	10 14,6%	10 13,4%
Sozialdemokratische Partei (SPD)	40 33,3%	30 24,1%	42 33,8%	19 25,2%	13 17,7%	12 16,1%
Kommunistische Partei (KPD)	–	11 9,1%	8 6,4%	7 10,2%	5 6,8%	2 3,4%
Polen	7 6,1%	5 4,4%	3 3,1%	2 3,2%	2 3,1%	2 3,5%

Ergebnisse der Volkstagswahlen in der Freien Stadt Danzig, 1919 bis 1935 (Mandate / Prozent)
1919: Wahlen zur Verfassunggebenden Versammlung, SPD 1919 gemeinsam mit den Unabhängigen Sozialisten (21 Sitze, 17,5%), Kommunisten und DNVP 1935 nur als Listenverbindungen. Der Volkstag bestand zunächst aus 120, seit 1930 nur noch aus 72 Abgeordneten.

Die Beziehungen zu Polen waren Ende 1920 jedoch schon getrübt durch die Ereignisse vom 22. Juli: An diesem Tag hatten sich Hafenarbeiter auf Anregung der Komintern geweigert, zwei englische Frachter mit dringend benötigter Munition für die polnische Armee zu löschen, die gerade einen erbitterten Krieg gegen die auf Warschau vorrückenden bolschewistischen Truppen führte. Nachdem sich die Alliierten eingeschaltet hatten, konnten die Schiffe zwar von englischen Besatzungstruppen ausgeladen werden, doch der Schock in Polen über die vermeintliche Unzuverlässigkeit Danzigs, Polens «Fenster zur Welt», saß tief.

Die politische Landschaft in der Freien Stadt Danzig spiegelte bis 1933 die Verhältnisse in Deutschland wider. Auf der einen Seite standen die Sozialdemokraten, denen die vor allem unter Hafen- und Werftarbeitern beliebten Kommunisten von links Konkurrenz machten, auf der anderen Seite die Deutschnationalen, denen die Nationalsozialisten seit 1930 Wähler abnahmen. In der Mitte gab es neben dem katholischen Zentrum mit seiner stabilen Anhängerschaft, das an allen Regierungen beteiligt war, ein zersplittertes bürgerliches Lager: Die Polen hatten zunächst sieben, später nur noch zwei Vertreter.

Die politischen Verhältnisse in der Freien Stadt waren denen in der Weimarer Republik nicht nur ähnlich, sie waren auch ähnlich instabil. Zunächst wurde die Freie Stadt von einer Koalition aus Deutschnationalen und Liberalen regiert. Als jedoch bei den Wahlen von 1923 das bürgerlich-liberale Lager zerfiel, fehlten stabile Mehrheiten. Auf eine deutschnationale Minderheitsregierung folgte im Sommer 1925 eine von Sozialdemokraten, Zentrum und Deutschliberalen getragene Regierung. Doch schon im Jahr darauf zerbrach auch diese Koalition und wurde durch einen Senat aus Deutschnationalen, Zentrum und Deutschliberalen ersetzt, der nur mit Hilfe eines Ermächtigungsgesetzes regieren konnte. Allen Senaten stand Heinrich Sahm als Präsident vor, der 1924 gegen die Stimmen von Kommunisten, Sozialdemokraten und Polen erneut für vier Jahre zum Senatspräsidenten gewählt wurde.

Danzig blieb von außenpolitischen Konflikten mit Polen nicht verschont. Kein Wunder, denn während Polen versuchte, mehr Einfluss in der Stadt zu gewinnen, strebten außer Kommunisten und Polen alle politischen Strömungen die erneute Angliederung Danzigs an Deutschland an. Dennoch waren Danzig und Polen aufgrund des Versailler Vertrags gezwungen, einen Modus Vivendi zu finden. Nachdem man sich bei den Verhandlungen in Paris und beim Völkerbund in Genf kritisch beäugt hatte, besuchte im Oktober 1921 eine Danziger Senatsdelegation erstmals Warschau. Die Herren wurden mit großen Ehren empfangen, auf dem besten Hotel der Stadt waren Danziger Fahnen aufgezogen, Staatschef Józef Piłsudski lud zum Frühstück ein, es gab sogar eigens eine Galavorstellung in der Oper. All das machte bei den trotz allem provinziellen Eliten Eindruck, auch wenn es kaum zur Entspannung beitrug.

In den folgenden Jahren häuften sich die Missverständnisse und Auseinandersetzungen zwischen Danzig und Polen; um jedes noch so kleine Zeichen für polnische Rechte in der Stadt oder Danziger «Deutschtum» wurde heftig gestritten, etwa wenn es darum ging, ob der polnische diplomatische Vertreter fremde Flottenbesuche in Danzig im Namen seiner Regierung begrüßen durfte. Sehr viel schwerwiegender war jedoch der Streit um das polnische Munitionsdurchgangslager.

Bereits nach dem Hafenarbeiterstreik von 1920 hatte sich die polnische Regierung überlegt, wie der Nachschub für die Armee künftig gesichert werden könnte. Eine Idee bestand darin, im Danziger Hafen ein von polnischen Soldaten bewachtes Transitlager einzurichten. Der Senat wehrte sich lange, musste aber 1925 schließlich zustimmen, dass Polen auf der an der Weichselmündung gelegenen Halbinsel Westerplatte ein Munitionslager anlegte. Da Polen zu dieser Zeit bereits damit begonnen hatte, mit Gdingen einen eigenen Hafen zu bauen, war das Lager im Grunde nur noch eine Prestigefrage: Man wollte in Danzig so stark wie möglich präsent sein. 1925 gestand der Völkerbund Polen eine ständige Wachmannschaft von zwei Offizieren, 20 Unteroffizieren und 66 Soldaten zu. Die Westerplatte, zuvor ein beliebtes Strandbad, wurde mit Bunkern und Kasernen bebaut.

Eine weitere Auseinandersetzung nahm am 5. Januar 1925 ihren Ausgang. Als die Danziger am Morgen dieses Tages aus ihren Häusern traten, rieben sie sich die Augen: In der Nacht hatten polnische Postbeamte an verschiedenen Stellen der Innenstadt zehn rote polnische Briefkästen aufgehängt. Was heute wie eine Farce anmutet, war damals Anlass für eine internationale Affäre. Polen hatte nach dem Krieg das Recht erhalten, im Hafenbereich einen eigenen Postdienst einzurichten und eröffnete am Heveliusplatz ein eigenes Post- und Telegrafenamt. Als nun aber ohne Vorankündigung die Briefkästen aufgehängt wurden, witterten viele deutsche Danziger einen Versuch Polens, mehr Einfluss in der Stadt zu erlangen und das Stadtbild für jeden ersichtlich langsam zu polonisieren. Der von beiden Seiten emotional geführte Briefkastenstreit wurde bis vor den Völkerbundsrat getragen und beschäftigte die Weltpresse. Schließlich entschied der Internationale Gerichtshof im Haag zugunsten Polens. Die ungeliebten Briefkästen blieben bis 1939 hängen und polnische Briefträger versahen in der Freien Stadt ihren Dienst.

Nicht alle Danziger befürworteten den Polen gegenüber wenig flexiblen Kurs des Danziger Senats. Vor allem die Sozialdemokraten versuchten immer wieder, das Staatsschiff auf Verständigungskurs zu bringen. So hieß es in einem Aufsatz, den ihre Tageszeitung 1927 brachte:

> In Danzig wird jeder Hinweis auf die zahllosen Fäden, die seit altersher zwischen der Hansestadt und Polen bestehen, unweigerlich als Anzweiflung des deutschen Charakters Danzigs empört zurückgewiesen. So überängstlich waren die Danziger Kaufherren und Handwerker früherer Jahrhunderte nicht, und sie taten Recht daran, da man nicht gleichzeitig mit einem Nachbar Handel und Händel treiben kann und die Geschäfte darunter leiden, wenn man nicht auch einmal zusammen trinkt.[18]

Der Gegenwind kam jedoch nicht nur von deutschnationaler Seite, sondern auch von ebenso engstirnigen nationalistischen Kreisen in Polen. Bereits 1924 hatten sie zum Boykott Danziger Waren aufgerufen, und die Empörung der Rechten ließ kaum nach. Die polnische Tageszeitung Danzigs druckte 1927 einen aufsehenerregenden Artikel, dessen Autor unter anderem schrieb:

> Wenn die heutigen Danziger vergessen haben, was sie Polen verdanken, so muss man sie nach dem Vorbild Friedrichs des Großen auf die Knie zwingen. Anfangs werden sie in der ganzen Welt herumschreien, höhnen und plärren. Sollen sie ruhig schreien, sollen sie ruhig plärren. Eine kleine Fastenkur wird ihnen gut tun und sie zur Besinnung bringen. Sie werden sich langsam beruhigen und später netter sein.[19]

Obwohl diese nationalistische Rhetorik das politische Leben in Danzig ebenso vergiftete wie die Beziehungen zwischen Danzig bzw. Deutschland und Polen, gingen aus den Volkstagswahlen vom November 1927 die Sozialdemokraten gestärkt hervor. Es entstand ein neuer, von der SPD dominierter Senat, dem auch Zentrum und Deutschliberale angehörten. Seine Absicht war es, die Beziehungen zu Polen zu verbessern. 1928 besuchte der polnische Außenminister August Zaleski Danzig, bald darauf kam es zu einem Abkommen über Hafenfragen und Eisenbahntarife und im Februar 1929 reiste sogar der polnische Ministerpräsident Kazimierz Bartel in die Freie Stadt. Doch die Bemühungen um eine politische Entspannung stießen immer wieder auf ätzende Kritik der Nationalisten. Nach dem Abkommen von 1928 titelte beispielsweise die «Ostpreußische Zeitung»: «Vaterlandsverrat für Eisenbahntarife. Eine politische Riesenschweinerei in Danzig.»[20]

Letztlich vereitelte die Weltwirtschaftskrise den Annäherungsversuch, denn als die Hafenumsätze einbrachen und die Konkurrenz Gdingens wuchs, erschien Konfrontation als eine bessere Strategie. Dieser Logik folgend verstärkte nun auch der sozialdemokratische Senat den

Druck und versuchte, Polen vor dem Völkerbund zur besseren Auslastung des Hafens zu zwingen.

Der Völkerbund, unter dessen Schutz die Freie Stadt Danzig stand, war bis in die 1930er Jahre vielfach Schauplatz verbissener Auseinandersetzungen zwischen Danzig und Polen. Kaum eine seiner Sitzungen verging, ohne dass Danziger Angelegenheiten zur Sprache kamen. Allein Senatspräsident Sahm reiste rund 30 Mal nach Genf. Repräsentanten des Völkerbunds in Danzig waren die Hochkommissare. Sie stammten aus England, den Niederlanden, Italien, Dänemark, Irland und der Schweiz, lösten sich alle drei oder vier Jahre ab, sympathisierten mal mehr mit Danzig, mal mehr mit Polen und spielten, elegant gekleidet und weltmännisches Flair verbreitend, als aufmerksame Beobachter der freistädtischen Politik ebenso eine wichtige Rolle wie als aktive Teilnehmer am gesellschaftlichen Leben in der Stadt.

Die Interessen Deutschlands in Danzig nahm ein Generalkonsul wahr, der nicht nur offizielle diplomatische Aufgaben hatte, sondern auch für intensive inoffizielle Verbindungen nach Berlin sorgte. Diese vertraulichen Kontakte waren heikel, da sie im Versailler Vertrag nicht vorgesehen waren, Polen also jederzeit dagegen protestieren konnte. Ohne die finanzielle und politische Unterstützung Deutschlands hätte die Freie Stadt aber gar nicht als eigenständiger Staat überleben können. Dieses Überleben war aus Berliner Sicht wichtig, um Polens Einfluss zurückzudrängen und die Aussicht auf Grenzrevision – eine unbestrittene Leitlinie deutscher Außenpolitik – aufrechtzuerhalten.

Der Pariser Konvention zwischen Danzig und Polen zufolge wurden die Interessen Polens in der Freien Stadt von einem Generalkommissar repräsentiert, der auch für die Danziger Behörden erster polnischer Ansprechpartner war. Gleichzeitig verstand sich das Amt des Generalkommissars auch als Anlaufstelle für alle polnischen Einwohner der Freien Stadt und gab viele – auch finanzielle – Anregungen für das Kultur- und Vereinsleben der Minderheit.

Die Zahl der Polen in Danzig wuchs nach dem Ersten Weltkrieg rasch. Bei den Wahlen zur Verfassunggebenden Versammlung hatte die polnische Liste immerhin 6,1 Prozent erhalten, obwohl offiziellen Angaben zufolge nur rund 3,5 Prozent der Danziger Staatsangehörigen polnischer Nationalität waren (nach der Volkszählung von 1923 13 656 von insgesamt 366 730 Einwohnern). Optimistische polnische Berechnungen kamen gar auf rund zehn Prozent polnische Einwohner, zu denen man allerdings auch die vielen hundert polnischen Beamten mit ihren Familien zählte, die keinen Danziger Pass besaßen.

Größte polnische Institution der Stadt war die Eisenbahndirektion, in deren stattlichem Gebäude am Olivaer Tor über 600 Beamte arbeiteten. Es gab polnische Banken, Handelsfirmen und Freiberufler. Die polnische Minderheit besaß ein gut ausgebautes Vereinsnetz. Ihre wichtigste Interessenvertretung war zunächst die «Polnische Gemeinde» (*Gmina Polska*). Viele Intellektuelle sammelten sich in der 1922 gegründeten «Gesellschaft der Freunde von Wissenschaft und Kunst» (*Towarzystwo Przyjaciół Nauki i Sztuki*). 1933 spaltete sich die *Gmina Polska*, fand aber angesichts der zunehmenden polenfeindlichen Stimmung 1937 wieder zusammen.

NATIONALISMUS UND KONFRONTATION

Weil sie angesichts der schlechten Wirtschaftslage ihre sozialpolitischen Ziele nicht durchsetzen konnten, verließen die Sozialdemokraten im März 1930 den Senat, was Ende des Jahres zu vorgezogenen Neuwahlen führte, bei denen die extremen Parteien ähnlich wie kurz zuvor in der Weimarer Republik große Zugewinne erzielten. Da zwischenzeitlich die Verfassung geändert worden war und alle hauptamtlichen Senatoren sowie der Senatspräsident nun vor dem – auf 72 Sitze verkleinerten – Volkstag verantwortlich waren, war abzusehen, dass der parteilose Sahm keine Aussicht auf eine Verlängerung seiner Präsidentschaft haben würde. Er trat zurück und wurde 1931 Oberbürgermeister von Berlin.

Am 8. Januar 1931 übernahm der deutschnationale Politiker Ernst Ziehm das Amt des Senatspräsidenten und bildete eine von den Nationalsozialisten tolerierte Regierung aus DNVP, Liberalen und Zentrum, die Entscheidungen – wie teils schon ihre Vorgänger – mit Hilfe von Ermächtigungsgesetzen weitgehend unter Ausschluss des Volkstags fällte. Keiner der neuen Senatoren war übrigens in Danzig geboren, nur Ziehm selbst stammte zumindest aus dem Gebiet der Freien Stadt. Aus polnischer Sicht wirkte Danzig deshalb nicht ganz zu Unrecht wie eine camouflierte Dependance des Deutschen Reichs.

Zu Beginn der 1930er Jahre hatten die nationalistischen Parteien in Deutschland, Polen und Danzig aufgrund der Weltwirtschaftskrise viel Zulauf. Die Rechtsregierungen in Berlin hielten es darum für opportun, das deutsch-polnische Verhältnis politisch zu instrumentalisieren und offene Revisionspropaganda zu betreiben, worauf Warschau mit Gegenpropaganda reagierte. Der Nachbar erschien vielen Menschen mitverantwortlich für die teils globalen, teils hausgemachten Probleme. Diese unbedacht geschürten Konflikte machten um Danzig keineswegs einen Bogen. Als Reichsminister Gottfried Reinhold Treviranus 1930 ganz offen von der «ungeheilte[n] Wunde in der Ostflanke» und den «einst wiederzugewinnenden deutschen Landen»[21] sprach, betonte die polnische Politik ihren Anspruch auf Danzig. Aufgrund der militärischen Überlegenheit Polens galt ein Handstreich auf die Freie Stadt für nicht ganz ausgeschlossen. Die Westmächte waren aufgeschreckt, der «Korridor» und Danzig erschienen plötzlich als möglicher Grund für einen Kriegsausbruch, Außenministerien und internationale Organisationen zerbrachen sich den Kopf über Möglichkeiten zur Entspannung, und abenteuerliche Ideen machten die Runde: Wäre es, um die von deutscher Seite beklagte Abtrennung Danzigs und Ostpreußens zu überwinden, nicht vielleicht möglich, einen Tunnel durch den «Korridor» zu führen oder eine Brücke durch die Danziger Bucht nach Danzig zu bauen? Oder vielleicht auch die Polen aus dem «Korridor» umzusiedeln, etwa ins Memelland?

Die wachsenden Konfrontationen hatten auch konkrete Auswirkungen auf die Freie Stadt Danzig. Polen, das dem deutschnational geführten Senat misstrauisch gegenüberstand, behinderte den Danziger Handel, und viele politische Gruppen riefen wieder zum Boykott Danziger Waren auf. Genf wurde erneut zum Forum von Auseinandersetzungen zwischen Danzig und Polen. Diesmal ging es um die Frage, ob Danzig ein *port d'attache* für Polen sei, ob hier also polnische Kriegsschiffe ohne Beschränkung anlegen duften. Der Senat konnte sich mit seiner Sicht der Dinge nicht durchsetzen, anders als im Fall der Truppenverstärkung auf der Westerplatte: Direkt nach Hitlers Machtübernahme im Reich hatte die polnische Regierung die Besatzung des Munitionsdurchgangslagers insgeheim verstärkt und rechtfertigte das später mit Drohungen der Danziger SA, eine fadenscheinige Begründung, weshalb Außenminister Beck in Genf schon bald den Rückzug der zusätzlichen Soldaten ankündigen musste.

Der Senat Ziehm regierte zunehmend autoritär und verbot 1932 sogar für kurze Zeit die sozialdemokratische «Volksstimme». Während jetzt alle anderen Tageszeitungen der Stadt aus Solidarität mit der «Volksstimme» nur Notausgaben herausbrachten, hatte sich die größte von ihnen, die «Danziger Neueste Nachrichten», bereits im April 1933, also

Danzig verschwand zwischen den Kriegen nur selten aus den Schlagzeilen der Weltpresse. Auch für die Satiriker bot es Material, wie diese polemisch-deutschnationale Darstellung von 1932 zeigt.

noch vor dem nationalsozialistischen Regierungsantritt, freiwillig gleichgeschaltet. Der Weg Danzigs in die NS-Diktatur schien unaufhaltsam. Schon 1932 waren die Danziger Nationalsozialisten auf Anweisung Hitlers in Opposition zum Senat gegangen, um konsequent auf die Machtübernahme hinarbeiten zu können. Im Frühjahr 1933 führte um Neuwahlen kein Weg mehr herum, sie sollten am 28. Mai stattfinden.

HOFFNUNG, ERFOLG UND ENTTÄUSCHUNG: DAS WIRTSCHAFTLICHE LEBEN

> Noch immer träumte in den engen Gassen der Stadt ein Stück Mittelalter, noch immer dachten die hohen Giebelhäuser, in denen jetzt Banken und Wechselstuben beheimatet waren, an ihre ruhmreiche, tausendjährige Vergangenheit. Aber ein neuer Rhythmus peitschte das Leben. Eine geruhsame, verschlafene Stadt war zum Schauplatz wilden Jobbertums, zur Hochburg der Spekulation, des Hazards am Roulette und an der Börse geworden.
>
> Gestikulierende Gruppen bildeten sich auf den Bürgersteigen. Kurs, Hausse, Dollar waren ihre Schlagworte. […] Die engen Straßen reichten für den Verkehr nicht mehr aus, und zwischen Luxusautos und Straßenbahnen schlängelten sich mit akrobatenhafter Geschicklichkeit die laufenden Boten, Maklergehilfen und Abwickler.[22]

Nur kurze Zeit erlebte Danzig eine Stimmung, wie Felix Scherret sie in seinem 1930 erschienenen Danzig-Roman *Der Dollar steigt* beschrieb. Aus dem deutschen Staatsverband entlassen und ohne Devisenbewirtschaftung, aber noch mit der Reichsmark als Währung und in einer Zollunion mit Polen vereint, wurde die Freie Stadt zum Paradies der Glücksritter und Bankiers. Die Zahl der Banken und Sparkassen stieg von 19 im Jahre 1919 auf 118 vier Jahre später, um bis 1926 wieder auf die Hälfte zu sinken. Die Zahl der Firmengründungen wuchs von 214 im Jahre 1919 auf 969 drei Jahre darauf und nahm dann rasch ab.

Während einige geschickte Menschen schwindelerregende Gewinne machten, litt die große Menge unter der Teuerung: Am 15. September 1923 musste man in Danzig für einen Dollar 60 000 000 Reichsmark hinblättern; der polnischen Mark erging es nicht viel besser. Die Inflation ließ manchen Danziger verzweifeln. Während es Geldscheine ohne Ende gab, waren Kartoffeln Mangelware: Das Freistadtgebiet konnte sich landwirtschaftlich nur zu einem Drittel selbst versorgen und war auf Importe angewiesen.

Bereits einige Wochen vor Deutschland entschloss sich die Danziger Finanzverwaltung, der galoppierenden Geldentwertung entgegenzuwirken und eine eigene Währung einzuführen: Am 22. September 1923 wurde der an das britische Pfund gekoppelte und von der Bank von England garantierte Danziger Gulden vom Völkerbund akzeptiert und am 20. Oktober in Umlauf gebracht. Er blieb fast ein Jahrzehnt stabil und geriet erst Mitte 1931 unter Druck, als auch in Danzig die Weltwirtschaftskrise zum Zusammenbruch einiger Banken führte. Die Zentralbank der Freien Stadt, die Bank von Danzig, löste deshalb die lokale Währung vom Britischen Pfund und konnte sie durch Golddeckung stabilisieren.

Trotz mancher Erfolge blieb die wirtschaftliche Lage der Freien Stadt ihr gesamtes Bestehen über kritisch. «Das Jahr 1925 schließt bitter ernst, und nicht weniger ernst tritt das Jahr 1926 in Erscheinung», schrieb die «Danziger Volksstimme» in ihrer Silversterausgabe 1925,[23] eine Bilanz, die man auch zu fast allen anderen Jahreswechseln hätte publizieren können. Die öffentlichen Finanzen waren angespannt, teils wegen der geringen industriellen Basis der Freien Stadt, teils wegen hoher Pensions- und Rentenbelastungen aus preußischer Zeit, die jedoch größtenteils von Deutschland übernommen wurden, wie auch auf anderen Gebieten – oft heimlich – Gelder aus Deutschland nach Danzig flossen.

Eine wichtige Einnahmequelle des Staatswesens waren die Zölle. 1921 vereinbarten die in einer Zollunion zusammengeschlossenen Staaten Danzig und Polen, dass von den Reinerträgen der in Danzig erhobenen Zölle Danzig sieben Prozent und Polen 93 Prozent zustanden. Doch die absoluten Zahlungseingänge sanken infolge des zwischen 1925 und 1934 andauernden deutsch-polnischen Zollkriegs, aber auch der wachsenden Bedeutung Gdingens als polnischer Ausfuhrhafen. Die rückläufigen Einnahmen und der rapide Sturz des polnischen Złoty führten 1926 zu einer ersten schweren Finanzkrise und hoher Arbeitslosigkeit. Nur mit Hilfe von Auslandsanleihen konnte Danzig Schlimmeres verhindern. 1931 waren neben Krediten auch kräftige Steuererhöhungen nötig, um den freistädtischen Haushalt zu retten.

Die Wirtschaftsstruktur Danzigs war ohnehin nie gut gewesen, nun aber verschlechterten sich die Verhältnisse unter dem Einfluss der Weltwirtschaftskrise dramatisch. Die Arbeitslosenzahl schnellte auf mehr als 30 000 im Jahre 1933, was einer Erwerbslosenquote von über 20 Prozent

Die Inflation machte auch Danzig zu schaffen. Diesen Notgeldschein schuf Ende 1922 der Danziger Künstler Berthold Hellingrath.

entsprach. Um die Arbeitslosigkeit zu bekämpfen, gründete die Freie Stadt 1932 einen «Freiwilligen Arbeitsdienst» und finanzierte Arbeitsbeschaffungsmaßnahmen, etwa den Bau von Siedlungshäusern in den Vorstädten.

Die Danziger Industrie hatte mit großen Problemen zu kämpfen, unter anderem deshalb, weil die Entente es der Freien Stadt untersagt hatte, Rüstungsgüter zu produzieren. Während die Gewehrfabrik schließen musste, konnte die Kaiserliche Werft unter Leitung von Ludwig Noé mit internationalem Kapital zur «The International Shipbuilding and Engineering Co. Ltd.» umgewandelt werden, reparierte nun auch Eisenbahnwaggons und Lokomotiven, fertigte Maschinen, Motoren sowie Stahlkonstruktionen und goss Kirchenglocken. Rund 80 Prozent der Produktion wurden nach Polen ausgeführt, ein gutes Beispiel dafür, wie paradox die oft antipolnische Rhetorik der freistädtischen Politik eigentlich war und welche Chancen man durch nationalistische Kirchturmpolitik – von beiden Seiten – vertat. Die Schichauwerft überlebte dagegen nur dank umfangreicher Beihilfen des deutschen Staates und die Klawitter-Werft ging 1931 Bankrott. Trotz aller Schwierigkeiten waren die Werften weiterhin Danzigs größte Arbeitgeber.

Die anderen Fabriken waren meist klein. Dazu gehörten einige Maschinen- und Stahlbaufirmen, chemische und lebensmittelverarbeitende Betriebe, darunter drei Zuckerraffinerien sowie weithin bekannte Schokoladen- und Margarinefabriken. Für den lokalen und regionalen Bedarf war das Handwerk von Bedeutung, besonders die Zahl der Friseure und Kfz-Mechaniker stieg rasch. In den ländlichen Regionen der Freien Stadt gab die Landwirtschaft den Ton an; 1929 gab es im Staatsgebiet immerhin 70 000 Kühe.

Angesichts der schwierigen Wirtschaftslage versuchte Danzig, sich als Tagungsstadt zu positionieren, um zumindest Besucher aus der Ferne anzuziehen. Gleichzeitig konnte man den Gästen den «durch und durch deutschen Charakter» der Stadt präsentieren, worauf die Regierungen stets großen Wert legten. Dagegen scheiterte die Absicht, Danzig am Anfang der 1920er Jahre zu einem internationalen Messestandort auszubauen. Ein attraktives Urlaubsziel blieb Zoppot mit seinen Stränden, Kureinrichtungen und dem berühmten Casino.

Im Gegensatz zur Industrie schienen die Aussichten für den Handel zunächst hervorragend zu sein, da Danzig Polens einziger Seehafen war. Tatsächlich wuchs die Zahl der Handelsunternehmen zu Beginn der 1920er Jahre sprunghaft und der Warenumschlag im Hafen entwickelte sich schneller als in den deutschen Häfen. Verantwortlich hierfür war der polnische Außenhandel, vor allem der Kohleexport aus dem polnischen Teil Oberschlesiens, der bis Kriegsende über Stettin gelaufen war und für den nun die Kai- und Verladeanlagen stark erweitert und modernisiert wurden. Bereits 1923 hatte die Zahl der in den Hafen einlaufenden Schiffe den Stand von vor dem Krieg erreicht, 1927 trafen gar fast 7000 Schiffe ein. Allerdings war der Handel größtenteils Durchgangshandel, während Danziger Unternehmen nur in verhältnismäßig geringem Maße am Warenumschlag beteiligt waren. Deshalb hatten auch Danziger Reedereien nur wenige Entfaltungsmöglichkeiten. Im besten Jahr, 1931, liefen 84 Hochseeschiffe unter Danziger Flagge.

Um sich aus der Abhängigkeit vom politisch unzuverlässigen Danzig zu befreien, beschloss die polnische Regierung schon 1921, an der Stelle des Fischerdorfs Gdingen nördlich der Freistaatsgrenze eine eigene Hafenstadt zu bauen. Sie entwickelte sich mit wahrhaft «amerikanischer Geschwindigkeit», wie Beobachter staunend feststellten, in einer modernistischen Architektur zumal, die einen gewaltigen Kontrast zum alten Danzig darstellte. 1926 besaß Gdingen 12 000 Einwohner, 1939 zehnmal so viele. In Danzig sah man das mit gemischten Gefühlen, denn der Hafen Gdingens wuchs genauso rasant. 1933 hatte sein Warenumschlag den des Danziger Hafens bereits übertroffen. Der wertvolle Stückguthandel Polens ging seit Anfang der 1930er Jahre vorwiegend über Gdingen, während für Danzig die weniger rentablen Massengüter blieben.

An dieser Entwicklung waren die Danziger nicht ganz ohne Schuld: Zu tief saßen die Vorbehalte gegenüber dem Nachbarn, zu gering war aber auch das Wissen um die Verhältnisse in Polen. Während sich also der Danziger Senat beim Völkerbund über die Benachteiligung des Hafens durch Polen beschwerte, klagten die Polen über Danziger Beschränkungen für Einfuhren aus Polen: «Deutschland betreibt eine janusköpfige Politik, wenn es die Danziger Kaufleute drängt, keine Beziehungen mit dem Wirtschaftsleben Polens anzuknüpfen, auf der anderen Seite aber große Klage darüber erhebt, dass sich der Verkehr im Danziger Hafen so wenig günstig entwickelt.»[24] Danzigs Protest beim Völkerbund führte 1933 zu einem Wirtschaftsabkommen, das Polen die Gleichbehandlung beider Häfen auferlegte und Mindestumsätze des Danziger Hafens garantierte.

DER LANGE WEG ZUR GLEICHSCHALTUNG: DAS NATIONALSOZIALISTISCHE DANZIG

Im November 1930 bestieg Joseph Goebbels in Berlin den Zug, um zu einer Wahlkampfveranstaltung nach Danzig zu fahren. Er kam zum ersten Mal in diese Stadt und war, wie er seinem Tagebuch anvertraute, beeindruckt:

> Nach Danzig! Geschlafen, gelesen, gelesen, geschlafen. Durch den Korridor. Unerträglicher Gedanke, daß dieser Aberwitz für immer bestehen soll. Ich lerne auf dieser Fahrt wieder hassen. [...] Die Lage von Danzig ist verzweifelt. Die Verträge sind alle für Polen. [...] Abends rede ich. Durch Lautsprecher zu 6000 Menschen in den überfüllten Sälen. Es ist am Ende eine unendliche Begeisterung. Man trägt mich durch die Säle. ‹Wiederkommen!› schreien die Menschen. Ein explosiver Ausbruch von Volksführerschaft. Welch herrliche Bewegung! Sie wird einmal ganz Deutschland mit sich reißen.[25]

Goebbels lernte eine Stadt kennen, in der die Nationalsozialisten bislang große Schwierigkeiten gehabt hatten. Zwar hatte es seit 1926 nationalsozialistische Gruppen gegeben, doch der von ständigen Querelen zerrissene Gauverband wurde auf Befehl Hitlers 1930 aufgelöst und unter Leitung des aus Fürth abbeorderten Bankangestellten Albert Forster neu aufgebaut. Gemeinsam mit dem gescheiterten Handelsvertreter Arthur Greiser gelang es ihm, die Partei binnen zweieinhalb Jahren zur stärksten der Freien Stadt zu machen. Dabei nutzten sie die anhaltende Wirtschaftskrise als Argument gegen die etablierten Parteien, schreckten aber auch vor brutalen Kämpfen nicht zurück, bei denen sich SA und SS unrühmlich hervortaten: Alleine in den ersten vier Monaten 1931 wurden bei politisch motivierten Schlägereien 120 Personen verletzt und vier getötet. Da viele Polizeibeamte bereits mit der NSDAP sympathisierten, stand es um die Strafverfolgung nicht zum Besten.

Nach der Machtergreifung in Berlin schien es nur noch eine Frage der Zeit, bis die Freie Stadt nachfolgen würde. Bei den Volkstagswahlen vom 28. Mai 1933 erzielte die NSDAP mit 50,03 Prozent und 38 Volkstagssitzen die absolute Mehrheit. Die von hoher Arbeitslosigkeit geplagten Danziger hatten sich von den Aussichten auf ein Beschäftigungsprogramm blenden lassen, wie es die Nazis im Reich bereits in die Wege geleitet hatten, aber auch die deutsch-polnische Konfrontation hatte sie in die Arme der klar antipolnisch positionierten Partei getrieben. Überall in der Stadt wehten die Fahnen der «Bewegung» – schwarzes Hakenkreuz in weißem Kreis auf rotem Grund.

Am 20. Juni 1933 wählte der Volkstag einen neuen, NSDAP-geführten Senat, dem zunächst auch das Zentrum angehörte. In der Debatte vor der Wahl stieß der NS-Abgeordnete Hans-Albert Hohnfeldt Drohungen an die Adresse der SPD aus: «Sie werden die letzten Erklärungen abgegeben haben, verlassen Sie sich darauf!»[26] Ganz offensichtlich standen politisch schwere Zeiten bevor.

Doch so einfach, wie Hohnfeldt es sich vorstellte, war es nicht in der unter dem Schutz des Völkerbunds stehenden Freien Stadt; eine Gleichschaltung war anders als im Reich nicht ohne weiteres möglich. Deshalb übernahm auch nicht Albert Forster, der die Fäden zog, das Amt des Senatspräsidenten, sondern der gemäßigte Hermann Rauschning, ein ehemaliger Deutschnationaler, der nicht nur Experte für Danziger Musikgeschichte war, sondern als Besitzer eines kleinen Guts im Werder auch die Sympathien der Landbevölkerung genoss. Gleich nach der Regierungsübernahme verabschiedete der Volkstag ein neues Ermächtigungsgesetz, auf dessen Grundlage der Senat gegen missliebige Widersacher, die Opposition oder Zeitungen vorgehen konnte. Schon bald wurden Juden aus dem Staatsdienst gedrängt, Polizei und Gerichtswesen schwenkten rasch auf Parteilinie um und im Mai 1934 wurde als Erste die Kommunistische Partei verboten, deren Abgeordnete allerdings Mitglieder des Volkstags blieben. Die wichtigste Oppositionsrolle spielte vorerst die SPD.

Hatten die bisherigen Danziger Regierungen zwar in Abstimmung mit Berlin, aber doch selbständig gehandelt, so war nun klar, wer in der Freien Stadt das Sagen hatte – Hitler selbst. Da der Reichskanzler zu Beginn seiner Herrschaft keine außenpolitischen Probleme riskieren wollte, wies er Rauschning zu einem versöhnlichen Kurs gegenüber Polen an. Der neue Senatspräsident erklärte deshalb eilfertig, er wolle mit Polen alle «schwebenden Fragen» bilateral bereinigen. Schon Anfang Juli 1933 reisten Rauschning und Greiser (der fließend Polnisch sprach) zu einem Staatsbesuch nach Warschau, wenige Wochen später schlossen Danzig und Polen verschiedene Verträge. Gegenbesuche folgten.

Doch Rauschning schoss über das ihm vorgegebene Ziel hinaus: Er schlug den Polen nichts weniger als eine Vereinheitlichung beider Wirtschaftsräume vor und gründete sogar eine «Danziger Gesellschaft zum Studium Polens». Mit dieser Entspannungspolitik stieß er in Danzig auf immer größeren Widerstand, selbst die Opposition stand seinem «Ausverkauf an Polen» kritisch gegenüber. Nach wochenlangen Auseinandersetzungen verlor er einen Machtkampf gegen Albert Forster und musste im November 1934 zurücktreten. 1936 flüchtete Rauschning nach Polen und emigrierte später über Frankreich und England in die Vereinigten Staaten. Er wurde zu einem der größten Kritiker des NS-Systems und sorgte mit seinen Büchern *Die Revolution des Nihilismus* (1938) und *Gespräche mit Hitler* (1939) für Furore. Rauschnings Nachfolger als Senatspräsident wurde Arthur Greiser.

Die Danziger Nationalsozialisten hatten ihren reichsdeutschen Parteigenossen nachgeeifert und, wie angekündigt, ein Arbeitsbeschaffungsprogramm ins Leben gerufen. Durch den Bau von Kanalisationen oder Kraftwerken sank die Arbeitslosenquote bis 1934 immerhin um rund ein Drittel. Möglich war das alles jedoch nur mit Hilfe einer Auslandsanleihe. Als die Tilgungsraten einsetzten, wurde die finanzielle Lage kritisch.

Die Regierung hielt das aber geheim und ließ zunächst Wahlen abhalten, da sie davon ausging, eine verfassungsändernde Zwei-Drittel-Mehrheit im Volkstag zu erreichen, um das politische Leben der Freien Stadt endlich widerstandslos gleichschalten zu können. Diese Wahl rief im In- und Ausland großes Interesse hervor: Erstmals seit 1933 konnte eine deutsche Bevölkerung halbwegs frei ihre politischen Präferenzen kundtun.

Allerdings gaben die Wahlen den Parteien keineswegs gleiche Chancen. Während die Nationalsozialisten die Freie Stadt mit massiver Propaganda überzogen und mehr als 1300 Wahlveranstaltungen organisierten, durften Sozialdemokraten und Zentrum nur wenige Versammlungen abhalten, die zudem von SA und SS gestört wurden. Der Rundfunk trommelte ausschließlich für die Nazis. Trotz dieser massiven Behinderungen erzielte die NSDAP am 7. April 1935 – bei einer verdächtig hohen Wahlbeteiligung von 99,5 Prozent – nur 59,3 Prozent der Stimmen, verfehlte also die Zwei-Drittel-Mehrheit deutlich. Gauleiter Forster war schockiert und sagte die Siegesparade von SA und SS ab.

Die ungehemmte Ausgabenpolitik der Nazis hatte die Finanzen der Freistadt inzwischen so zerrüttet, dass ein Staatsbankrott drohte. Nach den Wahlen waren deshalb radikale Schritte unumgänglich. In der Nacht auf den 2. Mai 1935 wurde der Gulden um 42,37 Prozent abgewertet. Die Besitzer von Bankguthaben verloren einen Teil ihres Vermögens und wegen der Preissteigerung für Importwaren wurden Lebensmittel, Benzin und Kohle viel teurer. Ein Sparprogramm bürdete Beamten und Angestellten des öffentlichen Diensts große Einschnitte auf, Rentner und Arbeitslose wurden ins Reich umgesiedelt. Den nationalsozialistischen Organisationen liefen die Mitglieder davon und nur mit massiver finanzieller Unterstützung des Reichs bekam die Führung des Freistaats die Lage in den Griff.

Die Opposition spürte Aufwind und focht die Wahlen geschlossen vor dem Danziger Obergericht an, das schließlich eine teilweise Wahlfälschung feststellte und der NSDAP Stimmen abzog, die dadurch einen Parlamentssitz verlor. Der ebenfalls angerufene Völkerbund konnte sich hingegen zu keiner Unterstützung der Opposition durchringen. Mitte 1936 musste sie ihre Sache für verloren geben, zumal sich die wirtschaftlichen Koordinaten bald wieder verbesserten. Getragen durch die Konjunkturbelebung im Reich und in Polen, aber auch durch die Abwanderung nach Deutschland und die Verdrängung der Juden aus dem Wirtschaftsleben, sank die Zahl der Arbeitslosen bis August 1939 auf 534.

Das Ende der Opposition kam schnell. Überfälle häuften sich, es gab viele Verletzte, auch Tote, die regimekritischen Zeitungen wurden sukzessive verboten, nach inszenierten Waffenfunden wurde im Oktober 1936 die SPD aufgelöst, 1937 folgten die DNVP und als letztes das Zentrum. Der SPD-Abgeordnete Hans Wiechmann wurde von der Gestapo ermordet und der Volkstag nach der Bestechung einiger, Verhaftung und Flucht vieler anderer Oppositioneller endgültig gleichgeschaltet; nur die beiden polnischen Vertreter durften bleiben. Schon Monate zuvor hatten die Parteigewaltigen getönt: «Es gibt keinen Volkstag mehr, die Quasselbude ist geschlossen [...]. Wir haben jetzt größere Aufgaben, jetzt beginnt der eigentliche Kampf.»[27]

Zu diesem Zeitpunkt war der Völkerbund in Danzig eigentlich schon machtlos, da er vor Ort keine Druckmittel besaß und Polen kein Interesse an einer Konfrontation hatte. Auf den irischen Hochkommissar Sean Lester, der sich für die Opposition stark machte und 1936 resigniert zurücktrat, folgte 1937 der Schweizer Historiker Carl Jacob Burckhardt, dem es genügte, sich auf die Rolle des vornehmen Beobachters zu beschränken.

Die Nazis schalteten und walteten nun fast nach Gutdünken, allerdings immer noch vorsichtiger als im Reich. Der «eigentliche Kampf» richtete sich zunächst gegen die Juden. Schon gleich nach der nationalsozialistischen Machtübernahme hatten staatlich sanktionierte antijüdische Maßnahmen eingesetzt, die sich nach Rauschnings Rücktritt verstärkten, obwohl zur Vermeidung außenpolitischer Komplikationen die reichsdeutschen Rassegesetze vorerst nicht eingeführt wurden.

Die Lage änderte sich im Herbst 1937 schlagartig, als Gauleiter Forster den Beginn einer neuen Politik markierte: «Es muß uns gelingen, auch hier in Danzig die Frechheit und Anmaßung des Judentums zu beseitigen», sagte er in einer Grundsatzrede.[28] Wenige Tage später wurden bei Ausschreitungen jüdische Geschäfte und Wohnungen beschädigt, teils auch geplündert. Weitere Übergriffe und Schikanen folgten und die Wortwahl der Parteigrößen wurde immer brutaler: «Diese Schweine muß man gründlich ausräuchern», umwarb Kreisleiter Werner Kampe im Oktober 1938 die NS-Frauenschaft.[29]

In der Nacht auf den 13. November 1938, kurz nach der Reichspogromnacht, wurde die Synagoge von Langfuhr überfallen, jüdische Wohnungen und Geschäfte wurden geplündert. Wenig später wurden auch in der Freien Stadt die Nürnberger Rassegesetze eingeführt. Zahlreiche Juden waren bereits aus der Freien Stadt ausgewandert oder geflohen, doch erst nach den Novemberpogromen wurde den verbliebenen Juden bewusst, wie bedrohlich die Lage geworden war. Im Dezember beschlossen die versammelten Gemeindemitglieder schweren Herzens, doch einstimmig die Selbstauflösung der Gemeinde und die Massenauswanderung. Um die für diese beispiellose Entscheidung nötigen Geldmittel zu erlangen, wurde der Ankauf aller jüdischen Immobilien durch den Senat vereinbart. Die Gemeindebibliothek wurde nach Wilna gegeben, die wertvolle Kunstsammlung nach New York verkauft, das Archiv nach Jerusalem gebracht, die Große Synagoge, Stolz der Danziger Judenheit, bald darauf abgerissen. Ein großer Transport verließ Danzig im März 1939 und erreichte nach drei Monaten Palästina. Insgesamt sank die Zahl der Danziger Juden durch legale und illegale Auswanderung bis zum Ausbruch des Zweiten Weltkriegs von mehr als 11 000 auf 1660 Personen.

Widerstand gegen die Machenschaften der Partei war seit 1937 nicht mehr zu erwarten. Die Danziger hatten sich aus Überzeugung oder Resignation ins Unvermeidliche gefügt, wer bleiben wollte, passte sich an oder zog sich zurück. Viele Bürger wählten jedoch einen anderen Weg und traten der Partei bei: Der NSDAP-Gau Danzig hatte im Herbst 1937 45 000 Mitglieder – bei rund 375 000 Einwohnern der Freien Stadt eine beachtliche Zahl, prozentual gesehen dreimal so viel wie im Reich. Nun wurde auch in Danzig der Alltag immer stärker von der Partei geprägt: Alle deutschstämmigen Jugendlichen gehörten – zumindest formell – der Hitlerjugend an, Massenkundgebungen dienten der Stärkung des Wir-Gefühls. Nur die polnische Minderheit durfte in der Öffentlichkeit noch abweichende Auffassungen vertreten.

EINE STADT UND VIELE MENSCHEN

Danzig war eine Großstadt, wenn auch nur eine kleine. 1925 lebten in der Stadt 202 000 Menschen, in der gesamten Freien Stadt waren es 364 000. Bis 1939 war die Einwohnerzahl, unter anderem durch die Eingemeindung Olivas, auf 250 000 gewachsen. Die Sozialstruktur war auf der einen Seite von einer starken Arbeiterschaft geprägt, die fast die

Hälfte der städtischen Bevölkerung ausmachte, auf der anderen Seite von einer großen Zahl von Staatsbediensteten. Eine gewisse Entlastung brachte die Auswanderung Danziger Staatsbürger; alleine 1926 verließen rund 1400 ihre Heimat in Richtung Kanada und Argentinien.

Die städtische Gesellschaft wurde immer noch von Männern dominiert. Immerhin waren im ersten Volkstag neun von 120 Abgeordneten Frauen, und einige Danzigerinnen wie Käthe Schirmacher, Anne Kalähne oder Marie Baum waren als Frauenrechtlerinnern über die Stadt hinaus bekannt. Langsame Emanzipation, aber auch wirtschaftliche Nöte hatten zur Folge, dass immer mehr Frauen eine berufliche Tätigkeit aufnahmen, 1936 verdiente schon jede dritte ihr eigenes Geld. Professorinnen oder Rechtsanwältinnen suchte man in der Freien Stadt allerdings vergebens, und nachdem die Nationalsozialisten an die Macht kamen, hatten sich weibliche Lebensentwürfe gefälligst auf Haus und Familie zu beschränken. Die «Stunde der Frauen» sollte erst gegen Kriegsende schlagen.

Die Freie Stadt Danzig war kein reicher Staat. Gewiss gab es sehr wohlhabende Bürger, wie etwa den jüdischen Holzhändler Julius Jewelowski: Er wurde erster Handelssenator, geriet aber aufgrund seiner auf Verständigung mit Polen bedachten Politik rasch unter Beschuss der Deutschnationalen und emigrierte 1938 nach London. Während die Spitzenbeamten, die Manager der wenigen großen Betriebe, Banker und Großkaufleute gut verdienten, lebte das Gros der Einwohnerschaft in kleinbürgerlich und proletarisch beschränkten Verhältnissen.

Badezimmer gab es 1927 nur in zwölf Prozent und elektrisches Licht in einem guten Drittel aller Wohnungen, oft wurden die Stuben noch mit Gas- oder Petroleumlampen beleuchtet. Besonders schlecht war der Wohnungsstandard in Ohra, wo auch in den 1930er Jahren kaum ein Haus an die Kanalisation angeschlossen war. Unter dem Druck der Sozialdemokraten entstanden deshalb gegen Ende der 1920er Jahre große Arbeitersiedlungen, die in den 1930er Jahren weiter ausgebaut wurden.

Nach den verrückten Inflationsjahren hielt rasch wieder bodenständiges Provinzleben Einzug in der Freien Stadt; nur Zoppot mit seinem Casino und den sommerlichen Badegästen machte da eine Ausnahme. Man beobachtete das Weltgeschehen, übernahm die Hauptstadtmoden der Vorsaison und schaute dabei vor allem nach Berlin; Warschau schien weit. Die großen Tageszeitungen der Stadt hielten die Bürger ebenso auf dem Laufenden wie seit Mitte der 1920er Jahre der Landessender Danzig.

Die Bevölkerung war konfessionell wie national keineswegs einheitlich. Schon die Deutschen selbst unterschieden sich stark: Neben zahlreichen zugewanderten, Hochdeutsch sprechenden Bürgern gab es alteingesessene Danziger, die sich gern in der schnoddrigen Stadtsprache Missingsch unterhielten, einem Gemisch aus Hochdeutsch, Platt, slawischen und berlinerischen Einflüssen, nicht wenige aus der ländlichen Umgebung stammende Menschen sprachen Niederdeutsch (Plattdeutsch).

Die Rechte der polnischen Minderheit wurden in Artikel 4 der Danziger Verfassung geregelt: «Die Amtssprache ist deutsch. Dem polnisch sprechenden Volksteil wird durch die Gesetzgebung und Verwaltung seine freie volkstümliche Entwickelung, besonders der Gebrauch seiner Muttersprache beim Unterricht, sowie bei der inneren Verwaltung und der Rechtspflege gewährleistet.»[30] Über die konkrete Ausgestaltung dieser Vorschriften wurde zwar gelegentlich gestritten, doch bis 1939 wagte kein Senat an ihnen zu rütteln. Und so war die polnische Minderheit in der Freien Stadt öffentlich immer präsent, sei es durch die polnischen Eisenbahn- oder Postbeamten, sei es durch ihre politische Vertretung im Volkstag und in den kommunalen Parlamenten, durch ihre Vereine und Umzüge in der Stadt. Zentrum der Minderheitenorganisationen war das «Polnische Haus» in der Wallgasse. Eine, zeitweise sogar zwei polnische Tageszeitungen erschienen. Nach anfänglichen Versuchen, die deutschen Danziger davon zu überzeugen, sich aus wirtschaftlichen Gründen für Polen zu interessieren, beschränkte sich das Minderheitenleben zunehmend auf die Danziger Polen selbst, was natürlich nicht bedeutete, dass man nicht auch ins deutsche Theater oder ins deutsche Kino ging, denn im Gegensatz zu ihren deutschen Mitbürgern beherrschten die Danziger Polen meistens beide Sprachen perfekt.

Nach wie vor wurde Danzig konfessionell von den Protestanten dominiert, die – mit langsam abnehmender Tendenz – rund 60 Prozent der Einwohnerschaft ausmachten. Sie gehörten der evangelischen Kirche der Altpreußischen Union an. Nach 1933 schlossen sich die meisten amtierenden Pfarrer den regimetreuen «Deutschen Christen» an. Während die Zugehörigkeit zur protestantischen Kirche an Bedeutung verlor, blieb die Bindekraft des Katholizismus groß. Der Anteil der Katholiken an der Danziger Bevölkerung vergrößerte sich kontinuierlich und betrug in den 1930er Jahren rund 40 Prozent. Für die Freie Stadt errichtete die katholische Kirche 1925 das direkt der Kurie in Rom unterstellte

Bistum Oliva. Erster Bischof von Danzig wurde der 1926 feierlich in sein Amt eingeführte Eduard Graf O'Rourke, dem die Abtkirche von Oliva als Kathedrale diente. Als gegen Ende der 1930er Jahre der nationalsozialistische Druck immer größer wurde, verzichtete er auf sein Amt. Der Papst ernannte Carl Maria Splett zu seinem Nachfolger, dessen Stellung gegenüber dem NS-Regime und der Verfolgung von Polen bis heute kontrovers diskutiert wird. Zwar musste er als Apostolischer Administrator der polnischen Diözese Kulm während des Kriegs sogar Polnisch als Beichtsprache verbieten lassen, versuchte aber vielfach auch, seine Priester vor dem Zugriff des NS-Terrorapparats zu schützen. Nach dem Krieg wurde Splett wegen Kollaboration mit den Nazis in Polen zu einer Gefängnisstrafe verurteilt und konnte erst 1956 nach Westdeutschland ausreisen.

Die jüdische Gemeinschaft Danzigs war bereits im 19. Jahrhundert stark gewachsen, doch nach dem Ersten Weltkrieg stieg ihre Zahl vor allem durch Zuwanderung aus Russland um das Dreifache. 1923 lebten in der Stadt 2500 Juden mit Danziger Staatsangehörigkeit sowie fast 5000 Nicht-Danziger Juden, und die Gemeinde wuchs weiter. Die Danziger Juden waren eine heterogene Gruppe: Zionisten und assimilierte Juden lieferten sich heftige Auseinandersetzungen, teils nur in gebrochenem Deutsch, da ihre Muttersprache nicht selten Polnisch, Russisch oder Jiddisch war. Sie alle aber sahen sich schon rasch nach dem Ersten Weltkrieg mit antisemitischen Übergriffen konfrontiert, die sich unter dem Einfluss der Nationalsozialisten noch verstärkten. Dennoch war das jüdische Leben bis in die 1930er Jahre sehr vielgestaltig und über die Grenzen der Freien Stadt hinaus von Bedeutung: Mehrere Weltkongresse wichtiger zionistischer Organisationen wie Hashomer Hatzair oder Mizrachi fanden in Danzig statt. Als seit 1933 Juden aus dem offiziellen Kulturleben verdrängt wurden, entstand ein «Kulturbund der Juden»; eine Zeitlang spielte in Danzig auch ein jüdisches Theater.

DEUTSCHTUM UND PROVINZ: KUNST UND KULTUR HABEN ES SCHWER

Das Kulturleben Danzigs war zwischen den Kriegen geprägt von der Grenzlage der Stadt und den Bemühungen, sie möglichst deutsch oder möglichst polnisch erscheinen zu lassen. Im Vorteil war natürlich der

Senat, dessen langjähriger Kultussenator Hermann Strunk die kulturpolitische Leitlinie vorgab: Es gelte,

> mit allen Deutschen die große Gemeinschaft des deutschen Geistes zu bilden und die deutschen Danziger mit allen anderen Deutschen in der höheren Gemeinschaft der deutschen Kulturnation zu sammeln, und zwar um unseretwillen und um der Menschheit willen.[31]

Eine solche Geisteshaltung musste zwangsläufig in tiefe Provinzialität führen. Denn wenn es in erster Linie darum ging, krampfhaft Beweise für lokales «Deutschtum» zu sammeln und die Bevölkerung auf dieses «Deutschtum» einzuschwören, hatten es alle Modernisierungsimpulse schwer. Felix Scherret erkannte das und schrieb in der linksliberalen «Danziger Rundschau»:

> Schlimm, daß Danzig durch den Versailler Vertrag eine Bedeutung gewonnen hat, die es über das Niveau einer Provinzstadt heraushebt. Danzig hätte bei Deutschland bleiben müssen, am besten natürlich bei einem kaiserlichen Deutschland, denn das war die Luft, in der man am lieblichsten herumplätschern konnte. Wer ernstlich daran glaubt, daß Danzig eine Weltstadt werden könnte, der sehe sich einmal den Senat und die Volksvertretung an. Und wenn er auch dann seinen Glauben nicht aufgibt, dann kann ihm kein Gott mehr helfen.[32]

Nicht verwunderlich, dass Scherret kurz darauf Danzig verließ und nach Berlin ging. Denn nicht nur das Deutschtumsgebot machte das kulturelle Klima der Freien Stadt so drückend, sondern auch der schwärende deutsch-polnische Konflikt. Dabei waren es keineswegs nur die Deutschen, die den Polen «unheimlichen Haß gegen deutsches Wesen»[33] vorwarfen, sondern auch viele Polen pflegten ein antideutsches Feindbild. Vor den Wahlen von 1933 lautete eine Überschrift in der lokalen polnischen Tageszeitung: «Kaschuben, Polen! Jede Stimme, die nicht für die polnische Liste abgegeben wird, stärkt Eueren ewigen Feind und Verhöhner!»[34]

Der freistädtischen Politik war es wichtig, dass Danzig im großen deutschen Vaterland wahrgenommen wurde. Deshalb unterstützte sie gerne Ereignisse, die über die Grenzen der Freien Stadt hinaus strahlten. Dazu gehörten die zwischen 1921 und 1938 jährlich stattfindenden «Deutschkundlichen Wochen» oder die Zoppoter Sportwoche. Besondere Anziehungskraft genoss die Zoppoter Waldoper, das «Bayreuth des

Nordens», wo auf einer inmitten des Waldes gelegenen Bühne im Sommer vor allem Wagner-Opern aufgeführt wurden, finanziell unterstützt aus dem Reich und musikalisch geleitet von damals führenden Dirigenten wie Max von Schillings und Hans Pfitzner.

Sieht man von diesen saisonalen Höhepunkten ab, so stand im Zentrum des freistädtischen Kulturlebens nach wie vor das Stadttheater, das bisher im Besitz des Königs gewesen war und nun von der Stadt gekauft wurde, um größeren Einfluss auf den Spielplan nehmen zu können. Dem bis 1931 amtierenden Intendanten Rudolf Schaper gelang tatsächlich eine Reform der Bühne, die anspruchsvolle Werke des Sprech- und Musiktheaters, aber natürlich auch Operetten und Komödien spielte. Für das Publikum, wie Alfred Döblin es bei einem Aufenthalt in Danzig erlebte, konnte er nichts:

> In der Pause kauen und lutschen die Menschen in den Gängen. Eine dicke Madame steht am Büffet, macht Bierflaschen auf; sie lachen und stoßen an. Einer nimmt ein Brot, Ei mit Sardellen, beißt, zerrt; das Ei fällt ihm auf den Stiefel. Sie ziehen Butterbrote aus den Taschen im Moment, wo die Saaltüren geöffnet werden, stellen sich an Pfeilern, Wänden auf und essen gewaltig, knatterndes Papier in den Händen. [...] Zwei Herren schütteln sich die Hände, kratzen sich die Scheitel. Drei käsefarbige Jünglinge gehen nebeneinander, sprechen magisterlich über die Sänger.[35]

1933 wollte Albert Forster das Theater zu einer NS-Musterbühne ausbauen, doch die ins Programm genommenen politischen Kampfstücke fielen durch. Seit 1934 stabilisierte es sich unter der Leitung von Hermann Merz, wurde 1935 mit erheblichem finanziellen Aufwand umgebaut, konnte aber nur dank verdeckter Hilfszahlungen aus dem Reich vergrößert als «Staatstheater» neu eröffnet werden. Es spielte bis in den Sommer 1944. Während die Unterhaltungsbühnen Danzigs an Bedeutung verloren, nahmen die Lichtspieltheater einen kometenhaften Aufstieg. 1939 besuchten fast drei Millionen Menschen die 20 Danziger Kinos.

Die freistädtische Kulturpolitik – seit 1934 unterstützt durch eine «Landeskulturkammer» – versuchte sich besonders auf dem Gebiet der Literatur. Der Dramatiker Max Halbe schien das geeignete Instrument zu sein, um die große literarische Welt nach Danzig zu holen und draußen im Reich auf die Freie Stadt aufmerksam zu machen. Der seit längerem erfolglose Dichter ließ sich gerne einspannen, kam häufig nach

Danzig, wo zu seinem 60. Geburtstag 1925 mehrtägige Halbe-Feiern stattfanden und er zum Ehrenbürger ernannt wurde, wo der gesamte NS-Senat ihm 1935 zum 70. Geburtstag huldigte und Halbe sich bedankte, indem er mitteilte, er stehe «im Dienste einer tief im Blut verwurzelten Heimatidee».[36] Zum 75. Geburtstag stiftete die Stadt Danzig ihm zu Ehren einen Literaturpreis.

Kein anderer Künstler erreichte Halbes Danziger Erfolge. In den 1920er Jahren versuchte man, den aus der Hafenstadt stammenden Paul Enderling aufzubauen, der auch den Text zur Hymne der Freien Stadt schreiben durfte. Um 1935 war Heinz Kindermann, Germanistikprofessor an der TH Danzig, bemüht, aus lokalen Nachwuchslyrikern eine Dichtergruppe «Das junge Danzig» zu bilden, die im nationalsozialistischen Geist das Grenzlanddeutschtum besingen sollten; alleine Martin Damß hatte einigen Erfolg.

Doch auch wer von der Politik nicht gefördert wurde, konnte ein guter Schriftsteller sein: Willibald Omankowski etwa schrieb nachdenkliche Danzig-Gedichte, in denen er in der Großstadt Inseln der Ruhe, Orte des Nachdenkens, der melancholischen Farben sucht – wie in seinem Gedicht *Frauengasse*:

Sagen raunen aus dem Stein und laden
dich in Kinderlande, daß du gut
und geborgen schreitest wie in Gnaden.
Lächelnd staunst du … Und von den Fassaden
tropft der Schlaf und fällt dir süß ins Blut.[37]

Ganz anders klingen Erich Ruschkewitz' sozialkritische Bänkelsänge, etwa *Ein Arbeitsloser auf der Langen Brücke*:

Zwei Männer kommen über die Lange Brücke mit grünem Jägerhut.
Die wissen natürlich nicht, wie weh der Hunger tut.
Sie haben eine dicke Uhrkette über dem dicken Bauch,
und ein dickes Portemonnaie, das haben sie sicher auch.
Und im Vorübergehen sprechen sie mit fettem Gegrunz
von einer Prämie auf die Faulheit. Und das gilt uns.
Und da möcht' man sofort vor Wut
die beiden dicken Bäuche anrempeln.
Doch das tut nicht gut,
und man geht lieber stempeln.[38]

Während der Jude Erich Ruschkewitz 1941 nach Riga deportiert und vermutlich dort ermordet wurde, erging es anderen Danziger Dichtern besser, wenn sie wie der Lyriker Carl Lange die richtige Konfession besaßen und konservative Ansichten vertraten. Dennoch geriet Lange, Herausgeber der «Ostdeutschen Monatshefte», der bedeutendsten Kulturzeitschrift der Freien Stadt, gegen Ende der 1930er Jahre in Konflikt mit der NSDAP.

Vergebens sucht man in der Zwischenkriegszeit nach großer Prosa über Danzig. Erwähnenswert ist allerdings die Rolle, die Fritz Jaenicke spielte, ein Journalist, der seine wöchentliche Zeitungsglosse zwischen 1908 und 1944 im Danziger Missingsch verfasste, und das klang so:

> Wissen Se, ma is doch warraftich nich zoff [schüchtern], aber wänn meine Ollsche so nachs große Osterreinemachen sich der Brill aufsätzt und sich mit'n Fäldhärrnblick umkicken tut wie de Jungfrau von Orleang nach de Schlacht bei Warschau, dänn kriej ich diräktemang Schedder [Angst]. Jästern am Karfreitach vormittach auch.
> Se hätt all des Jesangbuch aus'm Värtikow jenommen und will nache Kirch jehn. Da steht se nu so und macht ihre Napoljumsaugen. Schon jucht se los, als hätt se sich mit de Stoppnadel jepiekt, und schon jehts los: «Da is doch wieder der *Hund* ieberm *Täppich* rieber jelaufen!»
> «Tja», sag ich, «wie soll er dänn sonst laufen? Soll er de Wand hoch krausen, iebre Däck und die andre Wand wieder runter?»[39]

Polnische Schriftsteller schrieben zwar gelegentlich über Danzig, doch nur zwei bedeutendere lebten für einige Zeit in der Freien Stadt – Stanisław Przybyszewski als Beamter der polnischen Eisenbahnverwaltung und seine Tochter Stanisława, die hier krank und verarmt ihr Leben beschied.

Das musikalische Leben konzentrierte sich im Stadttheater, wurde aber auch von den Musikschulen, von Organisten, Orchester- und Gesangvereinen angeregt. Gelegentlich schauten weltbekannte Virtuosen in Danzig vorbei, doch nur wenige musikalische Größen gingen aus der Stadt hervor, wie etwa der Dirigent Carl Schuricht, der jedoch, um Karriere machen zu können, seine Vaterstadt früh verlassen musste. Das galt im Übrigen für alle Künstler, denn die beruflichen Aussichten waren in Danzig alles andere als glänzend – als Orchestermusiker, Zeitungsredakteur, Gymnasiallehrer oder Porträtmaler musste man eine eher bescheidene Existenz führen. Große Komponisten lebten deshalb nicht in der Stadt, am interessantesten war zweifellos der zum Buddhismus übergetretene Johannes Hannemann mit seinen neobarocken Werken.

Willibald Omankowski schrieb 1927 deprimiert über die Künstler der Stadt und dachte dabei wohl nicht zuletzt an sich selbst: «Wer in Danzig ahnt auch nur leise die schwere (oder fruchttreibende) Tragik dieser Menschen, die, abgeschnitten von den anregenden Quellen deutschen Kunstlebens in dieser geistig beinahe hoffnungslosen Stadt ausharren und hoffen ... hoffen ...»[40] Das war jedoch nur eine Seite der Medaille, denn viele «dieser Menschen» hatten nur im bescheidenen Rahmen der provinziellen Stadt überhaupt eine Chance, wahrgenommen zu werden.

Das galt auch für die bildende Kunst, die wie Musik und Literatur ebenfalls unter dem Deutschtumsgebot litt, das der Romancier Artur Brausewetter 1928 so darstellte: «Wenn die Kunst auch internationales Gepräge hat, für Danzig muß der deutsche Gesichtspunkt nun einmal der mitbestimmende sein. Den Luxus der Ausländerei und deutscher Gesinnung widersprechender Stücke, wie ihn Berlin und andere Städte sich leisten, müssen wir uns aus naheliegenden Gründen versagen.»[41] Am erfolgreichsten war deshalb der konservative Pferdemaler Fritz Pfuhle. Einige Künstler waren zu hübschen Illustrationen und Stadtansichten in der Lage, und gelegentlich kamen auch auswärtige Meister in die Freie Stadt, wie etwa der expressionistische Maler Stanisław Kubicki oder Otto Dix, der einige führende Persönlichkeiten Danzigs porträtierte.

Es nimmt kaum Wunder, dass sich auch in der Baukunst in Danzig zwischen den Kriegen nicht viel tat. Das Augenmerk richtete sich immer wieder auf die Vergangenheit. So tobte in den 1920er Jahren ein heftiger Streit darüber, ob die historischen Straßenzüge behutsam modernisiert oder sorgfältig historisiert werden sollten. Während die einen warnten, die Langgasse dürfe «nicht zum Freilichtmuseum verkalken», plädierten viele andere für die «Beibehaltung der Giebel mit den Satteldächern».[42] Die durch gedankenlose Investitionen bedrohte Rechtstadt wurde, als sich seit der NS-Machtübernahme der professionelle Denkmalschutz durchsetzte, aufwändig im historischen Geist umgestaltet.

Angesichts dessen hatte modernes Bauen in Danzig nur wenige Chancen und beschränkte sich auf einige Schul- und Verwaltungsgebäude, etwa den von Adolf Bielefeldt in ausdrucksstarker Backsteinarchitektur entworfenen AOK-Sitz in der Wallgasse, sowie einige Siedlungskomplexe außerhalb der historischen Innenstadt. Von den großen NS-Bauprojekten konnte 1940 nur die burgartige Paul-Beneke-Jugendherberge auf dem Bischofsberg beendet werden, deren baukünstlerisches Programm die «Heldentaten» des spätmittelalterlichen Danziger Kaperkapitäns mit der NS-Gegenwart verband.

Von den Danziger Museen war das Stadtmuseum in den 1920er Jahren sehr darum bemüht, moderne Kunst zu zeigen, während es im 1927 gegründeten und von Erich Keyser geleiteten Landesmuseum für Danziger Geschichte hauptsächlich darum ging, Beweise für den deutschen Charakter der Stadt zusammenzutragen und Heimatkunde zu betreiben. Die Heimatkunde dominierte zunächst auch die Danziger Schulen: Nach dem Zusammenbruch des Kaiserreichs wollte man neue Bindekräfte für die Nation vor allem aus der Heimat generieren, deren Kenntnis die Unterrichtspläne der Freien Stadt viel Beachtung schenkten. Bald nach der nationalsozialistischen Machtübernahme standen dann immer häufiger ideologisch motivierte Lehrinhalte auf dem Programm. Die Stadt besaß einige angesehene Gymnasien, ein gut ausgebautes Volksschulwesen und war verpflichtet, zumindest auf Volksschulniveau auch polnischen Schulunterricht anzubieten – 1936 gab es in den Senatsschulen 26 polnische Klassen. Der polnische Schulverein *Macierz Szkolna* (so viel wie «Polnische Schulheimat») betrieb außerdem ein eigenes Gymnasium sowie einige weitere Schulen.

Die Lehrer der freistädtischen Schulen wurden zum Teil an der Technischen Hochschule ausgebildet, deren Fakultät für Allgemeine Wissenschaften zu diesem Zweck erweitert wurde. Daneben gab es vor dem Zweiten Weltkrieg Fakultäten für Bau- und Maschinenwesen. Massiv bezuschusst von reichsdeutschen Stellen, gelang es der TH, viele gute Professoren zu berufen, etwa den späteren Chemie-Nobelpreisträger Adolf Butenandt; entscheidend für ihre Auswahl war allerdings stets, ob sie den politischen Vorstellungen des Senats entsprachen. An der Hochschule studierten durchschnittlich rund 1500 Studenten, davon bis zu ein Drittel Polen. 1935 erhielt Danzig eine Medizinische Akademie. Doch Bildung schützt vor Dummheit nicht, und so begleiteten viele Angehörige der Danziger Bildungseliten Hitlers Weg in den Krieg, bei dem der Freien Stadt eine besondere Rolle zukommen sollte, mit großer Zustimmung.

DER WEG IN DEN KRIEG

Der Zweite Weltkrieg kam in Danzig nicht unerwartet. Schon seit Jahren besang die NSDAP die Wehrhaftigkeit der Stadt: «Die stolze Geschichte Danzigs ist eine Welle steten Kampfes durch die Jahrhunderte, geführt um diesen Boden, auf den deutsches Blut ein heiliges Recht hat», hieß es 1937 bei einer Ausstellungseröffnung.[43] Wenn sich Danzig schon in seiner Vergangenheit stets dem Ansturm der Polen erwehrt zu haben schien, was lag dann näher, als diesen Kampf jetzt fortzusetzen und endgültig zu entscheiden?

Die Beziehungen zum Nachbarland waren trotz der seit 1933 betriebenen Verständigungspolitik nicht spannungsfrei, es gab Zollkonflikte, Streit um den polnischen Schulunterricht in Danzig und Spionageaffären. Von der NS-Propaganda in die Welt posaunt, trugen solche Nachrichten dazu bei, dass Danzig im In- und Ausland nach wie vor als «Pulverfass» galt.

Adolf Hitler selbst hatte an Danzig lange wenig Interesse. Nach dem «Anschluss» Österreichs im März und der Besetzung des Sudetenlands im Oktober 1938 bestand jedoch kein Zweifel, dass er bald schon die «Heimkehr» der Freien Stadt fordern würde. Tatsächlich schlug Reichsaußenminister Joachim von Ribbentrop noch im selben Oktober dem polnischen Botschafter Józef Lipski eine «Generalbereinigung» mit Polen vor, die Hitler Lipski gegenüber folgendermaßen erläuterte: Die Freie Stadt sollte an Deutschland kommen, Deutschland eine exterritoriale Autobahn- und Eisenbahnverbindung durch den «Korridor», Polen dafür exterritoriale Verkehrswege im Danziger Gebiet erhalten, beide Seiten ihre Grenzen garantieren und Polen dem Antikominternpakt beitreten.

Auf Danzig zu verzichten, das für die polnische Öffentlichkeit große Symbolkraft besaß, kam jedoch für keine polnische Regierung in Frage, und zu einem Satellitenstaat des Reichs wollte man schon gar nicht werden. Spätestens nachdem Hitler im März 1939, allen Beteuerungen zum Trotz, in Prag und kurz darauf im Memelland einmarschiert war, schenkten die Polen seinen Versprechungen keinen Glauben mehr, während die Danziger jeden Tag damit rechneten, «heim ins Reich» geholt zu werden. Beunruhigt suchte Warschau Unterstützung im Westen, ohne überall auf Gegenliebe zu stoßen: «Mourir pour Dantzig?», fragte der französische Luftfahrtminister Marcel Déat Anfang Mai in einem Zeitungsartikel – für Danzig, diese fern im Osten des Kontinents gelegene Stadt sterben?

Die Eskalation war nicht mehr aufzuhalten. Schon seit einiger Zeit ließ Hitler – seit dem 20. April 1939 Ehrenbürger Danzigs – die Besetzung der Freien Stadt planen, und seit dem Frühjahr arbeitete die Wehrmacht auch an der Vorbereitung des Überfalls auf Polen. Die Fronten verhärteten sich, auf die deutschen Drohungen antwortete Polen, eine Besetzung der Freien Stadt bedeute Krieg. «Danzig ist eine deutsche Stadt und will zu Deutschland», rief Hitler in seiner Rede vom 28. April.[44] Dabei war Danzig nur ein kleiner Stein auf dem Weg in den Krieg. «Danzig ist nicht das Objekt, um das es geht», sagte der Reichskanzler bei einer Lagebesprechung am 23. Mai. «Es handelt sich für uns um die Erweiterung des Lebensraumes im Osten und Sicherstellung der Ernährung.»[45]

In Danzig überstürzten sich die Ereignisse: Kleine Grenzzwischenfälle wurden aufgebauscht, polnische Zoll- und Eisenbahnbeamte an ihrem Dienst gehindert, polnische Studenten an der TH provoziert. Als im Mai ein Chauffeur des polnischen Generalkommissariats einen Danziger SA-Mann erschoss – wahrscheinlich in Notwehr –, verschärfte die Propaganda in Danzig und im Reich ihren Ton weiter.

Derweil rüsteten nicht nur das Deutsche Reich und Polen auf, auch die offiziell entmilitarisierte Freie Stadt bereitete sich auf einen Waffengang vor. Bereits seit einigen Jahren leisteten Danziger Staatsangehörige mehr oder weniger freiwillig ihren Wehrdienst bei der Wehrmacht. Ab Juni 1939 wurden nun aus Danzig stammende Soldaten in die Freie Stadt geschleust, aus denen – mit geschmuggelten Waffen – ein «Landespolizeiregiment» gebildet wurde. Die bewaffneten Kräfte zählten bei Kriegsbeginn rund 6500 Mann, zu denen noch der «SS-Wachsturmbann Eimann» und eine 1500 Mann starke «SS-Heimwehr Danzig» kamen. An den Grenzen der Freien Stadt wurden Schützengräben ausgehoben.

Auch die Polen blieben nicht untätig. In der Freien Stadt wurde die Polnische Post befestigt, deren Mitarbeiter Waffen erhielten, vor allem aber wurde die Besatzung der Westerplatte verstärkt. Ziel war es, im Falle eines deutschen Angriffs so lange Widerstand zu leisten, bis die polnische Armee Danzig einnehmen würde. Polen überschätzte die Möglichkeiten seiner Streitkräfte aber bei weitem. Auf dem jährlichen Treffen der polnischen Legionen in Krakau rief Polens Marschall Edward Rydz-Śmigły Anfang August, Danzig sei die Lunge der polnischen Wirtschaft und Polen könne auf Danzig nicht verzichten.

Darauf nahm Albert Forster in einer unüberhörbar drohenden Rede bezug, die er am 10. August auf dem Langen Markt hielt, kurz nachdem er auf dem Obersalzberg mit Hitler die weitere Verschärfung der Spannungen abgesprochen hatte: Die «heutigen Danziger» fürchteten Rydz-Śmigłys Kanonen ebenso wenig, «wie ihre Väter die Kanonen des polnischen Königs» Stefan Báthory gefürchtet hätten.[46]

Die nächsten Tage vergingen mit Provokationen und Kriegsvorbereitungen. Ein deutscher Angriff auf Polen schien nur noch eine Frage der Zeit, doch war man in Warschau guter Dinge und glaubte, einen Überfall abwehren zu können. Deshalb war der am 23. August vereinbarte Hitler-Stalin-Pakt ein Schock nicht nur für die polnische Öffentlichkeit: Einem Zweifrontenkrieg konnte der Staat nicht gewachsen sein. Am selben Tag ernannte sich Gauleiter Albert Forster per Verordnung zum Staatsoberhaupt der Freien Stadt Danzig und entschied damit den jahrelangen Machtkampf mit Senatspräsident Greiser, den Hitler gleich zu Kriegsbeginn zum Chef der Zivilverwaltung in Posen ernannte. Warschau ordnete die Generalmobilmachung an, verzichtete aber darauf, die Freie Stadt seinerseits zu überfallen, was man seit mehreren Monaten erwogen hatte. Zwei Tage später nahmen die Danziger Verbände ihre Feldstellungen ein.

Am 25. August lief das schon im Ersten Weltkrieg zum Einsatz gekommene Linienschiff «Schleswig-Holstein» zu einem Freundschaftsbesuch in den Danziger Hafen ein und legte direkt gegenüber der Westerplatte an. Letzte hektische diplomatische Aktivitäten hatten kein Ergebnis, Polen lehnte erneut Hitlers Forderung nach der «Heimkehr» Danzigs ab und ordnete am 30. August die Generalmobilmachung an.

Am 1. September 1939 um 4.45 Uhr begann in Danzig der Zweite Weltkrieg. Die «Schleswig-Holstein» beschoss mit ihren schweren Bordgeschützen die Westerplatte und riss die Danziger aus ihrem Schlaf. Polizei und Gestapo besetzten ohne großen Widerstand den Hauptbahnhof, die polnische Eisenbahndirektion und alle anderen polnischen Einrichtungen, während um die Polnische Post gekämpft wurde. Rund 50 bewaffnete Postbeamte verteidigten sich 14 Stunden lang gegen schwere Angriffe, ehe sie, nach dem Tod einiger Kollegen, aufgaben. Sie wurden festgenommen, nach wenigen Wochen als angeb-

Seit dem Morgengrauen des 1. September 1939 beschoss das Schlachtschiff Schleswig-Holstein vom Hafenkanal bei Neufahrwasser aus das polnische Munitionsdurchgangslager auf der Westerplatte: Der Zweite Weltkrieg begann.

liche Freischärler zum Tode verurteilt und erschossen (ein deutsches Gericht rehabilitierte sie erst 1995). Schon in den frühen Morgenstunden des 1. September wurden rund 1500 aktive Angehörige der polnischen Minderheit von Gestapo, Polizei, SS und SA verhaftet, in die zur Gestapo-Sammelstelle umfunktionierte Viktoriaschule gebracht, vielfach gefoltert und zum Teil am Tag darauf bereits nach Stutthof östlich von Danzig gebracht, wo sie das spätere Konzentrationslager aufzubauen hatten. Im März 1940 wurden 67 von ihnen erschossen, viele andere kamen gleich nach Kriegsbeginn oder in späteren Jahren ums Leben.

Schon um 5 Uhr morgens hatte Albert Forster am 1. September Danzigs «Wiedervereinigung mit dem Reich» verkünden lassen, die später am Tag als «Staatsgrundgesetz» Rechtskraft erhielt: In Artikel 1 hob Forster die Verfassung der Freien Stadt auf, in Artikel 2 ernannte er sich zum Diktator und in Artikel 3 erklärte er den Anschluss ans Reich. Der Völkerbundkommissar verließ die Stadt. Um 9.30 Uhr telegrafierte Hitler nach Danzig, dass das Gesetz über die Wiedervereinigung sofort vollzogen werde. Nach knapp 20 Jahren hörte die Freie Stadt Danzig zu bestehen auf. Zum zweiten und letzten Mal in ihrer Geschichte wurde die Stadt Teil Deutschlands.

Doch noch wummerten die Geschütze, denn zur Überraschung der Deutschen verteidigte sich die auf gut 200 Mann vergrößerte polnische Besatzung der Westerplatte verbissen. Die ersten Vorstöße eines Marinelandungskorps blieben stecken. Auch Stukaangriffe konnten die Verteidiger nicht bezwingen. Erst als nach sieben Tagen die Vorräte zur Neige gingen, kapitulierte die Besatzung unter Major Henryk Sucharski. Während sie 15 Tote zu beklagen hatte, sollen sich die deutschen Verluste auf mehr als 300 Soldaten belaufen haben.

Der heldenhafte, wenn auch von vornherein vergebliche Widerstand der polnischen Verteidiger gegen die erdrückende deutsche Übermacht wurde in Polen rasch zu einer Legende. In einem berühmt gewordenen Gedicht schrieb Konstanty Ildefons Gałczyński noch im September 1939:

In Danzig standen wir wie ein Wall,
verhöhnten die deutschen Granaten.
Jetzt schweben wir durch die Wolken ins All,
Die Westerplatte-Soldaten.[47]

SECHS LETZTE JAHRE

Die Kampfhandlungen in Danzig waren nach der Kapitulation der Westerplatte beendet. Eine Woche später war auch der Widerstand von Gdingen gebrochen, das bald darauf in Gotenhafen umbenannt wurde. Am Nachmittag des 19. September hielt Adolf Hitler, begeistert begrüßt von Zehntausenden, im offenen Wagen Einzug in Danzig. Im Artushof sprach er vor führenden Vertretern des Reichs und lokalen Eliten:

Adolf Hitler kam am 19. September 1939 ins «befreite« Danzig. Viele Bürger jubelten ihm begeistert zu.

> Ich betrete zum ersten Male einen Boden, der von deutschen Siedlern ein halbes Jahrtausend vor der Zeit in Besitz genommen wurde, als die ersten Weißen sich im heutigen Staate New York niederließen. Ein halbes Jahrtausend länger ist dieser Boden deutsch gewesen und deutsch geblieben. [...] Danzig war deutsch, Danzig ist deutsch geblieben und Danzig wird von jetzt ab deutsch sein, solange es ein deutsches Volk gibt und ein Deutsches Reich.[48]

Ende Oktober wurde der Reichsgau Danzig-Westpreußen geschaffen, in dessen Hauptstadt Danzig Albert Forster als Gauleiter und Reichsstatthalter regierte. Die Stadt erhielt wieder eine kommunale «Selbstverwaltung», die, obwohl ihr mit Georg Lippke ein Oberbürgermeister vorstand, völlig von Forster abhängig war.

Für die «Hansestadt Danzig», wie sie seit Dezember 1940 offiziell hieß, brachen neue Zeiten an: Von hier aus galt es, ein Gebiet mit mehr als zwei Millionen deutschen und polnischen Einwohnern zu organisieren, und zwar im Zeichen der NS-Rassenpolitik. Und so wurde in Danzig die Deportation und Auslöschung der Juden im Reichsgau ebenso geplant wie die Verfolgung, Ermordung, Abschiebung oder Eindeutschung der Polen und die Vernichtung psychisch Kranker: «Unsere Verpflichtung ist, dass wir das Land hier rücksichtslos von allem Gesinde, Räuberbanden, Pollaken und Juden säubern», sagte Forster schon Mitte September 1939.[49]

Ein wichtiges Instrument zur Umsetzung dieser Politik war das Danziger Gefangenen- und Arbeitslager im Wald bei Stutthof, ganz im Osten der ehemaligen Freien Stadt, mit dessen Bau die SS am 2. September 1939 begann. Zu den ersten Insassen zählten vor allem Angehörige der polnischen Intelligenz aus Danzig und dem neuen Reichsgau. Im Februar 1942 wurde das Lager in das System der SS-Konzentrationslager aufgenommen; 1944 war es an der «Endlösung» der Judenfrage beteiligt. Im Laufe des Kriegs durchliefen rund 110 000 Menschen das Lager, von denen rund 65 000 ums Leben kamen, 18 000 davon während der grausamen Evakuierungsmärsche im Winter 1945. Von den hier insgesamt eingesperrten 52 000 Juden wurden 35 000 ermordet.

Wenn Danzig auch eine Schaltstelle von Völkermord, Raub und Vertreibung war, wenn in den Danziger Verwaltungen auch hunderte von Menschen an Schreibtischen verbrecherisch handelten und die hier stationierten Einheiten von SS und Gestapo selbst «mit Hand anlegten», um das Nationalitätenproblem im Reichsgau zu lösen – in der Stadt selbst merkte man davon wenig. Die geringe Zahl «rassisch Minderwertiger» war rasch beseitigt.

1940 lebten noch etwa 1200 Juden in Danzig. Am 26. August verließen 527 von ihnen die Stadt mit dem Ziel Haifa, doch wurden sie von den britischen Behörden weiter nach Mauritius geschickt, wo sie die Kriegsjahre verbrachten. Ab Oktober 1941 mussten die restlichen Danziger Juden in der Öffentlichkeit Davidsterne tragen, fast alle von ihnen wurden bis 1943 ins Warschauer Ghetto sowie in die Konzentrationslager Auschwitz und Theresienstadt deportiert. Das Kriegsende erlebten im «Judenhaus», einem Speicher in der Mausegasse, ganze 22 Menschen.

Forsters Politik gegenüber den Polen zielte darauf ab, einen möglichst großen Teil von ihnen durch Eintragung in die Deutsche Volksliste zumindest auf dem Papier zu «germanisieren», auch wenn er damit in Gegensatz zu SS-Führer Heinrich Himmler geriet. Was für den ganzen Gau galt, galt auch für die Stadt Danzig: Nach einer ersten Verhaftungs- und Hinrichtungswelle wurden weiterhin viele ehemalige Angehörige der polnischen Minderheit verfolgt, ausgesiedelt oder zur Zwangsarbeit verpflichtet, viele andere aber ließ man in Ruhe. Die vertriebenen polnischen Danziger hatten es nicht einfach, wie sich Urszula Brzezińska später erinnerte:

> In Radom hatten wir furchtbares Heimweh. Das war doch nicht unser Zuhause: wir hatten doch nichts. [...] Mama sagte immer: Egal, was kommt, wir wollen nach Hause. Einmal sagte ich zu meiner Mutter: Mama, scheint der Mond heute in Danzig auch so schön? Mama sagte: Ja, der scheint da auch so schön. Wir hatten furchtbare Sehnsucht.[50]

Auch auf wirtschaftlichem Gebiet gliederte sich Danzig rasch ins «Großdeutsche Reich» ein: Der Gulden wurde abgeschafft und die heimischen Betriebe der Kriegswirtschaft unterstellt. Die Werften produzierten mit einer rasch aufgestockten Belegschaft vor allem U-Boote. Da viele wehrfähige Deutsche zum Kriegsdienst eingezogen wurden, mussten die meisten Betriebe auf Zwangsarbeiter und Kriegsgefangene zurückgreifen. Der Hafen wurde organisatorisch mit dem von Gdingen zusammengelegt und diente nun auch als Ankerplatz der Kriegsmarine, während der Handel kriegsbedingt zurückging. Dennoch wuchs die Zahl der unter Danziger Flagge fahrenden Schiffe erheblich.

Albert Forster wollte seine Hauptstadt weiterentwickeln und modernisieren und ließ deshalb umfangreiche urbanistische Pläne ausarbeiten. Dazu gehörten eine völlige Neuorganisation des Eisenbahn- und Straßenverkehrs, die Anbindung an das Reichsautobahnnetz und die Errichtung gewaltiger Repräsentationsbauten westlich der Innenstadt. Von dem Ende 1940 vorgelegten neuen Generalbebauungsplan konnte jedoch nichts mehr verwirklicht werden.

Danzig selbst blieb lange von direkten Kriegseinwirkungen verschont. Erste Luftangriffe im Sommer 1942 forderten nur wenige Todesopfer. Immer noch herrschte ein fast normaler Alltag in der fernab aller Fronten liegenden Stadt. Doch während die Straßenbahnen wie immer fuhren, Kinos spielten und die Menschen in die Strandbäder strömten, kündigte sich langsam das Ende an. Wertvolle Kunstgegenstände aus Kirchen und Museen wurden ausgelagert. Am 31. August 1944 erschienen die «Danziger Neuesten Nachrichten» zum letzten Mal, die Versorgungsschwierigkeiten wurden drückender, immer neue Jahrgänge wurden zum Kriegsdienst einberufen.

Als ab Ende 1944 die Rote Armee nach Ostpreußen vorrückte, begannen lange Flüchtlingstrecks nach Danzig zu strömen. Doch erst Ende

Januar 1945 durften auch die Danziger selbst offiziell fliehen. Die Eisenbahnzüge nach Westen waren überfüllt. Ende Januar liefen die ersten großen Flüchtlingsschiffe von Danzig und Gdingen aus. Am 30. Januar versenkte ein sowjetisches U-Boot vor Stolpmünde die «Wilhelm Gustloff», die wenige Stunden zuvor Gdingen mit rund 10 000 Passagieren, darunter vielen Danziger Flüchtlingen, verlassen hatte.

Im Januar 1945 überschritt die Rote Armee die Weichsel, rückte rasch nach Westen vor und stieß Mitte Februar durch Hinterpommern bis zur Ostsee vor. Danzig war abgeschnitten. Rasch kamen die von einer polnischen Panzerbrigade unterstützten Sowjets der Stadt von Westen her näher. Während sich die Zivilbevölkerung zwischen der Flucht per Schiff oder Bleiben entscheiden musste, verbreitete die Parteiführung Durchhalteparolen. So rief Albert Forster Mitte Februar in einem Danziger Betrieb beschwörend:

> Danzig hat in seiner Geschichte schwere Stunden wiederholt durchgestanden, überwunden und zum Guten gewandt. So wollen auch wir ohne Rücksicht unseren Beitrag zur Erhaltung unseres Volkes leisten und in diesem Geiste die Lage meistern.[51]

Seit dem 9. März wurde die Danziger Innenstadt fast täglich bei sowjetischen Luftangriffen bombardiert, später auch mit Artillerie beschossen. Tausende kamen dabei ums Leben. Bis zu einer Million Menschen waren im Kessel von Danzig und Gdingen eingepfercht. Obwohl die Rote Armee am 23. März bei Zoppot die Danziger Bucht erreichte, ließ das Führerhauptquartier noch zwei Tage später nach Danzig funken: «Jeder Quadratmeter des Raumes Danzig/Gotenhafen ist entscheidend zu verteidigen.»[52]

Doch durch bloße Worte konnte die Front nicht gehalten werden. Am 26. März war Oliva eingenommen. Einen Tag später flüchtete Albert Forster mit einem Dampfer zunächst auf die Halbinsel Hela und kurz vor Kriegsende weiter nach Westen. Nach dem Krieg wurde er bei einem Prozess in Danzig zum Tode verurteilt und später hingerichtet. Tiefflieger beschossen die Innenstadt, die Menschen kauerten in Kellern und Bunkern, niemand löschte mehr die Brände, die die historische Bausubstanz zerstörten. Günter Grass hat ihren Untergang in seinem Roman *Die Blechtrommel* geschildert:

> Rechtstadt, Altstadt, Pfefferstadt, Vorstadt, Jungstadt, Neustadt und Niederstadt, an denen zusammen man über siebenhundert Jahre lang gebaut hatte, brannten in drei Tagen ab. [...] Es brannten die Häkergasse, Langgasse, Breitgasse, Große und Kleine Wollwebergasse, es brannten die Tobiasgasse, Hundegasse, der Altstädtische Graben, Vorstädtische Graben, die Wälle brannten und die Lange Brücke. Das Krantor war aus Holz und brannte besonders schön. In der Kleinen Hosennähergasse ließ sich das Feuer für mehrere auffallend grelle Hosen Maß nehmen. Die Marienkirche brannte von innen nach außen und zeigte Festbeleuchtung durch Spitzbogenfenster. Die restlichen, noch nicht evakuierten Glocken von Sankt Katharinen, Sankt Johann, Sankt Brigitten, Barbara, Elisabeth, Peter und Paul, Trinitatis und Heiliger Leichnam schmolzen in Turmgestühlen und tropften sang- und klanglos. In der Großen Mühle wurde roter Weizen gemahlen. In der Fleischergasse roch es nach verbranntem Sonntagsbraten.[53]

Während die SS letzte Deserteure und Arbeitsverweigerer an den Linden der Großen Allee aufknüpfte und sich die Wehrmacht auf die durch Überflutung der Niederungsgebiete geschützte Binnennehrung zurückzog, war die Zivilbevölkerung, sofern sie nicht ebenfalls noch aus der Stadt floh, der Willkür der Rotarmisten ausgeliefert. Mit den Rufen «Uhrrr, Uhrrr» und «Frau komm» fielen sie in die Keller und Wohnungen ein; Plünderungen, Vergewaltigungen und sinnlose Zerstörungen waren für einige Tage an der Tagesordnung. Für die Opfer waren diese Erlebnisse, wie sie in den Jahren zuvor bereits Millionen von Menschen in Europa hatten erleben müssen, traumatisch. Christel G. erinnerte sich später: «Dieses ‹Frau Komm!› wird mir ewig in den Ohren klingen [...] und es ist mir unmöglich, auch noch nach Jahrzehnten zu schildern, was für eine Drangsal, was für ein höllisches Durchleiden dann einsetzte.» Und Annemarie Gerlach schrieb: «Krampfhaft verzerrte ich mein Gesicht. ‹Lieber Gott, laß mich alt und häßlich aussehen!›»[54]

Die Einheiten der polnischen Armee konnten gegen diese Brutalitäten wenig tun. Immerhin blieb ihnen ein Akt von großer symbolischer Bedeutung: Am 29. März pflanzte ein polnischer Soldat auf der Fassade des Artushofs die polnische Fahne auf. Auf rotem Grund grüßte nun der weiße polnische Adler. Aus Danzig wurde Gdańsk.

9

VARIATIONEN IN WEISS-ROT

GDAŃSK, «SCHÖNER ALS JE ZUVOR»

1945–1980

✦ ✦

Lange kreiste der weiße Adler über der Stadt. Noch waren die Bäume kahl. Dunkler Rauch stieg aus geschwärzten Ruinen. Wilde Schreie, Hundegebell, Gewehrschüsse hallten herauf. Menschen hasteten schattengleich durch die unwirtlichen Straßen. Wo waren die Farben?
Dem Adler grauste: Hier sollte er landen, sich ein neues Nest bauen? Doch dann reckte er sein Haupt und schaute noch einmal in die Ferne, stieß herab und breitete seine Fittiche aus über die geschundene Stadt, löschte die Brände, linderte die Wunden, ließ neue Fahnen wehen und neue Farben: Weiß und rot regierten nun in Gdańsk.

✦ ✦

AUSGRENZUNGEN

So reich ist Danzigs Geschichte, und so oft wurde sie neu geschrieben. Manchmal konnte man den Eindruck haben, als gäbe es verschiedene Städte, die außer dem Namen nichts Gemeinsames hatten, derart entgegengesetzt waren die Interpretationen. Im Jahre 1927 rief der deutschnationale Politiker Heinrich Schwegemann seinen Parteifreunden zu: «Die Steine unserer altehrwürdigen Türme und die Häuser unserer Gassen predigen es laut und vernehmlich: dies Land war deutsch, dies Land ist deutsch, dies Land bleibt deutsch!»[1] In polnischen Augen war es gerade anders herum: Schon vor dem Krieg schienen «die stummen Steine,

Bilder, Statuen und Aufschriften»[2] davon zu zeugen, dass Danzig eigentlich polnisch war, und nachdem es 1945 tatsächlich polnisch geworden war, erklang auch in Danzig allerorten das große Schlagwort der polnischen Westgebietspropaganda: «*Byliśmy, jesteśmy, będziemy*» – wir waren hier, wir sind hier und wir werden hier sein.

Vor 1945 hatten sich die deutsche Historiographie und Politik jahrzehntelang darum bemüht, Danzig als möglichst deutsch und möglichst wenig polnisch erscheinen zu lassen, ja man ging sogar soweit, die weißen polnischen Adler an den Danziger Stadttoren zu schwarzen preußischen Adlern umzumalen. Nun, nach dem Krieg, setzte sich die Leugnung des Anderen mit umgekehrten Vorzeichen fort: Die Stadt, hieß es, sei Zeit ihres Bestehens polnisch und ihre Bevölkerung höchstens oberflächlich germanisiert gewesen. Da man die Deutschen vertrieben hatte und die Verwaltung bestrebt war, alles zu beseitigen, was an ihre einstige Präsenz erinnerte, mochte mancher historisch nicht bewanderte Besucher sogar daran glauben.

Angesichts dieser radikalen Neukonstruktion der Danziger Geschichte geriet in Vergessenheit, wie es eigentlich gewesen war: Die preußisch-deutsche Zeit galt als Fremdkörper und wurde verschwiegen. Eigentlicher Ausgangspunkt lokaler polnischer Identitäten war 1945, das Jahr, in dem das Leben des polnischen Gdańsk begonnen hatte. Erst nach vielen Jahrzehnten sollte eine neue Generation junger Danziger damit beginnen, die völlig unbekannte Vorgeschichte ihrer Lebenswelt Schicht für Schicht aufzudecken.

ZERSTÖRUNG UND NEUE MENSCHEN

1945 war für Danzig ein Schicksalsjahr. Die historische Innenstadt wurde bei den Kampfhandlungen und Bränden Ende März zu rund 90 Prozent zerstört. Eine Schilderung aus dem August 1945 gibt einen Eindruck vom Zustand der Rechtstadt: «Es ist unglaublich still. Überall die ausgebrannten Augenhöhlen der Häuser. Leere Straßen. Das Klappern der Schritte hallt mit lautem Echo zwischen Trümmern und Schutt. Bedrohlich ragen die Reste der Häuser in den Himmel.»[3] Nur die meterdicken gotischen Kirchenmauern, die vielen Türme und Stadttore erhoben sich, ihrer Dächer beraubt, stumm über das Meer der Ruinen.

Das alte Zentrum der Stadt war ausgelöscht und menschenleer. In den

Viele Menschen irrten durch das brennende, zerstörte Danzig. «Polnische Flüchtlinge kehren in das von sowjetischen Truppen eroberte Danzig zurück«, ist dieses von einem sowjetischen Fotografen geschossene Bild betitelt, das offensichtlich kurz nach Ende der Kampfhandlungen aufgenommen wurde. Mit viel größerer Wahrscheinlichkeit handelt es sich um deutsche Flüchtlinge, die von den Eroberern durch die noch qualmenden Ruinen zu Sammelpunkten getrieben werden.

übrigen Stadtteilen waren die Zerstörungen weniger groß, manche, wie Langfuhr oder Oliva, hatten den Krieg sogar verhältnismäßig gut überstanden. Insgesamt war jedoch rund die Hälfte des Wohnraums vernichtet, kein Elektrizitätswerk war mehr einsatzfähig und die Industrie zu einem großen Teil zerstört. Dennoch lebten Menschen in der Stadt.

Zahlreiche deutsche Einwohner waren bereits vor dem Ende der Kampfhandlungen aus dem gut 250000 Einwohner zählenden Danzig geflohen. Auch viele der bis zu 400000 Flüchtlinge vor allem aus Ostpreußen, die sich zeitweise in der Stadt aufhielten, waren in das noch lange von deutschen Truppen gehaltene Weichselmündungsgebiet und von dort mit Schiffen über die Halbinsel Hela in den Westen gelangt. Mehrere tausend Danziger ließen während und nach der Eroberung ihr

Leben. Ende Juni 1945 wurden in der Stadt aber immer noch rund 124 000 Deutsche (und schon gut 8000 Polen) gezählt.

Eine Angliederung Danzigs an Polen nach dem Krieg hatten bald nach Kriegsbeginn alle politischen Kräfte des Landes verlangt. Auf den Konferenzen von Jalta und Potsdam 1945 stimmten die Alliierten zu. Letzte Hoffnungen deutscher Danziger, die Freie Stadt könnte wiederhergestellt werden, zerplatzten, ja wer sich noch in der Heimat aufhielt, musste nun sogar mit der Vertreibung rechnen: Aufgrund der Kriegserfahrungen und der unvorstellbaren Verbrechen, die in deutschem Namen auf polnischem Gebiet geschehen waren, aber auch aus der Notwendigkeit, Platz für die Polen zu schaffen, die aus den von der Sowjetunion annektierten polnischen Ostgebieten umgesiedelt wurden, hatte sich in Polen die Überzeugung durchgesetzt, dass die Deutschen die neuen polnischen Westgebiete verlassen müssten. Was für die betroffene deutsche Bevölkerung einen oft traumatisch erfahrenen Heimatverlust bedeutete und als willkürliche «Vertreibung» empfunden wurde, war für die Polen eine rechtmäßige «Aussiedlung».

Das Jahr 1945 war für Danzig aber nicht nur schicksalhaft, sondern auch ein Jahr des Übergangs: Menschen kamen und gingen, Erinnerungen verließen die Stadt auf immer, neue Erzählungen hielten Einzug, und für wenige Monate existierten Alt und Neu, Deutsch und Polnisch oft sogar nebeneinander: Polnische Neuankömmlinge wurden bei Deutschen einquartiert, die auf ihre Ausreise warteten, und zwangsläufig kam man miteinander in Kontakt, half sich beim Überleben, so wie das eine aus Wilna umgesiedelte Frau berichtet:

> Als wir hierherkamen, wohnten oben zwei herzensgute [deutsche] Frauen. […] [Eine von ihnen] konnte kein Polnisch, aber wir haben uns gegenseitig geholfen. Sie brachte mir bei zu nähen oder einen Haushalt zu führen, ich war doch noch jung und erst kurz verheiratet, ich kochte dafür Kartoffeln oder etwas anderes, was wir dann gemeinsam aßen.[4]

Bereits am 30. März 1945 hatte die polnische Regierung die Woiwodschaft Danzig gegründet und eine erste Gruppe von Beamten in die Stadt geschickt, um die Verwaltung vor Ort zu organisieren, und am 7. April verschaffte sich Staatspräsident Bolesław Bierut persönlich ein Lagebild. Über Wochen hinweg sah sich neben der polnischen Administration aber auch noch die Rote Armee als rechtmäßige Verwalterin der Stadt, was zu vielen Missverständnissen führte.

Zwar erklärte der Minister für die öffentliche Verwaltung, Edward Ochab, schon am 25. Mai in der wenige Tage zuvor erstmals erschienenen polnischen Tageszeitung Danzigs, dem «Dziennik Bałtycki», dass noch im laufenden Jahr alle Deutschen aus der Stadt ausgesiedelt werden sollten, doch zunächst waren die deutschen Arbeitskräfte noch wichtig, um das Leben in der Stadt aufrechtzuerhalten und die zerstörte Infrastruktur wieder in Betrieb zu nehmen. Bald aber trafen, auf eigene Faust oder von der staatlichen Repatriierungsbehörde gelenkt, polnische Siedler ein: Im April waren es 3200, im Mai und Juni mehr als 4000, in den Sommermonaten jeweils bis zu 15 000. Um die schwierige Versorgungslage zu lindern und Wohnraum für die zuwandernden Polen zu schaffen, waren die polnischen Behörden nun bemüht, die Deutschen so rasch wie möglich zu vertreiben. Deshalb schritt man noch vor den Potsdamer Beschlüssen zur Tat: Ab Juli 1945 wurden mit Güterzügen viele zehntausend Menschen abtransportiert. Sie durften nur Handgepäck mitnehmen und waren auf der mehrtägigen strapaziösen Fahrt durch «Polens wilden Westen» nach Deutschland vielfach Opfer von Überfällen.

Aufgrund fehlender Transportkapazitäten, aber auch weil die Besatzungsbehörden in Deutschland zeitweise keine Vertriebenen aufnahmen, dauerte die Umsiedlung der Deutschen länger als geplant. Seit 1946 ging sie im Übrigen unter humaneren Umständen vonstatten. Wer als ehemaliger Danziger Staatsbürger in Danzig bleiben wollte, musste ein Rehabilitierungsverfahren durchlaufen, in dem er seine Zugehörigkeit und seine Treue zur polnischen Nation nachzuweisen hatte.

Die Zahl der Alteingesessenen betrug schon wenige Jahre nach dem Krieg, gemessen an der Gesamtzahl der neuen Danziger, nur wenige Prozent, von denen die meisten Polen und nur einige hundert Deutsche waren. Sie standen schon 1948 rund 150 000 zugewanderten Polen gegenüber, von denen mehr als zwei Drittel aus den nach wie vor zu Polen gehörenden Gebieten («Zentralpolen», vor allem Lublin, Lodz, Kielce und Rzeszów) und rund 15 bis 18 Prozent aus den an die UdSSR gefallenen ehemaligen polnischen Territorien stammten. Da aus Wilna relativ viele Angehörige der Mittelschicht und Akademiker nach Danzig kamen, war die Gruppe der litauischen Polen im öffentlichen Leben lange überdurchschnittlich stark präsent. Bis diese so heterogene neue Bevölkerung zusammenwuchs, sollten Jahrzehnte vergehen.

Die Neubesiedlung Danzigs war ein komplizierter Prozess aus Zuwanderung und partieller Abwanderung: Wer sich an der Küste nur rasch bereichern wollte oder wem es hier nicht gefiel, den hielt es nicht lange, während der rasche industrielle und administrative Aufbau viele Menschen dazu ermutigte, ihr Glück auf Dauer in Danzig zu suchen. Besonders intensiv war der Zuzug aus den seit alters her slawisch bewohnten Gegenden südlich und westlich der Stadt. Gegen Ende der 1950er Jahre war die Einwohnerzahl der Vorkriegszeit wieder erreicht, 1970 zählte man 365 000 und 1980 457 000 Einwohner. War Danzig vor 1918 der Bevölkerung nach nur auf Platz 27 der deutschen Großstädte gestanden, so war es nun die fünftgrößte polnische Stadt und genoss im Land eine Aufmerksamkeit, wie es sie in Deutschland nie gehabt hatte.

ZWISCHEN KOMMUNISMUS UND MODERNE: WIEDERAUFBAU UND NEUE GESELLSCHAFT

Die ersten Polen, die im Frühjahr 1945 nach Danzig kamen, waren schockiert: Konnte diese Trümmerstadt jemals wieder ein Zentrum urbanen Lebens werden? Gewaltige Aufgaben stellten sich: Der Aufbau von Verwaltung, Wirtschaft, Gesellschaft und die Konstruktion eines neuen Stadtzentrums an der Stelle des zerstörten alten. Und das alles in einer fremden Stadt, die von ihren ehemaligen Bewohnern vielfach schon verlassen worden war. Trotzdem waren bereits wenige Wochen nach der Eroberung die Grundlagen des polnischen Danzig gelegt.

Nachdem erste Vertreter von Staat und Sicherheitsdiensten schon in Danzig eingetroffen waren, kam Anfang April auch der polnische Altkommunist Franciszek Kotus-Jankowski nach Danzig, der von der Regierung zum Stadtpräsidenten (Oberbürgermeister) ernannt worden war und mit dem Aufbau einer Stadtverwaltung begann. Zur gleichen Zeit erschienen Abordnungen des Bildungsministeriums, um die Technische Hochschule in Betrieb zu nehmen, Ärzte, Stadtplaner, Fachleute für den Hafen und Kraftwerke sowie eine Gruppe von Lehrern, die sich um ein polnisches Schulwesen kümmern sollten. Die erste Geige spielte, politisch gesehen, von Anfang an die kommunistische Polnische Arbeiterpartei, die bis 1947 noch weitere Parteien neben sich duldete. Allerdings wurden Angehörige des bürgerlichen Widerstands gegen die NS-Besatzung sofort verfolgt. Das von Warschau ernannte Stadtparlament, der Städtische Nationalrat, tagte erstmals am 9. Juli 1945; Kommunal-

Kurz nach Kriegsende war die historische Langgasse von Schutt und ausgebrannten Ruinen gesäumt.

wahlen fanden – ausschließlich mit Kandidaten der Nationalen Einheitsfront – erstmals 1954 statt.

Vordringlichste Probleme waren zunächst die Wiederinbetriebnahme der städtischen Infrastruktur und die Lebensmittelversorgung der Stadt, die längere Zeit hindurch kritisch blieb und auf internationale Hilfslieferungen angewiesen war. Auch die Sicherheitslage ließ noch zu wünschen übrig. Danzig wurde wie alle Städte in den polnischen Westgebieten von Plünderern heimgesucht, die sich an herrenlosem Gut bereicherten, nicht selten aber auch Deutsche und Polen überfielen. Der Handel mit geplünderten Waren (*szaber*) gehörte ebenso wie der private Verkauf letzter Habseligkeiten zum Straßenbild der unmittelbaren Nachkriegszeit.

Seit Ende April wurden die Straßen der zerstörten Innenstadt enttrümmert, wozu nicht zuletzt viele Deutsche zwangsverpflichtet wurden. Was aber mit den ruinengesäumten Straßen tun? Der Möglichkeiten gab es viele, da alles deutsche Vermögen qua Gesetz an den polnischen Staat gefallen war, eine für die Stadtplanung einzigartige Situation, von der die Verwaltungen der kriegszerstörten Städte Westeuropas nur träumen konnten.

Und so entbrannte schon bald eine heftige Diskussion darüber, in welcher Form das Danziger Stadtzentrum wieder aufgebaut werden sollte. Manche Politiker und Architekten schlugen eine radikal modernistische Lösung vor, wie sie damals international geschätzt wurde, nämlich nach dem Prinzip der Tabula rasa die Ruinen ganz abzuräumen und, eventuell unter Erhalt einiger Kirchen und der Rathäuser, eine Wohnsiedlung in Blockbebauung oder ein Verwaltungszentrum zu errichten.

Relativ rasch aber setzte sich eine andere Orientierung durch: Danzigs Vizepräsident Władysław Czerny und die städtische Bauverwaltung erarbeiteten gemeinsam mit Architekten der Technischen Hochschule erste Richtlinien für eine architektonische Rekonstruktion: Die Verwaltung der Stadt sollte außerhalb des eigentlichen Stadtkerns rund um Neugarten konzentriert werden, während der historischen Innenstadt eine Zukunft als Wohnstadt zugedacht war, die in den Formen des alten Danzig rekonstruiert werden sollte, und zwar bereinigt von allen «auf *deutsch, deutscher, am deutschesten* geschminkten» Gebäuden, diesen «Spuren der Barbarei», wie Czerny Anfang September 1945 sagte.[5] So sollte ein Zentrum wiedererstehen, dessen Ursprung und Traditionen polnisch waren und dessen architektonische Substanz zum nationalen Kulturerbe gehörte. Czerny sagte schon bei der Vorstellung eines ersten Wiederaufbauplans im September 1945: «Wir müssen [...] unser altes Danzig dem Geiste nach so treu wie nur irgend möglich wiederaufbauen.» Erst dann werde es wieder zu einer wirklich polnischen Stadt.[6] Auch die zentrale polnische Denkmalschutzbehörde unterstützte schließlich dieses Vorhaben.

Wie aber sollte ein solcher historisierender Wiederaufbau finanziert werden, der neben baugeschichtlichen Studien auch den Einsatz vieler handwerklicher Spezialisten erforderte? Vor dem Hintergrund der politischen Entwicklung Polens war eine private oder kommunale Finanzierung nicht denkbar. Es war deshalb unumgänglich, die kommunistisch geführte Regierung davon zu überzeugen, die entsprechenden Ressourcen bereitzustellen. Dies gelang, indem der Wiederaufbau für die nationale Propaganda instrumentalisiert wurde: Er sollte – ähnlich wie die Rekonstruktion der Warschauer Innenstadt – den Lebenswillen des Landes demonstrieren, zugleich aber die Polonität der «wiedergewonnenen Gebiete» bekunden und dadurch ihre Zugehörigkeit zu Polen legitimieren. Es galt, die einstige deutsche «Bürgerstadt» als polnische «Arbeiterstadt» schöner aufzubauen, als sie es jemals zuvor gewesen war.

Die erste Phase des Wiederaufbaus begann 1948 mit großem Elan und war in der Mitte der 1950er Jahre beendet, als auch die Marienkirche erneut (natürlich katholisch) geweiht wurde. Die Idealvorstellungen von einer weitgehend originalgetreuen Rekonstruktion ließen sich allerdings nicht verwirklichen. Zum einen warf die Frage, auf welches historische Vorbild man sich eigentlich berufen sollte, Probleme auf. Man einigte sich auf ein idealisiertes Danzig der Frühen Neuzeit, wie es von Stichen und Abbildungen bekannt war, blieb jedoch vor Fehlinterpretationen nicht gefeit: So waren etwa manche manieristische und barocke Fassaden, die nun wiederhergestellt wurden, erst im 19. und 20. Jahrhundert entstanden. Zum anderen war der zerstörte Innenstadtbereich so groß, dass ein vollständiger historisierender Wiederaufbau enorme Mittel beansprucht hätte. Als Kompromiss begnügte man sich damit, lediglich die Rechtstadt in Anlehnung an die alte Bebauung wiedererstehen zu lassen (allerdings mit viel geringerer Bebauungsdichte, kleinen Wohnungen und zum Teil standardisierten, jedoch oft reich verzierten Fassaden), während in der Altstadt die wichtigsten Baudenkmäler mit einer gemäßigt modernen Architektur ergänzt wurden. Vor- und Niederstadt wurden lange vernachlässigt und entwickelten sich zu einer Wohn- und Gewerbezone mit teils erhaltenem Baubestand aus dem 19. Jahrhundert, der mit Wohnhochhäusern ergänzt wurde.

Da die Wohnungen in der Rechtstadt bevorzugt an Arbeiterfamilien vergeben wurden, sollte das Sozialprofil der im Zentrum hinter den prächtigen Fassaden in kleinen, standardisierten Wohnungen lebenden Bevölkerung bis ins 21. Jahrhundert hinein problematisch bleiben. Zwischen den 1960er und 1980er Jahren wurde der Wiederaufbau fortgesetzt, sei es mit der teils sehr detaillierten Rekonstruktion wichtiger Baudenkmäler wie des Rechtstädtischen Rathauses, sei es durch den Bau weiterer historisierender Häuserzeilen. Trotz aller problematischen Aspekte – nirgendwo sonst auf dem Kontinent war das Stadtbild einer fast vollkommen zerstörten historischen Innenstadt in so großem Umfang wiederhergestellt worden.

Danzigs Wiederaufbau schrieb Geschichte, begründete den Ruhm der «polnischen Schule der Denkmalpflege» und faszinierte alle Besu-

Die Rechtstadt entstand in historischen Formen, jedoch als Arbeitersiedlung wieder neu. Hier eine Aufnahme um 1953, die Kuppel links gehört zur Königlichen Kapelle.

cher. So schrieb einer der ersten deutschen Journalisten, die die Stadt nach dem Krieg besuchen konnten, 1957 ungläubig, den westdeutschen Wiederaufbau vor Augen:

> Man glaubt, eine Dekoration aus geklebter Pappe und angestrichenem Gips vor sich zu haben, auf einer Naturbühne, die inmitten einer Trümmerkulisse steht, der noch immer der Leichen- und Brandgeruch jener Tage und Nächte anhaftet, die nun schon mehr als ein Jahrzehnt zurückliegen. Ein Eindruck, der überwältigt, zuerst abstößt und verwirrt, schließlich aber bannt und verzaubert.[7]

Während damals noch der Kontrast von funkelnagelneuen Barockhäusern und Trümmerumgebung verstörte, war nach einigen Jahrzehnten vielen Touristen gar nicht mehr bewusst, dass diese Stadt 1945 fast völlig dem Erdboden gleichgemacht war. Für die neuen Danziger hingegen war das wiederaufgebaute Danzig das wahre, das eigentliche, polnische

Danzig, und nicht jene fremde Stadt, die ihnen aus Fotos und Ruinen entgegenblickte. Der Wiederaufbau der Stadt wurde so zu einem Kristallisationspunkt neuer lokaler Identitäten.

Bei all ihrer Heterogenität war die neue polnische Gesellschaft Danzigs in einem geeint – fast alle Einwohner waren zugewandert, waren ortsfremd, mussten den städtischen Raum neu für sich entdecken. Von Danzig hatten sie, als sie an der Mottlau eintrafen, meist nur wenige Vorstellungen. Nun lebten sie hier. Nicht nur das Stadtbild war ihnen fremd, nicht nur die lokale Geschichte, sondern auch die Spuren der ehemaligen Bewohner, die ihnen oft intakte öffentliche Räume, Häuser, Wohnungen und sogar komplette Wohnungseinrichtungen hinterlassen hatten. Dieses Spannungsverhältnis zwischen deutscher Vergangenheit und polnischer Gegenwart prägt die Stadt seit dem Krieg. Anfangs waren die Kontraste besonders groß. Eine zugewanderte Polin schrieb Ende 1945, was sie in Danzig besonders störte:

> Diese unerhörte, pedantische Einförmigkeit. Es ist adrett, es ist sauber, gerade, glatt und sogar ‹gemütlich›. Aber eng. Hier fehlt es an Schwung, Phantasie, es fehlt etwas Unerwartetes, etwas, das der Brust einen Schrei des Entzückens oder des Protestes entreißen würde.[8]

Die Aneignung des Fremden, das langsame Heimischwerden im Vorgefundenen und die Anpassung der Umgebung an die eigenen Bedürfnisse war ein sich über Jahrzehnte erstreckender Prozess. Er begann mit einigen besonders symbolkräftigen Ereignissen: So wurden die deutschen Denkmäler wie das Kriegerdenkmal auf dem Holzmarkt oder das Reiterstandbild Wilhelms I. vor dem Hohen Tor gestürzt. Außerdem wurden schon 1945 die deutschen Straßennamen durch polnische ersetzt. Dabei übersetzte man die Bezeichnungen in der historischen Innenstadt meist ins Polnische, während man für die Straßen in den Außenbezirken in der Regel neue Namen erfand. Auch sollten mit Hilfe von Farbe und Meißel alle deutschen Inschriften aus dem Stadtbild verschwinden. Dennoch erinnerten noch jahrzehntelang Kanaldeckel, hinter bröckelndem Putz zum Vorschein kommende Geschäftsaufschriften, Briefkastenschlitze mit den Lettern «Briefe» oder Wasserhähne mit den Buchstaben «W» und «K» an die unter dem polnischen Firnis lauernde Fremdheit dieser Stadt.

Aufgrund des raschen Bevölkerungsanstiegs genügten der vorhandene Wohnungsbestand und die bestehenden Siedlungen bald nicht mehr. Das weniger zerstörte Langfuhr wurde zu einem wichtigen Geschäftszentrum, die Ostseite der Langfuhrer Hauptstraße mit Blöcken im Stil des sozialistischen Realismus bebaut. In den Jahrzehnten nach dem Krieg entstanden aber auch – oft unter der Regie von Wohnungsbaugenossenschaften – ganz neue Hochhaussiedlungen für viele zehntausend Menschen, sowohl im flachen Küstenstreifen (Przymorze, Żabianka) als auch auf den Endmoränenhügeln (Morena, Orunia usw.). Die geschichtslosen Zwei- bis Vierzimmerwohnungen, vielleicht sogar mit Blick aufs Meer, wurden für viele Familien zum Traum eines bescheidenen Glücks, das kaum Grenzen kannte, wenn man nach langer Wartezeit eine Waschmaschine, einen Fernseher oder gar einen Kleinwagen aus polnischer, tschechischer oder ostdeutscher Produktion erwerben konnte.

Das rapide Wachstum der Stadt machte auch den Ausbau der öffentlichen Infrastruktur nötig: Zwischen Danzig und Gdingen sowie nach Neufahrwasser wurde eine S-Bahn eingerichtet, die noch lange mit alten, als Reparationsleistung an Polen gelieferten Berliner S-Bahn-Zügen fuhr, der Straßenbahn- und Autobusverkehr wurde stark ausgeweitet. Auch wenn hier wie in allen anderen Bereichen stets materielle Engpässe zu überwinden waren, gelang es, die Zahl der Krankenhausbetten ebenso zu steigern wie jene der Schulen. Dabei fielen die Entscheidungen oft nach komplizierten Abstimmungsprozessen hinter den Kulissen, denn in Polen entwickelte sich – ähnlich wie in den anderen staatssozialistischen Ländern – eine Doppelstruktur von Staats- und Parteiorganen. Sie alle standen wiederum unter Warschauer Aufsicht, die mit Hilfe der Woiwodschaftsverwaltung ausgeübt wurde. Die Stadtpräsidenten bzw. die Präsidiumsvorsitzenden des Städtischen Nationalrats waren nach Danzig versetzte Karrierebeamte, wechselten häufig und prägten das städtische Leben kaum.

REPRESSION UND PROTEST: POLITIK UND ALLTAG

1947, zu Beginn des stalinistischen Jahrzehnts, knirschte es noch im politischen Getriebe: Die im bürgerlichen Geist groß geplanten 950-Jahr-Feiern der Stadt mussten auf persönliche Anweisung von Präsident Bierut aufgegeben werden, die einzige Festivität bestand in der Einweihung einiger Arbeiterwohnungen und – in der Verleihung der Ehrenbürgerwürde an den Staatspräsidenten. Auch in anderen Bereichen musste sich die Stadt den Erwartungen der Zentrale unterordnen: So wurde 1946 ein Hafenarbeiterstreik in Neufahrwasser blutig niedergeschlagen, eine Volksabstimmung im selben Jahr im Sinne der Kommunisten gefälscht, ebenso wie die Parlamentswahlen vom Januar 1947, als der Sieg der Bauernpartei, der einzigen zugelassenen Opposition, zu einem Sieg des von den Kommunisten geführten «demokratischen Blocks» umgemünzt wurde. Angehörige der bürgerlichen Opposition hatten Verfolgung und Repression zu gewärtigen, nicht wenige kamen ins Gefängnis. Die seit der Vereinigung mit der Sozialistischen Partei 1948 als Polnische Vereinigte Arbeiterpartei (PVAP) firmierende Partei baute ihre Macht konsequent aus und errichtete einen allgegenwärtigen Apparat, 1956 standen alleine in Danzig über 500 Personen direkt auf ihren Lohnlisten. Einiges über die Qualität der Parteikader besagt allerdings die Tatsache, dass nur 15 von ihnen einen Hochschulabschluss besaßen.

In den stalinistischen Jahren stand das öffentliche Leben im Zeichen von Massenveranstaltungen, Umzügen und allgegenwärtiger Propaganda. Gleichzeitig plagten die Einwohner Schwierigkeiten bei der Versorgung mit Konsumgütern und Lebensmitteln. Trotz allem entwickelte sich Danzig und viele Menschen lebten ihr privates Leben, richteten sich ein in der Stadt. Stalins Tod 1953 rührte zahlreiche Danziger noch zu Tränen, doch im Oktober 1956 änderte sich die Stimmung schlagartig: Das politische Tauwetter hielt Einzug, beflügelt von den Arbeiterunruhen in Posen, und auch die Danziger äußerten bei großen öffentlichen Versammlungen – so an der Pädagogischen und der Technischen Hochschule – Kritik am Personenkult der vergangenen Jahre. Obwohl Warschau die politische Schraube schon nach wenigen Monaten wieder anzog, blieb das gesellschaftliche und kulturelle Leben liberal: Anfang 1957 wurde in Danzig erstmals eine «Miss der Küste» gewählt. Auch die Kaschuben – lange separatistischer Bestrebungen verdächtigt – durften sich nun frei entfalten; ihre Zentralvereinigung hatte seit 1956 ihren Sitz in Danzig.

Große politische Ereignisse machten sich in Danzig rar, vorbei waren vorerst die Zeiten, in denen die Stadt die Schlagzeilen der Weltpresse beherrschte. Als 1962 Danzig seinen Beitrag zur staatlich angeordneten Tausendjahrfeier des Staates leistete, kam immerhin die gesamte Staats- und Parteiführung an die Mottlau. Dafür bereicherten neue Gedenkorte die Stadt: Ein aus Lemberg stammendes Reiterstandbild von König Johann III. Sobieski fand 1965 seinen Platz auf dem Holzmarkt, 1967 wurde das «Denkmal für die Helden der Westerplatte» eingeweiht. Das auf einem eigens aufgeschütteten Hügel auf der Westerplatte errichtete Monument erinnert nicht nur an die Verteidigung des Munitionsdurchgangslagers, sondern auch an den Kampf der polnischen Soldaten an allen Fronten des Zweiten Weltkriegs. In eine ganze Gedenklandschaft eingebettet, wurde es bald zum zentralen Ort für die Feierlichkeiten zum Jahrestag des Kriegsausbruchs.

Freizeitgestaltung wurde für die Danziger immer wichtiger. Die Strände waren ebenso beliebt wie zu deutschen Zeiten, und bald wurde die Stadt zu einem begehrten Urlaubsort nicht nur für Polen, sondern zunehmend auch für Ausländer. Deutsche «Heimwehtouristen» machten sich verstärkt seit den 1970er Jahren auf die Suche nach Spuren ihrer verlorenen Heimat.

Seit 1954 konnten die Bürger durch den Zoologischen Garten von Oliva spazieren, der nicht nur mit seinen Tieren, sondern auch mit besonderen landschaftlichen Reizen lockte. Die Rechtstadt war seit dem Wiederaufbau ein beliebtes Ausflugsziel, zumal hier gerade im Sommer viel Unterhaltung geboten wurde. Dazu gehörten die «Danziger Tage», die mit Musik und Straßentheater aufwarteten und 1972 ergänzt wurden um den reaktivierten Dominik-Jahrmarkt, der Jahr für Jahr Menschenmassen in die zunehmend verkehrsberuhigte Rechtstadt zog.

Auch der Sport gewann an Bedeutung. 1948 stieg der Danziger Fußballverein Lechia in die erste polnische Liga auf, ohne aber jemals zu einem absoluten Spitzenclub zu werden. Zunächst war die Stadt für ihre Boxer bekannt. Bereits 1948 gab es für Aleksy Antkiewicz olympische Bronze, 1952 holte Zygmunt Chychła erstmals Gold. Elżbieta Duńska-Krzesińska, Weitsprung-Olympiasiegerin von Melbourne 1956, war der erste in Danzig lebende nationale Sportstar.

Besondere Bedeutung für das Zusammenwachsen der zusammengewürfelten neuen Danziger Bevölkerung hatte die katholische Kirche. Sie übernahm alle protestantischen Gotteshäuser der Stadt, teilweise wurden Klöster reaktiviert. Bei den heiligen Messen und den großen Feiertagszeremonien wie den Fronleichnamsprozessionen entstand ein Gemeinschaftsgefühl der entwurzelten Menschen, aber auch ein Raum für freie Meinungsäußerungen. Trotz aller Versuche staatlicher Einflussnahme blieb die Kirche im Großen und Ganzen unabhängig und war ein

Rückhalt oppositionellen Denkens. In manchem verfolgte sie allerdings ähnliche Ziele wie der Staat: Beiden war daran gelegen, die Westgebiete und den Rest Polens rasch zusammenwachsen zu lassen. Da der deutsche Bischof Karl Maria Splett bis 1956 in Polen festgehalten wurde und er in den Augen des Vatikans weiterhin das Bischofsamt versah, konnte mit Edmund Nowicki erst Ende 1956 ein neuer Bischof in Oliva eingeführt werden. 1971 wurde er von Lech Marian Kaczmarek abgelöst. Noch bis 1992 stimmten die Grenzen des Bistums mit den Grenzen der Freien Stadt überein. Auf wenige hundert Personen zusammengeschmolzen, versammelte sich die evangelische Gemeinschaft in einer Zoppoter Kirche zum Gottesdienst. Die kleine jüdische Gemeinde nutzte bis 1950 die Synagoge in Langfuhr, der jüdische Friedhof wurde 1956 geschlossen, 1971 wurde die Gemeinde aufgelöst.

Das Jahr 1968 bedeutete das Ende der relativen politischen Ruhe. Als im März in Warschau Studentenproteste ausbrachen, blieben die Danziger Kommilitonen insbesondere an der Technischen und an der Pädagogischen Hochschule nicht untätig. Am 12. März kam es zu einer ersten Straßendemonstration; drei Tage später demonstrierten rund 20 000 Menschen, darunter auch zahlreiche Arbeiter, gegen das kommunistische Regime. Die Staatsmacht reagierte entschlossen, ließ die Demonstranten von der Miliz brutal auseinandertreiben und nach Straßenkämpfen rund 300 Menschen festnehmen, viele Studenten wurden zwangsexmatrikuliert und zum Militärdienst eingezogen. Die antisemitischen («antizionistischen») Schlagworte der Propaganda veranlassten eine Reihe der gut 100 in Danzig lebenden Juden zur Auswanderung. Zwei Jahre später sollte die Stadt von noch viel größeren Protesten erschüttert werden.

STADT DES HAFENS, STADT DER WERFTEN

Danzig lebte traditionell vom Handel, vom Hafen und von den Werften, woran sich auch nach dem Krieg zunächst wenig änderte, obwohl der Erwerb zahlreicher Hafenstädte für Polen, dessen Eliten im Krieg ohnehin stark dezimiert worden waren, eine große Herausforderung darstellte, schließlich gab es kaum Fachleute für Schiffbau oder Hochseefischerei. Dennoch zog die Seewirtschaft an, winkten am Meer doch Freiheit und interessante Betätigungen. So gründeten unternehmerisch denkende Polen in Danzig gleich nach dem Krieg zahlreiche Speditionen und Handelsfirmen. Die Ernüchterung aber kam schnell: 1948 wurden sie verstaatlicht und Teil der sozialistischen Planwirtschaft. Den Hafenumsätzen kam das nicht zugute: Trotz der teils nur geringen Zerstörung der Hafenbecken und der Modernisierung von Verlade- und Speicheranlagen stagnierte der Warenumschlag zwischen 1948 und 1966. Erst danach überstieg er die Zahlen der Vorkriegszeit. Wichtigstes über Danzig gehandeltes Produkt waren Kohle und Koks aus den südpolnischen Bergbaurevieren, auch Holz behielt seine traditionell große Rolle und mit der Zeit erlangte der Stückguthandel eine immer größere Bedeutung. Regelmäßige Frachtverbindungen bestanden nach Skandinavien, ins Mittelmeer und nach Südostasien. Das Hafengeschehen konzentrierte sich auf die Weichsel zwischen Innenstadt und Flussmündung; der Mottlauhafen zwischen Langer Brücke und Speicherinsel wurde bald nur noch von Ausflugsdampfern angelaufen. Um große Schiffe und Tanker löschen zu können, entstand zwischen 1970 und 1975 östlich der Westerplatte in der Danziger Bucht der Nordhafen. 1980 arbeiteten rund 7000 Menschen für die Hafenverwaltung.

Die vielen nach Danzig einlaufenden Schiffe verbreiteten zumindest ein wenig internationales Flair: Ausländische Matrosen betraten die Stadt auf der Suche nach günstigen Gelegenheiten, manchmal auch nach Abenteuern, und polnische Seeleute brachten Eindrücke aus dem Westen und defizitäre Waren mit in die Heimat. Viele tausend Danziger fuhren nun zur See und die Stadt wurde zu einem wichtigen Heimathafen der polnischen Handelsflotte.

Im Gegensatz zur Vorkriegszeit entwickelte sich das polnische Danzig zu einem großen Industriestandort, nicht zuletzt aufgrund einer entsprechenden Wirtschaftspolitik der Regierung. Elektrotechnische, chemische und lebensmittelverarbeitende Betriebe wurden durch große Baufirmen und Druckereien ergänzt, in den 1970er Jahren folgte eine Erdölraffinerie. Privatunternehmen spielten im produzierenden Gewerbe kaum eine Rolle, anders als im Handwerk: 1980 gab es in Danzig über 2300 private Handwerksbetriebe. Auch zahlreiche kleinere Geschäfte befanden sich in Privatbesitz, während die größeren Läden staatlich waren. 1957 eröffnete an der Langgasse der erste Supermarkt.

Im Zentrum des wirtschaftlichen Geschehens stand jedoch zweifellos die Schiffbaubranche. Bald nach dem Krieg wurden die Werften, obwohl die Rote Armee einen Teil der Maschinen abtransportiert hatte, wieder in Betrieb genommen: Danziger Werft und Schichau-Werft firmierten als *Stocznia Gdańska* (Danziger Werft, zwischen 1967 und 1990 Lenin-Werft). Noch fehlte es aber an Fachleuten für Schiffbau, weshalb man zunächst Traktoren und Dampflokomotiven montierte und Stahlkonstruktionen baute. Ende 1948 wurde der erste Neubau der Nachkriegszeit zu Wasser gelassen, der Erzfrachter «Sołdek», der heute als Museumsschiff im Mottlauhafen zu besichtigen ist. 1952 wurden in Danzig schon 19 Schiffe gebaut, es entwickelte sich zu Polens wichtigstem Werftstandort und zu einem der größten weltweit. Im besten Jahr, 1975, stellten die Werften Schiffe mit insgesamt 306 000 Bruttoregistertonnen fertig.

Größter Abnehmer Danziger Schiffe war die Sowjetunion, zunehmend aber bestellten auch westliche Reedereien ihre Schiffe in Danzig, dessen Werften nicht nur kostengünstig produzierten, sondern auch für ihre Qualität bekannt waren. Damit fungierte sie als ein wichtiger Devisenbringer Polens. 1980 arbeiteten in den verschiedenen Danziger Werften – darunter auch einer großen, 1952 gegründeten Reparaturwerft – rund 20 000 Arbeiter. Viele tausend weitere Arbeitsplätze entstanden in Zulieferbetrieben.

Die kommunistische Propaganda stellte die Werftarbeiter gerne in den Mittelpunkt, zeichnete die besten von ihnen aus und gewährte ihnen auch manche Privilegien. Aber war es der Umgang mit tonnenschweren Bauteilen, der sie selbstbewusst werden ließ? War es die Tatsache, dass sie aus den unterschiedlichsten Gegenden Polens kamen und in Danzig noch keine Wurzeln geschlagen hatten? Lag es daran, dass sie wussten, wie unverzichtbar sie für das Wirtschaftsleben des Landes waren? Oder war es, wie der liberale Politiker Donald Tusk in den 1990er Jahren schrieb, das Fortwirken alter lokaler Mentalitäten, «jene Mischung aus Mut und Umsicht, Unabhängigkeit und Findigkeit, also etwas, was aus dem Meer und der nahen Kaschubei erwächst und sich Genius Loci nennt»?[9] Wie dem auch sei, 1970 jedenfalls stellten die Werftarbeiter den Staat vor eine Bewährungsprobe.

DER LANGE WEG AUS DER PROVINZ

Ein schöpferisches Zentrum der Kultur war Danzig in seiner Geschichte nie gewesen, allenfalls eine vitale Vermittlerin kultureller Entwicklungen, und daran sollte sich nach 1945 zunächst nicht viel ändern. Immerhin wurde Danzig plötzlich in die Reihe der größten polnischen Städte katapultiert. Im Kulturleben des Landes hatten stets Warschau und Krakau, Lemberg und Wilna die erste Geige gespielt, mit Abstand gefolgt von Posen. Nun waren Lemberg und Wilna keine polnischen Städte mehr, die Lemberger Intelligenz zog mehrheitlich nach Breslau, während sich die Wilnaer zwischen Thorn und Danzig aufteilten. Ein so dichtes kulturelles Gewebe wie in der alten Hauptstadt Litauens entstand in der Mottlaumetropole jedoch nie, und noch lange haftete ihr der Ruch des Provinziellen an.

Dennoch wurde Danzig rasch zum kulturellen Zentrum Nordpolens, was zwischen der peripher gelegenen Arbeiterstadt Stettin und dem provinziellen Allenstein nicht schwer war. Und so lebte die lokale Kultur bereits bald nach Kriegsende 1945 wieder auf, nur eben in polnischer, nicht mehr in deutscher Sprache. Allerdings gab es Vermittler, Brücken zwischen Einst und Jetzt. Zu ihnen gehörte Erich Volmar, letzter deutscher Denkmalpfleger Danzigs, der bis 1947 dabei half, die aus den Danziger Kirchen und Museen ausgelagerten Kunstschätze zu bergen. Oder der Komponist Helmut Hubert Degler, der – 1915 geboren – nach dem Krieg in Danzig blieb, seinen Namen in Henryk Hubertus Jabłoński änderte und bis 1980 an der Musikhochschule lehrte.

Diese persönlichen Kontinuitäten waren aber nicht die Regel. Viele führende Exponenten des deutschen Kulturlebens waren vor Kriegsende geflüchtet, wer geblieben war, wurde vertrieben. Viele Polen sprachen kein Deutsch und konnten sich das historische Erbe der Stadt nicht über die Lektüre deutscher Texte aneignen. Deshalb stützte sich der Wiederaufbau keineswegs auf ein umfassendes Quellenstudium, sondern vollzog sich in relativ freien Formen, mehr oder weniger stark beeinflusst von historischen Vorbildern, aktuellen Strömungen der Architektur und ideologischen Vorgaben.

Moderne Architektur hatte es aufgrund der Konzentration auf die historische Rekonstruktion der Innenstadt, materieller Engpässe und ideologischer Vorgaben nicht einfach in Nachkriegsdanzig. Dennoch entstanden neben Dutzenden gesichtsloser Wohnblocks einige bemerkenswerte Bauwerke. Zu erwähnen sind, auch wenn sie soziale Probleme aufwerfen, die *Falowce*, leicht gewellte Hochhausriegel im Stadtteil Przymorze, die mit bis zu 860 Metern Länge und 6000 Bewohnern zu den längsten Wohngebäuden des Kontinents gehören. Markant ist auch das grüne Hochhaus *Zieleniak*, das, um 1970 nach Plänen von Jasna

Strzałkowska erbaut, vom Olivaer Tor aus den historischen Innenstadtbereich überragt. In der Rechtstadt selbst ließen die Planer Vorsicht walten. Ins Auge springt hier vor allem das Theater auf dem Kohlenmarkt. Nach einem Entwurf Lech Kadłubowskis 1966 fertiggestellt, imponierte es mit einer modernen, zugleich aber zurückhaltenden Architektur und fügte sich mit seiner Glasfront hervorragend in die Nachbarschaft des Großen Zeughauses ein. Oskar Matzerath hätte hier viel mehr Glas zu zersingen gehabt als vor dem Krieg, als es in einer berühmten Szene der *Blechtrommel* nur für ein paar Scheiben des alten Stadttheaters reichte.

Hatte bis 1945 vor allem die Architektur von der Existenz einer Technischen Hochschule profitiert, so entstanden nun gleich mehrere neue Hochschulen, die dem künstlerischen Leben der Stadt zu einer nie gekannten Qualität verhalfen. Dazu zählte die Kunsthochschule (die ihren Sitz bis 1954 in Zoppot, dann im Großen Zeughaus in Danzig hatte), deren Professoren und Absolventen zunächst reichlich Arbeit bei der künstlerischen Ausschmückung der Rechtstadt fanden, wo es Fassaden zu gestalten und Wandbilder zu schaffen galt. Geprägt vom Postimpressionismus, Kolorismus und sozialistischem Realismus, machte die «Zoppoter Schule» von sich reden, deren Vertreter, etwa Józefa Wnukowa und Artur Nacht-Samborski, dem handwerklichen Können große Bedeutung beimaßen. An der Kunsthochschule wirkten im Lauf der Jahrzehnte zahlreiche weitere wichtige Künstler, so der Bildhauer Franciszek Duszeńko und der Architekt Adam Haupt, die nicht nur das Denkmal auf der Westerplatte, sondern auch das eindrucksvolle Mahnmal im KZ Treblinka schufen.

Auch das Musikleben profitierte von der Entstehung mehrerer wichtiger Institutionen – neben der Musikhochschule vor allem der Ostsee-Philharmonie, die zeitweise mit der Ostsee-Oper vereint war und in der ehemaligen Turnhalle an der Großen Allee ihren Sitz hatte. Weltweite Berühmtheit erlangten zwei Absolventen der Hochschule – der Geiger Konstanty Andrzej Kulka und die Pianistin Ewa Pobłocka. Ein Zentrum kompositorischer Betätigung wurde die Stadt zunächst nicht. Kazimierz Wiłkomirskis *Danzig-Kantate* (1955) erregte einige Aufmerksamkeit, Henryk Hubertus Jabłoński wurde mit Kammer- und Orchesterwerken bekannt. Das politische Tauwetter der Entstalinisierung wirkte 1956, als habe man einen Deckel von einem Topf genommen. Urplötzlich entwickelte sich etwa eine vitale Jazz-Szene und beim Schlagerfestival von

Seit den 1960er Jahren entstanden neue Großsiedlungen für die rasch wachsende Stadt. Hier spielen 1975 Kinder vor den Falowce, *den viele hundert Meter langen «Wellenhochhäusern«.*

Zoppot zogen Jahr für Jahr nationale und internationale Größen von Chanson und Pop die polnische Öffentlichkeit in ihren Bann.

Es sollte hingegen noch eine Zeitlang dauern, bis Danzig auch zu einer Stadt der Literatur wurde, auch hier war letztlich die Gründung der Universität ausschlaggebend. Bis es so weit war, kannten die lokalen Dichter vor allem ein Hauptziel, nämlich die Stadt und ihr literarisches Leben in die kulturellen Kontexte Polens einzubinden. Zu ihnen gehörten Franciszek Fenikowski mit seinen Gedichten und Romanen, die produktive Romanautorin Stanisława Fleszarowa-Muskat oder der Krimiautor Stanisław Goszczurny. Unter dem Bemühen, politisch korrekte Texte zu schreiben, litt allerdings nicht selten die künstlerische Qualität. Avantgardistische Bestrebungen waren selten, Jerzy Afanasjew oder auch Bolesław Fac waren die Ausnahme.

Da das alte Danziger Staatstheater ausgebrannt war, musste Theater vorerst an anderen Orten gespielt werden. Erst 1967 konnte das staatliche *Teatr Wybrzeże* (Küsten-Theater) seinen neuen Sitz am Kohlenmarkt beziehen. Wichtig waren auch die studentischen Off-Bühnen wie das Theater *Bim-Bom*, in dem kein geringerer als der polnische James Dean, Zbigniew Cybulski, auftrat. Häufiger als im Theater war er in Danzig jedoch im Kino zu sehen. Seitdem schon 1945 das erste Lichtspieltheater der Nachkriegszeit wiedereröffnet hatte, erlebte das Kino einen wahren Boom, bald hatten die Bürger die Auswahl unter mehr als 20 Kinosälen, zu denen auch das 1953 eröffnete, 1200 Besucher fassende Kino *Leningrad* in der Langgasse gehörte. Als Schauplatz von Spielfilmen war die Stadt weniger bedeutend. 1958 kam Stanisław Różewiczs Streifen *Wolne miasto (Die Freie Stadt)* in die Kinos, 1979 drehte Volker Schlöndorff in der Stadt für seine Verfilmung von Günter Grass' *Blechtrommel.* Seit 1974 war Danzig Schauplatz des wichtigsten polnischen Filmfestivals (das jedoch seit 1986 in Gdingen stattfindet).

Der lokale Radiosender nahm im Juni 1945 seinen Betrieb auf, um 1960 folgte eine regionale Fernsehstation. Für morgendlichen Lesestoff sorgte seit Mai 1945 die Tageszeitung «Dziennik Bałtycki», die 1947 Konkurrenz durch die Parteizeitung «Głos Wybrzeża» erhielt.

Noch einmal zurück zur Bildung, der in der kommunistischen Zeit besondere Aufmerksamkeit geschenkt wurde – nicht zuletzt deshalb, um den Regierten die vielfach wenig geliebte Regierung schmackhaft zu machen. Zahlreiche Schulneubauten ermöglichten die Erziehung der geburtenstarken Nachkriegsjahrgänge; 1970 besuchten in Danzig gut 50 000 Kinder 73 Grundschulen, um anschließend auf eine der vielen weiterführenden und berufsbildenden Schulen zu wechseln. Die ausgebaute Hochschullandschaft vor Ort ließ die Studentenzahl rasch steigen. Die nur teilweise beschädigte Technische Hochschule wurde als *Politechnika Gdańska* reaktiviert, im Oktober 1945 begannen die Vorlesungen für die ersten gut 1500 Studenten. Sie entwickelte sich zu einer der führenden technischen Hochschulen des Landes; bis 1980 machten hier rund 30 000 junge Menschen ihren Studienabschluss. Schwerpunkte waren zunächst Schiff- und Wasserbau. Fortgeführt wurde auch die Medizinische Akademie.

Da während des Kriegs die polnische Intelligenz besonders stark gelitten hatte, genoss die Lehrerausbildung in der Nachkriegszeit Priorität. 1946 wurde deshalb in Danzig eine Pädagogische Hochschule gegründet, aus der 1970 die Universität Danzig entstand. Die Universität, die sich auf ihrem Campus in Oliva zu entwickeln begann, jedoch viele über die

Stadt verstreute Institute besaß, wurde 1980 von rund 13 000 Studierenden besucht. Außerdem gab es Hochschulen für Kunst, Musik und Sport. Damit besaß Danzig ein Hochschulwesen, das so vielfältig war wie nie zuvor in seiner Geschichte. Während die Stadt zahlreiche wissenschaftliche Institute erhielt, die sich mit technischen Fragen beschäftigten (vor allem mit Seefahrt und Schiffbau), waren die Geisteswissenschaften organisatorisch schwächer aufgestellt. Für die humanistische Forschung unschätzbar war die ehemalige Stadtbibliothek, deren Gebäude mit einem Großteil der Bestände den Krieg wie durch ein Wunder unversehrt überstanden hatte.

Der Erhaltungszustand anderer kultureller Einrichtungen war weniger gut: So konnten die unersetzlichen Bestände des Staatsarchivs nur zum Teil gerettet werden. Auch das Stadtmuseum hatte bei Kriegsende große Einbußen erlitten. Immerhin konnte es schon 1948 am alten Ort im Franziskanerkloster wiedereröffnet werden; 1972 wurde es in den ehrenvollen Rang eines Nationalmuseums erhoben. Die teilweise erhaltenen Bestände wurden im Laufe der Zeit mit einer Vielzahl neuer Exponate ergänzt: Sakrale und weltliche Kunstwerke aus der Stadt und der Region ebenso wie polnische Malerei des 19. und 20. Jahrhunderts. Hier fand nun auch Hans Memlings Altarbild vom «Jüngsten Gericht» seinen Platz, das 1956 aus der UdSSR zurückgekehrt war.

Museen waren Teil der offiziellen Geschichtspolitik, deren Ziel es zunächst war, der eigenen Bevölkerung wie auch Besuchern aus dem In- und Ausland ein geschöntes, einseitig auf «polnisch» getrimmtes Geschichtsbild zu vermitteln. Das begann schon beim Archäologischen Museum, das 1961 im ehemaligen Haus der «Naturforschenden Gesellschaft» eröffnet wurde und nicht nur – vorwiegend «slawische» – Fundstücke aus Grabungen in Danzig und Pommerellen präsentierte, sondern bald auch für den Bodendenkmalschutz in Woiwodschaft und Stadt Danzig verantwortlich war. Das 1962 gegründete Zentrale Meeresmuseum ist der polnischen Seefahrtsgeschichte gewidmet, die sich bis ins 18. Jahrhundert ja im Wesentlichen auf Danzig beschränkte. Da die großen Sammlungen des Landesmuseums für Danziger Geschichte bei Kriegsende vernichtet wurden, fehlte zunächst ein lokalhistorisches Museum. 1970 wurde dann mit Sitz im Rechtstädtischen Rathaus das Historische Museum der Stadt Danzig gegründet, das sich lange Zeit allerdings darauf konzentrierte, die historischen Innenräume zu rekonstruieren.

Zur Neukonstruktion lokaler Geschichte genügten jedoch die Museen nicht, auch schriftliche Darstellungen waren dringend erwünscht, um das Bild vom «deutschen Danzig» im Sinne der neuen Verhältnisse zu korrigieren. Die lokalhistorische Forschung verstand sich zwar in patriotischem Sinne durchaus als Bestandteil dieser Legitimationsstrategien, leistete aber nach 1945 bald schon hervorragende Arbeit. Ein Meilenstein waren vor allem die ersten Bände der unter der Leitung Edmund Cieślaks seit 1978 erschienenen, großen *Historia Gdańska,* an denen sich führende Historiker Polens beteiligten. In ihrem Umfeld wurden zahlreiche bislang unterbelichtete Bereiche der Danziger Geschichte erforscht: Wirtschafts- und Sozialgeschichte von Mittelalter und Früher Neuzeit standen ebenso hoch im Kurs wie politikgeschichtliche Abhandlungen. Dagegen blieb das «preußische» 19. Jahrhundert lange unerforscht, zu gering waren die Bezüge zur polnischen Geschichte.

TRAUER, SEHNSUCHT, HOFFNUNG: DIE VERTRIEBENEN DANZIGER

Zwischen 1945 und 1947 verloren rund 250 000 deutsche Danziger ihre Heimat; sie flohen vor der herannahenden Roten Armee oder mussten die Stadt in den Monaten und Jahren nach Kriegsende verlassen. Die meisten ließen sich in Schleswig-Holstein und Niedersachsen nieder. Nur ein Teil trat der 1946 gegründeten Vertriebenenorganisation bei, dem «Bund der Danziger», der zwar an rechtsliberale und deutschnationale Traditionen anknüpfte, sich aber dennoch als Rechtsnachfolger der untergegangenen Freien Stadt Danzig sah. Wie paradox: Während Rechtsliberale und Deutschnationale diese vor 1933 angeblich überhaupt nicht gemocht hatten, strebten sie nun die Wiederherstellung des kleinen Staatswesens an. Etwas anderes blieb ihnen eigentlich auch gar nicht übrig, denn offiziell beharrte die Bundesrepublik bis zu den Brandtschen Ostverträgen auf Wiederherstellung Deutschlands in den Grenzen von 1937, und dazu hatte die Freie Stadt ja gar nicht gehört.

Um den Anspruch auf Danzig zu legitimieren, wurde deshalb 1947 ein Nachfolger des Senats der Freien Stadt ins Leben gerufen, die «Vertretung der Freien Stadt Danzig», die durch den «Rat der Danziger» gewählt wurde. Dessen Mitglieder wurden von den Danziger Vertriebenen und ihren Nachkommen per Briefwahl bestimmt. Langjähriger

Leiter der Vertretung war der aus jüdischer Familie stammende Rechtsanwalt Norbert Sternfeld.

Bereits im August 1948 ließ die «Vertretung der Freien Stadt Danzig» den Westmächten und den Vereinten Nationen ein Memorandum zukommen, in dem sie die Forderung nach einer Restituierung der Freien Stadt unter dem Schutz der Vereinten Nationen erhob. Man argumentierte, dass die von Gauleiter Albert Forster am 1. September 1939 vollzogene Angliederung an das Deutsche Reich verfassungswidrig gewesen sei. Diese – übrigens bis heute vertretene – Haltung brachte den Bund der Danziger in Konflikt mit anderen Landsmannschaften, die ihm «Separatismus» vorwarfen, etwa die «benachbarte» Landsmannschaft der Westpreußen, in der anfangs ehemalige Nationalsozialisten eine führende Rolle spielten. Hermann Rauschning sprach gar von «Verrat».[10] Doch im Laufe der Zeit verloren diese politischen Grabenkämpfe an Bedeutung; 1959 trat der Bund der Danziger dem Bund der Vertriebenen bei.

Der in Lübeck beheimatete Bund der Danziger hatte 1962 67 000, am Ende der 1990er Jahre ca. 20 000 Mitglieder und geriet zu Beginn des neuen Jahrtausends wegen der Überalterung seiner Mitglieder in Existenznöte. 1987 eröffnete er in einem renovierten Lübecker Bürgerhaus ein kleines Heimatmuseum. Doch ganz unabhängig von den Initiativen des Vertriebenenverbands war Danzig bereits fester Bestandteil der bundesdeutschen Erinnerungslandschaft geworden, nicht zuletzt dadurch, dass es in mehr als 1000 westdeutschen Städten nach Danzig benannte Straßen und Plätze gab.

Die landsmannschaftlich organisierten Danziger Vertriebenen weigerten sich lange, die polnische Nachkriegsgeschichte der Stadt wahrzunehmen. «Eine polnische Geschichte Danzigs gibt es nicht», hieß es noch 1965 im Verbandsorgan.[11] Aus psychologischer Sicht war das sogar verständlich: Der unerwartete Verlust der Heimat, die Umstände von Flucht und Vertreibung, die Unsicherheit der Situation in den Aufnahmegebieten, zudem die häufige Abwesenheit der Männer und Väter führten einerseits zu Verbitterung und Schweigen, andererseits aber auch zu Versuchen, die ausgelöschte Gegenwart neu zu beschreiben. An die Stelle des erlebten und erlittenen trat ein erzähltes und erfundenes Danzig, das den Anfechtungen durch die real existierende Stadt nicht mehr ausgesetzt war.

Bezeichnend für dieses Bestreben, die verlorene Heimat zu idealisieren, sind Lyrik und Prosa von Vertriebenen. So kapselte Wolfgang Federau das vergangene Danzig literarisch ein: «Der Garten meiner Jugend ist versunken, wie die ganze Stadt versunken ist», schrieb er 1949. «Aber er ist doch da, unberührt und herrlich und wunderbar wie einst blüht er, unverlierbar, auf dem Grunde meiner Seele.»[12] In einem seiner Gedichte klang dies so (*Ewige Stadt Danzig*):

Sie ist nicht tot! Ist nicht versunken,
nicht ausgelöscht mit Turm und Tor.
Aus Feuer, Flammen, Sturm und Funken
stieg wie ein Phönix sie empor. […][13]

Der Wiederaufstieg Danzigs konnte sich aber nur in der Welt der Vorstellung vollziehen, denn, so das Verbandsorgan des Bunds der Danziger 1950: «Keine Kraft, kein Wille, kein noch so liebevolles und hingebendes Bemühen können es [Danzig, P.O.L.] in seiner einstigen Pracht und Herrlichkeit wiederherstellen.»[14]

Der polnische Wiederaufbau irritierte die deutschen Danziger deshalb sehr, überschrieb er doch die eigene Stadt mit fremd konnotierten Zeichen und drohte nicht nur die Stadtlandschaft, sondern auch die eigene Erinnerung zu verdrängen. Konservative nicht-vertriebene Zeitgenossen empfanden den «Verlust des deutschen Ostens» ähnlich. So schrieb der Journalist Carl Gustaf Ströhm in einer Zeitungsreportage 1964 im gewohnt arrogant-paternalistischen Stil deutscher Polenbetrachtung über seine Eindrücke aus der Rechtstadt:

> Auf den Beischlägen hocken langmähnige Huligany – polnische Halbstarke – herum. Die Straßen machen einen unaufgeräumten, verwahrlosten Eindruck. Schlecht gekleidete, ärmliche Menschen gehen durch die Tore. Etwas Galizisches, Wolhynisches liegt in der Luft – so als hätte man irgendwo bei Bialystok die Kulissen einer alten Hansestadt errichtet, um einen Film zu drehen. Nun gehen die Statisten dieser Vorstellung ungeschminkt über die Bühne – und das allein genügt, um dem Zuschauer die Illusion zu rauben.[15]

Und so verschlossen sich viele Danziger Vertriebene der Konfrontation mit der verlorenen Heimat. Der Bund der Danziger nahm erst in den 1990er Jahren Kontakt zur Danziger Stadtverwaltung auf.

Doch viele Danziger dachten anders. Neben dem Bund der Danziger hatte sich schon Ende der 1940er Jahre das «Heimatwerk für Danziger

Katholiken» als Organisation der katholischen Vertriebenen gegründet, das unter der engagierten Leitung Gerhard Nitschkes insbesondere mit seiner Bildungseinrichtung «Adalbertus-Werk» seit 1961 Beziehungen ins polnische Danzig knüpfte und bis in die Gegenwart für eine auf Versöhnung und Verständigung basierende Politik steht. Auch wem das politische Herz links schlug, tat sich leichter mit dem Brückenschlag. Mit Horst Ehmke stammte ein führender bundesdeutscher Sozialdemokrat aus der Hansestadt, mit Erich Brost, dem Gründer der «Westdeutschen Allgemeinen Zeitung», einer der sozialdemokratischen Medienzaren der Nachkriegszeit. Und dann gab es noch viele Einzelkämpfer, die engste Verbindungen mit Danzig hielten und Freundschaften mit neuen polnischen Einwohnern knüpften, wie etwa Hans Eggebrecht, der 1993 zum 56. Mal seit dem Krieg in seiner Vaterstadt war und sich für den Wiederaufbau des Glockenspiels auf St. Katharinen einsetzte. Solche Anhänglichkeit wurde belohnt: 1993 erhielt erstmals seit 1945 ein deutscher Danziger die Ehrenbürgerwürde seiner Heimatstadt: Günter Grass.

GÜNTER GRASS SCHREIBT DANZIG NEU

Dafür, dass Danzig in der Vorstellungswelt vieler Deutscher eine besondere Rolle einnahm, sorgten nicht die Verbandsvertreter der Vertriebenen, sondern der Dichter Günter Grass, geboren 1927 und aufgewachsen im Vorort Langfuhr. Als 1959 sein erster Roman erschien, *Die Blechtrommel*, war sich die Literaturkritik einig: Hier meldete sich ein Autor zu Wort, der weit mehr zu schreiben hatte als nur ein weiteres Stück Heimatliteratur, der mit einer gewaltig blühenden Sprache Heimat beschwor und zugleich dekonstruierte, der am Beispiel eines ein für allemal zerstörten sozialen Milieus deutsche Nachkriegsbefindlichkeiten kommentierte und individuellen Danziger Schicksalen einen universellen Rang verlieh.

Grass' Roman musste aufrütteln und verstören. Die Jugend- und Lebensgeschichte des nicht wachsen wollenden Trommlers Oskar Matzerath wird ergänzt um eine familiäre Vorgeschichte, die mehrere Generationen weit zurückreicht und nicht etwa das bürgerliche Danzig zum Gegenstand hat, sondern die proletarischen und kleinbürgerlichen Vororte und das kaschubische Umland: Oskars Großmutter Anna Bronski ist eine kaschubische Bäuerin, ein Onkel arbeitet bei der polnischen Post, der Vater, ein Kleinhändler, stammt aus dem Rheinland. Bereits diese Figurenkonstellation durchbrach alle gewohnten Denkmuster, denn wenn man vor dem Krieg an Danzig gedacht und über Danzig geschrieben hatte, so standen in der Regel das bürgerliche deutsche Gemeinwesen und die stolze Rechtstadt im Vordergrund. Grass hingegen stellte die Bevölkerung der angeblich so deutschen Stadt als ethnisches Gemisch ohne lokale Traditionen dar. Und die Danziger Geschichte zeigte er nicht in der altgewohnten, lediglich von deutschen Bestimmungsfaktoren geprägten Perspektive, sondern als Teil eines gleichermaßen von polnischen und internationalen Einflüssen geprägten Geflechts.

Auf den Sensationserfolg der *Blechtrommel* folgten, später mit dieser zur «Danziger Trilogie» zusammengefasst, 1961 die Erzählung *Katz und Maus* und 1963 der Roman *Hundejahre*. Danzig, genauer gesagt die Vorstadt Langfuhr, entwickelte sich zum Fixstern im literarischen Universum des Günter Grass. In den *Hundejahren* beschrieb er diesen privaten Mikrokosmos folgendermaßen:

> Es war einmal eine Stadt,
> die hatte neben den Vororten Ohra, Schidlitz, Oliva, Emaus, Praust, Sankt Albrecht, Schellmühl und dem Hafenvorort Neufahrwasser einen Vorort, der hieß Langfuhr. Langfuhr war so groß und so klein, daß alles, was sich auf dieser Welt ereignet oder ereignen könnte, sich auch in Langfuhr ereignete oder hätte ereignen können.[16]

Zwar begaben sich Grass' Helden gelegentlich in die historische Innenstadt, jedoch ohne Respekt, wie Oskar, dem es eine Freude ist, mit seiner hohen Stimme vom Stockturm aus die Scheiben des Stadttheaters, jenes Zentrums bürgerlicher Lebenswelt, zu zersingen:

> Der Kasten zeigte mit seiner Kuppel eine verteufelte Ähnlichkeit mit einer unvernünftig vergrößerten, klassizistischen Kaffeemühle, wenn ihm auch am Kuppelknopf jener Schwengel fehlte, der nötig gewesen wäre, in einem allabendlich vollbesetzten Musen- und Bildungstempel ein fünfaktiges Drama samt Mimen, Kulissen, Souffleuse, Requisiten und allen Vorhängen zu schaurigem Schrot zu mahlen. Mich ärgerte dieser Bau, von dessen säulenflankierten Foyerfenstern eine absackende und immer mehr Rot auftragende Nachmittagssonne nicht lassen wollte. [...]

> Nach wenigen Minuten verschieden geladenen Geschreis, das jedoch nichts ausrichtete, gelang mir ein nahezu lautloser Ton, und mit Freude und verräterischem Stolz durfte Oskar sich melden: Zwei mittlere Scheiben im linken Foyerfenster hatten den Abendsonnenschein aufgeben müssen, lasen sich als zwei schwarze, schleunigst neu zu verglasende Vierecke ab.[17]

Noch radikaler rückte Günter Grass der Danziger Geschichte in seinem großen Danziger (Anti-)Geschichtsroman *Der Butt* (1977) zu Leibe. Er bedient sich hier der geradezu phantastisch verfremdeten Geschichte Danzigs, um die Geschichte der Alten Welt kunstvoll zu kommentieren. Das historische Heft haben Frauen in der Hand – sie kochen, lieben, lassen Männer Kriege führen und Kriege verlieren. Grass konstruiert eine entpersonalisierte Geschichte von unten, deren wichtigste Antriebsmomente die Frauen und die Mägen sind, nicht aber jene nationalen Antagonismen, welche die lokale Gesellschaft seit der zweiten Hälfte des 19. Jahrhunderts prägten.

Während die literarische Welt in der Bundesrepublik Deutschland und im Westen atemlos auf jedes neue Buch des berühmtesten Danziger Dichters aller Zeiten wartete, hatten manche Kreise Berührungsängste. In Polen, auch in seiner Heimatstadt begann man sich aus verschiedenen Gründen erst gegen Ende der 1970er Jahre für Grass zu interessieren, und das konservative Lager der Bundesrepublik warf dem Autor vor, sich ungebührlich für die Brandt'sche Ostpolitik eingesetzt und moralisch verwerfliche Dinge geschrieben zu haben. Auch der Bund der Danziger blieb auf Distanz. Ein Verbandsfunktionär schrieb 1962, Grass' Werke seien «kein Ruhmesblatt weder für ihn noch für uns» und schloss: «Auf diesen Sohn unserer Stadt können wir leider nicht stolz sein.»[18]

Der Autor blieb den Verbandsvertretern nichts schuldig. In seinem Gedicht *Kleckerburg* zürnte er 1965:

> *Wie macht die Ostsee? – Blubb, pifff, pschsch…*
> *Auf deutsch, auf polnisch: Blubb, pifff, pschsch…*
> *Doch als ich auf dem volksfestmüden,*
> *von Sonderbussen, Bundesbahn*
> *gespeisten Flüchtlingstreffen in Hannover*
> *die Funktionäre fragte, hatten sie*
> *vergessen, wie die Ostsee macht,*
> *und ließen den Atlantik röhren;*

ich blieb beharrlich: Blubb, pifff, pschsch…
Da schrien alle: Schlagt ihn tot! […]
Das ist die Ostsee nicht, das ist Verrat.[19]

Grass blieb Danzig treu: Immer wieder fuhr er in die Stadt, aus der er so viele Themen für sein Werk bezog, und immer wieder schrieb er über sie: *Unkenrufe* (1992), *Im Krebsgang* (2002) und schließlich das große Erinnerungsbuch *Beim Häuten der Zwiebel* (2006) – alle diese Bücher handeln zum Teil in und zehren von der hassgeliebten Stadt an der Mottlau. Das blieb in Danzig kein Geheimnis, und so entdeckte die polnische Stadtgesellschaft den Dichter schließlich auch für sich. Aber darauf wird noch zu kommen sein.

ERSTE ZÄSUR: DER ARBEITERAUFSTAND VON 1970

Die 1960er Jahre standen in Polen unter dem Zeichen einer «kleinen Stabilisierung» der politischen wie wirtschaftlichen Lage. Auch außenpolitisch gelangen der Regierung unter Staats- und Parteichef Władysław Gomułka einige Erfolge, der wichtigste ganz zum Schluss: Am 7. Dezember 1970 erkannte die Bundesrepublik Deutschland im Warschauer Vertrag die polnische Westgrenze an. Für Millionen von Menschen in den polnischen Westgebieten bedeutete dies, dass ihre bislang nur vorläufige Existenz in den ehemals deutschen Provinzen gesichert zu sein schien, das Leben auf den sprichwörtlichen «gepackten Koffern» hatte nunmehr ein Ende.

Beflügelt von diesem Ergebnis der Brandt'schen Ostpolitik, wollte der autoritär regierende Gomułka eine für die Bevölkerung bittere Entscheidung durchsetzen: Er ließ am 13. Dezember Preiserhöhungen verkünden, unter anderem für Fleisch, was so kurz vor Weihnachten den Unmut der Bevölkerung hervorrufen musste. Der Aufstand begann in Danzig: Am Montagmorgen des 14. Dezember ließen Arbeiter der Lenin-Werft spontan die Arbeit ruhen und forderten die Rücknahme der Preiserhöhungen sowie Lohnerhöhungen. Die Gruppe der Streikenden wuchs rasch, um zehn Uhr standen schon mehr als 3000 Menschen wild gestikulierend vor dem Gebäude der Werftdirektion. Bald darauf marschierten erste Arbeiter vom Werftgelände in die Stadt. Immer mehr Passanten schlossen sich der Menge an, patriotische und revolutionäre Lieder hallten durch die dezembergrauen Straßen.

Nachdem Versuche, die Arbeiter zu beruhigen, keinen Erfolg hatten, entschloss sich das Regime, hart durchzugreifen. Die Telefonverbindungen und der Verkehr nach Danzig wurden unterbrochen, kasernierte Polizei aufgefahren, die Armee in Bereitschaft versetzt. Am Nachmittag kam es am Olivaer Tor zu ersten gewalttätigen Auseinandersetzungen. Doch die Demonstranten ließen sich von Wasserwerfern und Tränengas nicht beirren und lieferten sich bis Mitternacht Straßenschlachten mit den Ordnungskräften, Autos gingen in Flammen auf, Geschäfte wurden geplündert. Nicht wenige Übergriffe waren Provokationen des kommunistischen Sicherheitsdiensts, der den Aufstand als kriminelle Ausschreitungen des Pöbels diffamieren wollte. Viele hundert Demonstranten und Oppositionelle wurden bereits am ersten Streiktag verhaftet, es gab Verletzte.

Am nächsten Tag weiteten sich die Proteste auf weitere Betriebe aus. Eine aus vielen tausend Arbeitern bestehende Menge versuchte bereits am frühen Morgen, das Woiwodschaftsquartier der Miliz zu stürmen, um die am Vortag verhafteten Kollegen zu befreien, erste Schüsse fielen. In Warschau jagte eine Krisensitzung die andere. Gomułka sprach von «Konterrevolution» und ließ den Einsatz von Schusswaffen gegen die Demonstranten beschließen (es sollte zunächst in die Luft, dann in die Beine geschossen werden). Gegen 9 Uhr hatten sich rund 20 000 überwiegend junge Menschen vor dem Woiwodschaftskomitee der Arbeiterpartei am Karrenwall versammelt, teils weil man Vertreter der Staatsführung sprechen wollte, teils weil es kein besseres Objekt gab, an dem man die angestaute Wut auslassen konnte. Doch weitergehende politische Ziele fehlten: Als es gelungen war, das Gebäude in Brand zu setzen, war dies zwar ein Fanal, doch brachte es die Machthaber nur noch weiter gegen die Demonstranten auf. Bei dem Versuch der Armee, einige in dem brennenden Gebäude eingeschlossene Menschen zu befreien, gab es Todesopfer. Die Lage eskalierte, Panzer fuhren auf, Militärfahrzeuge gingen in Flammen auf, Arbeiter fuhren in einem gekaperten Mannschaftstransporter durch die Stadt, schließlich brannten auch einige Bahnhofsgebäude. An diesem Tag und in der Nacht wurden in Danzig rund 500 Menschen verhaftet und teils brutal misshandelt, mehr als 250 verletzt.

In der Nacht auf den 16. Dezember rückten starke Militäreinheiten in die Stadt ein, besetzten alle strategisch wichtigen Positionen und umzin-

Im Dezember 1970 wagten die Danziger Arbeiter den Aufstand gegen das kommunistische System: Zehntausende gingen auf die Straße.

gelten das Werftgelände. Am Morgen blockierten Milizbeamte und Soldaten mit Panzern die Werfttore. Die Belegschaft entschied sich, die Betriebsbesetzung fortzuführen. Als einige hundert junge Werftarbeiter wie an den Vortagen das Fabrikgelände verlassen wollten, um in die Stadt zu marschieren, gab die Armee Feuer, viele Demonstranten wurden getroffen, fünf starben. Erst angesichts der zunehmend bedrohlichen Situation wählten die Arbeiter ein Streikkomitee, dem auch ein junger Mann angehörte, der zehn Jahre später von sich reden machen sollte: Lech Wałęsa. Doch wegen der massiven Repressionen – in Gdingen und Stettin gab es viele Tote – brachen die Streiks am 17. Dezember zusammen, die Belegschaften wurden bis Jahresende in Urlaub geschickt.

In Danzig saß der Schock tief: Eine Regierung, die auf ihre eigenen Bürger hatte schießen lassen, hatte in den Augen vieler ihre Legitimation endgültig verloren. Die Dezembererfahrungen prägten eine ganze Generation, etwa den späteren polnischen Ministerpräsidenten Donald Tusk, der gleich neben der Werft zur Schule ging:

> Auf dem Schulweg und auf dem Nachhauseweg sah ich Szenen, die mich fürs ganze Leben prägten. Ich sah Tausende von Demonstranten, die die Warszawianka [ein patriotisches Lied, P.O.L.] sangen, ich sah das brennende Parteigebäude, Milizbeamte, die auf jeden einschlugen, in die Menge schossen und von der Menge in Stücke gerissen wurden. Ich sah einen Soldaten, der nicht aus seinem brennenden Panzer herauskam, Werftarbeiter, die aus dem geplünderten Delikatessladen an uns Kinder Orangen verteilten, stämmige Frauen, die aus den Geschäften Fernseher und Pelzmäntel forttrugen.[20]

Aber nicht nur in Danzig veränderte der Arbeiteraufstand vieles, auch in Warschau hatte er Folgen: Die Kremlführung ließ Gomułka fallen, die innerparteiliche Opposition setzte sich durch und am 20. Dezember übernahm der oberschlesische Parteibaron Edward Gierek das Amt des Ersten Parteisekretärs. Während die neue Führung bemüht war, mit ökonomischen Zugeständnissen das Vertrauen der Bevölkerung wiederzugewinnen, konnte die juristische Aufarbeitung der Ereignisse erst 1990 beginnen, war aber auch 20 Jahre später noch nicht abgeschlossen.

ES LIEGT ETWAS IN DER LUFT

Danzig kam nach dem Dezember 1970 noch lange nicht zur Ruhe: Längst war der gesellschaftliche Unmut auf breitere Kreise der Bevölkerung übergesprungen. Als der neue Parteichef Edward Gierek sich Anfang 1971 vor Ort ein Bild der Lage machte, warb er bei einem Besuch in der Werft zwar um das Vertrauen der Arbeiter: «Also wie, werdet ihr uns helfen?», rief er, und die versammelte Menge antwortete: «Ja, wir werden helfen.»[21] Doch die Stimmung blieb gespannt: Immer wieder kam es zu oppositionellen Kundgebungen, Werftarbeiter trugen bei den Maiumzügen kritische Transparente und die Niederlegung von Kränzen vor dem Werfttor entwickelte sich zu einem Gedenkritual an die Ereignisse von 1970. Hin und wieder hielt es auch die Partei für nötig, ihre Anhänger zu mobilisieren, so 1979, als zum 40. Jahrestag des Kriegsausbruchs 100 000 Menschen auf den Langen Markt strömten, um einer Ansprache Edward Giereks zu lauschen.

Die verhältnismäßige Ruhe war teuer erkauft: Mit Auslandskrediten kurbelte die Staatsführung die Wirtschaft Polens an. Danzig erhielt nicht nur seinen Nordhafen, sondern auch eine große Erdölraffinerie, eine teils vierspurige Umgehungsstraße westlich der langsam zur «Dreistadt» zusammenwachsenden Städte Danzig, Zoppot und Gdingen sowie einen neuen Flughafen bei Ramkau, jenseits der Umgehungsstraße. Auf dem alten Flugplatzgelände hinter Langfuhr entstand eine riesige Trabantenstadt. Auch in der Innenstadt tat sich einiges: Die Langgasse wurde zur Fußgängerzone, am Hauptbahnhof setzten sich die ersten Rolltreppen Danzigs in Bewegung und der Wiederaufbau der historischen Rechtstadt ging – etwa in der Brotbänkengasse – langsam weiter.

Man war zudem bemüht, die Konsumbedürfnisse der Menschen besser zu befriedigen, etwa indem seit 1973 in der Danziger Brauerei Pepsi-Cola abgefüllt wurde, während die Bierversorgung noch lange zu wünschen übrig ließ. Neue Sportobjekte wie die Großsporthalle in Oliva gingen mit sportlichen Erfolgen einher: Die Danziger Basketballer vom Club GKS Wybrzeże wurden mehrfach polnischer Meister und die Danzigerin Krystyna Chojnowska-Liskiewicz umsegelte 1977 und 1978 in 420 Tagen als erste Frau allein die Erde. Die vorsichtige Öffnung zum Westen drückte sich auch in einer Städtepartnerschaft aus: 1976 verschwisterten sich die beiden alten Hansestädte Bremen und Danzig, es war die erste westdeutsch-polnische Städtepartnerschaft überhaupt.

Dem steigenden Selbstbewusstsein der Stadt geschuldet war die Ausweitung des Stadtgebiets 1973, als Danzig nicht nur um einen Teil der Binnennehrung bis zum Weichseldurchstich, sondern auch um zwölf Dörfer auf der Danziger Höhe vergrößert wurde. Es hätte alles so schön sein können, hätte es nicht das restriktive Regime und manchen tragischen Unglücksfall gegeben: So kamen im August 1975 beim Zusammenstoß einer Fähre mit einem Ausflugsdampfer auf der Mottlau 18 Menschen ums Leben. Alles in allem aber waren die 1970er Jahre eine Zeit des relativen Wohlstands und der Modernität in der Stadt.

Dennoch bildeten sich langsam, argwöhnisch beäugt von den Sicherheitsdiensten, lokale Oppositionsgruppen wie die nationalkonservative Bewegung «Junges Polen» oder das 1978 entstandene Gründungskomitee für Freie Gewerkschaften. Führende Danziger Oppositionelle waren Aleksander Hall und Bogdan Borusewicz, aber auch Lech Wałęsa, der 1976 wegen aufrührerischer Reden von der Werft entlassen worden war, machte sich einen Namen. Erste Untergrundzeitungen erschienen. Die von den Machthabern vorsichtig dosierten wirtschaftlichen und kulturellen Zugeständnisse konnten vielen jungen Menschen nicht mehr genügen. 1979 kamen zum neunten Jahrestag des Dezemberaufstands von 1970 mehr als 5000 Menschen zum Tor der Lenin-Werft, um patriotische Lieder zu singen und antikommunistische Parolen zu rufen. Es lag etwas in der Luft, und tatsächlich: Wenige Monate später sollte Danzig den gesamten kommunistischen Ostblock erschüttern.

10

KALEIDOSKOP

MIT SOLIDARNOŚĆ IN DIE ZUKUNFT UND DIE ENTDECKUNG NEUER VERGANGENHEITEN

✦ ✦

Wenn du die Augen schließt, siehst du die vielen Farben dieser Stadt. Je fester du die Lider drückst, desto bunter treiben die Farbfetzen über die Netzhaut. Bernsteingold flirrt vorüber, Wiesenblumengrün und metallisches Blau, schorfiges Backsteinrot, blond und braun wogen die Getreideschläge, leuchtend, dann verblassend. Kneife die Augen zusammen, bis es dich schmerzt, und du siehst gezacktes preußisch Blau, silberne Kreuze und eine Krone schwimmen auf Blut. Dann löscht der weiße Adler die Farben aus.
Du bist angekommen, öffne die Augen. Der Schmerz verfliegt. Das ist die Stadt, wie sie ist. Sie schillert, wenn man sie lässt, in vielen Farben, und wie bei einem Kaleidoskop hängt es nur von dir ab, ob grün und rot oder nur golden oder vor allem blau. Danzig ist die Stadt der Farben, du wirst sie nicht mehr los.

✦ ✦

«ES BEGANN IN GDAŃSK»

Als 2009 in Deutschland der 20. Jahrestag des Mauerfalls gefeiert wurde, verhüllte ein gewaltiges Transparent die Fassade der leer stehenden und zum Abriss bestimmten polnischen Botschaft Unter den Linden in Berlin. «Es begann in Gdańsk», war dort zu lesen. Und als sich am 9. November dieses Jahres Europas Politprominenz in der Bundeshauptstadt traf, war es Lech Wałęsa, der einer symbolischen Reihe von Dominosteinen den ersten Schubs gab: Der Danziger Arbeiterführer stieß den Untergang der kommunistischen Welt an. Danzig hatte sich, forciert von der polnischen Regierung und wohlwollend beobachtet von den politischen Eliten der Mottlaustadt, mit Erfolg als Wiege des ostmitteleuropäischen Aufstands gegen das kommunistische System und die Vormundschaft Moskaus in Szene gesetzt.

Tatsächlich wäre die Geschichte Europas ohne die Danziger Streiks vom August 1980 und ohne die Entstehung der Gewerkschaft Solidarność anders verlaufen. Das symbolische Kapital der Streiks entdeckten Danzig und Polen aber erst nach vielen Jahren wieder neu. Der eigentliche Wendepunkt waren die Feiern zum 25. Jubiläum der Augustvereinbarungen, die 2005 mit großem Aufwand in Danzig stattfanden: Internationale Staatsmänner und berühmte Musiker gaben sich in der Stadt ein Stelldichein, ein «Raum der Freiheit» getauftes Konzert des Musikers Jean Michel Jarre lockte über 100 000 Menschen auf das Werftgelände und die verschiedenen aus der Solidarność hervorgegangenen politischen Parteien waren bemüht, sich als die wahren Siegelbewahrer der Traditionen von 1980/1981 ins rechte Licht zu rücken. Denn im Licht der Freiheit, das damals aus Danzig in die Welt strahlte, wollte sich auch jetzt noch jeder gern sonnen.

UND WIEDER MACHT DANZIG GESCHICHTE: DANZIG UND DIE SOLIDARNOŚĆ

Die Zeit der relativen Ruhe ging am Ende der 1970er Jahre spürbar zu Ende. Politische Unruhe, gesellschaftliche Veränderungsprozesse und neue kulturelle Herausforderungen, angestoßen nicht zuletzt durch die Konfrontation mit den Entwicklungen im Westen, gingen einher mit einer sich rasch verschlechternden ökonomischen Lage des Landes, die breite Schichten der Bevölkerung ganz besonders schmerzlich erlebten. Die Bedienung der Auslandskredite verringerte den Investitionsspielraum, Ineffektivität kennzeichnete zahlreiche Bereiche der Wirtschaft. Dennoch tat sich die Staats- und Parteiführung mit Reformen schwer. Denn auf der einen Seite war die Sowjetunion bemüht, eine wirtschaftliche Liberalisierung in ihren Satellitenstaaten zu verhindern, auf der anderen Seite war seit den Arbeiteraufständen von 1970 und 1976 klar, dass Versuche, etwa durch Preiserhöhungen das System zu adjustieren, gesellschaftlichen Widerstand provozieren würden. Die Wahl Karol Wojtyłas zum Papst 1978 gab der oppositionellen Stimmung weiteren

Auftrieb. Fernab von Warschau konnten sich in Danzig unabhängige intellektuelle Milieus bilden, die sich von der allgegenwärtigen kommunistischen Lethargie abzugrenzen vermochten. Es bedurfte nur noch eines Auslösers, um sie auch politisch aktiv werden zu lassen.

1980 schien ein Jahr wie viele andere zu werden. Man schlug sich eben so durch, hin- und hergerissen zwischen Lebenslust und Apathie. Geplagt von der schlechten Versorgungslage, machte sich nun jedoch immer größere Unzufriedenheit breit, über die man in den langen Schlangen, die sich vor den Geschäften bildeten, trefflich diskutieren konnte. Als die Regierung trotz aller Bedenken versuchte, durch eine moderate Erhöhung der Fleischpreise den Zustand der Staatsfinanzen zu verbessern, brachen zunächst im Süden Polens Streiks aus, denen bald weitere folgten. Doch erst der Streik auf der Danziger Lenin-Werft sollte an den Grundfesten der politischen Ordnung rütteln.

Unmittelbarer Auslöser war die Entlassung der 51 Jahre alten Kranführerin Anna Walentynowicz wegen ihres Engagements für die illegalen Freien Gewerkschaften. Ihre Gewerkschaftskollegen und Teile der politischen Opposition waren entzürnt. Als am 14. August Protestflugblätter in die Werft gelangten, traten erste Gruppen von Arbeitern in den Ausstand. Der 1976 entlassene charismatische Werftelektriker Lech Wałęsa verschaffte sich mit einem Sprung über den Zaun Zugang zur Werft, stellte sich an die Spitze des Streikkomitees und erklärte den Betrieb für besetzt. Die ersten Forderungen lauteten: Wiedereinstellung von Walentynowicz und Wałęsa, Erlaubnis zum Bau eines Denkmals für die Opfer vom Dezember 1970 und Lohnerhöhungen.

Während die Partei- und Staatsführung, eingedenk der symbolischen Bedeutung der Danziger Werft, alarmiert war, weiteten sich die Streiks am 15. August auf die übrigen Danziger Werften, zahlreiche andere Betriebe und den öffentlichen Nahverkehr aus. Am Nachmittag wurden die Telefonverbindungen in die Stadt gekappt.

Der folgende Tag war ein Sonntag. Henryk Jankowski, der Pfarrer von St. Brigitten, in deren Pfarrbezirk die Werft lag, las vor dem Werfttor Nr. 2 für 5000 Werftarbeiter und eine große Menge von Danzigern, die sich vor dem Tor versammelt hatten, die Messe. Viele Tage lang wich die Bevölkerung nun nicht mehr vom Tor, schmückte es mit Blumen und Muttergottesbildern, sang patriotische Lieder.

Am selben Tag, dem 16. August, schien bereits das Ende des Streiks gekommen: Nachdem die Leitung der Lenin-Werft den Forderungen der Arbeiter zugestimmt hatte, erklärte Lech Wałęsa den Ausstand für beendet. Damit waren jedoch einige seiner Mitstreiter sowie die Belegschaften anderer Betriebe nicht einverstanden und nach einer Abstimmung fiel die Entscheidung: Der Streik geht weiter. Ein Überbetriebliches Streikkomitee entstand, natürlich unter dem Vorsitz Lech Wałęsas, dem Bogdan Lis und Andrzej Gwiazda als Stellvertreter zur Seite traten. Es legte 21 Forderungen vor, die, auf Holzbretter geschrieben und am Werfteingang aufgehängt, zu einem wichtigen Symbol des Streiks wurden. Die Arbeiter verlangten «die Einrichtung freier, von der Partei und den Arbeitgebern unabhängiger Gewerkschaften»[1], Streikrecht, Meinungs- und Pressefreiheit. Aus einem Arbeiterprotest war innerhalb weniger Tage eine politische Bewegung geworden. Bald schon schlossen sich ihr führende Vertreter der politischen Opposition an, etwa Bronisław Geremek und Tadeusz Mazowiecki, die als Fachexperten aus Warschau anreisten und die Verhandlungen mit der Regierung begleiteten. Es war der in der Geschichte Polens beispiellose Zusammenschluss von Arbeitern und Intelligenz, von gesellschaftlicher Masse und intellektueller Macht, der den Erfolg der Solidarność überhaupt erst ermöglichte.

Informiert durch die polnischen Sektionen von Radio Freies Europa und BBC, blickte ganz Polen auf Danzig – bis Ende August traten im ganzen Land 700 000 Menschen in den Ausstand. Auch die Weltöffentlichkeit war beeindruckt von der Disziplin, der Konsequenz und dem romantisch-patriotischen Ethos der Streikenden. Große Berichte auf den Titelseiten der Weltpresse und lange Beiträge in den Nachrichtensendungen von Rundfunk und Fernsehen waren Danzig und dem von hier ausgehenden Kampf um Liberalisierung der Gesellschaft und politische Reformen gewidmet. Für die regimekritischen Kreise in der DDR und oppositionelle Milieus in anderen Ostblockstaaten war das, was in Danzig geschah, ein erster Weckruf.

Das Überbetriebliche Streikkomitee vertrat schon nach wenigen Tagen die Belegschaften von fast 400 Danziger Betrieben und kontrollierte einen Gutteil des öffentlichen Lebens der Stadt. Es dauerte jedoch bis zum 23. August, ehe es zu ersten Gesprächen mit einer Regierungsdelegation kam. In Warschau war man sich uneins, wie man auf die Proteste reagieren sollte, wollte aber, anders als von der Kremlführung nahegelegt, keine Gewalt anwenden. Am 31. August schließlich unterzeichneten, live vom Fernsehen übertragen, der stellvertretende Premierminister Mieczysław Jagielski und Lech Wałęsa eine Vereinbarung, zu deren Zustandekommen der Erste Sekretär des Woiwodschaftskomitees der PVAP, Tadeusz Fiszbach, entscheidend beigetragen hatte. Die Regierung erklärte sich mit unabhängigen Gewerkschaften einverstanden, während die Streikenden die führende Rolle der Kommunistischen Partei im Staat anerkannten. Lech Wałęsa konnte erschöpft, aber glücklich verkünden:

> Wir haben gemeinsam gekämpft, wir haben auch für euch gekämpft, [...] wir haben das Streikrecht erkämpft, wir haben bestimmte bürgerliche Garantien erhalten, und das wichtigste – wir haben das Recht auf unabhängige Gewerkschaften erkämpft. [...] Von morgen an beginnt das Leben unserer neuen Gewerkschaften. Sorgen wir dafür, dass sie stets unabhängig und stets selbstverwaltet bleiben, dass sie für uns alle, zum Wohle des Landes, für Polen arbeiten. Ich erkläre den Streik für beendet.[2]

Viele zehntausend Danziger jubelten Wałęsa vor dem Werfttor zu. Am 17. September gründeten in Danzig Delegierte aus ganz Polen die Unabhängige Selbstverwaltete Gewerkschaft Solidarność, an deren Spitze der ehemalige Elektriker trat.

Danzig wurde nun quasi zur zweiten Hauptstadt Polens, hier schlug das Herz der Opposition. Bis Frühjahr 1981 traten rund neun Millionen Menschen der Solidarność bei, teils weil sie die politischen und gesellschaftlichen Forderungen unterstützten, teils weil sie sich Lohnerhöhungen und eine Verbesserung der immer schlechter werdenden Versorgungslage erhofften. Stundenlang musste man nun auch in Danzig vor Metzgereien oder Bäckereien warten, und die Einführung von Lebensmittelkarten konnte das Problem kaum bessern. Es gab aber Momente, in denen man die Plagen des Alltags gerne vergaß. So am 16. Dezember, als vor dem Werfttor in Gegenwart mehrerer hunderttausend Menschen das nach einem Entwurf Danziger Künstler gebaute, 42 Meter hohe Denkmal für die 1970 gefallenen Werftarbeiter eingeweiht wurde.

Der «Karneval» der Solidarność, jene 16 Monate bis zur Ausrufung des Kriegszustands, legte die Grundlage für eine zivilgesellschaftliche Erneuerung Polens: So viele gesellschaftliche und kulturelle Initiativen schossen zwischen Ostsee und Tatra aus dem Boden, so viele politische Ideen wurden geboren, dass das Land mehr als ein Jahrzehnt davon zehren konnte. Die plötzliche Freiheit, die unverhofften Möglichkei-

Nach zwei Wochen Kampf der Sieg: Lech Wałęsa wird nach der Unterzeichnung der Vereinbarungen mit der Regierung am 31. August 1980 auf Schultern getragen.

ten, aber auch endlosen Diskussionen über den richtigen Weg prägten eine ganze Generation. Zahlreiche Danziger Intellektuelle, die das Geschehen vor Ort hautnah erlebten, nahmen an diesem geistigen Aufbruch Anteil. Jan Krzysztof Bielecki, Lech Kaczyński, Donald Tusk, Aleksander Hall, Bogdan Borusewicz, Janusz Lewandowski – lang ist die Liste dieser lokalen Solidarność-Aktivisten der ersten Stunde, die im politischen Leben des Landes noch eine besondere Rolle spielen sollten.

Auf die hoffnungsvollen Zeichen vom Herbst 1980 folgte 1981 Ernüchterung: Die Regierung hatte es mit der Umsetzung der Augustvereinbarungen nicht eilig, mehrmals rief die Solidarność Warnstreiks aus. Zu einer großen Demonstration der Opposition wurde der Umzug am 3. Mai, dem Jahrestag der polnischen Maiverfassung von 1791, als viele tausend Danziger mit politischen Transparenten durch die Straßen der Rechtstadt zogen. Die Versorgungslage blieb in dieser Zeit weiterhin katastrophal und Moskau setzte mit unverhüllten Drohungen die polnische Staats- und Parteiführung immer stärker unter Druck, die «Konterrevolution» zu bekämpfen, am besten durch die Ausrufung des Kriegszustands.

Derweil zog die Führung der Solidarność von Danzig aus ihre Fäden und organisierte nach langer Vorbereitung den Ersten Landeskongress der Gewerkschaft. Am 5. September fanden sich die Delegierten in der großen Halle «Olivia» ein, aufmerksam beobachtet von 750 akkreditierten Journalisten aus dem In- und Ausland. Viele Tage dauerten die oft stürmischen Beratungen, die – nach einer zweiwöchigen Pause – am 7. Oktober endeten. Eine «Botschaft an die Arbeiter Osteuropas» mit Solidaritätsbekundungen für all jene Menschen im kommunistisch beherrschten Ostblock, die «den schweren Weg des Kampfes um eine freie Gewerkschaftsbewegung»[3] gehen, empörte Moskau. Schließlich wurde Lech Wałęsa, der sich gegen einige radikalere Konkurrenten durchsetzen konnte, als Vorsitzender bestätigt.

Doch die Spannungen im Land nahmen weiter zu. Während die kommunistische Regierung, an deren Spitze im Oktober der bisherige Verteidigungsminister General Wojciech Jaruzelski trat, keinen anderen Ausweg aus der politischen und wirtschaftlichen Krise mehr wusste und längst die Einführung des Kriegsrechts vorbereitete, drohte die Solidarność mit neuen Streiks. Auch in Danzig wurde gestreikt, Mitte November besetzten Studenten die Universität.

Die Gewerkschaftsführung wähnte sich trotz mancher Warnung nach wie vor sicher und berief für den 11. Dezember eine Sitzung ihrer Landeskommission nach Danzig ein. Doch in der Nacht auf den 13. Dezember fuhren in der Stadt Panzer auf, Miliz und ZOMO, die kasernierte Polizei des Innenministeriums, schwärmten aus und verhafteten eine große Zahl überraschter Gewerkschaftsaktivisten, Lech Wałęsa wurde mit unbekanntem Ziel fortgebracht. Am kalten, grauen Morgen des 13. Dezember trat Jaruzelski vor die Fernsehkameras, verkündete mit steinerner Miene die Verhängung des Kriegszustands und verbot jede gewerkschaftliche Betätigung.

Sofort brachen Streiks aus, die jedoch – wie auf der Lenin-Werft – schon nach wenigen Stunden gewaltsam niedergeschlagen wurden. Am Montag, dem 15. Dezember, streikten die Danziger Betriebe erneut, tausende Menschen versammelten sich vor dem Werfttor. Am frühen Dienstagmorgen wurde die Werft endgültig von ZOMO-Einheiten gestürmt, die alle Streikenden verhafteten, derer sie habhaft werden konnten. Doch die Danziger gaben nicht auf. Mehrere zehntausend Menschen versuchten an diesem Jahrestag des Massakers von 1970 das Denkmal für die gefallenen Werftarbeiter zu erreichen und lieferten sich Straßenschlachten mit Miliz und ZOMO. Ein Augenzeuge erinnerte sich:

> Die gepanzerte Miliz geht gegen die wehrlose Menge vor. Diese verteidigt sich mit wahnsinnigem Mut, mit bloßen Händen, mit Blindgängern, sie will sich zum Denkmal durchschlagen. Menschen gehen mit Kerzen durch die Wallgasse. Sie nähern sich den Milizianten. Da erst fallen kugelförmige, gelbe Tränengasgeschosse in die Menge. Der Rauch hält sich lange. Als er sich verzieht, ist die Straße still und leer.[4]

Auch am nächsten Tag hielten die Straßenkämpfe noch an, doch angesichts der starken Militärpräsenz, des brutalen staatlichen Vorgehens und der nächtlichen Ausgangssperre endeten sie schließlich ebenso wie – am 21. Dezember – die letzten Streiks im Danziger Hafen. Ein Mensch war in Danzig erschossen worden, hunderte waren verletzt. Der Karneval war zu Ende, die Solidarność-Revolution niedergeschlagen. Tristesse machte sich breit.

ZWISCHEN VERZWEIFLUNG UND AUFBRUCH

Die Stimmung in Danzig war gedrückt: Im Winter 1981/1982 prägten Militär und Miliz das Straßenbild, nach und nach wurden viele weitere Solidarność-Aktivisten verhaftet und für Monate interniert. Dennoch ließen sich viele Bürger nicht entmutigen und demonstrierten immer wieder gegen den Staat, sei es am 30. Januar 1982, als sich mehrere tausend Leute Straßenschlachten mit den Ordnungskräften lieferten, sei es am 1. Mai, als die Gegendemonstration zum offiziellen Maiumzug bis zu 50 000 Menschen vereinte, die nach der Messe in der Marienkirche unbehelligt bis nach Langfuhr marschierten.

Nach außen hin hatte es den Anschein, als habe sich das kommunistische Regime gefestigt, die Partei leckte ihre Wunden, gemäßigte Kader mussten gehen und viele neue Gesichter, meist «Betonköpfe» und linientreue Opportunisten, hielten Einzug in die lokale Partei- und Staatsverwaltung. Die Gesellschaft war gespalten; zahlreiche Persönlichkeiten des öffentlichen Lebens weigerten sich, mit Jaruzelskis Regierung zusammenzuarbeiten. In den Herzen der meisten Menschen lebte die fast aller Anführer beraubte Solidarność weiter. Bogdan Borusewicz, Aleksander Hall und Bogdan Lis begannen damit, die lokale Solidarność im Untergrund neu zu organisieren, und gründeten eine Regionale Koordinierungskommission.

Als Lech Wałęsa am 12. November 1982 aus dem Internierungslager entlassen wurde, hatte er zunächst nur geringe Betätigungsmöglichkeiten, wurde aber als Held der Solidarność von der Weltöffentlichkeit ganz besonders aufmerksam beobachtet. Bei seinem ersten öffentlichen Auftritt am 16. Dezember vor dem Werftarbeiterdenkmal rief er zu einer realistischen, pluralistischen und transparenten Politik auf. Mit großem Charisma und Mut gesegnet, verfolgte er nun eine Politik der kleinen Schritte und setzte auf eine langsame, friedliche Evolution der Verhältnisse in Polen. Und so forderte er auch in den Folgejahren trotz aller Schikanen der Regierung immer wieder einen Dialog mit den Machthabern, was ihm von Seiten der radikaleren Oppositionellen Kritik, ja sogar Verratsvorwürfe einbrachte. Im Rückblick war seine Strategie jedoch richtig.

An Verhandlungen war vorerst allerdings nicht zu denken, zu tief waren die Gräben. Angesichts des repressiven öffentlichen Lebens kam auch scheinbar nebensächlichen Ereignissen große symbolische Bedeutung zu: Als der Danziger Fußballklub Lechia, der als Drittligaverein sensationell polnischer Pokalsieger geworden war, im September 1983 den italienischen Spitzenclub Juventus Turin bei sich empfing, jubelte das Publikum frenetisch Lech Wałęsa zu, der trotz aller Vorkehrungen ins Stadion gelangt war (das Spiel ging trotzdem verloren). Dafür durfte er einen viel größeren Erfolg nicht bis zum Ende auskosten. Denn als ihm im selben Herbst der Friedensnobelpreis zuerkannt wurde, traute er sich aus Furcht, man würde ihm die Rückkehr nicht mehr erlauben, nicht, den Preis entgegenzunehmen und schickte seine Frau Danuta nach Oslo. Vielleicht nicht zu Unrecht, hatte die Regierung die Preisverleihung doch als «antipolnische Provokation» bezeichnet.

Trotz aller Beschränkungen war Danzig nach wie vor das Zentrum der polnischen Opposition. Wer in der Solidarność Rang und Namen hatte, reiste zu Wałęsa nach Danzig, auch ausländischer Besuch war häufig in seiner Wohnung im Hochhausgebiet Saspe zu Gast. Doch neben dem Machtzentrum der in die Illegalität gezwungenen Solidarność gab es in Danzig weitere Gruppen, die sozioökonomische und politische Pläne für die Zukunft Polens schmiedeten. Dazu zählte die konservative Bewegung des Jungen Polens, die unter Führung Aleksander Halls national-katholische Traditionen pflegte. Die liberalen Kreise um die 1983 gegründete Zeitschrift «Przegląd Polityczny» wendeten sich relativ rasch vom kollektivistischen Selbstverwaltungsmodell der Solidarność ab und wurden zu Anhängern einer gemäßigt marktliberalen Richtung. Aus dieser Strömung ging etwa der spätere polnische Ministerpräsident Donald Tusk hervor.

Stärke und Zuversicht fanden die Opposition und ihre Anhänger in der katholischen Kirche. Eine wichtige Rolle spielte die altstädtische Pfarrgemeinde St. Brigitten mit ihrem energischen Pfarrer Henryk Jankowski: Er unterstützte Wałęsa und die Solidarność, bot den Vertretern der delegalisierten Gewerkschaft den Freiraum der Kirche, den selbst das Kriegsrecht-Regime nicht zu beschneiden wagte.

In der Mitte der 1980er Jahre erlebte die Opposition eine Krise. Zwar kam es am 1. und am 3. Mai eines jeden Jahres nach wie vor zu gewalttätigen Auseinandersetzungen zwischen Demonstranten und Ordnungskräften, gelegentlich trieben Anarchisten, die sich unter die offiziellen Maiumzüge mischten, die Kommunistische Partei zur Weißglut. Auch an Allerheiligen und am Gedenktag für 1970, dem 16. Dezember, brachten viele Danziger regelmäßig ihren Widerstand gegen die politischen Zustände im Land zum Ausdruck. Doch ermüdet von den Mühen des Alltagslebens und frustriert über die politische Perspektivlosigkeit, zogen sich viele Menschen in ihr Privatleben zurück, nicht wenige wanderten in diesen Jahren in den Westen aus. 1986 wurde mit der Verhaftung Bogdan Borusewiczs die im Untergrund tätige Regionale Koordinierungskommission der Solidarność zerschlagen. Der Staat aber konnte sich die gesellschaftliche Resignation nicht zunutze machen, die wirtschaftlichen Schwierigkeiten hielten an und seine Legitimation war schwach – bei den Kommunal- und Sejmwahlen gaben in Danzig trotz Wahlpflicht weniger als 50 Prozent der Wahlberechtigten ihre Stimme ab.

Beflügelt von den ersten Ergebnissen der sowjetischen «Perestroika» und einer wachsenden Bereitschaft der Regierung zum Dialog mit der Opposition, besserte sich seit 1987 die Stimmung. Nachdem sich die Staatsführung lange dagegen gesträubt hatte, Papst Johannes Paul II. nach Danzig reisen zu lassen, weil sie die vorhersehbare Massenversammlung regimekritisch eingestellter Menschen fürchtete, erlaubte man ihm schließlich den Besuch an der Wiege der Solidarność: Höhepunkt war eine von rund einer Million Menschen besuchte öffentliche Messe im Neubaugebiet Saspe.

Im Frühjahr 1988 rollte eine neue Streikwelle durchs Land und erfasste Anfang Mai auch die Lenin-Werft: Unterstützt von Lech Wałęsa und einer Reihe Warschauer Berater, trat die Belegschaft für eine gute Woche in den Ausstand. Erst die Abschnürung des Werftgeländes durch ZOMO-Verbände und die Verkündigung eines Zwangsurlaubs konnte den Streik beenden. Doch die Ruhe währte nur kurz. Am 21. August streikten die Danziger Werften erneut, besser organisiert als noch im Mai und massiv von Angehörigen der lokalen Oppositionseliten unterstützt, die mittlerweile schon relativ offen und unbehelligt agieren konnten. Mit der Forderung «Es gibt keine Freiheit ohne Solidarität» fuhr Lech Wałęsa nach Warschau und rang der Regierung das Zugeständnis ab, demnächst einen Runden Tisch zur gemeinsamen Bewältigung der politisch-ökonomischen Krise zu organisieren. Das politische System schien offensichtlich zu erodieren.

Die Auswirkungen der wirtschaftlichen Stagnation machten auch den Danzigern zu schaffen: Lebensmittelkarten begleiteten sie die gesamten 1980er Jahre hindurch, konnten jedoch die Länge der Schlangen vor vielen Geschäften kaum verringern. Glücklich waren die Besitzer westlicher Devisen, nicht zuletzt, weil sie sich vor der galoppierenden Inflation schützen konnten. Die großen Staatsbetriebe wurden von immer größeren Problemen geplagt, 1988 schien es sogar, als müsste die Lenin-Werft geschlossen werden.

Vor diesem Hintergrund war es eigentlich nur noch eine Frage der Zeit, bis sich die politische Tektonik Polens grundsätzlich ändern musste. Und tatsächlich war die PVAP Anfang 1989 bereit, die Solidarność wieder zu legalisieren. Daraufhin erklärte die Landesexekutivkommission der Solidarność am 22. Januar in Danzig, man sei zu Verhandlungen bereit. Am Runden Tisch, der Anfang Februar in Warschau seine Beratungen aufnahm, saßen unter anderem die Danziger Lech Wałęsa, Jacek Merkel und Aleksander Hall. Nach schwierigen Verhandlungen stand im April fest: Es würde halbfreie Parlamentswahlen und freie Wahlen zum neuen Oberhaus, dem Senat, geben. Die Juni-Wahlen wurden im ganzen Land zu einem rauschenden Erfolg der Solidarność. Jene Bewegung, die in Danzig ihren Anfang genommen hatte, wurde zur entscheidenden politischen Kraft Polens und bildete im August die erste nicht-kommunistische Regierung des gesamten Ostblocks. US-Präsident George Bush, der im Juli Danzig besuchte, sah es mit Genugtuung.

Nicht nur in Warschau, auch vor Ort in Danzig vollzog sich bald die politische Wende, die kommunistische Partei verabschiedete sich langsam von der Macht. Bereits im Januar 1990 stürmten rechtsgerichtete Jugendgruppen das Woiwodschaftskomitee der Partei, um die Aktenvernichtung aufzuhalten, und am 27. Januar verlor die Lenin-Werft ihren Namenspatron und hieß fortan wieder «Danziger Werft». Eine umfassende Selbstverwaltungsreform ermöglichte schließlich den endgültigen Machtwechsel: Bei den Stadtverordnetenwahlen vom Mai 1990 gewann die Liste des Bürgerkomitees Solidarność 59 von 60 Sitzen, zum neuen Stadtpräsidenten wurde Jacek Starościak gewählt. Wenig später ernannte die Regierung den konservativen Politiker Maciej Płażyński zum ersten nicht-kommunistischen Danziger Woiwoden. Endlich war Danzig wieder frei – der vorerst letzte Wendepunkt in der tausend Jahre alten Geschichte der Stadt.

DANZIG, ENDLICH WIEDER FREI

Es war paradox: Danzig hatte den wichtigsten Beitrag zum Sturz des alten Systems geleistet, doch nach 1989 wurde die heimliche Hauptstadt des Landes rasch wieder zur Provinz. Die führenden ehemaligen Oppositionellen der Stadt gingen nach Warschau, um in dem nach wie vor zentralistisch verwalteten Land große Politik zu machen, zunächst mit Erfolg. Im Dezember 1990 wurde Lech Wałęsa zum Präsidenten Polens gewählt, wenige Wochen später bildete der Danziger Liberale Jan Krzysztof Bielecki die Regierung und berief einige Danziger in die Fachressorts, darunter Janusz Lewandowski als Minister für Eigentumsumwandlung. Das «Danziger Fallschirmkommando», wie es hieß, übernahm die Macht.

Doch Bielecki musste schon Ende 1991 zurücktreten; seine Partei, der Liberal-Demokratische Kongress, verlor an Einfluss und ging 1994 in der neuen Freiheitsunion auf. Danzig blieb trotzdem noch lange eine Hochburg des Liberalismus. Auch Lech Wałęsa verlor aufgrund seiner autoritären Neigungen, unglücklichen Personalentscheidungen und unbedachten Äußerungen viele Anhänger, so dass er 1995 gegen den postkommunistischen Kandidaten Aleksander Kwaśniewski unterlag – der in Danzig studiert hatte – und sich schmollend in die Hafenstadt zurückzog. Von hier aus versuchte er lange ohne Fortüne, Einfluss auf die Politik zu nehmen und beschied sich schließlich mit seiner symbolischen Rolle als lebende Legende der Solidarność-Revolution. Immer wieder wurde Wałęsas historische Rolle kritisch diskutiert, es wurde ihm vorgeworfen, in den 1970er Jahren als IM «Bolek» mit dem kommunistischen Sicherheitsdienst zusammengearbeitet zu haben, wofür sich letztlich aber keine überzeugenden Beweise fanden. Seit der Danziger Flughafen 2003 seinen Namen erhielt, ist Wałęsa auch in der lokalen Topographie verewigt.

Zentrum der Gewerkschaft Solidarność selbst blieb Danzig. Im April 1990 hielt sie hier ihren zweiten Landeskongress ab, der Lech Wałęsa als Vorsitzenden bestätigte. Nach dessen Wahl zum Präsidenten folgte ihm Marian Krzaklewski im Amt, unter dem sich die Solidarność als christlich-konservative politische Kraft profilierte und 1997 die Parlamentswahlen gewann.

Geprägt von wirtschaftlichen Nöten, einer rasant steigenden Arbeitslosigkeit und einer ebenso rasanten Entwicklung des privaten Sektors hatten viele Danziger aber nur wenig Interesse am politischen Geschehen, ja waren sogar froh, endlich einmal unabhängig von politischer Aufsicht aktiv werden zu können. Nach Monaten der Hyperinflation zeitigte die wirtschaftliche Schocktherapie 1990 erste Effekte, die Preissteigerung verlangsamte sich deutlich, während sich die Versorgung mit Lebensmitteln und Konsumgütern schlagartig verbesserte: Überall in der Stadt schossen Märkte und Stände wie Pilze aus dem Boden, in Tiefparterrelokalen und Kiosken öffneten kleine Läden, emsige Geschäftigkeit erfüllte viele bis dahin leblose Straßen.

Die Systemtransformation mutete den Menschen einiges zu. Während die Reformen auf dem Papier logisch zu sein schienen und die makroökonomische Situation bald schon bewies, dass der eingeschlagene Weg der Schocktherapie im Großen und Ganzen richtig gewesen war, führte auf vielen Gebieten eine Gleichzeitigkeit des Ungleichzeitigen zu schwierigen Lebensbedingungen: Die sich liberalisierende Wirtschaft stieß auf sozialistisch sozialisierte Verwaltungskader und eine etatistisch denkende Bevölkerungsmehrheit, Demokratie und Pluralismus hatten es gelegentlich schwer, sich gegen autoritäre Gewohnheiten oder die Sehnsucht nach einer «starken Hand» durchzusetzen, und die katastrophal unterfinanzierte Sicherheits-, Verkehrs- und Bildungsinfrastruktur ließ Ängste und Unruhe entstehen. Armut war plötzlich überall sichtbar, Bettler zupften Passanten am Arm, gleichzeitig aber stellten rasch zu Geld gekommene junge Männer ihre großen deutschen Limousinen mit verdunkelten Scheiben zur Schau. Bandenkriminalität machte von sich reden, der 1998 ermordete deutsch-polnische Gentleman-Gangster Nikodem Skotarczak, der «Pate von Danzig», galt als König der Autoschieber. Kleinkriminelle und Handlanger der Mafia waren an ihren kunstseidenen Sportanzügen unschwer zu erkennen und konnten sich zeitweise relativ unbehelligt in der Stadt bewegen. In einer Zeit der massiven Privatisierungswelle waren Geschäfte an der Grenze der Legalität aber nicht nur auf finstere Vorstadtkaschemmen beschränkt. So ließ sich auch Franciszek Jamroż, der zwischen 1991 und 1994 das Amt des Stadtpräsidenten bekleidete, von der Aussicht auf einträglichen Nebenverdienst blenden und nahm Schmiergeld einer deutschen Baufirma an. 2004 wurde er deshalb rechtskräftig zu drei Jahren Haft verurteilt. Der 1994 neu gewählte Stadtrat, in dem Liberale und Konservative die größte Fraktion bildeten, kürte Tomasz Posadzki zum neuen Stadtpräsidenten.

Verbittert über die Begleiterscheinungen der sozioökonomischen Umwälzungen riefen die Gewerkschaften, allen voran die Solidarność, mehrfach zu Streiks auf, die das öffentliche Leben in Danzig lahmlegten. Streit gab es auch vor anderem Hintergrund, etwa um die Privatisierung der Wasserversorgung und Kanalisation oder der mehr als 100 Jahre alten Markthalle. Auch die katholische Kirche versuchte, Besitz wiederzuerlangen, den sie teils schon Jahrhunderte zuvor verloren hatte, doch mussten etwa die Franziskaner bei ihrem Versuch, das Gebäude des heutigen Nationalmuseums zurückzugewinnen, eine Niederlage einstecken. In die Kritik geriet nicht zuletzt Henryk Jankowski, dem Luxus zugetaner Pfarrer der Brigittenkirche und einstiger Kaplan der Solidarność, der sich seit 1995 mehrfach antisemitisch äußerte und zum Idol der extrem katholisch-nationalistischen Rechten wurde. Mehrfach mit Predigtverbot belegt, musste er sich 2009 endgültig von seiner Pfarrei verabschieden; im Jahr darauf starb er.

Angesichts des politischen Bedeutungsverlusts Danzigs nach 1990 suchten die lokalen Eliten nach neuen Entwicklungshorizonten für die Stadt. Man konzentrierte sich zunächst auf Symbolpolitik: 1991 wurde in Danzig die Vereinigung der Ostseestädte gegründet, der rund 20 Jahre später mehr als 100 Städte angehörten und deren Sekretariat sich Danzig sicherte. Auch einem anderen Städtebund trat man bei, der «Neuen Hanse», deren Mitglieder 1997 an der Mottlau tagten. Dieses Datum war alles andere als zufällig, denn in diesem Jahr beging Danzig seine

Tausendjahrfeier. Jahrelang bereitete sich die Stadt auf das «Millennium» vor, das ihr, wie man meinte, auf der nationalen und internationalen Bühne neues Gewicht verschaffen würde. Aus der Geschichte Sinnstiftung für die Gegenwart abzuleiten und Zukunftsperspektiven aufzuzeigen – nur zu bekannt war dieses Denkmuster aus der langen Vergangenheit lokaler Selbstverwaltung. Nun aber deckte es sich zumindest mit dem Interesse vieler Bürger, die sich immer stärker für die unbekannten Seiten ihrer Heimat zu interessieren begannen.

GENIUS LOCI: DIE ENTDECKUNG DER VERGANGENHEIT

Danzig wurde nach 1945 neu erfunden: Da die vertriebene deutsche Bevölkerung ihre Erinnerungen an die Stadt mit sich genommen hatte, Danzig somit seines kommunikativen Gedächtnisses beraubt war, gab es zunächst so gut wie niemanden, der sich der Konstruktion eines offiziellen, zunächst polnisch-nationalen, bald schon kommunistisch überformten Bildes von Danzig entgegenstellen konnte. Nach den schrecklichen Erfahrungen, die man während des Kriegs mit den Deutschen gemacht hatte, war das Interesse an allem, was deutsch war, zunächst ohnehin erloschen, während die Erinnerung an die eigenen Herkunftsgebiete im Zentrum und im verlorenen Osten Polens noch lange das Gedächtnis der Stadt überlagerten.

Die Kinder der ersten Nachkriegsdanziger dachten jedoch anders: Sie wuchsen inmitten von Zeichen der Fremdheit auf, verstörenden Fundstücken aus einer unerahnten Vergangenheit, die in die polnische Gegenwart ragten, ohne erklärt werden zu können. Fasziniert begannen junge Danziger, die verschüttete Geschichte ihrer Stadt allmählich auszugraben. Der Schriftsteller Stefan Chwin etwa fand im Keller des Elternhauses deutsche Schriftstücke, die ihn dazu anregten, sich alte Stadtpläne anzusehen. Paweł Huelle, der später ebenfalls Dichter werden sollte, sammelte als Junge Artefakte aus der Vorkriegszeit, stromerte durch die Vorstädte und entzifferte deutsche Aufschriften.

Doch noch waren die Menschen nicht in der Lage, all diese merkwürdig anmutenden Zeugnisse auch wirklich zu begreifen. Die Gegenstände, die in vielen ehemals deutschen Wohnungen überdauert hatten – Möbel, Armaturen, Geschirr, selbst Bücher – wurden erst in der Rückschau der

1980er und 1990er Jahre zu Zeugen einer bis dahin unbekannt gebliebenen Vergangenheit, während sie zuvor den Mythos vom polnischen Gdańsk wie urzeitliche Relikte stillschweigend begleitetet hatten. Nun überführten sie die kommunistische Staatsmacht der Lüge und waren Anlass zur Entstehung neuer lokaler Identitäten.

Ein besonders wichtiger Anknüpfungspunkt war das Werk von Günter Grass. Schon 1964 war die Erzählung *Katz und Maus* in Polen publiziert worden, doch das Erscheinen der *Blechtrommel* wurde jahrelang von der Zensur verhindert, 1979 kam sie erstmals im Untergrund heraus, 1983 in einer zensierten Version in einem offiziellen Verlag. Auch *Katz und Maus* wurde nun neu aufgelegt. Mit Grass lernten die polnischen Danziger ein magisch verfremdetes, von Deutschen bevölkertes Danzig der Vorkriegszeit kennen. Erstmals konnten sie sich mit jener unbekannten, aufgrund der Schauplätze jedoch auch seltsam vertrauten Stadt identifizieren, deren kulturelle Fremdheit offensichtlich war. «Heute vermischen sich die Zeiten», meinte ein Danziger in den 1990er Jahren. «Meine zwei, nein, meine drei Vergangenheiten. Und meine drei Gdańsks: Gdańsk, oder eher das Danzig von Grass, das Gdańsk meiner Kindheit und das Gdańsk von ‹Solidarność›.»[5] Große Wirkung erzielte auch Volker Schlöndorffs Verfilmung der *Blechtrommel* (1979), die bald auf Videokassetten in Polen bekannt wurde, offiziell aber erst 1992 in die Kinos gelangte.

Viele Danziger waren beeindruckt, nicht zuletzt Paweł Huelle. Der junge, 1957 geborene Schriftsteller schrieb mit seinem 1987 erschienenen Erstlingsroman *Weiser Dawidek* ähnlich wie Grass eine magisch-realistische Geschichte aus Langfuhr und Oliva um eine Gruppe heranwachsender Jugendlicher. Der ungewöhnlich begabte, aus jüdischer Familie stammende Weiser konfrontiert seine Altersgenossen mit Bruchstücken einer untergegangenen Welt, der verstörend fremden, deutschen Vergangenheit.

Huelles Roman machte Furore und kam all jenen gerade recht, die in den 1980er Jahren versuchten, Gegenentwürfe gegen die noch vorherrschende national-kommunistische Geschichtserzählung von Partei und Staat zu konstruieren. Die Erfindung literarischer Heimat wurde von den jungen liberalen Eliten der Stadt begeistert aufgegriffen: Man habe, so Donald Tusk 1989, einen Traum, eine Vision, eine Art von «verlorenem Paradies», nämlich die Vorstellung von einem Danzig «der freien, gebildeten und wohlhabenden Menschen», die ihre Grundlage in dem

Bewusstsein der großen lokalen Vergangenheit finde.[6] Die freiheitlichen Traditionen der Stadt hätten alle historischen Umbrüche überdauert und seien die Grundlage eines besonderen Genius Loci: Er habe die Danziger zu ihrem Widerstand gegen die polnischen Könige ebenso angestachelt wie zu ihrem Aufstand gegen das kommunistische Regime.

Diese Interpretation war zwar beliebt, aber weit hergeholt, schließlich hatte sich der Genius Loci weder etwas gegen die Annexion durch die Preußen noch gegen die nationalsozialistische Machtergreifung einfallen lassen. Sie war aber bezeichnend für den Bedarf nach einer lokalen, bürgerlichen Utopie, deren Grundlage man vor allem im vermeintlich großstädtisch-mondänen Vorkriegsdanzig zu finden suchte. 1996 gab Tusk gemeinsam mit einigen Mitstreitern den Bildband *Był sobie Gdańsk* (*Einst in Danzig*) heraus, der auf gut 200 Seiten Fotografien aus der Zeit zwischen der Mitte des 19. Jahrhunderts und dem Zweiten Weltkrieg präsentierte und sensationellen Erfolg hatte: Alleine von der ersten Auflage verkauften sich trotz des hohen Preises 20 000 Exemplare. Man wolle, so der studierte Historiker Tusk in seinem Vorwort, erstmals ein unverfälschtes, wahres Bild von Danzig zeigen, aber auch den Mythos vom Wiederaufbau Danzigs in Frage stellen.

Die Fotos boten in der Tat Einblicke in ein bisher in weiteren Kreisen unbekanntes Danzig: Man sah Menschen in einer städtischen Kulisse, deren Fremdheit sich mit einer eigenartigen Vertrautheit mischte. Das zwar wiederaufgebaute, aber geschichtslose, seiner Traditionen beraubte Gdańsk sah sich plötzlich mit einem Kontinuitätsangebot konfrontiert, das nicht zu umgehen war, zugleich aber auch zahlreiche Probleme aufwarf: Bestand denn wirklich Kontinuität zu jenen gründerzeitlichen Kaufleuten im Zylinder, zu jenen beschürzten Dienstmädchen, feschen Soldaten, gepflegten Grünanlagen, stattlichen Gebäuden – und wenn ja, wie hatte man sich in diese Kontinuität zu stellen? Die Kontinuität des Ortes war ja nicht zu bestreiten, doch eine Kontinuität zu den Menschen und ihrer Kultur war nicht einfach herzustellen. Zunächst musste man sie erst einmal verstehen lernen.

Einen wesentlichen Beitrag hierzu lieferte der Literaturwissenschaftler und Schriftsteller Stefan Chwin (geboren 1949 in Danzig) mit seinem 1995 erschienenen Roman *Hanemann*, der auf Deutsch als *Tod in Danzig* herauskam und zu einem literarischen Ereignis wurde. Der zwischen den 1930er und 1950er Jahren in Danzig spielende Roman schildert das Ende der deutschen und den Beginn der polnischen Stadt. Für Kontinuität sorgen neben dem Titelhelden, der nach Kriegsende in Danzig bleibt, vor allem die Dinge – Möbel, Geschirr und Häuser, die von den Deutschen zurückgelassen, von den Polen vorgefunden werden.

Die Neuentdeckung der Vergangenheit hatte Konsequenzen: «Wir bekennen uns heute ohne Komplexe und Sentiments zum Erbe Danzigs und sind uns dessen bewusst, dass die ganze Arbeit und Phantasie aller seiner Volksgruppen dazu beigetragen hat», schrieben Paweł Huelle, Donald Tusk und der Schriftsteller Zbigniew Żakiewicz 1995 programmatisch.[7] Die lange Zeit hinweg postulierte polnische Monokulturalität Danzigs war (wie zuvor die deutsche) endlich und endgültig aufgebrochen worden, man sprach nun gerne von den «multikulturellen Traditionen» der Stadt.

Das Danziger «Millennium» von 1997 sollte dem In- und Ausland diese Neuinterpretation der Stadt vor Augen führen. Tausend Jahre nachdem der heilige Adalbert in das slawische Fischerdorf Gyddanyzc gekommen war, wusste sich die Verwaltung jedoch nicht anders zu behelfen als durch die Ansammlung eines kaleidoskopartig bunten Straußes von Veranstaltungen, die oft nur geringen Bezug zur städtischen Geschichte besaßen. Immerhin zeigten sich die Stadtverordneten in historisch-frühneuzeitlichen Kostümen, es gab historische Ausstellungen, illustre Gäste und hohe Besucherzahlen.

Wichtigstes Ergebnis der Tausendjahrfeiern war jedoch die Belebung der stadthistorischen Diskurse: Die vielen Facetten gerade der jüngeren städtischen Geschichte faszinierten nun plötzlich große Teile der Bevölkerung und um lokale Identität wurde so verbissen gestritten wie nie zuvor. Anlass waren oft Architektur und Stadtplanung, etwa die Frage, wie mit der historischen Innenstadt weiter zu verfahren sei: Sollte man, Häuschen an Häuschen gereiht, das Werk der frühneuzeitlichen Baumeister und der Wiederaufbauer aus der Nachkriegszeit fortsetzen und Baulücken durch die Illusion historischer Unversehrtheit schließen oder aber in historischer Umgebung demonstrieren, dass Danzig auch modern zu bauen in der Lage war? Anhänger des Neuen wie Bewahrer «Alt-Danziger Identität» stritten sich um zahlreiche repräsentative Projekte, etwa um die Bebauung der Speicherinsel, wo am Ende der 1990er Jahre in der Milchkannengasse eine erste Häuserzeile mit historisch-idealisierenden Fassaden im Duktus des 19. Jahrhunderts gebaut wurde.

Aber nicht nur Intellektuelle und Architekten fanden in der städtischen Vergangenheit Anregungen: Viele Bürger begannen die Stadt für

2003 in Danzig: Günter Grass begutachtet die seinem Romanhelden Oskar gewidmete Bank in Langfuhr, wenige Schritte von seinem Elternhaus entfernt.

sich aufs Neue zu entdecken, sich kleine und große Geschichten anzueignen. Sie entwickelten Stolz auch auf Söhne und Töchter der Stadt, die keinen polnischen Namen trugen, wie Arthur Schopenhauer oder Daniel Gabriel Fahrenheit, und setzten ihnen Gedenktafeln und Denkmäler, wurden zu Sammlern von Danziger Aschenbechern oder Kleiderbügeln mit deutschen Aufschriften, Bierflaschen oder Freistadtmünzen, kurzum von Dingen, die mit ihrem lokalen Lebensumfeld verbunden waren, gleichzeitig aber angenehm irritierende Fremdheit ausstrahlten. Plötzlich war es auch nicht mehr verpönt, deutsche Orts- und Straßennamen zu verwenden, im Gegenteil, sie wurden zu einem selbstverständlichen Teil der lokalen Geschichte, der eine Pluralität lokaler Erzählungen bezeugte und historischen Reichtum verhieß.

Und so wurde denn auch Günter Grass zu einem festen Bestandteil neuer Danziger Identitäten: Seine Bücher wurden in der Stadt mit gespannter Aufmerksamkeit erwartet, selbst Taxifahrer lasen *Beim Häuten der Zwiebel*, gerne hieß man den Autor bei seinen häufigen Besuchen in der Stadt willkommen und war besonders stolz, als er 1999 den

Literaturnobelpreis erhielt. Als er 2006 in die Kritik geriet, stand die Stadt ihm bei. Konfrontiert mit seinem Eingeständnis, gegen Kriegsende der Waffen-SS beigetreten zu sein, dies später aber verschwiegen zu haben, sah der Dichter in Deutschland mediale Wellen über seinem Kopf zusammenschlagen, im polnischen Danzig aber erhielt er Rückhalt: «Danzig versteht seinen Sohn», schrieb Stadtpräsident Paweł Adamowicz.[8]

Die Parallelität der vielen Erzählungen ist in Danzig heute selbstverständlich, in einer Stadt, in der sich Polnisches und Deutsches, Eigenes und Fremdes, Gegenwart und Vergangenheit wie in einem Palimpsest überlagern, wo diese einstige Multiethnizität aber auch dazu dient, die im Grunde monoethnische Gegenwart zu bereichern, auf dass die Stadt den wahrhaft multikulturellen Städten des Westens zumindest ein wenig gleiche. Eine ganze Reihe von Diskussionsforen im Internet spiegelt die postnationale Aneignung der vielen verschiedenen Geschichten dieser Stadt modellhaft wider, hier purzeln eingescannte Ansichtskarten aus der wilhelminischen Zeit, Fotos von neuesten Funden deutscher Aufschriften und Informationen über das Alltagsleben der Nachkriegszeit kunterbunt, kaleidoskophaft durcheinander: Diese Stadt ist spannend, wenn auch nur in ihrer Geschichte und in ihren Geschichten.

AUFBRUCH IN DIE MARKTWIRTSCHAFT

Die Wirtschaftskrise der 1980er Jahre hatte in Danzig wie im ganzen Land zu einem dramatischen Rückgang der Infrastrukturinvestitionen geführt. Am Ende der kommunistischen Zeit befanden sich deshalb nicht nur die staatlichen Fabriken, sondern auch Rohrleitungen, Strom- und Telefonnetze, Schulbauten, Müllbeseitigung, öffentlicher Nahverkehr, Grünanlagen, Straßen und Gehwege in einem beklagenswerten Zustand, der aufgrund finanzieller Engpässe nach 1990 zunächst nur langsam verbessert werden konnte. Jedenfalls stand die Stadtverwaltung vor immensen Aufgaben. Die Privatisierung bzw. Teilprivatisierung zahlreicher unrentabel arbeitender kommunaler Betriebe stieß zwar auf den Widerstand der Beschäftigten, erleichterte die Modernisierung aber erheblich.

Für Danzig war die Frage der Verkehrswege stets von großer Wichtigkeit gewesen. Da die Weichsel ihre Bedeutung als Transportader längst verloren hatte, war es wichtig, eine gute Erreichbarkeit der Stadt auf dem Land-, See- und Luftweg zu gewährleisten. Am unproblematischsten war die Annäherung über das Meer, denn einen großen Hafen besaß die Stadt und die Hafenanlagen wurden nach 1989 systematisch erweitert. So entstanden im Nordhafen neue Verladeeinrichtungen, unter anderem für Flüssiggas und Container, an der Weichselmündung wurde ein Zollfreigebiet ausgewiesen und an der Westerplatte ein Terminal für Fährverbindungen vor allem nach Schweden gebaut. Mehr als die Hälfte des Warenumschlags besteht heute aus Erdöl und Erdölprodukten, gefolgt von Stückgut, während Getreide, einst Quelle des Danziger Reichtums, nur mehr marginale Bedeutung hat. 2008 liefen fast 4000 Schiffe in den Danziger Hafen ein, der dennoch in diesem Jahr vom Hafen Stettin-Swinemünde überflügelt wurde.

Mit den Landwegen sah es viel schlechter aus. Überlandstraßen verbanden Danzig zwar mit Stettin, Lodz und Warschau, doch war das Fehlen einer Autobahnanbindung nach der Wende einer der wichtigsten Gründe für die geringe Zahl neuer Industrieansiedlungen. Schon in der Nachkriegszeit geplant, war der Bau der A1 von Danzig über Lodz und Kattowitz bis an die polnische Südgrenze lange größter Wunsch der heimischen Wirtschaft. Südlich von Danzig begann er erst 2005. Auch der vierspurige Ausbau der Schnellstraße über Warschau nach Krakau wurde in Angriff genommen.

Der Eisenbahnanschluss der Dreistadt nach Süden war stets gut, denn von hier aus rollte die oberschlesische Kohle zu den Ausfuhrhäfen. Viele andere Streckenabschnitte waren jedoch in einem schlechten Zustand. So ist die Strecke über Gdingen und Köslin nach Stettin bis heute teils nur eingleisig und nicht elektrifiziert. Der Zustand des rollenden Materials ließ genauso zu wünschen übrig wie das regionale Liniennetz, das in zunehmendem Maße durch Autobuslinien ersetzt wurde. Internationale Direktverbindungen wurden so gut wie eingestellt. Immerhin begannen Arbeiten am Ausbau der Strecke nach Warschau, die ab 2015 Hochgeschwindigkeitsverkehr ermöglichen soll.

Der Danziger Flughafen erlebte seit dem Boom der Billigfluglinien zu Beginn des 21. Jahrhunderts einen großen Aufschwung. Während es in den 1990er Jahren zeitweise gar keine Direktflüge nach Deutschland gab, änderte sich das im folgenden Jahrzehnt diametral, 2010 bestanden Verbindungen zu mehr als einem halben Dutzend deutscher Städte. Das Passagieraufkommen vervielfachte sich von 250 000 im Jahre 1999 auf fast zwei Millionen 2008, nicht zuletzt eine Folge der großen Migrationswelle, die nach dem polnischen EU-Beitritt 2004 auch viele Danziger vor allem nach Großbritannien und Irland spülte. Beim Personenverkehr nach Deutschland, wohin durch die Wanderungsbewegungen der vergangenen Jahrzehnte ebenfalls viele familiäre Beziehungen bestanden, dominierten noch lange die Autobusverbindungen.

Eine der größten Herausforderungen Polens nach dem Beginn der Systemtransformation war der weitere Umgang mit den meist unrentabel arbeitenden Staatsunternehmen. Zu diesen gehörte die Danziger Werft, seit dem Krieg größter Arbeitgeber der Stadt. Nach 1990 hatte sie wenig Glück. Das oft bestreikte Unternehmen, dem zudem die Absatzmärkte in den Warschauer-Pakt-Staaten fortbrachen, wurde 1990 in eine Aktiengesellschaft umgewandelt, die zu 61 Prozent dem Staat, zu 39 Prozent der Belegschaft gehörte. Es war jedoch nicht leicht, eine Firma von derart symbolhafter Bedeutung zu führen, die nicht nur überschuldet war, sondern deren Mitarbeiter auch besonders große Mitwirkungsrechte besaßen. Und so folgte 1996 die Insolvenz, jedoch nicht das Ende: Ein Konsortium unter Führung der Gdingener Werft übernahm nach langen Protesten den Danziger Schwesterbetrieb, musste ihn aber 2006 nach viel politischem Gezerre wieder abgeben. Vor allem den nationalkonservativen Parteien stellte sich die Zukunft der Werft als eine Frage der nationalen Ehre dar. Dennoch wurde sie an ein Industriekartell aus dem Osten der Ukraine verkauft. 2010 waren im einstigen Vorzeigebetrieb noch gut 2000 Mitarbeiter mit dem Bau von Hochseeschiffen und Stahlkonstruktionen beschäftigt; die Zukunft des Betriebs war ungewiss. Besser erging es der Reparaturwerft, die, 2001 privatisiert, auch die Danziger Nordwerft übernahm und mit 2400 Mitarbeitern Schiffe nicht nur repariert, sondern auch baut.

Die Danziger Raffinerie etablierte sich unter dem Namen «Lotos» als einer der polnischen Marktführer, legte sich ein ausgedehntes Tankstellennetz zu und beschäftigt heute rund 5000 Mitarbeiter. Seit 2005 ist die Gruppe «Lotos» in Warschau börsennotiert, der polnische Staat hält indirekt die Aktienmehrheit. Der regionale Energieversorger «Energa» ist heute neben der Raffinerie das einzige wirklich große Unternehmen der Stadt, ein Problem nicht nur für die lokale Wirtschaftsstruktur, sondern auch für alle gesellschaftlichen und kulturellen Initiativen, die auf betuchte Sponsoren angewiesen sind.

Um die Agonie der zentralen Planwirtschaft zu beenden, erlaubte die kommunistische Regierung seit 1982 die Gründung kleiner Privatunternehmen. Gerade in Danzig führte dies zu einer großen Zahl bescheidener Start-ups, die dazu beitrugen, die lokalen Wirtschaftsmentalitäten nachhaltig zu ändern. Dadurch gab es nach der Systemtransformation von 1989/1990 eine solide Grundlage für die Entwicklung weiterer privatwirtschaftlicher Initiative.

Dennoch tat sich das demokratische Danzig auf ökonomischem Gebiet zunächst schwer, ausländische Direktinvestitionen blieben Mangelware. Neben der schlechten Verkehrsanbindung war dafür das Bild der Stadt im In- und Ausland verantwortlich, das geprägt war von der großen lokalen Streiktradition. Die Vorstellung von streikbereiten, selbstbewussten Arbeitern wirkte auf Investoren abschreckend. Zudem war die Stadtverwaltung nach 1990 nicht in der Lage, Danzig als Unternehmensstandort zu vermarkten, weshalb bis heute große Firmenansiedlungen fehlen. Am stärksten vertreten ist deutsches, US-amerikanisches und schwedisches Kapital. Einiges Aufsehen erregte es, als der deutsche Konzern Dr. Oetker zwischen 1991 und 1994 eine Lebensmittelfabrik in Oliva erwarb, die ihm bereits bis 1945 gehört hatte.

Mit der Zeit entstanden in Danzig dann aber doch einige mittelgroße neue Unternehmen, die bereits auf Erfolgsgeschichten zurückblicken können, etwa der in Warschau börsennotierte Bekleidungskonzern LPP, der es zum Branchenprimus in Polen gebracht hat. Schwerpunkt der Firmenneugründungen sind aber Seewirtschaft (etwa Yachtwerften) und Informationstechnologie. 2008 waren in Danzig gut 60 000 Wirtschaftsunternehmen registriert. Durch die Einrichtung von Technologieparks und viele Fördermaßnahmen soll das Wirtschaftsleben in Danzig weiter angekurbelt werden.

Keine Stimulation nötig hatte der Handel: Nachdem zu Beginn der 1990er Jahre vor allem der Kleinhandel einen gewaltigen Aufschwung nahm, kamen bald darauf die ersten ausländischen Investoren nach Danzig, um riesige Supermärkte zu bauen. Die ersten *hipermarkety* wurden mit französischem Kapital auf die grüne Wiese gestellt. Als nächstes entstanden neue Shopping-Malls, sei es in der Altstadt oder im Zentrum von Langfuhr, sei es an der Peripherie. Dadurch veränderten sich die Einkaufs- und Konsumgewohnheiten der Danziger nachhaltig.

Die lokale Medienlandschaft wandelte sich nach dem Ende der spätsozialistischen Tristesse rasch. So ging das führende Lokalblatt «Dziennik Bałtycki» zunächst an einen französischen Investor, 1995 schließlich an den Verlag Passauer Neue Presse. Neben dem staatlichen Radiosender Radio Gdańsk gibt es in Danzig Ableger der wichtigsten landesweiten Privatstationen, aus seinem Studio neben dem Olivaer Schlosspark sendet der staatliche Fernsehsender TV Gdańsk. Eines der größten polnischen Internetportale, «Wirtualna Polska», hat seinen Sitz in der Stadt.

Zur wichtigen Einnahmequelle für Danzig und seine Bürger entwickelte sich der Fremdenverkehr, denn die Stadt ist nicht nur für Polen ein lohnendes Reiseziel, sondern zieht auch viele Touristen aus dem Ausland an. Traditionell stehen hier die Deutschen mit heute ca. 40 Prozent der ausländischen Besucher an erster Stelle. Da jedoch im Laufe der Jahre die Zahl derjenigen Deutschen, die ihre Jugend noch in Danzig erlebt haben, immer kleiner wurde, änderte sich die Fremdenverkehrsstruktur deutlich. Neben einem steigenden Anteil von englischen oder italienischen Touristen kommen immer mehr jüngere Menschen und Familien sowie Kurzurlauber, für die weniger die Nostalgie als ein aktives und attraktives kulturelles Umfeld wichtig ist. Die Beleuchtung der wichtigen Baudenkmäler und die stilgerechte Pflasterung der rechtstädtischen Gassen verbesserte die Lage zumindest optisch, auch die Übernachtungsbasis gewann durch eine ganze Reihe innenstadtnaher Hotelneubauten. Schließlich gelang es, die anfangs der 1990er Jahre prekäre Sicherheitslage durch TV-Überwachung und Patrouillen der Stadtpolizei in den Griff zu bekommen.

Die Bevölkerungszahl Danzigs pendelte sich bei knapp 460 000 ein. Insgesamt war der Wohlstand der Danziger seit 1990 kontinuierlich gestiegen. Allein zwischen 1997 und 2007 wuchs das Bruttoinlandsprodukt pro Kopf der Danziger Bevölkerung um mehr als das Doppelte. In der Wirtschaft betrug das monatliche Bruttogehalt 2008 im Durchschnitt 4000 Złoty, rund 1000 Euro. Arbeitslosigkeit war vor allem zu Beginn der 1990er Jahre und Anfang des 21. Jahrhunderts ein Massenphänomen; 2002 waren 13,1 Prozent der Danziger ohne Arbeit. Doch durch EU-Beitritt und den internationalen Aufschwung ging diese Zahl rasch zurück; 2008 war mit 2,5 Prozent Arbeitslosen in der Stadt praktisch die Vollbeschäftigung erreicht, auch wenn weiterhin rund 9000 Menschen von der Sozialhilfe lebten und viele Bürger im Westen des Kontinents jobben, um ihre daheimgebliebene Familie zu ernähren.

Nach wie vor gab es Wohnungsprobleme, vor allem die Bereitstellung von günstigem Wohnraum war ein ständiges Ärgernis, das durch den Bau subventionierter Mietwohnungen nur teilweise gelöst werden konnte. Da sich die wirtschaftliche Situation vieler Danziger jedoch verbesserte, begann seit Ende der 1990er Jahre eine goldene Zeit der Makler und der Bauträger, die vor allem westlich der Innenstadt im Hügelland nahe der Umgehungsstraße viele neue Siedlungen mit Wohnblocks und Reihenhäusern bauten.

Aufgrund des wachsenden Wohlstands und der zunehmenden Kenntnis westlicher Lebensgewohnheiten änderte sich langsam das Freizeitverhalten der Danziger. Gewiss, weiterhin lockten die Strände, auch wenn die Wasserqualität nicht immer höchsten Ansprüchen genügte, doch zunehmend auch die Filmtheater in den neu entstehenden Multiplex-Kinos, Kneipen und Diskotheken. Parallel weitete sich nach 1989 der Bereich zivilgesellschaftlichen Engagements in Danzig rasant aus. Um 2010 waren rund 1600 Vereine oder Stiftungen in den Bereichen Bildung, Jugendarbeit, Kultur oder Sport tätig.

Die allermeisten Danziger waren nach wie vor Katholiken, auch wenn der Gottesdienstbesuch seit den 1990er Jahren kontinuierlich abnahm. Neben der kleinen Evangelisch-Augsburgischen Gemeinde konnten sich verschiedene protestantische Freikirchen etablieren, außerdem gibt es Kirchen der Orthodoxen und der unierten (katholisch-orthodoxen) Christen sowie eine armenische Gemeinde. Auch Muslime leben in Danzig, und zwar sowohl aus traditionell muslimischen, polnisch-tatarischen Familien wie auch Migranten; seit 1990 besitzen sie in Oliva eine eigene Moschee. Die jüdische Gemeinde entstand erst 1990 wieder neu und zählte 20 Jahre später knapp 100 Mitglieder. 2009 übernahm sie die ehemalige Langfuhrer Neue Synagoge, die jahrzehntelang als Musikschule gedient hatte.

Auch bei ihrer nationalen Zugehörigkeit unterscheiden sich die Danziger kaum: Von den gut 460 000 Einwohnern sprachen 2008 nur rund 5200, also etwas mehr als ein Prozent, in ihren Familien neben dem Polnischen noch eine zweite Sprache, nur 413 Personen sprachen daheim ausschließlich eine andere Sprache. Die größte registrierte nationale Minderheit in Danzig sind die mehrere hundert, meist ältere Menschen zählenden Deutschen, während die in der Stadt lebenden Kaschuben nach polnisch-staatlicher Auffassung keine Minderheit sind, sondern nur eine «Regionalsprache» sprechen bzw. eine regionale Kultur vertreten. Ein Teil der Kaschuben ist allerdings der Meinung, eine eigene Nationalität zu bilden und hält Danzig für die Hauptstadt der Kaschubei; vielerorts sieht man neben dem stolz gezeigten Danziger Wappen heute auch das kaschubische Wappentier – den schwarzen Greif auf gelbem Grund.

KULTUR ZWISCHEN GRASS UND UNTERGRUND

Lange hatte es die Kultur in Danzig schwer gehabt: Misstrauisch beäugt von knausrigen Handelsherren, eingeschnürt in nationale Zwänge und beeinträchtigt durch das Fehlen von Ausbildungsstätten und potenten Mäzenen, erntete sie seit den 1980er Jahren die Früchte der Nachkriegsentwicklung, als nicht nur Hochschulen gegründet worden waren, sondern Danzig sich als Haupt der «Dreistadt» auch zur Metropole entwickelt hatte. Ein deutliches Signal für die Vitalität der heimischen Künste war der Dualismus, der die Danziger Kultur in der Spätzeit des kommunistischen Systems prägte: Auf der einen Seite bestanden die staatlichen Institutionen weiter fort, auf der anderen Seite brach sich eine breite unabhängige Kulturszene Bahn, die vor allem im Bereich der Kunst milieubildend wirkte und nachhaltigen Bestand hatte. Sie basierte auf dem künstlerischen Underground, dessen als «Neue Danziger Schule» bekannt gewordenen Vertreter sich auf die Suche nach künstlerischer Freiheit jenseits der restriktiven Politik begaben, sich neue Räume aber auch durch die Wahl neuer Medien (Computerkunst, Landart, Installationen) schufen. Dieser Kunstrichtung gehört etwa der Duszeńko-Schüler Grzegorz Klaman an, der in der Ruinenstadt der Speicherinsel aufsehenerregende Installationen zeigte, oder auch der Universalkünstler Marek Rogulski. Aus dieser Strömung heraus entstanden mehrere Galerien, darunter die bis heute existierende Galerie «Wyspa» (Insel). In den 1990er Jahren wurde eine ehemalige Badeanstalt in der Niederstadt zum Zentrum der avantgardistischen Kunst, das sich heute als «Zentrum für Zeitgenössische Kunst Łaźnia» in staatlicher Trägerschaft befindet. Mit der Zeit öffnete sich auch die Kunsthochschule – seit 1996 «Kunstakademie» – für neue Trends.

Ebenfalls spannend verlief die literarische Entwicklung in der Stadt. Die Erinnerung an 1970 und 1980/1981 lieferte den Autoren ebenso Themen wie die Entdeckung Danzigs, der fremden Stadt. Was zunächst vor allem von Lyrikern behandelt wurde, die sich angesichts der Zeitumstände in eine «neue Privatheit» zurückzogen, etwa Władysław

Zawistowski oder Bolesław Fac, wurde schließlich, nicht zuletzt unter dem Einfluss der Grass-Rezeption, zum wichtigsten Anliegen einiger Prosa-Autoren. Paweł Huelle und Stefan Chwin erschrieben sich mit ihren Danzig-Romanen einen Platz im Zentrum der polnischen Literatur. Ihre Entdeckung von Heimat und Provinz beeinflusste eine ganze Schriftstellergeneration, und sie selbst wurden zu intellektuellen Autoritäten in einer Stadt, die immer noch auf der Suche nach einem geistigen Zentrum war, sich jetzt aber zumindest einen Platz auf der literarischen Landkarte Polens eroberte: War die Stadt jahrzehntelang lediglich als propagandistisch überformte Stadt der Arbeiter, des Hafens und des sozialen Protests gesehen worden, so erhielt sie nun eine ganz neue, ganz andere Bedeutung für die Nation.

Angesichts der allmächtigen Prosa-Troika Grass-Huelle-Chwin taten sich viele andere Danziger Schriftsteller schwer. Entweder begaben sie sich ins Fahrwasser der Übermächtigen und schrieben, wie etwa Waldemar Nocny, Romane aus den Danziger Vororten, oder sie versuchten, sich eigene poetische Räume zu erschließen und wurden wie der Dichter Wojciech Wencel oder Jacek Dehnel mit seiner Lyrik und seinen Romanen (*Lala*, deutsch 2008) überregional bekannt.

Am Erfolg der «neuen Heimatliteratur» wollte auch das Theater teilhaben, und so kamen Dramatisierungen der Werke Grass' und Chwins auf den Spielplan des 2002 umfassend renovierten «Teatr Wybrzeże», das sich als eine der größeren Bühnen Polens längst etabliert hatte. Bis an den Anfang der 1990er Jahre reichen Bemühungen zurück, in Danzig ein Shakespeare-Theater zu bauen, das an die Auftritte elisabethanischer Schauspieler in Danzig Anfang des 17. Jahrhunderts anknüpfen soll. Nach einem Plan des Italieners Renato Rizzi soll bis 2012 am Vorstädtischen Graben in einem Backsteinkubus ein multifunktionaler Theaterraum entstehen, der auch die Rekonstruktion frühneuzeitlicher Bühnenverhältnisse zulässt.

Das Shakespeare-Theater ist nicht das einzige architektonisch interessante Projekt der letzten zwanzig Jahre. Allerdings hatte es die Baukunst in Danzig nach der Wende nicht einfach, galt es doch zunächst erst einmal, rasch Nachholbedarf zu befriedigen und Anschluss an die zeitgenössischen Entwicklungen im Westen zu finden. Nach einigen verunglückten Gebäuden im Stil einer provinziellen Postmoderne entstand seit der Jahrtausendwende aber eine ganze Reihe attraktiver Projekte, die, wenn sie den Bereich der historischen Innenstadt betrafen, in der

Regel heftig diskutiert wurden. Das Hotel Hilton am Fischmarkt oder das City-Forum gegenüber dem Hauptbahnhof gehören zu den besseren Beispielen, während die architektonische wie urbanistische Qualität massiger Appartementhäuser in der Vorstadt oder an der Schäferei diskutabel ist. Die neuen Siedlungen außerhalb des Stadtzentrums beschränken sich in der Regel auf eine funktionale Architektur der gemäßigten Moderne oder täuschen mit rotgeziegelten Satteldächern Tradition vor. Ein gelungenes Beispiel für Revitalisierung ist der Umbau des ehemaligen Elektrizitätswerks auf der Mottlau-Insel Am Bleihof zum Sitz der Ostsee-Philharmonie.

Mehrfach lenkte der Film internationale Beachtung auf Danzig: Volker Schlöndorffs Verfilmung der *Blechtrommel* holte 1979 nicht nur die Goldene Palme in Cannes, sondern im Folgejahr auch einen Oscar, und 1981 gewann mit Andrzej Wajdas Spielfilm *Człowiek z żelaza* (*Der Mann aus Eisen*), der in Danzig während der bewegten Monate des Jahres 1980 handelt, in Cannes ein weiterer Danzig-Film den Hauptpreis.

Während das Nationalmuseum weiterhin vom Ruhm seines wichtigsten Exponats, Hans Memlings «Jüngstem Gericht», zehrte und unter seiner Lage ein wenig Abseits in der Vorstadt litt, wurde das Historische Museum der Stadt Danzig konsequent ausgebaut. Sein Hauptsitz im Rechtstädtischen Rathaus war zentraler Anlaufpunkt für Touristen; die Zahl der Außenstellen wuchs systematisch: Das Uphagenhaus wurde aufwändig mit erhaltenen bzw. rekonstruierten Einrichtungsgegenständen ausgestattet und 1998 wiedereröffnet, ähnlich der Artushof, der erneut zu einem repräsentativen Versammlungsraum der Bürgerschaft wurde. Die meisten Besucher zog das Bernsteinmuseum im Stockturm an. Das Meeresmuseum erhielt drei Speicher auf der Insel Am Bleihof und ein neues Empfangsgebäude neben dem Krantor. Und da man sich den jüngsten musealischen Trends nicht verschließen wollte, beschloss die Stadt, in den napoleonischen und preußischen Forts des Hagelsbergs unter dem Namen «Centrum Hewelianum» ein Mitmachmuseum mit zahlreichen Experimenten einzurichten, dessen erster Teil 2008 eröffnet wurde.

Ein Gutteil der intellektuellen Belebung der Stadt ging auf das Konto der Hochschulen. Nach einer Durststrecke in den 1980er Jahren entwickelte sich die Technische Hochschule seit 1990 zügig, 2004 studierten hier 19 000 Studenten. Waren internationale Kooperationen anfangs noch die Ausnahme, so sind die mehr als 1000 hier beschäftigten Wissenschaftler heute auf vielfältige Weise mit ausländischen Partnerinstitutionen vernetzt. In den polnischen Universitätsrankings liegt die *Politechnika* stets im guten Mittelfeld der Technischen Hochschulen. Auch die Universität Danzig zählt zwar nicht zu den renommiertesten Hochschulen des Landes, findet sich aber in den Ranglisten ebenfalls im oberen Mittelfeld wieder. Mangelnder Austausch mit anderen Hochschulen, Unterbezahlung und Überlastung der Lehrenden und die trotz allem immer noch periphere Lage Danzigs behindern das intellektuelle Leben aber bis in die Gegenwart, und nicht wenige Professoren verließen die Stadt, wenn sich die Gelegenheit bot, so 1990 die hochangesehene Romantikforscherin Maria Janion oder ein Jahrzehnt danach der Jurist und spätere Präsident Lech Kaczyński.

DANZIG IM NEUEN JAHRTAUSEND

Als das neue Jahrtausend begann, konnte Danzig auf ein Jahrzehnt zurückblicken, das zwar Freiheit und rasante Entwicklung gebracht hatte, viele Probleme der Stadt aber nicht hatte lösen können. Als größte Schwierigkeit stellte sich die urbanistische Struktur Danzigs und seiner Nachbarstädte dar: Während die alte Hansestadt nach dem Krieg ein neues Leben als Arbeiter- und Industriestadt begonnen hatte, mauserte sich das kleine Zoppot zu einem Rückzugsgebiet der Künstler und all jener, die bürgerlichen Lebenswelten nachhingen. Nach 1989 wurde der Kurort rasch zu einer der reichsten Städte des Landes und zog die Schönen und die Wohlhabenden an. Gdingen hingegen verstand sich als weltoffene Stadt der Pragmatiker und hob nach der Wende selbstbewusst sein Haupt. Drei Städteindividuen also, die sich über 30 Kilometer an der Danziger Bucht entlangziehen und in Polen gemeinhin als «Dreistadt» bezeichnet werden, die jedoch in ständig neu ausbrechender Rivalität miteinander leben. Zwar träumen manche Danziger Politiker den Traum einer großen regionalen Metropole mit knapp einer Million Einwohner, doch bis die Städte tatsächlich mehr als nur in städtebaulicher Hinsicht zusammengewachsen sein werden, wird noch viel Zeit ins Land ziehen.

Die Verteilung des urbanen Potentials auf drei Zentren führte dazu, dass keine der drei Städte wahrhaft großstädtisches Flair erhielt. Während ihm Gdingen in städtebaulicher Hinsicht am nächsten kam, schien an Danzig vor allem der Verkehr metropolitan zu sein, wenn auch im Negativen: Im Grunde auf eine Nord-Süd-Achse und eine Ost-West-Verbindung beschränkt, staute sich der Autoverkehr seit der explosionsartigen Vermehrung des Fahrzeugbestands (1990: 75 000, 2008: 260 000) oft kilometerlang, so dass die Fahrt zum Arbeitsplatz oder zum Einkaufen für viele Einwohner zu einer Qual wurde. Wenn es sich vermeiden ließ, fuhr man deshalb gar nicht mehr ins Zentrum, sondern beschied sich mit einem Leben an der städtischen Peripherie in den Trabantenstädten und Wohnsiedlungen; am Wochenende ging es für viele ins Rückzugsdomizil, idealerweise in ein Häuschen an einem kaschubischen See.

Die verstopften Durchgangsstraßen zerschnitten die Stadt außerdem in mehrere Teile, isolierten etwa Recht- und Altstadt vom Rest Danzigs. So großartig der Wiederaufbau der Rechtstadt auch gewesen war, so wenig war nun klar, welche Rolle sie unter den neuen Verhältnissen einnehmen sollte. Lebensnotwendige Funktionen für die Stadt besaß sie jedenfalls nicht mehr, alle wichtigen Behörden lagen außerhalb, so dass ihr eigentlich nur noch ein Dasein als Freilichtmuseum blieb, durch das sich im Sommer Heerscharen von Touristen drängten, das aber im Winterhalbjahr Trostlosigkeit verbreitete.

Kurzum, zu Beginn des neuen Jahrtausends fehlte ganz offensichtlich eine Zukunftsvision für Danzig. Die Fixierung auf die eigene goldene Vergangenheit hatte kaum Entwicklungsimpulse freigesetzt, im Gegenteil – wie schon im 19. Jahrhundert hatte man in der Rückschau vor allem Trost für eine unbefriedigende Gegenwart und Selbstaufwertung für die eigene Existenz gesucht.

Doch ein Jahrzehnt nach dem Beginn der Systemtransformation begann sich das Bild langsam zu wandeln. War die Arbeit in den kommunalen Behörden und Einrichtungen in den 1990er Jahren oft noch schlecht bezahlt und die Beamtenschaft geprägt von postsozialistischen Mentalitäten, so verbesserte sich die Qualität der Lokalverwaltung mit der Zeit. Das kam sowohl der steigenden Bürgerfreundlichkeit wie auch der sachgemäßen Planung komplexer Infrastrukturprojekte zugute. Außerdem wuchs die Kompetenz der Kommunalpolitiker. Hatte 1990 kaum ein Mitglied des neuen Stadtrats Ahnung von der Verwaltung einer Großstadt, so gab es zehn Jahre später bereits «alte Hasen» der Selbstverwaltung.

Seit 1998 wird Danzig von Paweł Adamowicz (Bürgerplattform) regiert und etablierte sich als eine liberal-konservative Hochburg. Endlich begannen sich Stadtverwaltung und kommunalpolitische Eliten Gedanken über eine «Vision Danzigs als Zentrum innovativer Entwicklung»[9] zu machen. Einige Faktoren erleichterten dies: Zum einen setzte die polnische Verwaltungsreform von 1999 dem politisch-administrativen Zentralismus ein Ende, verlagerte viele Kompetenzen auf die regionale Ebene und schuf neue, größere Woiwodschaften; Danzig war nun Hauptstadt der Woiwodschaft Pommern (Pomorze). Zum anderen eröffneten sich mit dem polnischen EU-Beitritt von 2004 ganz neue Perspektiven für den Ausbau der lokalen Infrastruktur. Alleine zwischen 2004 und 2006 flossen umgerechnet ca. 110 Millionen Euro an EU-Mitteln nach Danzig, zwischen 2007 und 2013 waren weitere 300 Millionen Euro vorgesehen. Ebenfalls vorteilhaft wirkte sich der wirtschaftliche Aufschwung Polens aus. Deshalb entwickelten sich die städtischen Einnahmen insgesamt positiv; die Verschuldung blieb verhältnismäßig gering, in manchen Jahren wies der Kommunalhaushalt sogar Überschüsse auf.

Vor diesem Hintergrund setzte eine strategische und zielstrebige Entwicklung der Stadt ein, die zwar nicht reibungslos verlief und immer wieder ins Stocken geriet, trotzdem aber einige Großprojekte ermöglichte. Dazu gehörten in erster Linie Vorhaben der Verkehrsinfrastruktur: Die katastrophalen Verbindungen zwischen den Innenstadtbereichen und dem Umland, insbesondere die Zufahrtsstraßen zur Westumgehung, wurden verbreitert bzw. neu gebaut. 2009 begannen die Arbeiten an der neuen Südumgehung, die es dem Ost-West-Verkehr ermöglichen wird, kreuzungsfrei die Innenstadt zu meiden. Eine Untertunnelung der Toten Weichsel im Hafenbereich soll die Innenstadt zusätzlich entlasten.

Viele dieser Projekte wurden im Zuge der Vorbereitungen für die Fußball-Europameisterschaft 2012 in Polen und der Ukraine beschleunigt: Danzig hatte sich als einer von vier polnischen Austragungsorten durchsetzen können und mit dem Bau eines neuen, bernsteinfarbenen Großstadions für 44 000 Zuschauer im bislang vernachlässigten Stadtteil Letnica begonnen. Der geplante Ausbau des öffentlichen Nahverkehrs, insbesondere einer von Danzig über die Moränenhügel und den Flughafen bis nach Gdingen führenden «Metropolbahn», verzögerte sich allerdings, nicht zuletzt an den immer wieder aufbrechenden Interessengegensätzen zwischen den drei Städten der Dreistadt.

Doch die Fußball-EM war nicht das einzige Zukunftsprojekt der Stadt. Große Bedeutung misst die Verwaltung der Entwicklung eines ganz neuen Stadtteils zu: Auf ehemaligem Gelände der Danziger Werft, die ihre Produktion auf die Insel Holm verlegt, soll die Jungstadt entstehen, so benannt in Anlehnung an die 1454 zerstörte, vom Deutschen

Panorama der Danziger Rechtstadt: Langgasse, Rathaus, Marienkirche – majestätisch liegt die wiederaufgebaute Stadt heute vor den Augen ihrer staunenden Besucher.

Orden protegierte Stadtgründung. Zwar sind bislang zahlreiche Pläne zur Nutzung des großen Geländes als Büro- und Wohngebiet entstanden, doch verzögerte die Finanzkrise den ursprünglich für 2009 geplanten Baubeginn. Ähnlich verhielt es sich mit der Bebauung der nördlichen Speicherinsel, die seit Kriegsende als innerstädtisches Ruinengebiet Besucher wahlweise begeistert oder entsetzt. Auch hier zogen sich mehrfach Investoren wieder zurück. Doch da es an hochfliegenden Plänen in Danzig nie fehlte, ließen sich die Planer nicht beirren. So hat Stararchitekt Daniel Libeskind am Polnischen Haken, der Einmündung der Mottlau in die Weichsel, ein futuristisches Hochhaus geplant, und auch der brachliegende Komplex von Heu- und Krebsmarkt südwestlich des Hohen Tors soll bebaut werden.

An städtebaulichen Visionen herrscht in der Stadt also kein Mangel, auch wenn erst noch bewiesen werden muss, ob Danzig tatsächlich so viel wirtschaftliches Potential besitzt, um die riesigen Bauprojekte mit Leben erfüllen zu können. Hier rächen sich die verschlafenen 1990er Jahre, die andere Städte, beispielsweise Breslau, nutzten, um sich besser zu positionieren.

Dafür konnte Danzig auf einem Gebiet punkten, auf dem es erwiesenermaßen Erfahrung besitzt, nämlich auf jenem der Geschichte und ihrer aktuellen Verwertung zum Nutzen der Stadt. So wurde der Bau eines Europäischen Solidarność-Zentrums beschlossen, das als Ausstellungs-, Forschungs- und Veranstaltungszentrum bis 2013 direkt neben dem legendären Werfttor Nr. 2 entstehen und die Erinnerung an die Freiheits- und Bürgerrechtsbewegung bewahren und aufbereiten soll. An diesem Museum beteiligt sich – neben der EU – der Staat finanziell ebenso wie an einem anderen Museum, das an eines jener weiteren großen Danziger Symbole erinnern soll, den Ausbruch des Zweiten Weltkriegs. Das Museum des Zweiten Weltkriegs, das der 2007 gewählte, aus Danzig stammende Ministerpräsident Donald Tusk vorgeschlagen hatte, soll ab 2014 polnische und nicht-polnische Perspektiven auf den Krieg und seine Folgen werfen. Dass Danzig seit 2009 eine Günter-Grass-Galerie besitzt, versteht sich vor diesem Hintergrund von selbst, und auch ein neues stadthistorisches Museum ist geplant.

Ob sich Danzig als Stadt der Symbole und Museen im Konzert der europäischen Großstädte wird durchsetzen können, muss sich allerdings noch zeigen und wird in hohem Maße auch davon abhängen, ob es gelingt, die neuen innenstadtnahen Stadtteile nicht zu Investitionswüsten aus Beton und Glas verkommen zu lassen, sondern sensibel als Chance zu nutzen, die ramponierte urbane Struktur der Stadt zu regenerieren. Diese Entwicklung muss mit aufmerksamer Kritik begleitet werden, denn wo viel Geld fließt, besteht immer eine Gefahr von Missbrauch, illegaler Einflussnahme und selbstherrlich-investorengenehmer Dutzendarchitektur. Wie anfällig selbst vermeintlich integre Institutionen sein können, zeigte 2002 die Affäre um den Verlag des Erzbistums Danzig, Stella Maris. Das in Pelplin ansässige Unternehmen war zur Geldwäsche missbraucht worden, was, nachdem es ans Licht kam, die Diözesanverwaltung in Erklärungsnot und manche Angehörige der lokalen Eliten ins Schwitzen brachte. Immer wieder auch stolperten führende Magistratsmitglieder über kleinere oder größere Affären.

Alles in allem fühlen sich die Danziger jedoch wohl in ihrer Haut. Bei einer landesweiten Umfrage stellte sich heraus, dass sie die glücklichsten Großstädter Polens sind. In der Tat, wenn man sich so schnell wie sie ans Meer, in eine atemberaubende Vergangenheit oder in das Hügel- und Seenland der Kaschubei begeben kann, so muss das immer wieder ein Grund für Glücksmomente sein.

EPILOG
WARUM GERADE DANZIG?

✦ ✦

Was ist nicht alles geschehen in Danzig, der mehr als tausend Jahre alten Stadt: Zerstörungen und Wiederaufbau, gleich mehrfach, mehrfach auch glänzender Aufstieg und jäher Fall. Oft in aller Munde und oft vergessen, ein Zentrum am Rande, dort, wo die Weichsel das Wasser der Ostsee mehrt.

Seit vielen Generationen machen sich die Danziger Gedanken darüber, warum ihre Stadt eine so außergewöhnliche Geschichte hat. Waren es Weichsel und Meer, die ihr nicht nur immer neue Waren, sondern unaufhörlich auch neue Ideen gebracht haben? Die dazu führten, dass die lokale Gesellschaft nie erstarrte, sondern fluktuierte und empfänglich blieb für das verstörend Neue, Selbstbewusstsein schöpfte aus der Konfrontation mit dem Fremden? Oder war etwa alles nur Zufall? Solidarność und Freie Stadt, Reichtum und Westerplatte – nur eine Laune der Geschichte?

Unstrittig ist: Danzig ist ein besonderer Ort, eine Stadt mit einer unverwechselbaren Biographie. Und Danzig ist geprägt von Brüchen, von einschneidenden Zäsuren. Wie oft wurde es zerstört, belagert, erobert, annektiert. Wie oft änderten sich die ökonomischen Voraussetzungen lokaler Existenz. Einmal gar schien das Ende nahe: 1945. Fast hätte es keiner Fragen mehr bedurft, denn die Antwort schien klar. Danzig war Vergangenheit.

Doch die Geschichte ging weiter, Danzig wurde zu Gdańsk. Und so gibt das Jahr 1945 auch zu Fragen Anlass: Blieb Gdańsk Danzig, trotz des nahezu kompletten Austauschs seiner Bevölkerung und der Vernichtung der historischen Bausubstanz? Wie ging die Stadt mit diesem allergrößten Bruch ihrer Biographie um?

Die Rettung kam aus der Geschichte: Was Generationen über Generationen aufgebaut hatten – städtische Strukturen und Gebäude, Erinnerungen und Erzählungen, soziale Netzwerke – war zwar stark beschädigt, ließ sich aber, wenn auch meist in anderer Form, wiedererrichten. Wo einst ein Haus stand, stand bald ein neues, vielleicht gar auf den Grundmauern des alten, und nicht selten waren sogar die Mauern, sogar die Möbel, sogar die Gerüche geblieben. Wo einst ein Mensch wohnte, wohnte bald wieder ein neuer. Und auch dieser neue Mensch lebte auf den alten Fundamenten, war, ob er es wollte oder nicht, gezwungen, sich mit dem auseinanderzusetzen, was einstmals war. Und so kittete die städtische Gesellschaft langsam die Lücken in ihrer Biographie, wuchs Gdańsk mit Danzig zusammen, entstand die alte Stadt aufs Neue.

Natürlich war es nicht allein die Stadt: Immer eingebunden in Region, Staat und Nation, entwickelte sie sich in engster Zwiesprache mit dem, was sie umgab. Menschen wanderten zu und ab, Herrscher griffen ein oder zeigten sich gnädig, transnationale geistige und künstlerische Moden erfassten die Einwohner, machten sie mal zu gotisch steifen, mal zu renaissancevergnügten Handelsherren, zu Reifrock- und Zylinderträgern, zu Sängerinnen und Sängern proletarischer Traditionen, kaisertreuer Trällerlieder oder lokalpatriotischer Tugenden, zu Republikanern, Faschisten oder Demokraten.

Warum also gerade Danzig? Das Geheimnis der Stadt ist das Dazwischen, sie lebt von der Spannung. Von der Spannung zwischen historischem Reichtum und relativer Peripherie, zwischen Größe und Provinz, zwischen Moderne und Konservatismus (ein Widerstreit, der oft in lähmenden Stillstand führte), zwischen Aufbruch und Beharren, zwischen Stolz und Kleinmut, zwischen Freiheitsstreben und Gefangenschaft.

Weit genug entfernt von den Zentren der Macht, um sich dem Willen der Mächtigen widersetzen zu können, wohlhabend und einflussreich genug, um eigene Wege zu gehen, individuell genug, um sich eine eigene, unverwechselbare Biographie zuzulegen, das ist Danzig seit vielen hundert Jahren. Begehrt und umworben, in sich ruhend, eingebettet in die Schönheit der Geschichte, der Stadtlandschaft und der natürlichen Umgebung, selbstbewusst und manchmal selbstvergessen, immer wieder in der Lage, vom Spielball der Mächte und Mächtigen zu einem Akteur der Geschichte zu werden und ihren Lauf zu verändern, überdauerte die Stadt genauso wie ihr Gedächtnis letztendlich alle historischen Zäsuren, auch wenn sie mehrfach neugeboren werden musste.

ANMERKUNGEN

✦ ✦

2. BERNSTEINGOLD: SCHLAGLICHTER IN DIE VORGESCHICHTE

1 Michael Gienger: Lexikon der Heilsteine, von Achat bis Zoisit. Saarbrücken ^{6}2006, S. 173.
2 Wolfgang La Baume: Ostgermanische Frühzeit. Kiel ^{2}1959, S. 2–4.
3 Józef Kostrzewski in: Gerard Labuda (Hg.): Historia Pomorza, Bd. 1. Poznań ^{2}1972, S. 174.
4 Erich Keyser: Danzigs Geschichte. Danzig ^{2}1928, S. 14.
5 Otto Lienau: Die Bootsfunde von Danzig-Ohra aus der Wikingerzeit. Danzig 1934, S. 45.
6 Conrad Celtis: Quatuor libri amorum secundum quantuor latera Germaniae / Vier Bücher Liebesgedichte, gemäß den vier Himmelsgegenden Deutschlands. In: Humanistische Lyrik des 16. Jahrhunderts. Hg. v. Wilhelm Kühlmann u. a. Frankfurt am Main 1997, hier S. 99.
7 Wilhelm Schumacher: Der Hagelsberg bei Danzig; oder: die Entstehung der Stadt Danzig. In: Danziger Dampfboot vom 7.12.1833, S. 587–589, hier S. 587.
8 Eduard Ludwig Garbe: Danziger Sagen. Poetisch bearbeitet. Danzig 1872, S. 12.
9 Keyser, Danzigs Geschichte, S. 17.
10 Paul Simson: Geschichte der Stadt Danzig. Bd. 1, Danzig 1913 (Neudruck Aalen 1967), S. 13.

3. GRÜN UND BLAU: FISCHER, HANDEL, HERZÖGE 997–1308

1 Komitet Organizacyjny Obchodów 1000-lecia Miasta Gdańska: Selbstbewußt ins nächste Jahrtausend. [Gdańsk 1997], o. Pag. [Original auf Deutsch].
2 Heiligenleben zur deutsch-slawischen Geschichte. Adalbert von Prag und Otto von Bamberg. Hg. v. Lorenz Weinrich. Darmstadt 2005, S. 62 f.
3 Hans Prutz: Danzig, das nordische Venedig. Eine deutsche Städtegeschichte. In: Friedrich von Raumer (Hg.): Historisches Taschenbuch. Vierte Folge, Neunter Jahrgang. Leipzig 1868, S. 137–246, hier S. 153.
4 Keyser, Danzigs Geschichte, S. 31.

5 Paul Simson: Geschichte der Stadt Danzig. Bd. 1. Danzig 1913 (Reprint: Aalen 1967), S. 45.

4. BACKSTEINROT: DANZIG ALS TEIL DES ORDENSSTAATES 1308–1454

1 Staatsarchiv Danzig, 1166/1147, Bl. 3.
2 Walther Stephan: Danzig. Gründung und Straßennamen. Marburg/Lahn 1954, S. 54.
3 Simson, Geschichte, Bd. 3 [4], S. 59.
4 Otto Friedrich Gruppe: Konrad Letzkau. In: Vaterländische Gedichte. Neu-Ruppin [2]1868, S. 340 f.

5. WEIZENBLOND UND ROGGENBRAUN: DANZIGS GOLDENES ZEITALTER 1454–1655

1 Friedrich Klein: Das befreyte Preußen in dem dritten Jubelfeste (...). Zit. nach: Edmund Kotarski: Gdańska poezja okolicznościowa XVIII wieku. Gdańsk 1997, S. 75.
2 Neue Wogen der Zeit vom 23.5.1854.
3 Eine folgenschwere Tat. Zum Gedächtnis des 11. Februar 1454. In: Danziger Neueste Nachrichten vom 11.2.1904.
4 Dwie wielkie rocznice. Gdańsk – miasto historii i przyszłości. In: Dziennik Bałtycki vom 2.4.1954.
5 Simson, Geschichte Danzigs, Bd. 3 (4), S. 114.
6 Ebd., S. 115.
7 Ebd., S. 118.
8 Immanuel Wallerstein: Das moderne Weltsystem. Die Anfänge kapitalistischer Landwirtschaft und die europäische Weltökonomie im 16. Jahrhundert. Frankfurt am Main 1986, S. 280.
9 Jonathan I. Israel: Dutch Primacy in World Trade 1585–1740. Oxford 1989, S. 27.
10 Karol [Charles] Ogier: Dziennik podróży do Polski 1635–1636. Teil 2. Gdańsk 1953, S. 93 f.
11 Theodor Hirsch, Friedrich August Vossberg (Hg.): Caspar Weinreichs Danziger Chronik. Ein Beitrag zur Geschichte Danzigs, der Lande Preußen und Polen, des Hansabundes und der nordischen Reiche, Berlin 1855, S. 109.
12 Simson, Geschichte der Stadt Danzig, Bd. 2, S. 240.
13 Keyser, Danzigs Geschichte, S. 100.
14 Simson, Geschichte der Stadt Danzig, Bd. 2, S. 233.
15 Michael G. Müller: Zweite Reformation und städtische Autonomie im Königlichen Preußen. Danzig, Elbing und Thorn in der Epoche der Konfessionalisierung (1557–1660). Berlin 1997, S 22.
16 Simson, Geschichte der Stadt Danzig, Bd. 2, S. 384.

17 Edmund Kizik: Wesele, kilka chrztów i pogrzebów. Uroczystości rodzinne w mieście hanzeatyckim od XVI do XVIII wieku. Gdańsk 2001, S. 370, Anm. 8 (in der leicht gekürzten deutschen Übersetzung dieses Buches ist diese Quelle nicht enthalten).
18 Edmund Kizik: Die reglementierte Feier. Hochzeiten, Taufen und Begräbnisse in der frühneuzeitlichen Hansestadt. Osnabrück 2008, S. 403.
19 Paul Simson: Der Artushof in Danzig und seine Brüderschaften, die Banken. Danzig 1900 [ND Aalen 1969], S. 110.
20 Willkür von 1455, Art. 39, zit. nach Otto Kollenhagen: Untersuchung und Beschreibung der Danziger Bürgerhäuser. Edition der nicht veröffentlichten Dissertation (1910–1915). Hg. v. Ewa Barylewska-Szymańska u. a. Marburg, Gdańsk 2008, S. 108.
21 Martin Gruneweg: Die Aufzeichnungen des Dominikaners Martin Gruneweg (1562–ca. 1618) über seine Familie in Danzig, seine Handelsreisen in Osteuropa und sein Klosterleben in Polen. Hg. v. Almut Bues. 4 Bde., Bd. 1, Wiesbaden 2008, S. 271–273.
22 Willi Drost: Danziger Malerei vom Mittelalter bis zum Ende des Barock. Ein Beitrag zur Begründung der Strukturforschung in der Kunstgeschichte. Berlin, Leipzig 1938, S. 79.
23 Georg Greblinger: Das blühende Dantzig. Zit. nach Heinz Kindermann (Hg.): Danziger Barockdichtung. Leipzig 1939, S. 230.

6. VERBLASSENDE FARBEN 1655–1793

1 August Goergens, Mitarbeiter des Reichspropagandaamts Danzig-Westpreußen, zit. nach Erich Volmar: Danzigs Bauwerke und ihre Wiederherstellung. Ein Rechenschaftsbericht der Baudenkmalpflege. Danzig 1940, o. Pag.
2 Edmund Cieślak, Czesław Biernat: Dzieje Gdańska. Gdańsk [3]1994, S. 579.
3 Darstellung der Stadtgeschichte «Historia Gdańsk», http://www.gdansk.pl/turystyka,89,684.html (17.7.2009).
4 Johannes Rist: Zuschrift, in: ders.: Neues Musikalisches Seelenparadis (...), Lüneburg 1662, S. (b) iiii. Reproduziert in: Hans Viktor Böttcher: Johann Rist und die Stadt Danzig. Lübeck 1991.
5 Gottfried Lengnich: Ius publicum civitatis Gedanensis, oder: Der Stadt Danzig Verfassung und Rechte. Nach der Originalhandschrift des Danziger Stadtarchivs. Hg. v. Otto Günther. Danzig 1900, S. 47.
6 Lengnich, Ius publicum, S. 113.
7 Die Europäische Fama, Welche den gegenwärtigen Zustand der vornehmsten Höfe entdecket, T. 207, 1718, S. 180.
8 Edmund Kotarski: Gdańska poezja okolicznościowa XVIII wieku. Gdańsk 1997, S. 61 (anonymer Autor).
9 Friedrich von Oppeln-Bronikowski: Friedrich der Große. Die politischen Testamente. München 1936, S. 67 f.
10 Hans Hopf: Danzig in der Vorgeschichte zur Zweiten Teilung Polens. Danzig 1941, S. 103.

11 [August von Lehndorff]: Meine Reise in's blaue Ländchen, nebst Bemerkungen über Danzig. In Briefen an einen Freund. [o. O.] 1799, S. 136.
12 Johanna Schopenhauer: Im Wechsel der Zeiten, im Gedränge der Welt. Jugenderinnerungen, Tagebücher, Briefe. München 1986, S. 45.
13 Ebd., S. 47.
14 Adam und Eva zu Danzig. In: W. J. A. von Tettau, J. D. H. Temme: Die Volkssagen Ostpreußens, Litthauens und Westpreußens. Berlin 1837, S. 207 f.
15 In seinem Buch Sophiens Reise von Memel nach Sachsen, zit. nach Keyser, Baugeschichte, S. 428.
16 Daniel Chodowiecki: Die Reise von Berlin nach Danzig. Das Tagebuch. Aus dem Französischen übersetzt von Claude Keisch. Berlin 1994, S. 101 f.
17 Zit. nach Franz Kessler: Das Danziger Kapellmeisteramt. In: Bernhart Jähnig, Georg Michels (Hg.): Das Preußenland als Forschungsaufgabe. Eine europäische Region in ihren geschichtlichen Beziehungen. Festschrift für Udo Arnold zum 60. Geburtstag. Lüneburg 2000, S. 563–576, hier S. 574.
18 Edmund Kotarski: Gdańska poezja okolicznościowa XVII wieku. Gdańsk 1993, S. 293.
19 Löschin, Geschichte Danzigs, Bd. 2, S. 236 f.
20 Hopf, Danzig in der Vorgeschichte, S. 126.
21 Zit. nach Rudolf Damus: Die Stadt Danzig gegenüber der Politik Friedrich's des Großen und Friedrich Wilhelm's II. In: Zeitschrift des Westpreußischen Geschichtsverens 20 (1887), S. 1–213, hier S. 206.
22 Zit. nach Löschin, Geschichte Danzigs, Bd. 2, S. 256.

7. PREUSSISCH BLAU: NIEDERGANG UND AUFSTIEG IM 19. JAHRHUNDERT 1793–1918

1 Danzigs Säcularfeier. In: Danziger Zeitung vom 8.5.1893 (Abendausgabe).
2 Gdańsk i Pomorze Gdańskie. Uzasadnienie naszych praw do Bałtyku. In: Gazeta Gdańska vom 5.3.1919.
3 Friedrich Leopold von Schroetter an den König, Königsberg, 19.4.1797, Staatsarchiv Danzig, 6/314, Bl. 7.
4 Abraham Friedrich Blech: Geschichte der siebenjährigen Leiden Danzigs von 1807 bis 1814. 2 Bde. Danzig 1815, Bd. 1, S. 3.
5 Tagebuch der Belagerung von Danzig. In den Monaten März, April und May. Danzig 1807, S. 4.
6 Raimund Behrend: Aus dem Tagebuch meines Vaters Theodor Behrend in Danzig. Königsberg 1896, S. 9.
7 Tagebuch der Belagerung von Danzig, S. 39 f.
8 Nach Behrend, Aus dem Tagebuch, S. 17.
9 Zit. nach Max Bär: Die Behördenverfassung in Westpreußen seit der Ordenszeit. Danzig 1912, S. 136.
10 Zeitgenössische Äußerung, zit. nach Erich Hoffmann: Danzig und die Städteordnung des Freiherrn vom Stein. Leipzig 1934.
11 Johann August Arnewald: Spätlinge. Danzig 1810, S.17.
12 Panoram der unprivilegirten Freudenmädchen in Danzig, oder freimüthige Be-

leuchtung eines, im Dunklen schleichenden, krebsartigen Übels. Danzig 1830, S. 14.

13 Geheimes Staatsarchiv Preußischer Kulturbesitz, HA III, 2.4.1., Abt. I, Nr. 2685, Vol. I, Bericht Vegesacks Nr. 13 an das Staatsministerium, 10.4.1808 (ohne Paginierung).

14 Zit. aus den handschriftlichen Lebenserinnerungen Hoenes nach Almut Hillebrand: Danzig und die Kaufmannschaft *großbritannischer Nation*. Rahmenbedingungen, Formen und Medien eines englischen Kulturtransfers im Ostseeraum des 18. Jahrhunderts. Frankfurt am Main 2009, S. 347.

15 Blech, Bd. 1, S. 262 f.

16 Blech, Bd. 1, S. 271.

17 Heinrich Rose: Schilderung der Belagerung Danzigs im Jahre 1813. Danzig 1940, S. 34.

18 Bär, Behördenverfassung, S. 238.

19 Danziger Zeitung vom 28.2.1814.

20 Briefe über Danzig. Berlin 1794, S. 53 f.

21 Hermann Packhäuser: Tivoli-Theater. In: Die Patrouille vom 26.7.1849.

22 H. Waldow: Danzig. In: Danziger Dampfboot vom 4.2.1836.

23 Zit. nach: Das Jahr 1848 in Danzig. In: Danziger Neueste Nachrichten vom 5.4.1898.

24 Poetischer Krakehl. In: Danziger Krakehler vom 30.12.1848, S. 126.

25 Constitutionelles Blatt aus Böhmen vom 24.3.1849, Beilage zu Nr. 71.

26 Friedrich Heyking: Mein Leben und Wirken. Danzig 1933, S. 126.

27 Jenny Wüst: Danziger Bilder. Kleine Pensionserinnerungen. In: Heimat und Welt, Beilage zur «Danziger Zeitung», Nr. 6, vom 9.2.1910.

28 Wilhelm Schumacher: Verständlichste und bewährteste Belehrungen über die mit Gefahr bedrohende pestartige Krankheit Cholera morbus. Mit einem Rezepte versehen, welches das sicherste Schutzmittel wider die Cholera lehrt, und alle hierüber schon erschienene und vielleicht noch erscheinende Büchlein übertrifft und überflüßig macht. Nach den Hauptresultaten ärztlicher, in Indien, Persien, Rußland und Polen gemachten Erfahrungen sorgfältig zusammengestellt. Danzig 1831, S. 5.

29 Bericht von der Stadtverordnetenversammlung. In: Danziger Zeitung vom 1.2.1871 (Morgenausgabe).

30 Bruno Pompecki: Danziger Giebel. In: Die Brücke vom 1.11.1919.

31 Eduard Garbe: Danzigs alte und neue Architektur. In: Der Artushof 1880, Nr. 26.

32 Vgl. Theodor Kreyßig: Die deutschen Ostmarken. Jubiläumsbetrachtungen, in einer am 11.1.1872 in der Danziger Zeitung beginnenden Artikelserie, die später auch als Buch erschien (Danzig 1872).

33 Der Deutsche Tag in Danzig. In: Danziger Neueste Nachrichten vom 15.9.1902.

34 [Erwiderung]. In: Danziger Neueste Nachrichten vom 22.2.1902.

35 Dr. Keller: Die Ostmarkenpolitik. In: Danziger Neueste Nachrichten vom 20.11.1911.

36 Julie Burow: Versuch einer Selbstbiographie. Prag, Leipzig 1857, S. 57.

37 [Friedrich Karl Gottlieb von Duisburg]: Danzig, eine Skizze in Briefen. Geschrieben vor, während und nach der Belagerung im Jahr 1807. Amsterdam, Hamburg 1808, S. 35.

38 Danziger Dampfboot vom 11.1.1834.
39 Jahresbericht des Vereins zur Erhaltung der alterthümlichen Bauwerke und Kunst-Denkmäler Danzigs. Danzig [1857], S. 1.
40 Eingesandt. In: Danziger Zeitung vom 19.11.1859.
41 Duisburg, Danzig, eine Skizze in Briefen, S. 63.
42 E.[duard] P.[ietzker]: Sonntagsplauderei. In: Danziger Courier vom 2.11.1890.
43 Krieg und Gedicht. In: Danziger Neueste Nachrichten vom 11.9.1915.
44 Um Danzigs Zukunft. In: Danziger Zeitung vom 1.9.1918 (Morgenausgabe).

8. AUF ROTEM GRUND: DANZIG ALS FREIE STADT UND IM ZWEITEN WELTKRIEG 1918–1945

1 August Maksymilian Grabowski: Podróż do Prus Wschodnich i Gdańska (1844). In: W stronę Odry i Bałtyku. Wybór źródeł (1795–1950). Bd. 1: O ziemię piastów i polski lud (1795–1918). Wrocław, Warszawa 1990, S. 56–60, hier S. 59.
2 Adam Mickiewicz: Pan Tadeusz, viertes Buch, Zeilen 822/823.
3 Roman Dmowski: Memoriał o terytorium Państwa Polskiego. In: W stronę Odry i Bałtyku, Bd. 1, S. 210–212, hier S. 212.
4 Polnische Anschläge auf Danzig. In: Danziger Neueste Nachrichten vom 24.9.1918.
5 Abgedruckt bei Rüdiger Ruhnau: Die Freie Stadt Danzig 1919–1939. Berg am See 1979, S. 201.
6 Wenn Danzig polnisch wäre ... Die Entgegnung vom Deutschen Volksrat in Danzig. In: Danziger Neuester Nachrichten vom 3.2.1919.
7 Feierliche Amtseinführung des neuen Oberbürgermeisters von Danzig. In: Danziger Neueste Nachrichten vom 26.2.1919.
8 Heinrich Sahm: Erinnerungen aus meinen Danziger Jahren 1919–1930. Bearbeitung und biographische Einleitung von Ulrich Sahm. Marburg/Lahn 1955, S. 1.
9 I sam Sahm wnet powie: niemasz Gdańska bez Polski! In: Gazeta Gdańska vom 7.3.1919.
10 Keine Polenlandung in Danzig. In: Danziger Allgemeine Zeitung vom 5.4.1919.
11 Danziger Neuste Nachrichten vom 8.5.1919.
12 Zit. nach Walther Recke: Der diplomatische Kampf um Danzig vor und in Versailles. In: Albert Brödersdorff u. a.: Die Entstehung der Freien Stadt Danzig. Danzig 1930, S. 9–20, hier S. 17.
13 Ebd., S. 18 f.
14 Protokoll der Stadtverordneten-Versammlung vom 13.5.1919, S. 75 f.
15 Der Abschied der Truppen von Danzig. – Erinnern und gedenken! In: Danziger Neueste Nachrichten vom 24.1.1920.
16 Verhandlungen des Volkstags der Freien Stadt Danzig 1 (1921), S. 3.
17 Sahm, Erinnerungen, S. 100.
18 E. Bürger: Danzig als Mittler zwischen deutscher und polnischer Kultur. In: Danziger Volksstimme vom 25.1.1927.
19 St...yk: Sprawy gdańskie. II. In: Gazeta Gdańska vom 24.4.1927.
20 In: Ostpreußische Zeitung vom 7.8.1928.
21 Rede am 10.8.1930 im Reichstagsgebäude, zit. nach Christian Höltje: Die Wei-

marer Republik und das Ostlocarno-Problem, 1919–1934. Würzburg 1958, S. 191.

22 Felix Scherret: Der Dollar steigt. Inflationsroman aus einer alten Stadt. Berlin 1930, S. 64.

23 Danziger Volksstimme vom 31.12.1925, zit. nach Wilhelm Matull: Ostdeutschlands Arbeiterbewegung. Würzburg 1973, S. 432.

24 Henryk Bagiński: Wolność Polski na morzu. Warszawa 1931, S. 52.

25 Die Tagebücher von Joseph Goebbels. Sämtliche Fragmente, Hg. v. Elke Fröhlich. Teil 1, Bd. 1, 27.6.1924–31.12.1930. München u. a. 1987, S. 634.

26 Verhandlungen des Volkstags der Freien Stadt Danzig 17 (1933/1935), 1. Sitzung, S. 3.

27 Rede von Gauschulungsleiter Wilhelm Löbsack im Herbst 1936, zit. nach Dieter Schenk: Hitlers Mann in Danzig. Gauleiter Forster und die NS-Verbrechen in Danzig-Westpreußen. Bonn 2000, S. 73.

28 Rede von Albert Forster am 10.10.1937, zit. nach ebd., S. 85.

29 Rede vom 19.10.1938, zit. nach ebd., S. 98.

30 Die Verfassung der Freien Stadt Danzig. Hg. v. Otto Loening. Danzig 1922, S. 6.

31 Hermann Strunk: Kulturpolitik und Kulturleistung in der Freien Stadt Danzig 1920–1930. Danzig 1930, S. 5.

32 Alfred Arna [= Felix Scherret]: Die Entwicklung zur Großstadt. In: Danziger Rundschau vom 16.2.1925.

33 Adelbert Matthaei: Ein polnischer Angriff gegen die deutsche Kultur. In: Danziger Neueste Nachrichten vom 16.8.1922.

34 Gazeta Gdańska vom 16.5.1933.

35 Alfred Döblin: Reise in Polen. Berlin 1926, S. 364 f.

36 Manuskript der Geburtstagsrede im Literaturarchiv der Münchener Stadtbibliothek (Monacensia), Nachlaß Halbe, Sign. L 3128, das Zitat auf S. 11.

37 Willibald Omankowski: Danzig. Antlitz einer alten Stadt. Danzig 1924, S. 17.

38 Erich Ruschkewitz: Adlers Brauhaus bis Leichenschauhaus. Danzig 1929, S. 13.

39 Fritz Jaenicke: «Vägniechte Ostereier!» Eine haarige Hundegeschichte. In: ders.: Rentier Poguttke. Stammtischgespräche. Ein Buch Danziger Humors. Norden/Ostfr. [o. J.], S. 45. Erstveröffentlichung am 19.4.1930.

40 Danziger Volksstimme vom 8.3.1927.

41 Artur Brausewetter: Deutscher Kampf – deutsche Kunst! In: Berliner Börsen-Zeitung vom 6.1.1928.

42 «Neue Baugedanken im alten Danzig». Ministerialdirektor Kießling spricht in Berlin über Danzig. Hochschulprofessor O. Kloeppel-Danzig antwortet. In: Danziger Neueste Nachrichten vom 23.1.1929.

43 Geschichte spricht zum Volk … «Das politische Danzig» – Ausstellung im Stadtmuseum Fleischergasse. In: Danziger Neueste Nachrichten vom 26.6.1937.

44 Danziger Neueste Nachrichten vom 28.4.1939.

45 Max Domarus: Hitler. Reden und Proklamationen 1932–1945. München 1962, Bd. 2. Untergang. Erster Halbband (1939–1940), S. 1197.

46 «Danzig ist deutsch und will zu Deutschland». In: Danziger Neueste Nachrichten vom 11.8.1939.

47 Zit. nach Peter Oliver Loew: Literarischer Reiseführer Danzig. Potsdam 2009, S. 274.
48 Die Rede des Führers. In: Danziger Neueste Nachrichten vom 20.9.1939.
49 Zit. nach Schenk, Hitlers Mann in Danzig, S. 143.
50 Erinnerung von Urszula Brzezińska. In: Zenona Choderny u. a. (Hg.): Danzig Gdańsk 1945. Erinnerungen nach 50 Jahren / Wspomnienia 50 lat później. Gdańsk 1997, S. 90.
51 Wieder sind wir Vorposten an der Weichsel. Gauleiter und Reichsstatthalter Albert Forster sprach vor den Schaffenden eines Danziger Betriebes. In: Danziger Vorposten vom 16.2.1945.
52 Zit. nach Schenk, Hitlers Mann in Danzig, S. 260.
53 Günter Grass: Die Blechtrommel. Göttingen 1999, S. 512 f.
54 Peter Poralla: Unvergänglicher Schmerz. Ein Protokoll der Geschichte. Danzigs Schicksalsjahr 1985. Freiburg/Br. 1985, S. 10, 23.

9. VARIATIONEN IN WEISS-ROT: GDAŃSK, «SCHÖNER ALS JE ZUVOR» 1945–1980

1 Die Heerschau der Deutschnationalen Volkspartei. In: Danziger Allgemeine Zeitung vom 24.9.1927.
2 Władysław Cieszyński: Fałszowanie historji gdańskiej. In: Gazeta Gdańska vom 5.3.1921.
3 Zit. nach Dziennik Bałtyki vom 24.8.1945.
4 Erinnerung von Janina Matuszewska. In: Zenona Choderny u. a. (Hg.): Danzig Gdańsk 1945, S. 326.
5 Dziennik Bałtycki vom 4.9.1945, zit. nach Jacek Friedrich: Gdańsk 1945–1949. Oswajanie miejsca. In: Piotr Najmajer (Hg.): Gdańsk Pomnik historii. Część 2. Gdańsk 2001, S. 27–42, hier S. 29.
6 Gdańsk odzyska polski charakter. Plan odbudowy w oświetleniu wiceprezydenta inż. Wł. Czernego. In: Dziennik Bałtycki vom 4.9.1945.
7 Horst Wilcke: Es sind die alten Häuser, Straßen und Plätze ... In: Die Welt vom 22.6.1957.
8 E. Osten Ostachiewicz: Sto procent płci (o niemieckiej duszy na tle niemieckich mieszczan). In: Dziennik Bałtycki vom 4.12.1945, zit. nach Jacek Friedrich: Neue Stadt in altem Gewand. Der Wiederaufbau Danzigs 1945–1960. Köln, Weimar, Wien 2010, S. 52.
9 Donald Tusk u. a.: Był sobie Gdańsk. Gdańsk 1996, S. 6.
10 Rauschning schreibt ... wir antworten. In: Unser Danzig 2 (1950), Nr. 3.
11 K.[önnemann]: 1945–1965. In: Unser Danzig 17 (1965), Nr. 6 (20.3.).
12 Wolfgang Federau: Versunkene Gärten. Hamburg 1949, S. 248.
13 Wolfgang Federau: Ewige Stadt Danzig. In: Siegfried Rosenberg (Hg.): Gedichte um eine Stadt. Eine Anthologie Danziger Lyrik. Oldenburg [1952], S. 23.
14 Zum 26. März 1950 – zum 5. Jahrestag der Zerstörung. In: Unser Danzig 2 (1950), Nr. 3.
15 Carl Gustaf Ströhm: Die Stadt hieß einmal Danzig. In: Christ und Welt vom 16.10.1964

16 Günter Grass: Hundejahre. Frankfurt am Main 1989, S. 384.
17 Günter Grass: Die Blechtrommel. Göttingen 1999, S. 130 f.
18 Theodor Wallerand: Günter Grass ein Danziger Schriftsteller? In: Unser Danzig 14 (1962), Nr. 3.
19 Günter Grass: Kleckerburg. In: Gedichte und Kurzprosa, Göttingen 1997, S. 198.
20 Donald Tusk: Solidarność i duma. Gdańsk 2005, S. 18 f.
21 Fortuna, Tusk, Wydarzyło się w Gdańsku, S. 188.

10. KALEIDOSKOP: MIT SOLIDARNOŚĆ IN DIE ZUKUNFT UND DIE ENTDECKUNG NEUER VERGANGENHEITEN

1 Jerzy Holzer: ‹Solidarität›. Die Geschichte einer freien Gewerkschaft in Polen. München 1985, S. 115.
2 Andrzej Drzycimski, Tadeusz Skutnik: Gdańsk Sierpień ’80. Rozmowy. Gdańsk 1990, S. 433.
3 Zit. nach: Barbara Büscher u. a. (Hg.): Solidarność. Die polnische Gewerkschaft «Solidarität» in Dokumenten, Diskussionen und Beiträgen. 1980 bis 1982. Köln 1983, S. 274.
4 Fortuna, Tusk, Wydarzyło się w Gdańsku, S. 234.
5 Aussage des Ingenieurs Henryk Bryll in Katarzyna Bogucka-Krenz: Nasze Miasto. In: Tytuł 1998, H. 1, S. 17.
6 Donald Tusk: Gdańsk niezależny. In: Pomerania 1989, Nr. 5, S. 27.
7 Bunt prowincji. In: Dziennik Bałtycki vom 21.11.1995.
8 Zit. nach Süddeutsche Zeitung vom 25.8.2006.
9 Jan Szomburg: Szanse i zagrożenia w rozwoju gospodarczym. In: Samorząd gdański w latach 1991–2001. Pelplin, Gdańsk 2001, S. 155.

Bildnachweis

✦ ✦

Berlin, akg images S. 90
Berlin, bpk S. 46, 221, 223,
Danzig, Archäologisches Museum S. 25
Danzig, Biblioteka Gdańska Polskiej Akademii Nauk. S. 151, 162
Danzig, Dariusz Kula / fotokula.pl S. 47
Danzig, Foto Kosycarz S. 234, 237, 247, 258, 267, 280, 293
Hamburg, Dieter Busse S. 201
Hamburg, Keystone S. 230
Karlsruhe, Angelika Solibieda / cartomedia S. 19, 189
Marburg, Herder-Institut, Bildarchiv S. 57, 103, 169
Nürnberg, Germanisches Nationalmuseum S. 125 – HB 13766, Kapsel 1349, Vorsatz – SP 549, Kapsel 1080b; Nachsatz - SP 4252, Kapsel 1080b
Stockholm, Kriksarkivet S. 68

Aus folgenden Büchern entnommen:
Daniel Chodowiecki. Die Reise von Berlin nach Danzig. Die Bilder. Herausgegeben und erläutert von Willi Geismeier. Berlin 1994 S. 120, 134, 135
Historia Gdańska, Bd. 1. Gdańsk 1978 S. 26
Kladderadatsch 1932, Nr_21, S. 329 S. 198
Anton Möller: Der Dantzger Frawen und Jungfrawen gebreuchliche Zierheit und Tracht. Dantzig 1601 S. 92/93
Zofia Jakrzewska-Śnieżko: Gdańsk w dawnych rycinach. Wrocław u.a. 1985 S. 74

AUSGEWÄHLTE LITERATUR

✦ ✦

GESAMTDARSTELLUNGEN DER GESCHICHTE DANZIGS

Askenazy, Szymon: Danzig und Polen. Warszawa 1919. – *Erste umfassende polnische Darstellung der städtischen Geschichte, die – auf Polnisch, Deutsch, Englisch und Französisch erschienen – vor dem Hintergrund der Pariser Friedensverhandlungen den polnischen Standpunkt vertrat.*

Cieślak, Edmund (Hg.): Historia Gdańska, 5 Bde. Gdańsk/Sopot 1978–[1999]. – *Große Gesamtdarstellung mit umfangreichen Studien zu vielen Aspekten der Stadtgeschichte. Der fünfte Band ist eine bis zum Berichtsjahr 1985 geführte Bibliographie zur Geschichte Danzigs. – Die Bände enthalten teils umfangreiche Abschnitte einzelner Autoren, die den Charakter eigener Monographien tragen. Dazu zählen u. a. die Kapitel von Andrzej Zbierski (Archäologie, Frühmittelalter, Bd. I), Marian Biskup (Geschichte 1308 bis 1454, Bd. I), Henryk Samsonowicz (Politik- und Wirtschaftsgeschichte 1454 bis 1570, Bd. II), Maria Bogucka (Wirtschafts- und Handelsgeschichte 1570 bis 1655, Bd. II), Edmund Cieślak (Politik-, Wirtschafts- und Sozialgeschichte 1655 bis 1793, Bd. III/1), Władysław Zajewski (Freie Stadt 1807 bis 1814/15, Bd. III/2), Bolesław Hajduk (Wirtschafts- und Handelsgeschichte, 1920 bis 1945, Bd. IV/2).*

Cieślak, Edmund/Tadeusz Biernat: Dzieje Gdańska. Gdańsk 1969 ([2]1975, [3]1994). – *Gesamtdarstellung, die 1988 auch in englischer Übersetzung erschien:* History of Gdańsk. Gdańsk 1988.

Curicke, Reinhold: Der Stadt Dantzig historische Beschreibung, Hg. v. Georg Reinhold Curicke. Amsterdam, Danzig 1687. – *Eine Faksimile-Ausgabe erschien 1979 in Hamburg.*

Gliński, Mirosław/Jerzy Kukliński: Kronika Gdańska 997–1997 [Bd. 2: 997–2000]. 2 Bde. Gdańsk 1998, 2006. – *Chronologische Aufzählung von Begebenheiten aus der Danziger Geschichte.*

Gralath, Daniel: Versuch einer Geschichte Danzigs aus zuverläßigen Quellen und Handschriften, 3 Bde. Königsberg, Berlin 1789–1791. – *Erste umfangreiche Gesamtdarstellung der städtischen Geschichte.*

Fischer, Frank: Danzig. Die zerbrochene Stadt. Berlin 2006. – *Populäre Geschichte der Stadt ohne Berücksichtigung der polnischsprachigen Fachliteratur.*

Keyser, Erich: Danzigs Geschichte. Danzig 1921, [2]1928. – *Grundlegende deutsche Überblicksdarstellung der Zwischenkriegszeit, deren Ziel es war, die deutschen Aspekte der lokalen Geschichte hervorzuheben.*

Keyser, Erich: Die Stadt Danzig. Stuttgart, Berlin 1925. – *Methodisch innovative Darstellung, allerdings einseitig der «Deutschtumsgeschichte» verpflichtet.*

Kilarski, Jan: Gdańsk. Poznań 1937. – *Populäre, reich illustrierte Arbeit.*

Kutrzeba, Stanisław (Hg.): Gdańsk. Przeszłość i teraźniejszość. Lwów (u. a.) 1928. – *Erste wissenschaftlich fundierte polnische Gesamtgeschichte Danzigs.*

Labuda, Gerard (Hg.): Historia Pomorza. Bd. 1–3. Poznań 1972–2003. – *Große Überblicksdarstellung zur Geschichte Pommerns, Pommerellens und Ostpreußens bis zum Jahr 1850 in insgesamt 5 Teilbänden. Bd. 4 siehe unter Salmonowicz.*

Löschin, Gotthilf: Geschichte Danzigs von der ältesten bis zur neuesten Zeit. Mit beständiger Rücksicht auf Cultur der Sitten, Wissenschaften, Künste, Gewerbe und Handelszweige, 2 Bde. Danzig 1822–1823. – *Bis zu Beginn des 20. Jahrhunderts einflussreiche Geschichte Danzigs.*

Pelczar, Marian: Polski Gdańsk. Gdańsk 1947. – *Idealisierende Darstellung der polnischen Aspekte der lokalen Vergangenheit.*

Piwarski, Kazimierz: Dzieje Gdańska w zarysie. Gdańsk (u. a.) 1946. – *Piwarski stellt das deutsche Danzig als steten Fremdkörper im polnischen Staat dar.*

Prutz, Hans: Danzig, das nordische Venedig. Eine deutsche Städtegeschichte. In: Friedrich von Raumer (Hg.): Historisches Taschenbuch. Vierte Folge, Neunter Jahrgang. Leipzig 1868, S. 137–246. – *Erste Gesamtdarstellung, die einem «nationalen Erkenntnisinteresse an der Geschichte» folgte.*

Ruhnau, Rüdiger: Danzig. Geschichte einer deutschen Stadt. Würzburg 1971. – *Tendenziöse Darstellung.*

Salmonowicz, Stanisław (Hg.): Historia Pomorza. Bd. 4. Toruń 2000–2003. – *Bislang zwei Teilbände für die Zeit von 1850 bis 1918. Bd. 1–3 siehe unter Labuda.*

Simson, Paul: Geschichte der Stadt Danzig. Danzig 1903. – *Kurzgefasste Gesamtdarstellung.*

Simson, Paul: Geschichte der Stadt Danzig, 3 Bde. Danzig 1913–1918. – *Über Jahrzehnte das wichtigste lokalhistorische Werk, bis heute von Bedeutung. Der früh verstorbene Autor konnte seine Schilderung allerdings nur bis zum Jahr 1626 führen.*

sozusagen «außer Konkurrenz»:

Grass, Günter: Der Butt. Darmstadt, Neuwied 1977. – *Günter Grass stellt in seinem faszinierenden Roman die gesamte Geschichte Danzigs dar, wenn auch stark verfremdet und um viele phantastische Elemente ergänzt.*

EPOCHENÜBERGREIFENDE DARSTELLUNGEN

Arnold, Udo (Hg.): Danzig. Sein Platz in Vergangenheit und Gegenwart. Warschau, Lüneburg 1998.

Banaszowski, Jan: Przemiany demograficzne w Gdańsku w latach 1601–1846. Gdańsk 1995.

Bär, Max: Die Behördenverfassung in Westpreußen seit der Ordenszeit. Danzig 1912.

Cieślak, Katarzyna: Tod und Gedenken. Danziger Epitaphien vom 15. bis zum 20. Jahrhundert. Lüneburg 1998.

Drost, Willi: Danziger Malerei vom Mittelalter bis zum Ende des Barock. Ein Beitrag zur Begründung der Strukturforschung in der Kunstgeschichte. Berlin, Leipzig 1938.

Echt, Samuel: Die Geschichte der Juden in Danzig. Leer/Ostfriesland 1972.

Foltz, Max: Geschichte des Danziger Stadthaushalts. Danzig 1912.

Fortuna, Grzegorz/Donald Tusk: Wydarzyło się w Gdańsku 1901–2000. Jeden wiek w jednym mieście. Gdańsk 1999.

Friedrich, Jacek: Gdańskie zabytki architektury do końca XVIII w. Gdańsk 1995.

Jaroszewski, Marek (Hg.): 1000 Jahre Danzig in der deutschen Literatur. Studien und Beiträge. Gdańsk 1998.

Keyser, Erich: Baugeschichte der Stadt Danzig. Köln, Wien 1972.

Lingenberg, Heinz: Oliva – 800 Jahre 1186–1986. Abriß der Geschichte. Lübeck 1986.

Loew, Peter Oliver: Danzig und seine Vergangenheit, 1793–1997. Die Geschichte einer Stadt zwischen Deutschland und Polen. Osnabrück 2003.

Loew, Peter Oliver: Gdańsk – między mitami. Olsztyn 2006.

Loew, Peter Oliver: Das literarische Danzig, 1793 bis 1945. Bausteine für eine lokale Kulturgeschichte. Frankfurt am Main (u. a.) 2009.

Matull, Wilhelm: Ostdeutschlands Arbeiterbewegung. Würzburg 1973.

Pompecki, Bruno: Literaturgeschichte der Provinz Westpreußen. Ein Stück Heimatkultur. Danzig 1915.

Simson, Paul: Der Artushof in Danzig und seine Brüderschaften, die Banken. Danzig 1900 (Reprint Aalen 1969).

Simson, Paul: Geschichte der Danziger Willkür. Danzig 1904.

Stephan, Walther: Danzig. Gründung und Straßennamen. Marburg/Lahn 1954.

AUSGEWÄHLTE LITERATUR ZU EINZELNEN EPOCHEN

BIS 1454

Arnold, Udo: Vom Rand ins Zentrum. Danzig zwischen Deutschem Orden und Polen im 14./15. Jahrhundert. In: Danzig und sein Platz in Vergangenheit und Gegenwart, Hg. v. Udo Arnold. Warschau, Lüneburg 1998, S. 23–32.

Biskup, Marian/Gerard Labuda: Die Geschichte des Deutschen Ordens in Preußen. Osnabrück 2000.

Hirsch, Theodor: Danzigs Handels- und Gewerbegeschichte unter der Herrschaft des Deutschen Ordens. Leipzig 1858.

Keyser, Erich: Die Entstehung Danzigs. Danzig 1924.

La Baume, Wolfgang: Ostgermanische Frühzeit. Kiel [2]1959.

Labuda, Gerard: Święty Wojciech. Biskup – męczennik. Patron Polski, Czech i Węgier. Wrocław [2]2000.

Lingenberg, Heinz: Die Anfänge des Klosters Oliva und die Entstehung der deutschen Stadt Danzig. Die frühe Geschichte der beiden Gemeinwesen bis 1308/10. Stuttgart 1982.

Paner, Henryk (Hg.): Gdańsk średniowieczny w świetle najnowszych badań archeologicznych i historycznych. Gdańsk 1998.

Paner, Henryk: Archeologia Gdańska w latach 1988–2005. In: Archeologia Gdańska, Bd. 1. Gdańsk 2006, S. 11–88.

Śliwiński, Błażej: Rzeź i zniszczenie Gdańska przez Krzyżaków w 1308 roku. Gdańsk 2006.

1454 BIS 1793

Bömelburg, Hans-Jürgen: Zwischen polnischer Ständegesellschaft und preußischem Obrigkeitsstaat. Vom Königlichen Preußen zu Westpreußen (1756–1806). München 1995.
Bogucka, Maria: Gdańsk jako ośrodek produkcyjny w XV-XVII w. Warszawa 1962.
Bogucka, Maria: Handel zagraniczny Gdańska w pierwszej połowie XVII wieku. Wrocław (u. a.) 1970.
Bogucka, Maria: Das alte Danzig. Alltagsleben vom 15. bis 17. Jahrhundert. München 1987.
Bogucka, Maira: Baltic Commerce and Urban Society, 1500–1700. Gdańsk/Danzig and its Polish Context. Aldershot, Burlington 2003.
Cieślak, Edmund: Walki społeczno-polityczne w Gdańsku w drugiej połowie XVII wieku. Interwencja Jana III Sobieskiego. Gdańsk 1962.
Cieślak, Edmund: Konflikty polityczne i społeczne w Gdańsku w połowie XVIII w.: sojusz pospólstwa z dworem królewskim. Wrocław (u. a.) 1972.
Cieślak, Edmund: Miejsce Gdańska w strukturze Rzeczypospolitej szlacheckiej (XV-XVIII w.). In: Jerzy Trzoska (Hg.): Strefa bałtycka w XVI–XVIII w. Polityka – Społeczeństwo – Gospodarka. Gdańsk 1993, S. 37–50.
Cuny, Georg: Danzigs Kunst und Kultur im 16. und 17. Jahrhundert. Erstes Buch. Baugeschichtliches. Danzigs Künstler mit besonderer Berücksichtigung der beiden Andreas Schlüter. Frankfurt am Main 1910.
Friedrich, Karin: The Other Prussia. Royal Prussia, Poland and Liberty, 1569–1772. Cambridge 2000.
Grzybkowska, Teresa (Hg.): Aurea Porta Rzeczypospolitej: sztuka gdańska od połowy XV do końca XVIII wieku, 2 Bde. Gdańsk 1997. – *Ausstellungskatalog mit zahlreichen Beiträgen und Illustrationen.*
Heß, Corina: Danziger Wohnkultur in der Frühen Neuzeit. Untersuchungen zu Nachlassinventaren des 17. und 18. Jahrhunderts. Berlin 2007.
Hillebrand, Almut: Danzig und die Kaufmannschaft *großbritannischer Nation*. Rahmenbedingungen, Formen und Medien eines englischen Kulturtransfers im Ostseeraum des 18. Jahrhunderts. Frankfurt am Main 2009.
Hoburg, Karl Wilhelm: Die Belagerung der Stadt Danzig im Jahre 1734. Danzig 1858.
Hoffmann, Heinz: Danzig und Rußland bei der zweiten Teilung Polens. Danzig 1935.
Kaczor, Dariusz: Przestępczość kryminalna i wymiar sprawiedliwości w Gdańsku w XVI-XVIII wieku. Gdańsk 2005.
Kizik, Edmund: Die reglementierte Feier. Hochzeiten, Taufen und Begräbnisse in der frühneuzeitlichen Hansestadt. Osnabrück 2008.
Kotarski, Edmund: Gdańsk literacki (do końca XVIII wieku). Gdańsk 1997.
Krannhals, Detlef: Danzig und der Weichselhandel in seiner Blütezeit vom 16. zum 17. Jahrhundert. Leipzig 1942.
Lengnich, Gottfried: Ius publicum civitatis Gedanensis, oder: Der Stadt Danzig

Verfassung und Rechte. Nach der Originalhandschrift des Danziger Stadtarchivs. Hg. v. Otto Günther. Danzig 1900. – *Gedruckte Ausgabe des von Lengnich in der Mitte des 18. Jahrhunderts. verfassten, doch lange Zeit unveröffentlichten Werks.*

Müller, Michael G.: Zweite Reformation und städtische Autonomie im Königlichen Preußen. Danzig, Elbing und Thorn in der Epoche der Konfessionalisierung (1557–1660). Berlin 1997.

Rauschning, Hermann: Geschichte der Musik und der Musikpflege in Danzig: von den Anfängen bis zur Auflösung der Kirchenkapellen. Danzig 1931.

Salmonowicz, Stanisław (Hg.): Mieszczaństwo gdańskie. Gdańsk 1997. – *Tagungsband mit zahlreichen Beiträgen vor allem zur frühneuzeitlichen Geschichte Danzigs.*

Samsonowicz, Henryk: Untersuchungen über das Danziger Bürgerkapital in der zweiten Hälfte des 15. Jahrhunderts. Weimar 1969.

Trzoska, Jerzy: Gdańsk on the Economic Map of Early Modern Europe. In: Acta Poloniae Historica 81 (2000), S. 91–116.

1793 bis 1918

Bertling, Anton: Danzigs Bürgermeister im 19. Jahrhundert. Danzig 1929.

Blech, Abraham Friedrich: Geschichte der siebenjährigen Leiden Danzigs von 1807 bis 1814. 2 Bde. Danzig 1815.

Dann, Eduard Otto: Topographie von Danzig, besonders in physischer und medizinischer Hinsicht. Berlin 1835.

Fabiani-Madeyska, Irena: Odwiedziny Gdańska w XIX wieku. Z relacji polskich zebrała. Gdańsk 1957.

Gliński, Mirosław: Ludzie dziewiętnastowiecznego Gdańska. Gdańsk 1994.

Hoffmann, Erich: Danzig und die Städteordnung des Freiherrn vom Stein. Leipzig 1934.

Letkemann, Peter: Die preußische Verwaltung des Regierungsbezirks Danzig 1815–1870. Marburg/Lahn 1967.

Richter, Friedrich: Preußische Wirtschaftspolitik in den Ostprovinzen. Der Industrialisierungsversuch des Oberpräsidenten v. Goßler in Danzig. Königsberg, Berlin 1938.

Schaumann, Elly: Die Danziger Presse im 19. Jahrhundert bis zur Gründung der «Danziger Zeitung». In: Zeitschrift des Westpreußischen Geschichtsvereins 72 (1935), S. 5–96.

Scholtz, Heinrich/Artur Grünspan/Erwin Stein: Danzig. Oldenburg 1914.

1918 bis 1945

Andrzejewski, Marek: Socjaldemokratyczna partia Wolnego Miasta Gdańska 1920–1936. Gdańsk 1980.

Andrzejewski, Marek: Wolne Miasto Gdańsk w rewizjonistycznej propagandzie niemieckiej 1920–1939. Gdańsk 1987.

Andrzejewski, Marek: Opposition und Widerstand in Danzig 1933 bis 1939. Bonn 1994.

Berendt, Grzegorz: Żydzi na terenie Wolnego Miasta Gdańska w latach 1920–1945 (Działalność kulturalna, polityczna i socjalna). Gdańsk 1997.

Cienciala, Anna M.: The Battle of Danzig and the Polish Corridor at the Paris Peace Conference of 1919, in: The Reconstruction of Poland, 1914–1923, Hg. v. Paul Latawski. New York 1992, S. 71–94.

Hajduk, Bolesław: Gospodarka Gdańska w latach 1920–1945. Gdańsk 1998.

Hensel, Jürgen; Pia Nordblom: Hermann Rauschning. Materialien und Beiträge zu einer politischen Biographie. Warschau 2002.

Kimmich, Christoph M.: The Free City. Danzig and German Foreign Policy 1919–1934. New Haven 1968.

Levine, Herbert S.: Hitler's Free City. A History of the Nazi Party in Danzig 1925–1939. Chicago, London 1973.

Mikos, Stanisław: Działalność Komisariatu Generalnego Rzeczypospolitej Polskiej w Wolnym Mieście Gdańsku 1920–1939. Warszawa 1971.

Mikos, Stanisław: Wolne Miasto Gdańsk a Liga Narodów 1920–1939. Gdańsk 1979.

Pallaske, Christoph: Die Hitlerjugend der Freien Stadt Danzig 1926–1939. Münster (u. a.) 1999.

Pusback, Birte: Stadt als Heimat. Die Danziger Denkmalpflege zwischen 1933 und 1939. Köln, Weimar, Wien 2006.

Ramonat, Wolfgang: Der Völkerbund und die Freie Stadt Danzig 1920–1934. Osnabrück 1979.

Ruhnau, Rüdiger: Die Freie Stadt Danzig 1919–1939. Berg am See 1979. – *Faktenreiches, aber tendenziöses Buch.*

Samerski, Stefan: Die katholische Kirche in der Freien Stadt Danzig 1920–1933: Katholizismus zwischen Libertas und Irredenta. Köln 1991.

Schenk, Dieter: Die Post von Danzig. Geschichte eines deutschen Justizmords. Reinbek 1995.

Schenk, Dieter: Hitlers Mann in Danzig. Gauleiter Forster und die NS-Verbrechen in Danzig-Westpreußen. Bonn 2000.

Stępniak, Henryk: Ludność polska w Wolnym Mieście Gdańsku 1920–1939. Gdańsk 1991.

Wojciechowski, Mieczysław: Gdańsk w latach 1918–1920. In: Ders.: Miasta Pomorza Nadwiślańskiego i Kujaw w okresie I wojny światowej oraz w międzywojennym dwudziestoleciu (1914–1939). Toruń 2000, S. 7–59.

VON 1945 BIS IN DIE GEGENWART

Adamowicz, Paweł: Gdańsk jako wyzwanie. Gdańsk 2008.

Andrzejewski, Marek: Marzec 1968 w Trójmieście. Warszawa, Gdańsk 2008.

Choderny, Zenona (u. a.): Danzig Gdańsk 1945. Erinnerungen nach 50 Jahren/ Wspomnienia 50 lat później. Gdańsk 1997.

Czyżak, Bogdan: Dylematy. Kultura na Wybrzeżu 1945–1980. Gdańsk 1985.

Eisler, Jerzy: Grudzień 1970. Geneza, przebieg, konsekwencje. Warszawa 2000.

Friedrich, Jacek: Neue Stadt in altem Gewand. Der Wiederaufbau Danzigs 1945–1960. Aus dem Polnischen von Heidemarie Petersen. Köln, Weimar, Wien 2010.

Mażewski, Lech; Wojciech Turek (Hg.): «Solidarność» i opozycja antykomunistyczna w Gdańsku (1980–1989). Gdańsk 1995.

Mroczko, Marian (Hg.): Gdańsk 1945. Gdańsk 1996.
Nowaczewski, Artur: Trzy miasta trzy pokolenia. Gdańsk 2006.
Stryczyński, Michał: Gdańsk w latach 1945–1948. Odbudowa organizmu miejskiego. Wrocław (u. a.) 1981.
Tomczyk-Watrak, Zofia: Wybory i przemilczenia. Od szkoły sopockiej do nowej szkoły gdańskiej. Gdańsk 2001.
Załęcki, Jarosław: Przestrzeń społeczna Gdańska w świadomości jego mieszkańców. Studium socjologiczne. Gdańsk 2003.

AUSGEWÄHLTE INTERNETSEITEN

http://www.danzig-online.pl – *Private polnische Seite mit einer Vielzahl historischer Fotografien aus Danzig.*
http://www.forum.dawnygdansk.pl – *Polnisches Forum über Geschichte und Gegenwart Danzigs mit einer Überfülle diskutierter Themen.*
http://forum.danzig.de – *Deutschsprachiges Diskussionsforum über Danzig.*
http://www.gdansk.pl – *Offizielle Internetseite der Stadt Danzig mit zahlreichen Informationen.*
http://www.rzygacz.webd.pl – *Liebhaberseite mit zahlreichen historischen Informationen über Danzig, teilweise auch auf Deutsch.*
http://www.wolneforumgdansk.pl – *Polnisches Diskussionsforum über Danzig.*

VERZEICHNIS DER ORTSCHAFTEN UND TOPOGRAPHISCHEN BEZEICHNUNGEN

✦ ✦

Adlershorst – Orłowo
Altmark – Stary Targ
Alt Schottland – Stare Szkoty
Altstadt (Danzig) – Stare Miasto
Bischofsberg – Biskupia Góra
Braunsberg – Braniewo
Brösen – Brzeźno
Cammin – Kamień Pomorski
Danzig – Gdańsk
Dirschau – Tczew
Elbing – Elbląg
Frauenburg – Frombork
Frisches Haff – Zalew Wiślany
Frische Nehrung – Mierzeja Wiślana
Gdingen – Gdynia
Glettkau – Jelitkowo
Gnesen – Gniezno
Graudenz – Grudziądz
Hagelsberg – Grodzisko
Hakelwerk – Osiek
Hela – Hel
Heubude – Stogi
Holm – Ostrów
Jungstadt – Młode Miasto
Kalisch – Kalisz
Kattowitz – Katowice
Königsberg – Kaliningrad (poln.: Królewiec)
Konitz – Chojnice
Köslin – Koszalin
Krakau – Kraków
Kulm – Chełmno
Langfuhr – Wrzeszcz
Leba – Łeba
Lemberg – Lwów (ukr.: L'viv)
Leslau – Włocławek
Letzkau – Leszkowy
Liebschau – Lubiszewo
Liebschauer See – Jezioro Lubiesz-owskie
Lodz – Łódź
Marienburg – Malbork
Marienwerder – Kwidzyn
Mottlau (Fl.) – Motława
Neufahrwasser – Nowy Port
Neuteich – Nowy Staw
Nickelswalde – Mikoszewo
Niederstadt (Danzig) – Dolne Miasto
Nobel – Niegowo
Nogat (Fl.) – Nogat
Östlich Neufähr – Górki Wschodnie
Ohra – Orunia
Oliva – Oliwa
Oppeln – Opole
Orunia – Ohra
Plehnendorf – Płonia
Pommerellen – Pomorze Gdańskie
Pommern – Pomorze
Posen – Poznań
Praust – Pruszcz Gdański
Prangenau – Pręgowo
Preußisch Stargard – Starogard Gdański
Putzig – Puck
Radaune (Fl.) – Radunia
Ramkau – Rębiechowo
Rechtstadt (Danzig) – Główne Miasto
Saspe – Zaspa
Schidlitz – Siedlce

Schiewenhorst – Świbno
Schlawe – Sławno
Schwetz – Świecie
Stargard – siehe: Preußisch Stargard
Stettin – Szczecin
Stolp – Słupsk
Stolzenberg – Pohulańka
Stuhm – Sztum
Stuhmsdorf – Sztumska Wieś
Swinemünde – Świnoujście
Tannenberg – Stębark
Thorn – Toruń
Tiegenhof – Nowy Dwór
Tolkemit – Tolmicko
Weichsel (Fl.) – Wisła
Weichselmünde (Danzig) – Wisłoujście
Weißenberg – Biała Góra
Westlich Neufähr – Górki Zachodnie
Wilna – Vilnius, Wilno
Żabianka – Poggenkrug
Zoppot – Sopot

VERZEICHNIS DER IM TEXT ERWÄHNTEN DANZIGER STRASSEN, PLÄTZE UND BERGE

✦ ✦

Am Bleihof – Ołowianka
Bischofsberg – Biskupia Górka
Brotbänkengasse – ul. Chlebnicka
Damm (I–IV) – Grobla (I–IV)
Englischer Damm – Grobla Angielska
Fischmarkt – Targ Rynby
Große Allee – Al. Zwycięstwa
Hagelsberg – Grodzisko
Hauptstraße – ul. Grunwaldzka
Heilig-Geist-Gasse – ul. Św. Ducha
Heumarkt – Targ Sienny
Heveliusplatz – pl. Obrońców Poczty Polskiej
Holzmarkt – Targ Drzewny
Hundegasse – ul. Ogarna
Jopengasse – ul. Piwna
Jungferngasse – ul. Panieńska
Karrenwall – ul. Okopowa
Kohlenmarkt – Targ Węglowy
Krebsmarkt – Targ Rakowy
Langer Markt – Długi Targ
Langgarten – Długie Ogrody
Langgasse – ul. Długa
Neugarten – Nowe Ogrody
Olivaer Tor – Brama Oliwska
Pfefferstadt – ul. Korzenna
Schäferei – Szafarnia
Schuitensteg – ul. Wiosny Ludów
Wallgasse – ul. Wałowa

Personenregister

✦ ✦

Ackermann, Konrad Ernst 136
Adalbert von Prag, hl. 21–23, 32, 106
Adamowicz, Paweł 281, 291
Afanasjew, Jerzy 247
Alexander III. (russ. Zar) 169
Antkiewicz, Aleksy 241
Arnewald, Johann August 153
August II. der Starke (poln. König) 117–119, 123
August III. (poln. König) 123–128, 136

Bach, Johann Sebastian 136
Balfour, Arthur 185
Bartel, Kazimierz 194
Bartholdy, Gottfried Benjamin 147, 148
Bartholomäus, hl. 48
Baum, Marie 209
Beck, Józef 197
Behrend, Theodor 150
Beke, Gerd von der 56
Beneke, Paul 78
Bernstein, Aaron 178
Bielecki, Jan Krzysztof 267, 273
Bielefeldt, Adolf 216
Bierut, Bolesław 231, 239
Blech, Abraham Friedrich 149
Block(e), Abraham van den 100
Blocke, Isaak van den 101, 103
Brigitta, hl. 58
Bogucka, Maria 52
Bogusza 34, 35
Bolesław I. Chrobry (der Tapfere, poln. Herzog und König) 23, 24, 32
Bolesław III. Krzywousty (Schiefmund, poln. Herzog) 32
Bolesław Pobożny (der Fromme, Herzog von Großpolen) 33
Bonifacio, Giovanni Bernardino, Marchese d'Oria 107
Borusewicz, Bogdan 260, 267, 269, 271
Broschke, Matthias 149
Brandt, Salomon 94
Brandt, Willy 255, 256
Brausewetter, Artur 178
Brost, Erich 253
Brzezińska, Urszula 225
Burckhardt, Carl Jacob 207
Bush, George 272
Butenandt, Adolf 217

Celtis, Conrad 20
Chodowiecki, Daniel 120, 134–136
Chojnowska-Liskiewicz, Krystyna 260
Chwin, Stefan 276, 278, 288
Chychła, Zygmunt 241
Cieślak, Edmund 250
Claus, Lange 43
Conwentz, Hugo 180
Cook, James 139
Curicke, Reinhold 106
Cybulski, Zbigniew 248
Czerny, Władysław 235

Damß, Martin 214
Dantiscus, Johannes 106
Degler, Helmut Hubert --> Jabłoński, Henryk Hubertus
Dehnel, Jacek 288
Deisch, Matthäus 136
Delbrück, Clemens Gottlieb 169

Dickmann, Ägidius 74
Dickmann, Arndt 97
Dirksen, Abraham 120
Dix, Otto 216
Dmowski, Roman 183
Döblin, Alfred 213
Domansky, Walther 178
Düringer, Hans 104
Duńska-Krzesińska, Elżbieta 241
Duszeńko, Franciszek 246

Eggebrecht, Hans 253
Ehmke, Horst 253
Eichendorff, Joseph von 157
Enderling, Paul 214
Erik VII. (König von Dänemark) 61

Fac, Bolesław 247, 288
Fahrenheit, Daniel Gabriel 139, 280
Federau, Wolfgang 252
Ferber, Eberhard 77, 78, 81, 105
Ferber, Konstantin 84, 87, 105
Fiszbach, Tadeusz 266
Fleszarowa-Muskat, Stanisława 247
Forster, Albert 204–207, 213, 220, 222–226, 251
Forster, Johann Reinhold 139
Forster, Johann Georg 139
François Louis de Bourbon, Fürst von Conti 117, 118
Frantzius, Theodor Christian 152
Freißlich, Johann Balthasar Christian 136
Freitag, Rudolf 176
Friedrich II. (preuß. König) 127, 128, 140, 141, 194
Friedrich III. (dt. Kaiser) 166
Friedrich Wilhelm II. (preuß. König) 143
Friedrich Wilhelm III. (preuß. König) 148
Fuchs, Carl 179

Gałczyński, Konstanty Ildefons 222
Garbe, Eduard Ludwig 21, 171
Gehl, Julius 184
Genée, Friedrich 178
Geremek, Bronisław 265
Gerlach, Annemarie 227
Gerwin (Lehrer) 31
Gibsone, Archibald 122
Gierek, Edward 259
Giese, Albrecht 84
Giese, Georg 90
Glasow, Paul 83
Göbel, Kaspar 87
Goebbels, Joseph 203, 204
Gomułka, Władysław 256, 257, 259
Goßler, Gustav von 165, 169
Goszczurny, Stanisław 247
Gottsched, Johann Christoph 138, 140
Gralath, Daniel d.Ä. 134
Gralath, Daniel d.J. 139
Gralath, Karl Friedrich von 153
Grass, Günter 11, 226, 253–256, 277, 280, 294
Greblinger, Georg 107
Greiser, Arthur 204, 205, 220
Groddeck, Karl August 158
Grunau, Simon 20
Gruppe, Otto Friedrich 55
Gryphius, Andreas 107
Gustav II. Adolf (schwed. König) 97
Gwiazda, Andrzej 265

Hahn, Hermann 105
Hakenberger, Andreas 106
Halbe, Max 179, 213, 214
Hall, Aleksander 260, 267, 269, 270, 272
Haller, Józef 185
Hannemann, Johannes 216
Hasentödter, Hans 88
Haupt, Adam 246
Hecht, Arnold 55
Hegge, Jakob 81
Heinrich VIII. (engl. König) 76
Heinrich von Plauen (Hochmeister des Deutschen Ordens) 55, 61
Hellingrath, Berthold 201
Henry, Earl of Derby 59
Hermann von Salza (Hochmeister des Deutschen Ordens) 40
Hermes, Johann Timotheus 134
Hertzberg, Ewald Friedrich von 142
Hevelius, Johannes 138

Heyking, Friedrich 165
Himmler, Heinrich 224
Hirsch, Theodor 180
Hitler, Adolf 197, 204, 205, 217–220, 222, 223
Hoene, Friedrich 154
Hoffmanswaldau, Christian Hoffmann von 107
Höhn, Johann Vater 106
Höhn, Johann Sohn 106
Hohnfeldt, Hans-Albert 204
Holbein, Hans d. J. 90
Huelle, Paweł 276, 277, 279, 288
Hufeland, Gottlieb 153, 155

Israel, Jonathan I. 71
Ivan IV. (Zar von Russland) 83, 88

Jabłoński, Henryk Hubertus 245, 246
Jaenicke, Fritz 215
Jagielski, Mieczysław 266
Jamroż, Franciszek 275
Janion, Maria 290
Jankowski, Henryk 264, 271, 275
Jarre, Jean Michel
Jaruzelski, Wojciech 268, 269
Jewelowski, Julius 190, 209
Johann III. (schwed. König) 95, 96
Johann II. Kasimir Wasa (poln. König) 110, 111, 139
Johann III. Sobieski (poln. König) 116, 117, 134, 241
Johannes Paul II. (Papst) 263, 271
Jordanes (Bischof) 17

Kabrun, Jakob 177
Kaczmarek, Lech Marian 242, 290
Kadłubowski, Lech 246
Kaczyński, Lech 267
Kalähne, Anne 209
Kalckreuth, Friedrich Adolf 150
Kampe, Werner 207
Karl von Södermanland 96
Karl X. Gustav (schwed. König) 110, 111
Karl XII. (schwed. König) 118
Karnkowski, Stanisław 84
Kasimir III. der Große (poln. König) 49
Kasimir IV. der Jagiellone (poln. König) 62, 66
Katharina, hl. 48
Katharina II. (russ. Zarin) 128
Keckermann, Bartholomäus 106
Keidel, Wilhelm Daniel 157
Keyser, Erich 36, 217
Kindermann, Heinz 214
Klaman, Grzegorz 287
Klefeld, Georg 84
Klein, Friedrich 64
Knade, Jakob 81
Kogge, Martin 80, 81
König, Ludolf (Hochmeister des Deutschen Ordens) 42
Konrad I. (Herzog von Masowien) 40
Kotus-Jankowski, Franciszek 233
Kramer, Hans 100
Krzaklewski, Marian 274
Kubicki, Stanisław 216
Küchmeister, Michael (Hochmeister des Deutschen Ordens) 56
Kulka, Konstanty Andrzej 246
Kulmus, Luise Adelgunde Viktoria 140
Kwaśniewski, Aleksander 273

Lange, Carl 215
Ledikowski 136
Lefebvre, François-Joseph 150, 152
Lengnich, Gottfried 113, 128, 138, 139
Lester, Sean 207
Letzkau, Konrad 44, 54
Lewandowski, Janusz 267, 273
Libeskind, Daniel 293
Lindenowski, Johann Christian 147
Lippke, Georg 223
Lipski, Józef 218
Lis, Bogdan 265, 270
Lloyd George, David 185
Löschin, Gotthilf 141
Ludwig XV. (franz. König) 123
Ludwig von Erlichshausen (Hochmeister des Deutschen Ordens) 62
Luther, Martin 82

Mattern, Georg 77
Mattern, Simon 77
Mau, Johannes 190
Maximilian II. (dt. Kaiser) 85, 87
Mazowiecki, Tadeusz 265
Meder, Johann Valentin 136
Meer, Wilhelm van der 101
Memling, Hans 78, 249, 289
Merkel, Jacek 272
Merz, Hermann 213
Mestwin I. (Mściwój) 33
Mestwin II. (Mściwój) 33, 34
Michael aus Augsburg 104
Mickiewicz, Adam 183
Mieszko I. (poln. Herzog) 27, 32
Möller, Anton 69, 92, 105
Momber, Anton 132
Mrongovius (Mrongowiusz), Christoph Coelestin 20, 180
Münnich, Burkhard Christopf Graf von 124

Nacht-Samborski, Artur 246
Napoleon I. (franz. Kaiser) 149–153, 155–157, 179
Nikolaus II. (russ. Zar) 169
Nitschke, Gerhard 253
Nocny, Waldemar 288
Noé, Ludwig 201
Nowicki, Edmund 242

Ochab, Edward 232
Ogier, Charles 73
Omankowski, Willibald 214, 216
Opitz, Martin 107
O'Rourke, Eduard Graf 211

Paderewski, Ignacy Jan 184
Pastorius, Joachim 106, 139
Pawest, Bernd 78
Peter I. der Große (russ. Zar) 118, 119
Pfitzner, Hans 213
Pfuhle, Fritz 216
Piłsudski, Józef 192
Płażyński, Maciej 273
Pobłocka, Ewa 246
Pompecki, Bruno 170
Posadzki, Tomasz 275
Proite, Johann 84
Przemysł II. (Herzog von Großpolen) 34
Przybyszewska, Stanisława 215
Przybyszewski, Stanisław 215

Queisner, Carl 160

Rapp, Jean 152, 153, 156, 157
Rauschning, Hermann 204, 205, 251
Reinick, Robert 178
Rembrandt van Rijn 136
Rennen, Peter van der 106
Ribbentrop, Joachim von 218
Rickert, Heinrich 168
Richer, Heinrich (Sohn) 180
Rist, Johannes 109
Rizzi, Renato 288
Rogulski, Marek 287
Rosenberg, Georg 87
Rosenberg, Heinrich Wilhelm 138
Rottenburg, Franz Gottfried von 120
Rozrażewski, Hieronim 96
Różewicz, Stanisław 248
Ruden, Hermann von 45
Rüdiger (Abt) 36
Ruschkewitz, Erich 214, 215
Rydz-Śmigły, Edward 219, 220

Sahm, Heinrich 185, 188, 189, 192, 195, 196
Sambor I. (Herzog von Pommerellen) 32
Sandowin, Peter 43
Schaper, Rudolf 213
Scheerbart, Paul 179
Schelwig, Samuel 137
Scherret, Felix 199, 212
Schillings, Max von 213
Schinkel, Karl 176, 179
Schirmacher, Käthe 184, 209
Schlöndorff, Volker 248, 277, 289
Schlüter, Andreas 134, 136
Scholtz, Heinrich 169, 181
Schön, Theodor von 157
Schopenhauer, Arthur 180, 280
Schopenhauer, Johanna 132, 133
Schrötter, Friedrich Leopold von 148

Schuch (Schauspielerfamilie) 136
Schultz, Daniel 125, 136
Schultz, Johann Karl 179
Schultz, Johann Philipp 121
Schumacher, Wilhelm 20, 178
Schuricht, Carl 215
Schütz, Caspar 106
Schwegemann, Heinrich 228
Sigismund I. der Alte (poln. König) 79, 82, 83
Sigismund II. August (poln. König) 83–85
Sigismund III. Wasa (poln. König) 95–98
Simson, Paul 37, 84, 85, 180
Skotarczak, Nikodem 275
Śliwiński, Błażej 35, 36
Speimann, Johann 102
Splett, Carl Maria 211, 242
Stalin, Josef 220
Stanisław Leszczyński (poln. König) 118, 123–125, 128
Stanisław August Poniatowski (poln. König) 128, 142
Starościak, Jacek 273
Stefan Báthory (poln. König) 86–88, 90, 94, 220
Sternfeld, Norbert 251
Strauch, Ägidius 116
Ströhm, Carl Gustav 252
Strunk, Hermann 212
Strzałkowska, Jasna 245, 246
Subislaw I. (Sobiesław, Herzog von Pommerellen) 32
Sucharski, Henryk 222
Svenichen, Alexander 81
Swantopolk II. (Świętopełk, Herzog von Pommerellen) 28, 33
Swenza 33

Tower, Sir Reginald 188
Treviranus, Gottfried Reinhold 197
Trojan, Johannes 178
Tusk, Donald 244, 258, 267, 271, 277–279, 294

Ungeradin, Heinrich 58
Uphagen, Johann 16, 20, 135

Volmar, Erich 245
Vries, Hans Vredeman de 101, 105

Wajda, Andrzej 289
Walentynowicz, Anna 264
Wałęsa, Lech 11, 258, 260, 262, 264–268, 270–274
Wallerstein, Immanuel 71
Weickhmann, Joachim Heinrich von 158
Wencel, Wojciech 288
Wenzel II. (böhm. u. poln. König) 34
Wenzel III. (böhm. König) 34
Wernsdorf, Johann Georg 155
Wessel, Jakob 136
Wiechmann, Hans 207
Wilhelm I. (preuß. König, dt. Kaiser) 166, 168, 169, 236
Wilhelm II. (dt. Kaiser) 168, 169
Wilson, Woodrow 181, 183
Wiłkomirski, Kazimierz 246
Winkelburg von Kölln, Hans 87
Winrich von Kniprode (Hochmeister des Deutschen Ordens) 43
Winter, Leopold von 166, 169
Władysław I. Herman (poln. Herzog) 32
Władysław I. Łokietek (Herzog von Großpolen) 34
Władysław II. Jagiełło (poln. König) 54, 55
Władysław IV. Wasa (poln. König) 98, 107
Wnukowa, Józefa 246
Wojtyła, Karol → Johannes Paul II.
Wolf, Nathan Matthäus 139

Żakiewicz, Zbigniew 279
Zaleski, August 194
Zawistowski, Władysław 287, 288
Zbierski, Andrzej 26
Zborowski, Jan 87
Ziehm, Ernst 196

PLAN VON DANZIG
1897
Verlag von THEODOR BERTLING, DANZIG.
Maßstab 1:5000
Gratisbeilage
zum
Neuen Adressbuch für Danzig und Vororte 1898
(Verlag von A.W. KAFEMANN, DANZIG.)
Der Bischofsberg
Fort
Eingeebenetes Wallterrain
Bastion Gertrud
Ravelin
Bastion Maidloch
Mottlau
Bastion Wolf
Bastion Aussprung
Bastion Bär
Bastion Kaninchen
Bastion Roggen
Bastion Ochs
Lünette Ochs
Gross-Walddorf
II. Petershagen
Bahnhof Leeges Thor
V Bassin
Gas-Anstalt
SPEICHER INSEL
Die neue Mottlau
NIEDERSTADT
Königliche Gewehrfabrik
Königliche Artillerie-Werkstätte
Wilhelm-Theater
Langgarter Thor
Langgarten
Winter-Platz
St. Marien Kirche
Heu-Markt
IX
X
XIII
XIV
XVII
VI
II